2019年山西省高等学校科学研究优秀成果培育项目（编号：2019SK013）
国家哲学社会科学基金一般项目（编号：17BYY198）
2018年山西省高等学校优秀青年学术带头人支持计划

长治市委宣传部“浊漳流馨”系列丛书重点资助项目

蕴含在水土中的历史回音

——浊漳河乡韵探析

The Historical Echo on the Local Land

——The Exploration of the Dialect along the Zhuozhang River

王利　李金梅　张文霞　著

图书在版编目（CIP）数据

蕴含在水土中的历史回音：浊漳河乡韵探析／王利，李金梅，张文霞著．—北京：中国社会科学出版社，2019. 10
ISBN 978 – 7 – 5203 – 5237 – 6

Ⅰ.①蕴… Ⅱ.①王…②李…③张… Ⅲ.①西北方言—方言研究—长治 Ⅳ.①H172. 2

中国版本图书馆 CIP 数据核字(2019)第 216430 号

出 版 人　赵剑英
责任编辑　宋燕鹏
责任校对　冯英爽
责任印制　李寡寡

出　　版　中国社会科学出版社
社　　址　北京鼓楼西大街甲 158 号
邮　　编　100720
网　　址　http://www. csspw. cn
发 行 部　010 – 84083685
门 市 部　010 – 84029450
经　　销　新华书店及其他书店

印　　刷　北京明恒达印务有限公司
装　　订　廊坊市广阳区广增装订厂
版　　次　2019 年 10 月第 1 版
印　　次　2019 年 10 月第 1 次印刷

开　　本　710 × 1000　1/16
印　　张　23
字　　数　375 千字
定　　价　108. 00 元

凡购买中国社会科学出版社图书，如有质量问题请与本社营销中心联系调换
电话：010 – 84083683

自　序

俗话说："三里不同风，五里不同俗。"这句话同样可以形容山西方言。在方言研究中，山西方言以其内部的复杂性受到了学界的关注，并已取得了丰硕的研究成果。但是也正因为其内部的复杂性，以致山西方言的研究还需进一步深入各方言片以及方言点进行。同时，在以往的研究中，关注语音多，语法次之，词汇最少，然而，在方言语法和词汇中也有很多需要挖掘的共时和历时的特点和规律。因此，对山西方言各点、片进行全面系统的研究是一项重要和有价值的工作。笔者一直生活在浊漳河流域，熟悉当地方言，多年来一直致力于晋东南方言的研究，同时也注意到该区域方言与周边各县（市）方言的一致性和差异性，故而萌生了对浊漳河流域方言进行全面系统的整理和研究的想法。

浊漳河在几千年的历史流淌中，逐渐形成了独特的流域文化，铸就了历史与文化相互印证的浊漳河文化体系，承载了无比丰富的历史内涵。该流域所处区域是由群山包围起来的一块高地，地势高险，东部依太行山与华北平原为界、西部依太岳山和中条山与晋南（也称河东）接壤。独特的地理位置以及悠久的历史文化决定了其独特的语言风格，在山西方言中独树一帜。对浊漳河流域方言进行全面系统的探讨和研究，有助于了解和把握浊漳河流域方言的整体面貌，进而丰富山西方言研究的成果。

全书系统介绍了浊漳河流域方言的语音、词汇、语法各要素所呈现出的有别于其他地区方言的特点，描述了该地区方言的整体面貌。语音部分主要揭示了浊漳河流域方言的声母、韵母及声调方面的特点，同时注意到各方言点与普通话和中古音的比较研究；词汇部分主要对浊漳河流域方言中的一些特殊词汇如入头分音词、古语词、俗成语、谚语进行了探析，在此基础上总结了这些词汇在共时比较或历时演变中显示出的特点。语法部分注重分析浊漳河流域方言中存在的如助词、语气词、使感结构、疑问句等特殊语法现象。

本书有如下几个特点：一是研究内容全面具体。为了从总体上把握浊漳河流域方言的全貌，我们对方言中的语音、词汇、语法三大要素进行了较为全面系统的分析，同时在各部分中也注意到内容的全面具体。比如由于山西方言的复杂性，浊漳河流域方言内部各点在语音和词汇上存在着较为明显的不同，因此在研究中我们特别注意到对各点方言语音和词汇的比较，不仅总结存在的共同特点，而且显示内部的区别，以便尽可能全面地展示浊漳河流域方言的面貌。二是研究材料充分详实。无论做任何研究，材料的充分详实都是至关重要的。所以，调查中我们始终重视材料搜集的完整性、真实性和系统性，首先做到了尽可能多地搜集和占有原始方言资料，之后对占有的材料进行精挑细选，做到精选精用，同时对于有疑问的不确定的材料进行了反复调查核实。三是兼顾共时的比较和历时的研究。无论是语音、词汇还是语法，我们都力求从共时和历时层面进行多角度的研究，一方面通过共时比较凸显本地区方言的特点及内部差异，另一方面通过历时演变或对比剖析方言各要素的历史来源和形成原因。四是注重对本地区方言体现出的特征的总结和揭示。本书有别于其他方言专著的一个显著特点就是不作简单的现状描述，而是注重体现本地区方言的特点，彰显本地区方言的独特性。

方言是民族语言的根基。维护民族的根基责任重大，方言的研究任重道远。要准确地描写浊漳河流域方言地全貌并对某些现象做出科学地解释是相当困难的。本书主要立足于浊漳河流域方言，着眼于片的研究，对内部的差异性研究还不够深入；且只涉及 12 个点，调查的深度是不平衡的，因此疏漏在所难免，在以后的研究中将会进一步完善。相信在我们的不懈努力之下，一定会对本地区语言资源的保护及民俗文化的弘扬工作起到较大的促进和推动作用。

目　　录

引　论

一　浊漳河流域概况

浊漳河属海河流域漳卫南运河水系，地处山西东部，上游有南、北、西三大支流，俗称南源、北源、西源。浊漳河南源流域地形总体为南部高、北部低，东西两边高，中部河谷低，其中，浊漳河南源流域是中华民族发祥地之一，具有悠久的历史。我们的祖先炎帝神农氏曾在这里“尝百谷，制耒耜，建耆国”。在先秦时期，浊漳河被称为“潞”，汉以后才有“潞水”“潞川”“浊漳”等别称。秦统一六国后，实行郡县制，浊漳河流域的榆社属并州郡，其余县市均属上党郡。直至今日，榆社属晋中市管辖，其余县市均属长治市管辖。

二　浊漳河流域方言概述

浊漳河流域方言分布在长治市、长治县、长子县、壶关县、屯留县、潞城市、襄垣县、沁县、武乡县、黎城县、平顺县、榆社县12个县市。

从方言分区上看，浊漳河流域方言都属于晋语。长治市等方言属于晋语上党片，榆社方言属于晋语并州片。

浊漳河流域方言在语音、词汇和语法方面都有共同的特点。

（一）语音方面

1. 浊漳河流域方言语音方面的一致性

（1）古知庄章组声母多读[ts]组。如长治：茶 = 枝 = 庄[ts]。

（2）古全浊声母清化后，全浊塞音、塞擦音声母都按照平声送气、仄声不送气的规律发生分化。如长治县：爬並平[p‘]；病並仄[p]。

（3）遇摄合口三等字韵母都读合口呼复韵母。如黎城：初[tsʻuo]。

（4）古入声韵在浊漳河流域各方言中都为收喉塞尾[ʔ]的入声韵，并且主要元音多为高、低元音的两组入声韵。如沁县：[ʌʔ iʌʔ uʌʔ yʌʔ əʔ iəʔ uəʔ yəʔ]。

（5）浊漳河流域各方言都保留着入声调。

浊漳河贯穿上党盆地，从浊漳河三个源头水域的流向上看，北源和西源向南流，南源向北流，襄垣县是南源、北源、西源三个源头水域汇入的终点。从其方言语音特点来看，浊漳河流域各方言既有区域共性，也有各自特点。请见下表。

	平翘舌是否相混	en/eŋ 是否相混	清入是否归阴入	是否分阴阳去	开口呼零声母是否读[ɣ]
南源	+	+ −	−	+	+
北源	+	+	+	−	−
西源	+	+	+	−	−

整体上看，南源流域各方言的一致性较强，北源和西源流域各方言的一致性较强。

（二）词汇方面

（1）浊漳河流域各方言都有入头分音词。浊漳河流域存在着丰富的分音词，并且各方言之间的分音词构造基本一致，词义也基本相同。

（2）浊漳河流域各方言都有大量的古语词。浊漳河流域位保留了许多源自古代文献的方言古语词，体现出多层次的历史积淀。

（3）浊漳河流域各方言都有大量的谚语，谚语类型多样、语法结构复杂，语义内容丰富，修辞特点和审美特征鲜明。

（4）浊漳河流域各方言都有大量的俗成语，俗成语反映了当地人民群众生活的文化背景，具有丰富的修辞特点。

（三）语法方面

（1）浊漳河流域方词法具有一致的特点，其中最主要的方式是重叠和派生两种方式。派生法里主要是有前缀“圪、忽、不、日”等。

（2）浊漳河流域方言有丰富的助词，主要有结构助词“的”“地”“得”，时制助词“的”“来着”“将”，动态助词“着”“了”“过”。

（3）浊漳河流域方言有使感结构，大同小异。

（4）浊漳河流域方言的疑问句颇具特色，其中最有特色的是特指问句、是非问句、选择问句。

总之，浊漳河流域方言在语音、词汇、语法方面各具特色，值得挖掘和研究。

第一章　浊漳河流域方言的语音特点

第一节　浊漳河流域方言的声母特点

一　声母的主要特点

（一）ts组与tʂ组的分合

普通话中读ts组的字和读tʂ组的字在浊漳河流域方言中的读音有两种情况：一种是完全不分，读为ts组，分布在长治市（以下指市区）、长治县、长子、襄垣、榆社；一种是部分区分，读为tɕ组和ts组或tʃ组和tʂ组，分布在武乡、沁县、潞城、黎城、平顺、壶关。下面举例说明。

	增	沙	知	缠	石	出	猪
	精曾开一	生假开二	知止开三	澄山开三	禅梗开三	昌臻合三	知遇合三
长治市	ts	s	ts	ts^h	s	ts^h	ts
长治县	ts	s	ts	ts^h	s	ts^h	ts
屯留	ts	s	ts	ts^h	s	ts^h	ts
长子	ts	s	ts	ts^h	s	ts^h	ts
襄垣	ts	s	ts	ts^h	s	ts^h	ts
榆社	ts	s	ts	ts^h	s	ts^h	ts
武乡	ts	s	tɕ	ts^h	s	ts^h	ts
沁县	ts	s	tɕ	ts^h	s	ts^h	ts
潞城	ts	s	tɕ	$tɕ^h$	ɕ	$tɕ^h$	tɕ
黎城	ts	s	tɕ	$tɕ^h$	ɕ	$tɕ^h$	tɕ
平顺	ts	s	tɕ	ts^h	ɕ	ts^h	tɕ
壶关	tʂ	ʂ	tʃ	tʂ	ʃ	tʂ	tʂ

（二）北京话读[tɕ]组字声母的分合

普通话中读tɕ组的字在浊漳河流域方言中的读音有四种情况：一种是也读tɕ组，分布在长治市、屯留、长子、襄垣、榆社、武乡、沁县；一种是读为ts组和c组，分布在平顺、壶关；一种是读为tʃ组和tɕ组，分布在潞城；一种是读为tɕ组和c组，分布在黎城。下面举例说明。

	精	经	秋	丘	全	权	仙	掀	旋	玄
	精	见	清	溪	从	群	心	晓	邪	匣
长治市	tɕ	tɕ	tɕʰ	tɕʰ	tɕʰ	tɕʰ	ɕ	ɕ	ɕ	ɕ
长治县	tɕ	tɕ	tɕʰ	tɕʰ	tɕʰ	tɕʰ	ɕ	ɕ	ɕ	ɕ
屯留	tɕ	tɕ	tɕʰ	tɕʰ	tɕʰ	tɕʰ	ɕ	ɕ	ɕ	ɕ
长子	tɕ	tɕ	tɕʰ	tɕʰ	tɕʰ	tɕʰ	ɕ	ɕ	ɕ	ɕ
襄垣	tɕ	tɕ	tɕʰ	tɕʰ	tɕʰ	tɕʰ	ɕ	ɕ	ɕ	ɕ
榆社	tɕ	tɕ	tɕʰ	tɕʰ	tɕʰ	tɕʰ	ɕ	ɕ	ɕ	ɕ
武乡	tɕ	tɕ	tɕʰ	tɕʰ	tɕʰ	tɕʰ	ɕ	ɕ	ɕ	ɕ
沁县	tɕ	tɕ	tɕʰ	tɕʰ	tɕʰ	tɕʰ	ɕ	ɕ	ɕ	ɕ
潞城	tʃ	tɕ	tʃʰ	tɕʰ	tʃʰ	tɕʰ	ʃ	ɕ	ʃ	ɕ
黎城	tɕ	c	tɕʰ	cʰ	tɕʰ	cʰ	ɕ	ç	ɕ	ç
壶关	ts	c	tsʰ	cʰ	tsʰ	cʰ	s	ç	s	ç
平顺	ts	c	tsʰ	cʰ	tsʰ	cʰ	s	ç	s	ç

（三）北京话读零声母字声母的读法

北京话读开口呼零声母字的声母在浊漳河流域方言中有三种读音：(1) 读零声母[ø]，分布在长治市、长治县。(2) 读[ŋ]，分布在长子、襄垣、武乡、沁县、榆社。(3) 读[ɣ]，分布在平顺、黎城、潞城、壶关、屯留。下面举例说明。

	爱	恩	熬	岸	鹅
	影	影	疑	疑	疑
长治市	ø	ø	ø	ø	ø
长治县	ø	ø	ø	ø	ø
长子	ŋ	ŋ	ŋ	ŋ	ŋ

续表

	爱	恩	熬	岸	鹅
	影	影	疑	疑	疑
襄垣	ŋ	ŋ	ŋ	ŋ	ŋ
武乡	ŋ	ŋ	ŋ	ŋ	ŋ
沁县	ŋ	ŋ	ŋ	ŋ	ŋ
榆社	ŋ	ŋ	ŋ	ŋ	ŋ
平顺	ɣ	ɣ	ɣ	ɣ	ɣ
黎城	ɣ	ɣ	ɣ	ɣ	ɣ
潞城	ɣ	ɣ	ɣ	ɣ	ɣ
壶关	ɣ	ɣ	ɣ	ɣ	ɣ
屯留	ɣ	ɣ	ɣ	ɣ	ɣ

北京话读合口呼零声母字的声母在浊漳河流域方言中有两种读音：（1）读零声母[ø]，分布在长治市、长治县、潞城、平顺、黎城、壶关、屯留。（2）读[v]，分布在长子、襄垣、武乡、沁县、榆社。下面举例说明。

	物	翁	外	维	往
	微	影	疑	喻	喻
长治市	ø	ø	ø	ø	ø
长治县	ø	ø	ø	ø	ø
潞城	ø	ø	ø	ø	ø
平顺	ø	ø	ø	ø	ø
黎城	ø	ø	ø	ø	ø
壶关	ø	ø	ø	ø	ø
屯留	ø	ø	ø	ø	ø
长子	v	v	v	v	v
襄垣	v	v	v	v	v
沁县	v	v	v	v	v
榆社	v	v	v	v	v
武乡	v	v	v	v	v

二　浊漳河流域各方言与普通话的声母对应规律

（一）长治方言与普通话的声母对应规律

1. 长治方言 13 个声母与普通话是一对一的关系，分别为：

长治方言	普通话	例字
p	p	补巴班崩
pʻ	pʻ	批普盘拼
m	m	磨忙没买
f	f	分非法附
t	t	当多堆得
tʻ	tʻ	驼推特唐
l	l	里老罗来
k	k	跟盖更刚
kʻ	kʻ	可裤肯坑
x	x	海很横行
tɕ	tɕ	尖酒九经
tɕʻ	tɕʻ	妻秋旗区
ɕ	ɕ	修星虚香

2. 长治方言有 3 个声母与普通话是一对二的关系。分别为：

长治方言	普通话	例字
ts	ts	组座造在
	tʂ	追震张中
tsʻ	tsʻ	才仓草擦
	tʂʻ	持常陈拆
s	s	思赛桑僧
	ʂ	史山生水

3. 长治方言的零声母与普通话是一对三的关系。分别为：

长治方言	普通话	例字
ø	ʐ	融容人闰
	ø	儿武恩影
	n	牛

4. 长治方言有 1 个声母与普通话是二对一的关系。分别为：

长治方言	普通话	例字
n	n	脑男暖内
ȵ		女年你宁

（二）长治县方言与普通话的声母对应规律

1. 长治县方言 10 个声母与普通话是一对一的关系，分别为：

长治县方言	普通话	例字
p	p	补巴班崩
p‘	p‘	批普盘拼
m	m	磨忙没买
f	f	分非法附
t	t	当多堆得
t‘	t‘	驼推特唐
l	l	里老罗来
k	k	跟盖更刚
k‘	k‘	可裤肯坑
x	x	海很横行

2. 长治县方言有 6 个声母与普通话是一对二的关系。分别为：

长治县方言	普通话	例字
ts	ts	组座造在
	tʂ	追震张中
ts‘	ts‘	才仓草擦
	tʂ‘	持常陈拆

续表

长治县方言	普通话	例字
s	s	思赛桑僧
	ʂ	史山生水
tɕ	tɕ	姐举九江
	tʂ	者哲蛰
tɕʻ	tɕʻ	期巧强取
	tʂʻ	彻车
ɕ	ɕ	西星心想
	ʂ	涉舌设失

3. 长治县方言的零声母与普通话是一对三的关系。分别为：

长治县方言	普通话	例字
ø	ʐ	融容人闰
	ø	儿武恩影
	n	牛

4. 长治县方言有 2 个声母与普通话是二对一的关系。分别为：

长治县方言	普通话	例字
n	n	闹奶南嫩
ȵ		女年你宁

（三）屯留方言与普通话的声母对应规律

1. 屯留方言 15 个声母与普通话是一对一的关系，分别为：

屯留方言	普通话	例字
p	p	补巴班崩
pʻ	pʻ	批普盘拼
m	m	磨忙没买
f	f	分非法附
t	t	当多堆得

续表

屯留方言	普通话	例字
t‘	t‘	驼推特唐
l	l	里老罗来
k	k	跟盖更刚
k‘	k‘	可裤肯坑
x	x	海很横行
tɕ	tɕ	较句经济
tɕ‘	tɕ‘	区强期请
ɕ	ɕ	小西需星
ŋ	∅	安爱昂熬

2. 屯留方言有 3 个声母与普通话是一对二的关系。分别为：

屯留方言	普通话	例字
ts	ts	组座造在
	tʂ	追震张中
ts‘	ts‘	才仓草擦
	tʂ‘	持常陈拆
s	s	思赛桑僧
	ʂ	史山生水

3. 屯留方言的零声母与普通话是一对三的关系。分别为：

屯留方言	普通话	例字
∅	ʐ	融容人闰
	∅	儿云影微
	n	牛

4. 屯留方言有 2 个声母与普通话是二对一的关系。分别为：

屯留方言	普通话	例字
n	n	闹奶南嫩
ȵ		女年你宁

（四）长子方言与普通话的声母对应规律

1. 长子方言 15 个声母与普通话是一对一的关系，分别为：

长子方言	普通话	例字
p	p	补巴班崩
pʻ	pʻ	批普盘拼
m	m	磨忙没买
f	f	分非法附
t	t	当多堆得
tʻ	tʻ	驼推特唐
l	l	里老罗来
k	k	跟盖更刚
kʻ	kʻ	可裤肯坑
x	x	海很横行
tɕ	tɕ	较句经济
tɕʻ	tɕʻ	区强期请
ɕ	ɕ	小西需星
ŋ	ø	安爱昂熬
v	ø	微午玩王

2. 长子方言有 3 个声母与普通话是一对二的关系。分别为：

长子方言	普通话	例字
ts	ts	组座造在
	tʂ	追震张中
tsʻ	tsʻ	才仓草擦
	tʂʻ	持常陈拆
s	s	思赛桑僧
	ʂ	史山生水

3. 长子方言的零声母与普通话是一对三的关系。分别为：

长子方言	普通话	例字
ø	ʐ	融容人闰
	ø	儿云影音
	n	牛

4. 长子方言有 2 个声母与普通话是二对一的关系。分别为：

长子方言	普通话	例字
n	n	闹奶南嫩
ȵ		女年你宁

（五）壶关方言与普通话的声母对应规律

1. 壶关方言 14 个声母与普通话是一对一的关系，分别为：

壶关方言	普通话	例字
p	p	补巴班崩
pʻ	pʻ	批普盘拼
m	m	磨忙没买
f	f	分非法附
t	t	当多堆得
tʻ	tʻ	驼推特唐
l	l	里老罗来
k	k	跟盖更刚
kʻ	kʻ	可裤肯坑
x	x	海很横行
tʃ	tʂ	者制哲知
tʃʻ	tʂʻ	彻车尺斥
ʃ	ʂ	十蛇石勺
ɣ	ø	安爱昂熬

2. 壶关方言有 3 个声母与普通话是一对二的关系。分别为：

壶关方言	普通话	例字
tʂ	ts	组座造在
	tʂ	追震张中
tʂ‘	ts‘	才仓草擦
	tʂ‘	持常陈拆
ʂ	s	思赛桑僧
	ʂ	史山生水

3. 壶关方言的零声母与普通话是一对三的关系。分别为：

壶关方言	普通话	例字
ø	ʐ	融容人闰
	ø	儿武恩影
	n	牛

4. 壶关方言有 8 个声母与普通话是二对一的关系。分别为：

壶关方言	普通话	例字
ts	tɕ	尖精挤酒
c		见经甲九
ts‘	tɕ‘	妻秋切齐
c‘		旗掐区茄
s	ɕ	修西血星
ç		虚溪歇香
n	n	闹奶南嫩
ȵ		女年你宁

（六）武乡方言与普通话的声母对应规律

1. 武乡方言 13 个声母与普通话是一对一的关系，分别为：

武乡方言	普通话	例字
p	p	补巴班崩
p‘	p‘	批普盘拼

续表

武乡方言	普通话	例字
m	m	磨忙没买
f	f	分非法附
t	t	当多堆得
t‘	t‘	驼推特唐
l	l	里老罗来
k	k	跟盖更刚
k‘	k‘	可裤肯坑
x	x	海很横行
ŋ	ø	安爱昂熬
v	ø	微午玩王
ø	ø	儿音运影

2. 武乡方言有 4 个声母与普通话是一对二的关系。分别为：

武乡方言	普通话	例字
tɕ	tɕ	姐接九江
	tʂ	者遮
tɕ‘	tɕ‘	前巧强琴
	tʂ‘	车扯
ɕ	ɕ	霞星心想
	ʂ	社舍赦蛇
z	ʐ	荣润人然
	ø	疑语鱼衣

3. 武乡方言有 3 个声母与普通话是一对三的关系。分别为：

武乡方言	普通话	例字
ts	ts	组座造在
	tʂ	追震张中
	tɕ	鸡句机
ts‘	ts‘	才仓草擦
	tʂ‘	持常陈拆
	tɕ‘	区妻趣

续表

武乡方言	普通话	例字
s	s	思赛桑僧
	ʂ	史山生水
	ɕ	需西徐

4. 武乡方言有 3 个声母与普通话是三对一的关系。分别为：

武乡方言	普通话	例字
n	n	闹奶南嫩
ȵ		年您宁娘
nz		你女尼拟

（七）沁县方言与普通话的声母对应规律

1. 沁县方言 13 个声母与普通话是一对一的关系。分别为：

沁县方言	普通话	例字
p	p	补巴班崩
pʻ	pʻ	批普盘拼
m	m	磨忙没买
f	f	分非法附
t	t	当多堆得
tʻ	tʻ	驼推特唐
l	l	里老罗来
k	k	跟盖更刚
kʻ	kʻ	可裤肯坑
x	x	海很横行
ŋ	ø	安爱昂熬
v	ø	微午玩王
ø	ø	儿言音影

2. 沁县方言有 4 个声母与普通话是一对二的关系。分别为：

沁县方言	普通话	例字
tɕ	tɕ	姐接九江
	tʂ	者遮
tɕʻ	tɕʻ	前巧强琴
	tʂʻ	车扯
ɕ	ɕ	霞星心想
	ʂ	社舍赦蛇
z	ʐ	荣润人然
	ø	疑语鱼衣

3. 沁县方言有 3 个声母与普通话是一对三的关系。分别为：

沁县方言	普通话	例字
ts	ts	组座造在
	tʂ	追震张中
	tɕ	鸡句机
tsʻ	tsʻ	才仓草擦
	tʂʻ	持常陈拆
	tɕʻ	区妻趣
s	s	思赛桑僧
	ʂ	史山生水
	ɕ	需西徐

4. 沁县方言有 2 个声母与普通话是二对一的关系。分别为：

沁县方言	普通话	例字
n	n	闹奶南嫩
ȵ		年女宁娘

（八）襄垣方言与普通话的声母对应规律

1. 襄垣方言 12 个声母与普通话是一对一的关系。分别为：

襄垣方言	普通话	例字
p	p	补巴班崩
p‘	p‘	批普盘拼
m	m	磨忙没买
f	f	分非法附
t	t	当多堆得
t‘	t‘	驼推特唐
l	l	里老罗来
k	k	跟盖更刚
k‘	k‘	可裤肯坑
x	x	海很横行
v	ø	微午玩王
ø	ø	儿安爱恩

2. 襄垣方言有 4 个声母与普通话是一对二的关系。分别为：

襄垣方言	普通话	例字
tɕ	tɕ	姐接九江
	tʂ	者遮
tɕ‘	tɕ‘	前巧强琴
	tʂ‘	车扯
ɕ	ɕ	霞星心想
	ʂ	社舍赦蛇
z	ʐ	荣润人然
	ø	疑语鱼衣

3. 襄垣方言有 3 个声母与普通话是一对三的关系。分别为：

襄垣方言	普通话	例字
ts	ts	组座造在
	tʂ	追震张中
	tɕ	鸡句机
ts‘	ts‘	才仓草擦
	tʂ‘	持常陈拆
	tɕ‘	区妻趣

续表

襄垣方言	普通话	例字
s	s	思赛桑僧
	ʂ	史山生水
	ɕ	需西徐

4. 襄垣方言有 2 个声母与普通话是二对一的关系。分别为：

襄垣方言	普通话	例字
n	n	闹奶南嫩
ȵ		年女宁娘

（九）榆社方言与普通话的声母对应规律

1. 榆社方言 18 个声母与普通话是一对一的关系。分别为：

榆社方言	普通话	例字
p	p	补巴班崩
p‘	p‘	批普盘拼
m	m	磨忙没买
f	f	分非法附
t	t	当多堆得
t‘	t‘	驼推特唐
n	n	闹南年宁
l	l	里老罗来
tɕ	tɕ	尖酒九经
tɕ‘	tɕ‘	妻秋旗区
ɕ	ɕ	修星虚香
k	k	跟盖更刚
k‘	k‘	可裤肯坑
x	x	海很横行
ŋ	ø	安爱昂熬
v	ø	微午玩王
ø	ø	儿衣鱼云
z	ʐ	融容人闰

2. 榆社方言有 3 个声母与普通话是一对二的关系。分别为：

榆社方言	普通话	例字
ts	ts	组座造在
	tʂ	追震张中
ts‘	ts‘	才仓草擦
	tʂ‘	持常陈拆
s	s	思赛桑僧
	ʂ	史山生水

（十）黎城方言与普通话的声母对应规律

1. 黎城方言 14 个声母与普通话是一对一的关系。分别为：

黎城方言	普通话	例字
p	p	补巴班崩
p‘	p‘	批普盘拼
m	m	磨忙没买
f	f	分非法附
t	t	当多堆得
t‘	t‘	驼推特唐
l	l	里老罗来
k	k	跟盖更刚
k‘	k‘	可裤肯坑
x	x	海很横行
c	tɕ	见经甲九
c‘	tɕ‘	旗掐区茄
ç	ɕ	虚溪歇香
ɣ	ø	安爱昂熬

2. 黎城方言有 6 个声母与普通话是一对二的关系。分别为：

黎城方言	普通话	例字
ts	ts	组座造在
	tʂ	追震张中
ts‘	ts‘	才仓草擦
	tʂ‘	持常陈拆
s	s	思赛桑僧
	ʂ	史山生水
tɕ	tɕ	姐举九江
	tʂ	者制哲蛰
tɕ‘	tɕ‘	期巧强取
	tʂ‘	彻车
ɕ	ɕ	西星心想
	ʂ	涉舌设失

3. 黎城方言的零声母与普通话是一对三的关系。分别为：

壶关方言	普通话	例字
ø	ʐ	融容人闰
	ø	儿武恩影
	n	牛

4. 黎城方言有 2 个声母与普通话是二对一的关系。分别为：

黎城方言	普通话	例字
n	n	闹奶南嫩
ȵ		女年你宁

（十一）潞城方言与普通话的声母对应规律

1. 潞城方言 14 个声母与普通话是一对一的关系。分别为：

潞城方言	普通话	例字
p	p	补巴班崩
p‘	p‘	批普盘拼

续表

潞城方言	普通话	例字
m	m	磨忙没买
f	f	分非法附
t	t	当多堆得
t‘	t‘	驼推特唐
l	l	里老罗来
k	k	跟盖更刚
k‘	k‘	可裤肯坑
x	x	海很横行
tʃ	tɕ	尖精挤酒
tʃ‘	tɕ‘	妻秋切齐
ʃ	ɕ	修西血星
ɣ	ø	安爱昂熬

2. 潞城方言有 6 个声母与普通话是一对二的关系。分别为：

潞城方言	普通话	例字
ts	ts	组座造在
	tʂ	追震张中
ts‘	ts‘	才仓草擦
	tʂ‘	持常陈拆
s	s	思赛桑僧
	ʂ	史山生水
tɕ	tɕ	姐举九江
	tʂ	者制哲蛰
tɕ‘	tɕ‘	期巧强取
	tʂ‘	彻车
ɕ	ɕ	西星心想
	ʂ	涉舌设失

3. 潞城方言的零声母与普通话是一对三的关系。分别为：

潞城方言	普通话	例字
ø	ʐ	融容人闰
	ø	儿武恩影
	n	牛

4. 潞城方言有 2 个声母与普通话是二对一的关系。分别为：

潞城方言	普通话	例字
n	n	闹奶南嫩
ȵ		女年你宁

（十二）平顺方言与普通话的声母对应规律

1. 平顺方言 17 个声母与普通话是一对一的关系。分别为：

平顺方言	普通话	例字
p	p	补巴班崩
p‘	p‘	批普盘拼
m	m	磨忙没买
f	f	分非法附
t	t	当多堆得
t‘	t‘	驼推特唐
l	l	里老罗来
k	k	跟盖更刚
k‘	k‘	可裤肯坑
x	x	海很横行
tç	tʂ	者制哲知
tç‘	tʂ‘	彻车尺斥
ç	ʂ	十蛇石勺
c	tç	见经甲九
c‘	tç‘	旗掐区茄
ç	ç	虚溪歇香
ɣ	ø	安爱昂熬

2. 平顺方言有 4 个声母与普通话是一对三的关系。分别为：

平顺方言	普通话	例字
ts	ts	组座造在
	tʂ	追震张中
	tɕ	酒挤
tsʻ	tsʻ	才仓草擦
	tʂʻ	持常陈拆
	tɕʻ	妻秋
s	s	思赛桑僧
	ʂ	史山生水
	ɕ	修西
ø	ʐ	融容人闰
	ø	儿武恩影
	n	牛

3. 平顺方言有 2 个声母与普通话是二对一的关系。分别为：

平顺方言	普通话	例字
n	n	闹奶南嫩
ȵ		女年你宁

第二节　浊漳河流域方言韵母特点

一　韵母的主要特点

（一）“初—猪—亩”类字的韵母分合

普通话中“初—猪—亩”这类字韵母的读音一致，都读为[u]。但在浊漳河流域方言中的读音有三种情况：

1. 初≠猪≠亩

这种情况分布在平顺、潞城、黎城。举例如下：

	初	猪	亩
	遇合三初	遇合三知	流开一明
平顺	uo	y	u
潞城	uə	y	u
黎城	uo	y	u

2. 初≠猪＝亩

这种情况分布在长治、长治县、长子、壶关、屯留、武乡、沁县、襄垣、榆社。举例如下：

	初	猪	亩
	遇合三初	遇合三知	流开一明
长治	uə	u	u
长治县	uo	u	u
长子	uo	u	u
壶关	uə	u	u
屯留	uo	u	u
武乡	uɤ	u	u
沁县	uo	u	u
襄垣	uo	u	u
榆社	uo	u	u

3. 初＝猪＝亩

这种情况与普通话一致，分布在榆社。举例如下：

	初	猪	亩
	遇合三初	遇合三知	流开一明
榆社	u	u	u

（二）“雷内嘴追”类字韵母的分合

普通话中，“雷内”类字韵母读为开口呼，“嘴追”类字韵母读为合口呼，在浊漳河流域方言中，这类字韵母的读音有三种情况：

1. 雷 = 内 = 嘴 = 追

这种情况分布在长治、长子、屯留、壶关、平顺、潞城、黎城、沁县、襄垣。举例如下：

	雷	内	嘴	追
	蟹合三来	蟹合一泥	止合三精	止合三知
长治	uei	uei	uei	uei
长子	uei	uei	uei	uei
屯留	uei	uei	uei	uei
壶关	uei	uei	uei	uei
平顺	uei	uei	uei	uei
潞城	uei	uei	uei	uei
黎城	uei	uei	uei	uei
沁县	uei	uei	uei	uei
襄垣	uei	uei	uei	uei
榆社	uei	uei	uei	uei

2. 雷 = 嘴 = 追 ≠ 内

这种情况分布在武乡。举例如下：

	雷	嘴	内	追
	蟹合三来	蟹合一泥	止合三精	止合三知
武乡	uei	uei	uei	ei

3. 雷 = 内 = 嘴 ≠ 追

这种情况分布在长治县。举例如下：

	雷	嘴	内	追
	蟹合三来	止合三精	蟹合一泥	止合三知
长治县	ei	ei	ei	uei

（三）“胆党痕恒”类字韵母的分合

在普通话中，“胆党痕恒”这类字韵母各不相混，前后鼻音区分得非常明显，但在浊漳河流域方言中，这类字韵母的分合情况不尽一致，主要有以下三种情况：

1. 胆≠党≠痕≠恒

这种情况与普通话一致，主要分布在黎城、平顺、潞城、长子、屯留。举例如下：

	胆	党	痕	恒
	咸开一端	宕开一端	臻开一匣	曾开一匣
黎城	æ	aŋ	Ẽ	əŋ
平顺	æ̃	aŋ	Ẽ	əŋ
潞城	æ̃	ɑŋ	Ẽ	əŋ
长子	æ̃	ɑŋ	ən	əŋ
屯留	an	ɑŋ	ən	əŋ

2. 胆≠党≠痕＝恒

这种情况主要分布在武乡、沁县、襄垣、榆社。举例如下：

	胆	党	痕	恒
	咸开一端	宕开一端	臻开一匣	曾开一匣
武乡	æ	ɔ̃	ɐŋ	ɐŋ
沁县	an	ɔ̃	əŋ	əŋ
襄垣	æ	aŋ	əŋ	əŋ
榆社	ɑ̃	ɔ̃	ɛ̃	ɛ̃

3. 胆＝党≠痕＝恒

这种情况主要分布在长治、长治县、壶关。举例如下：

	胆	党	痕	恒
	咸开一端	宕开一端	臻开一匣	曾开一匣
长治	ɑŋ	ɑŋ	əŋ	əŋ
长治县	ɑŋ	ɑŋ	əŋ	əŋ
壶关	aŋ	aŋ	əŋ	əŋ

二 浊漳河流域各方言韵母与普通话的对应规律

（一）长治方言韵母与普通话的对应规律

1. 长治方言有 18 个韵母与普通话是一对一的关系，分别为：

长治方言	普通话	例字
u	u	粗补注书
y	y	句女鱼旅
ɑ	a	他拿马卡
iɑ	ia	加下俩假
uɑ	ua	抓蛙寡夸
ə	ə	歌哥河鹅
iᴇ	iɛ	姐夜写谢
yᴇ	yɛ	瘸靴
o	o	波婆磨破
æ	ai	败买太带
uæ	uai	揣帅怪快
ɔ	ɑu	帽跑套倒
iɔ	iɑu	较翘笑要
ei	ei	非背每飞
əu	ou	头走楼欧
iəu	iou	扭就修有
yaŋ	yan	权捐选园
ər	ər	二儿耳而

2. 长治方言有 10 个韵母与普通话是一对二的关系。分别为：

长治方言	普通话	例字
ɿ	ɿ	词字四自
	ʅ	支是指视
i	i	祭西齐医
	ei	被眉楣

续表

长治方言	普通话	例字
uei	ei	雷泪内
	uei	位归亏水
ɑŋ	an	安干盘赞
	ɑŋ	帮放仓常
iɑŋ	iɛn	编年见眼
	iɑŋ	将强样江
uɑŋ	uan	团段玩窜
	uɑŋ	创装双王
əŋ	ən	真森恩本
	əŋ	声曾蹦风
iŋ	in	仅亲音宾
	iŋ	病经请性
uŋ	un	春吞吨顺
	uŋ	冲中翁红
yŋ	yn	云群均训
	yŋ	穷窘兄用

3. 长治方言有 1 个韵母与普通话是一对三的关系。分别为：

长治方言	普通话	例字
uə	ə	课科和
	u	初阻蔬
	uo	多朵座卧

4. 长治方言有 8 个入声韵，它们是[ɑʔ iɑʔ uɑʔ yɑʔ iəʔ uəʔ uəʔ yəʔ]，普通话没有入声韵。

（二）长治县方言韵母与普通话的对应规律

1. 长治县方言有 17 个韵母与普通话是一对一的关系。分别为：

长治县方言	普通话	例字
u	u	部鼠母土
y	y	句女鱼旅
ɑ	a	他拿马卡
iɑ	ia	加下俩假
uɑ	ua	抓蛙寡夸
ə	ə	歌哥河鹅
yᴇ	yɛ	瘸靴
o	o	波婆磨破
æ	ai	败买太带
uæ	uai	揣帅怪快
ɔ	ɑu	帽跑套倒
iɔ	iɑu	较翘笑要
uei	uei	位归亏水
əu	ou	头走楼欧
iəu	iou	扭就修有
ər	ər	二儿耳而
yɑŋ	yan	权捐选园

2. 长治县方言有 10 个韵母与普通话是一对二的关系。分别为：

长治县方言	普通话	例字
ɿ	ɿ	词字四自
	ʅ	支是指视
ie	iɛ	姐夜写谢
	ə	车扯蛇社
ei	ei	雷泪飞背
	uei	嘴崔对退
ɑŋ	an	安干盘赞
	ɑŋ	帮放仓常
iɑŋ	iɛn	编年见眼
	iɑŋ	将强样江

续表

长治县方言	普通话	例字
uɑŋ	uan	团段玩窜
	uɑŋ	创装双王
əŋ	ən	真森恩本
	əŋ	声曾蹦风
iŋ	in	仅亲音宾
	iŋ	病经请性
uŋ	un	春吞吨顺
	uŋ	冲中翁红
yŋ	yn	云群均训
	yŋ	穷窘兄用

3. 长治县方言有 2 个韵母与普通话是一对三的关系。分别为：

长治县方言	普通话	例字
i	i	祭西齐医
	ʅ	迟知智池
	ei	被眉楣
uo	u	初阻蔬
	ə	课科和
	uo	多朵座卧

4. 长治县方言有 8 个入声韵，它们是[ɑʔ iɑʔ uɑʔ yɑʔ əʔ iəʔ uəʔ yəʔ]，普通话没有入声韵。

（三）屯留方言韵母与普通话的对应规律

1. 屯留方言有 32 个韵母与普通话是一对一的关系。分别为：

屯留方言	普通话	例字
u	u	部鼠母土
y	y	句女鱼旅
a	a	他拿马卡

续表

屯留方言	普通话	例字
ia	ia	加下俩假
ua	ua	抓蛙寡夸
ɤ	ə	歌哥河鹅
iɛ	iɛ	姐夜写谢
yɛ	yɛ	瘸靴
o	o	波婆磨破
æ	ai	败买太带
uæ	uai	揣帅怪快
ɔ	ɑu	帽跑套倒
iɔ	iɑu	较翘笑要
ei	ei	非背每给
əu	ou	头走楼欧
iəu	iou	扭就修有
l̩	ər	二儿耳而
an	an	安干盘赞
ian	ian	编年见眼
uan	uan	团段玩窜
yan	yan	权捐选园
ɑŋ	ɑŋ	帮放仓常
iɑŋ	iɑŋ	将强样江
uɑŋ	uɑŋ	创装双王
ən	ən	真森恩本
in	in	仅亲音宾
uən	un	春吞吨顺
yn	yn	云群均训
əŋ	əŋ	声曾蹦风
iŋ	iŋ	病经请性
uŋ	uŋ	冲中翁红
yŋ	yŋ	穷窘兄用

2. 屯留方言有 3 个韵母与普通话是一对二的关系。分别为：

屯留方言	普通话	例字
ɿ	ɿ	词字四自
	ʅ	支是指视
i	i	祭西齐医
	ei	被眉楣
uei	ei	雷泪内
	uei	位归亏水

3. 屯留方言有 1 个韵母与普通话是一对三的关系。分别为：

屯留方言	普通话	例字
uə	ə	课科和
	u	初阻蔬
	uo	多朵座卧

4. 屯留方言有 9 个入声韵，它们是[ᴀʔ iᴀʔ uᴀʔ iɛʔ yɛʔ əʔ iəʔ uəʔ yəʔ]，普通话没有入声韵。

（四）长子方言韵母与普通话的对应规律

1. 长子方言有 32 个韵母与普通话是一对一的关系。分别为：

长子方言	普通话	例字
u	u	部鼠母土
y	y	句女鱼旅
a	a	他拿马卡
ia	ia	加下俩假
ua	ua	抓蛙寡夸
ə	ə	歌哥河鹅
iɛ	iɛ	姐夜写谢
yɛ	yɛ	瘸靴
o	o	波婆磨破
ai	ai	败买太带

续表

长子方言	普通话	例字
uai	uai	揣帅怪快
au	ɑu	帽跑套倒
iau	iɑu	较翘笑要
ei	ei	非背每给
əu	ou	头走楼欧
iəu	iou	扭就修有
l̩	ər	二儿耳而
æ̃	an	安干盘赞
iæ̃	ian	编年见眼
uæ̃	uan	团段玩窜
yæ̃	yan	权捐选园
aŋ	ɑŋ	帮放仓常
iaŋ	iɑŋ	将强样江
uaŋ	uɑŋ	创装双王
ən	ən	真森恩本
in	in	仅亲音宾
uən	un	春吞吨顺
yn	yn	云群均训
əŋ	əŋ	声曾蹦风
iŋ	iŋ	病经请性
uŋ	uŋ	冲中翁红
yŋ	yŋ	穷窘兄用

2. 长子方言有 3 个韵母与普通话是一对二的关系。分别为：

长子方言	普通话	例字
ɿ	ɿ	词字四自
	ʅ	支是指视
i	i	祭西齐医
	ei	被眉楣
uei	ei	雷泪内
	uei	位归亏水

3. 长子方言有 1 个韵母与普通话是一对三的关系。分别为：

长子方言	普通话	例字
uə	ə	课科和
	u	初阻蔬
	uo	多朵座卧

4. 长子方言有 8 个入声韵，它们是[aʔ iaʔ uaʔ yaʔ əʔ iɛʔ uəʔ yɛʔ]，普通话没有入声韵。

(五) 壶关方言韵母与普通话的对应规律

1. 壶关方言有 14 个韵母与普通话是一对一的关系。分别为：

壶关方言	普通话	例字
y	y	句女鱼旅
a	a	他拿马卡
ia	ia	加下俩假
ua	ua	抓蛙寡夸
yᴇ	yɛ	瘸靴
ai	ai	败买太带
uai	uai	揣帅怪快
ɔ	ɑu	帽跑套倒
iɔ	iɑu	较翘笑要
ei	ei	非背每给
əu	ou	头走楼欧
iəu	iou	扭就修有
l̩	ər	二儿耳而
yaŋ	yan	权捐选园

2. 壶关方言有 12 个韵母与普通话是一对二的关系。分别为：

壶关方言	普通话	例字
ʅ	ɿ	词字四自
	ʅ	支是指视

续表

壶关方言	普通话	例字
iᴇ	iɛ	姐夜写谢
	ə	车扯蛇社
uə	ə	课科和
	uo	多朵座卧
uei	ei	雷泪内
	uei	位归亏水
ə	o	魔磨破
	ɤ	歌哥可
aŋ	an	安干盘赞
	ɑŋ	帮放仓常
iaŋ	iɛn	编年见眼
	iɑŋ	将强样江
uaŋ	uan	团段玩窜
	uɑŋ	创装双王
əŋ	ən	真森恩本
	əŋ	声曾蹦风
iŋ	in	仅亲音宾
	iŋ	病经请性
uŋ	un	春吞吨顺
	uŋ	冲中翁红
yŋ	yn	云群均训
	yŋ	穷窘兄用

3. 壶关方言有1个韵母与普通话是二对一的关系。分别为：

壶关方言	普通话	例字
u	u	粗补注书
uə		初阻蔬

4. 壶关方言有1个韵母与普通话是一对三的关系。分别为：

壶关方言	普通话	例字
i	i	祭西齐医
	ʅ	迟知智池
	ei	被眉楣

5. 壶关方言有 8 个入声韵，它们是[ʌʔ iʌʔ uʌʔ yʌʔ əʔ iəʔ uəʔ yəʔ]，普通话没有入声韵。

（六）武乡方言韵母与普通话的对应规律

1. 武乡方言有 18 个韵母与普通话是一对一的关系。分别为：

武乡方言	普通话	例字
u	u	粗补注书
ʮ	y	句女鱼旅
a	a	他拿马卡
ia	ia	加下俩假
ua	ua	抓蛙寡夸
yɛ	yɛ	瘸靴
ɛ	ai	败买太带
uɛ	uai	揣帅怪快
ɔ	ɑu	帽跑套倒
iɔ	iɑu	较翘笑要
əu	ou	头走楼欧
iəu	iou	扭就修有
ər	ər	二儿耳而
æ	an	谈山干安
uæ	uan	专宽穿酸
ɔ̃	ɑŋ	刚昂当场
iɔ̃	iɑŋ	项阳将强
uɔ̃	uɑŋ	庄光黄床

2. 武乡方言有 8 个韵母与普通话是一对二的关系。分别为：

武乡方言	普通话	例字
iɛ	iɛ	姐夜写谢
	ə	车扯蛇社
ei	ei	非背每内
	ian	前盐县眼
ɤ	o	魔磨破
	ə	歌哥可
uɤ	uɤ	多拖座卧
	ə	科课和
ɐŋ	ən	真森恩本
	əŋ	声曾蹦风
iɐŋ	in	仅亲音宾
	iŋ	病经请性
uɐŋ	un	春吞吨顺
	uŋ	冲中翁红
yɐŋ	yn	云群均训
	yŋ	穷窘兄用

3. 武乡方言有 2 个韵母与普通话是一对三的关系。分别为：

武乡方言	普通话	例字
uei	ei	雷泪
	uei	位归亏水
	yan	全卷选元
ɿ	ɿ	词字四自
	ʅ	支是指视
	i	衣鸡艺西

4. 武乡方言有 8 个入声韵，它们是［ʌʔ iʌʔ uʌʔ yʌʔ əʔ iəʔ uəʔ yəʔ］，普通话没有入声韵。

（七）沁县方言韵母与普通话的对应规律

1. 沁县方言有 22 个韵母与普通话是一对一的关系。分别为：

沁县方言	普通话	例字
u	u	粗补注书
ɥ	y	句女鱼旅
a	a	他拿马卡
ia	ia	加下俩假
ua	ua	抓蛙寡夸
ə	ə	歌哥河
o	o	魔磨破
yɛ	yɛ	瘸靴
ɛ	ai	败买太带
uɛ	uai	揣帅怪快
ɔ	ɑu	帽跑套倒
iɔ	iɑu	较翘笑要
ei	ei	非背每内
əu	ou	头走楼欧
iəu	iou	扭就修有
ər	ər	二儿耳而
an	an	谈山干安
ɪ	ian	闲减咸潜
uan	uan	专宽穿酸
ɔ̃	ɑŋ	当场囊刚
iɔ̃	iɑŋ	项阳将强
uɔ̃	uɑŋ	庄光黄床

2. 沁县方言有6个韵母与普通话是一对二的关系。分别为：

沁县方言	普通话	例字
iɛ	iɛ	姐夜写谢
	ə	车扯蛇社
uo	uɣ	多拖座卧
	ə	科课和
əŋ	ən	真森恩本
	əŋ	声曾蹦风

续表

沁县方言	普通话	例字
iŋ	in	仅亲音宾
	iŋ	病经请性
uəŋ	un	春吞吨顺
	uŋ	冲中翁红
yŋ	yn	云群均训
	yŋ	穷窘兄用

3. 沁县方言有 2 个韵母与普通话是一对三的关系。分别为：

沁县方言	普通话	例字
uei	ei	雷泪
	uei	位归亏水
	yan	全卷选元
ʅ	ʅ	词字四自
	ʅ	支是指视
	i	衣鸡艺西

4. 沁县方言有 8 个入声韵，它们是[ʌʔ iʌʔ uʌʔ yʌʔ əʔ iəʔ uəʔ yəʔ]，普通话没有入声韵。

（八）襄垣方言韵母与普通话的对应规律

1. 襄垣方言有 24 个韵母与普通话是一对一的关系。分别为：

襄垣方言	普通话	例字
i	i	体比米挤
u	u	粗补注书
y	y	句女鱼旅
a	a	他拿马卡
ia	ia	加下俩假
ua	ua	抓蛙寡夸
ɤ	ə	歌哥河
o	o	魔磨破

续表

襄垣方言	普通话	例字
y e	yɛ	瘸靴
ai	ai	败买太带
uai	uai	揣帅怪快
au	ɑu	帽跑套倒
iau	iɑu	较翘笑要
ei	ei	非背每内
ou	ou	头走楼欧
iou	iou	扭就修有
ər	ər	二儿耳而
æ	an	谈山干安
iei	ian	闲减咸潜
uæ	uan	专宽穿酸
yei	yan	权捐选园
ɔ̃	ɑŋ	当场昂刚
iɔ̃	iɑŋ	项阳将强
uɔ̃	uɑŋ	庄光黄床

2. 襄垣方言有 8 个韵母与普通话是一对二的关系。分别为：

襄垣方言	普通话	例字
ɿ	ɿ	词字四自
	ʅ	支是指视
uei	ei	雷泪
	uei	位归亏水
ie	iɛ	姐夜写谢
	ə	车扯蛇社
uo	uɤ	多拖座卧
	ə	科课和
əŋ	ən	真森恩本
	əŋ	声曾蹦风
iŋ	in	仅亲音宾
	iŋ	病经请性

续表

襄垣方言	普通话	例字
uŋ	un	春吞吨顺
	uŋ	冲中翁红
yŋ	yn	云群均训
	yŋ	穷窘兄用

3. 襄垣方言有 8 个入声韵，它们是[ʌʔ iʌʔ uʌʔ yʌʔ əʔ iəʔ uəʔ yəʔ]，普通话没有入声韵。

（十）榆社方言韵母与普通话的对应规律

1. 榆社方言有 21 个韵母与普通话是一对一的关系。分别为：

榆社方言	普通话	例字
i	ie	介姐夜
y	yɛ	瘸靴
ɥ	y	句女鱼旅
ɒ	a	他拿马卡
iɒ	ia	加下俩假
uɒ	ua	抓蛙寡夸
o	uo	躲果货坐
ɛ	ai	败买太带
uɛ	uai	揣帅怪快
iᴇ	ian	闲减咸潜
yᴇ	yan	权捐选园
ou	ɑu	帽跑套倒
iou	iɑu	较翘笑要
əu	ou	头走楼欧
iəu	iou	扭就修有
ɑ̃	an	谈山干安
uɑ̃	uan	专宽穿酸
ər	ər	二儿耳而
ɔ̃	ɑŋ	当场昂刚
iɔ̃	iɑŋ	项阳将强
uɔ̃	uɑŋ	庄光黄床

2. 榆社方言有 7 个韵母与普通话是一对二的关系。分别为：

榆社方言	普通话	例字
u	u	粗补注书
	uei	水腿对
ɤ	ə	歌哥河
	o	魔磨破
ɛ̃	ən	真森恩本
	əŋ	声曾蹦风
iɛ̃	in	仅亲音宾
	iŋ	病经请性
uɛ̃	un	春吞吨顺
	uŋ	冲中翁红
yɛ̃	yn	云群均训
	yŋ	穷窘兄用
uei	uei	位归亏水
	y	驴吕

3. 榆社方言有 3 个韵母与普通话是一对三的关系。分别为：

ɿ	ɿ	词字四自
	ʅ	支是指视
	i	体比米挤
ei	ei	妹背追配
	i	里李俐利
	in	临林琳淋
uei	ei	雷泪内
	uei	位归亏水
	y	驴吕

4. 榆社方言有 8 个入声韵，它们是[aʔ iaʔ uaʔ yaʔ əʔ iəʔ uəʔ yəʔ]，普通话没有入声韵。

（十）黎城方言韵母与普通话的对应规律

1. 黎城方言有 28 个韵母与普通话是一对一的关系。分别为：

黎城方言	普通话	例字
u	u	母部图古
ɑ	a	他拿马卡
iɑ	ia	加下俩假
uɑ	ua	抓蛙寡夸
yɤ	yɛ	瘸靴
ᴇ	ai	败买太带
uᴇ	uai	揣帅怪快
ɔ	ɑu	帽跑套倒
iɔ	iɑu	较翘笑要
ei	ei	非背每给
əu	ou	头走楼欧
iəu	iou	扭就修有
l̩	ər	二儿耳而
æ	an	安干盘赞
iᴇ	iɛn	编年见眼
uæ	uan	团段玩窜
yᴇ	yan	权捐选园
aŋ	ɑŋ	帮放仓常
iaŋ	iɑŋ	将强样江
uaŋ	uɑŋ	创装双王
ᴇ̃	ən	真森恩本
iᴇ̃	in	仅亲音宾
uᴇ̃	un	春吞吨顺
yᴇ̃	yn	云群均训
əŋ	əŋ	声曾蹦风
iŋ	iŋ	病经请性
uŋ	uŋ	冲中翁红
yŋ	yŋ	穷窘兄用

2. 黎城方言有 5 个韵母与普通话是一对二的关系。分别为：

黎城方言	普通话	例字
ɿ	ɿ	词字四自
	ʅ	支是指视
y	y	句女区需
	u	猪除书鼠
ɤ	o	魔磨破
	ɤ	歌哥可
iɤ	iɛ	姐夜写谢
	ə	车扯蛇社
uei	ei	雷泪内
	uei	位归亏水

3. 黎城方言有 1 个韵母与普通话是一对三的关系。分别为：

黎城方言	普通话	例字
uɤ	u	初阻蔬
	ə	课科和
	uo	多朵座卧

4. 黎城方言有 1 个韵母与普通话是一对三的关系。分别为：

黎城方言	普通话	例字
i	i	祭西齐医
	ʅ	迟知智池
	ei	被眉楣

5. 黎城方言有 8 个入声韵，它们是[ʌʔ iʌʔ uʌʔ yʌʔ əʔ iəʔ uəʔ yəʔ]，普通话没有入声韵。

（十一）潞城方言韵母与普通话的对应规律

1. 潞城方言有 28 个韵母与普通话是一对一的关系。分别为：

潞城方言	普通话	例字
u	u	母部图古
ɑ	a	他拿马卡
iɑ	ia	加下俩假
uɑ	ua	抓蛙寡夸
yə	yɛ	瘸靴
ai	ai	败买太带
uai	uai	揣帅怪快
ɔ	ɑu	帽跑套倒
iɔ	iɑu	较翘笑要
ei	ei	非背每给
əu	ou	头走楼欧
iəu	iou	扭就修有
l̩	ər	二儿耳而
æ̃	an	安干盘赞
iæ̃	iɛn	编年见眼
uæ̃	uan	团段玩窜
yæ̃	yan	权捐选园
ɑŋ	ɑŋ	帮放仓常
iɑŋ	iɑŋ	将强样江
uɑŋ	uɑŋ	创装双王
Ẽ	ən	真森恩本
iẼ	in	仅亲音宾
uẼ	un	春吞吨顺
yẼ	yn	云群均训
əŋ	əŋ	声曾蹦风
iŋ	iŋ	病经请性
uŋ	uŋ	冲中翁红
yŋ	yŋ	穷窘兄用

2. 潞城方言有 5 个韵母与普通话是一对二的关系。分别为：

潞城方言	普通话	例字
ɿ	ɿ	词字四自
	ʅ	支是指视
y	y	句女区需
	u	猪除书鼠
ə	o	魔磨破
	ɤ	歌哥可
iə	iɛ	姐夜写谢
	ə	车扯蛇社
uei	ei	雷泪内
	uei	位归亏水

3. 潞城方言有 1 个韵母与普通话是一对三的关系。分别为：

潞城方言	普通话	例字
uə	u	初阻蔬
	ə	课科和
	uo	多朵座卧

4. 潞城方言有 1 个韵母与普通话是一对三的关系，分别为：

潞城方言	普通话	例字
i	i	祭西齐医
	ʅ	迟知智池
	ei	被眉楣

5. 潞城方言有 8 个入声韵，它们是[aʔ iaʔ uaʔ yaʔ əʔ iəʔ uəʔ yəʔ]，普通话没有入声韵。

（十二）平顺方言韵母与普通话的对应规律

1. 平顺方言有 30 个韵母与普通话是一对一的关系，分别为：

平顺方言	普通话	例字
u	u	母部图古
a	a	他拿马卡

续表

平顺方言	普通话	例字
ia	ia	加下俩假
ua	ua	抓蛙寡夸
ə	ə	歌哥可
o	o	魔磨破
yə	yɛ	瘸靴
ai	ai	败买太带
uai	uai	揣帅怪快
ɔ	ɑu	帽跑套倒
iɔ	iɑu	较翘笑要
ei	ei	非背每给
əu	ou	头走楼欧
iəu	iou	扭就修有
l̩	ər	二儿耳而
æ̃	an	安干盘赞
iæ̃	iɛn	编年见眼
uæ̃	uan	团段玩窜
yæ̃	yan	权捐选园
aŋ	ɑŋ	帮放仓常
iaŋ	iɑŋ	将强样江
uaŋ	uɑŋ	创装双王
ᴇ̃	ən	真森恩本
iᴇ̃	in	仅亲音宾
uᴇ̃	un	春吞吨顺
yᴇ̃	yn	云群均训
əŋ	əŋ	声曾蹦风
iŋ	iŋ	病经请性
uŋ	uŋ	冲中翁红
yŋ	yŋ	穷窘兄用

2. 平顺方言有 4 个韵母与普通话是一对二的关系，分别为：

平顺方言	普通话	例字
ɿ	ɿ	词字四自
	ʅ	支是指视
y	y	句女区需
	u	猪除书鼠
iə	iɛ	姐夜写谢
	ə	车扯蛇社
uei	ei	雷泪内
	uei	位归亏水

3. 平顺方言有 1 个韵母与普通话是一对三的关系，分别为：

平顺方言	普通话	例字
uʌ	u	初阻蔬
	ə	课科和
	uo	多朵座卧

4. 平顺方言有 1 个韵母与普通话是一对三的关系，分别为：

平顺方言	普通话	例字
i	i	祭西齐医
	ʅ	迟知智池
	ei	被眉楣

5. 平顺方言有 8 个入声韵，它们是[ʌʔ iʌʔ uʌʔ yʌʔ əʔ iəʔ uəʔ yəʔ]，普通话没有入声韵。

第三节 浊漳河流域方言声调特点

一 浊漳河流域方言声调特点

（一）入声是否分阴阳

浊漳河流域方言都属于晋语，这些方言都有入声，从调类上看，可以分为以下两种情况：

1. 入声不分阴阳

这种情况仅分布在长治和长治县。

2. 入声分为阴入和阳入两类

这种情况分布最广，分布在长子、屯留、壶关、黎城、潞城、平顺、武乡、沁县、襄垣、榆社。其中，在长子、武乡、沁县、襄垣、榆社方言中，古清声母入声和次浊声母入声归阴入，古全浊声母入声归阳入；在黎城、潞城、平顺方言中，古清声母入阴入，古全浊声母和次浊声母入声归阳入。

（二）去声是否分阴阳

从调类上看，浊漳河流域古去声的分派情况有以下两种类型：

1. 去声不分阴阳

这种情况分布在武乡、沁县、襄垣、榆社。

2. 去声分阴阳

这种情况分布在长治、长治县、长子、屯留、壶关、黎城、潞城、平顺。其中，清声母去声归阴去，浊声母去声归阳去。

二　浊漳河流域各方言声调与普通话的对应规律

（一）长治方言声调与普通话的对应规律

<table>
<tr><th>长治</th><th>普通话</th><th>例字</th></tr>
<tr><td>阴平 213</td><td>阴平 55</td><td>告猜知车</td></tr>
<tr><td>阳平 24</td><td>阳平 35</td><td>鞋齐婆梅</td></tr>
<tr><td>上声 535</td><td>上声 214</td><td>里普软粉</td></tr>
<tr><td>阴去 44</td><td rowspan="2">去声 51</td><td>破到菜放</td></tr>
<tr><td>阳去 53</td><td>淡运帽右</td></tr>
<tr><td rowspan="4">入声ʔ54（54 下有下划线）</td><td>阴平 55</td><td>八割屋失</td></tr>
<tr><td>阳平 35</td><td>福昨碟席</td></tr>
<tr><td>上声 214</td><td>葛尺骨铁</td></tr>
<tr><td>去声 51</td><td>客酷覆目</td></tr>
</table>

（二）长治县方言声调与普通话的对应规律

长治县	普通话	例字
阴平 213	阴平 55	告猜知车
阳平 44	阳平 35	鞋齐婆梅
上声 535	上声 214	里普软粉
阴去 22	去声 51	破到菜放
阳去 42		淡运帽右
入声ʔ21	阴平 55	八割屋失
	阳平 35	福昨碟席
	上声 214	葛尺骨铁
	去声 51	客酷覆目

（三）屯留方言声调与普通话的对应规律

屯留	普通话	例字
阴平 313	阴平 55	告猜知车
阳平去 13	阳平 35	鞋齐婆梅
	去声 51	淡运帽右
上声 534	上声 214	里普软粉
去声 53	去声 51	破到菜放
阴入ʔ45	阴平 55	八割屋失
阳入ʔ54	阳平 35	福幅辐蝠
	上声 214	葛尺骨铁
	去声 51	客酷月欲
	阳平 35	碟席食昨

（四）长子方言声调与普通话的对应规律

长子	普通话	例字
阴平 213	阴平 55	告猜知车

续表

长子	普通话	例字
阳平 24	阳平 35	鞋齐婆梅
上声 324	上声 214	里普软粉
阴去 45	去声 51	破到菜放
阳去 53		淡运帽右
阴入ʔ4	阴平 55	八割屋失
	阳平 35	福幅辐蝠
	上声 214	葛尺骨铁
	去声 51	客酷月欲
阳入ʔ212	阳平 35	碟席食昨

（五）壶关方言声调与普通话的对应规律

壶关	普通话	例字
阴平 33	阴平 55	告猜知车
阳平 13	阳平 35	鞋齐婆梅
上声 535	上声 214	里普软粉
阴去 42	去声 51	破到菜放
阳去 353		淡运帽右
阴入2	阴平 55	八割屋失
	阳平 35	福幅辐蝠
	上声 214	葛尺骨铁
	去声 51	客酷覆
阳入21	阳平 35	碟席食昨
	去声 51	目力月欲

（六）武乡方言声调与普通话的对应规律

武乡	普通话	例字
阴平 213	阴平 55	告猜知车
阳平 24	阳平 35	鞋齐婆梅

续表

武乡	普通话	例字
上声 324	上声 214	里普软粉
去声 55	去声 51	破到淡运
阴入ʔ3	阴平 55	八割屋失
	阳平 35	福幅辐蝠
	上声 214	葛尺骨铁
	去声 51	客酷月欲
阳入ʔ423	阳平 35	碟席食昨

（七）沁县方言声调与普通话的对应规律

沁县	普通话	例字
阴平上 213	阴平 55	告猜知车
	上声 214	软粉里普
阳平 33	阳平 35	鞋齐婆梅
去声 55	去声 51	破到淡运
阴入ʔ4	阴平 55	八割屋失
	阳平 35	福幅辐蝠
	上声 214	葛尺骨铁
	去声 51	客酷月欲
阳入ʔ213	阳平 35	碟席食昨

（八）襄垣方言声调与普通话的对应规律

襄垣	普通话	例字
阴平 33	阴平 55	告猜知车
阳平 11	阳平 35	鞋齐婆梅
上声 213	上声 214	里普软粉
去声 55	去声 51	破到淡运

续表

襄垣	普通话	例字
阴入ʔ3	阴平 55	八割屋失
	阳平 35	福幅辐蝠
	上声 214	葛尺骨铁
	去声 51	客酷月欲
阳入ʔ5	阳平 35	碟席食昨

（九）榆社方言声调与普通话的对应规律

榆社	普通话	例字
平声 33	阴平 55	告猜知车
	阳平 35	鞋齐婆梅
上声 323	上声 214	里普软粉
去声 45	去声 51	破到淡运
阴入ʔ2	阴平 55	八割屋失
	阳平 35	福幅辐蝠
	上声 214	葛尺骨铁
	去声 51	客酷月欲
阳入ʔ434	阳平 35	碟席食昨

（十）黎城方言声调与普通话的对应规律

黎城	普通话	例字
阴平 33	阴平 55	告猜知车
阳平去 13	阳平 35	鞋齐婆梅
	去声 51	淡运帽右
上声 212	上声 214	里普软粉
去声	去声 51	破到菜放
阴入2	阴平 55	八割屋失
	阳平 35	福幅辐蝠
	上声 214	葛尺骨铁
	去声 51	客酷覆

续表

黎城	普通话	例字
阳入43	阳平 35	碟席食昨
	去声 51	目力月欲

（十一）潞城方言声调与普通话的对应规律

潞城	普通话	例字
阴平 213	阴平 55	告猜知车
阳平 13	阳平 35	鞋齐婆梅
上声 434	上声 214	里普软粉
阴去 53	去声 51	破到菜放
阳去 343		淡运帽右
阴入 1 2	阴平 55	八割屋失
	阳平 35	福幅辐蝠
	上声 214	葛尺骨铁
	去声 51	客酷覆
阳入43	阳平 35	碟席食昨
	去声 51	目力月欲

（十二）平顺方言声调与普通话的对应规律

平顺	普通话	例字
阴平 313	阴平 55	告猜知车
阳平 22	阳平 35	鞋齐婆梅
上声 424	上声 214	里普软粉
阴去 353	去声 51	破到菜放
阳去 53		淡运帽右
阴入2	阴平 55	八割屋失
	阳平 35	福幅辐蝠
	上声 214	葛尺骨铁
	去声 51	客酷覆

续表

平顺	普通话	例字
阳入212	阳平 35	碟席食昨
	去声 51	目力月欲

第四节 浊漳河流域方言语音与中古音的比较

浊漳河流域各方言的语音系统与以《切韵》系韵书为代表的中古音存在着一定的对应规律。古音分类以中国社会科学院语言研究所编制的《方言调查字表》为依据。浊漳河流域各方言的语音仅指单字音。

一 长治方言语音与中古音的比较

（一）声母比较

帮母 今读[p]。如"包[pɔ^{213}]"。

滂母 今多读[p‘]。如"怕"[p‘a^{53}]"，少数读[p]，如"怖"[pu^{44}]"。

並母 今平声多读送气音[p‘]，今仄声多读不送气音[p]，如："皮[p‘i^{213}]被[pi^{53}]"。有个别字平声读不送气音，如"刨[pɔ^{213}]"，仄声读送气音，如"佩[p‘ei^{44}]"。

明母 今读[m]，如"马[mɑ^{535}]"。

非敷奉母 今读[f]，如"反[fɑŋ^{535}]翻[fɑŋ^{213}]房[fɑŋ^{24}]"。

微母 今读[ø]，如"微[uei^{213}]武[u^{535}]爱[æ^{53}]音[iŋ^{213}]"。

端母 今读[t]，如"肚[tu^{44}]"，"鸟"是例外字，今读[ȵiɔ^{535}]。

透母 读[t‘]，如"梯[t‘i^{213}]"，个别字读[t]声母，如"贷[tæ^{53}]"。

定母 今平声多读送气音[t‘]，今仄声多读不送气音[t]，前者如"太[t‘æ^{53}]"，后者如"代[tæ^{44}]"。

泥母 今读[n]，如"脑[nɔ^{535}]"。

来母 今读[l]，如"来[læ^{13}]"。

精母 今洪音读[ts]，细音读[tɕ]。前者如"住[tsu^{44}]"，后者如"精[tɕiŋ^{213}]"。

清母 今洪音读[ts‘]，细音读[tɕ‘]。前者如"醋[ts‘u^{42}]"，后者如

“清[tsʻiŋ^{33}]”。

从母 今洪音平声读[tsʻ]，如“曹[tsʻɔ^{24}]”，今洪音仄声读[ts]，如“找[tsɔ^{535}]”，今细音平声读[tɕʻ]，如“前[tɕʻiaŋ^{24}]”，今细音仄声读[tɕ]，如“件[tɕiaŋ^{44}]”。

心母 今洪音读[s]，细音读[ɕ]。前者如“扫[sɔ^{535}]”，后者如“心[ɕiŋ^{213}]”。

邪母 今洪音读[tsʻ]，如“词[tsʻɿ^{13}]”，或读[s]，如“寺[sɿ^{44}]”，细音读[ɕ]，如“席[ɕiəʔ^{54}]”。

知母 今读[ts]，如“朝[tsɔ^{213}]”。

彻母 今读[tsʻ]，如“超[tsʻɔ^{33}]”。

澄母 今平声读送气音[tsʻ]，如“潮[tsʻɔ^{24}]”，今仄声读不送气音[ts]，如“赵[tsɔ^{42}]”。

庄母 今读[ts]，如“争[tsəŋ^{213}]”。

初母 今读[tsʻ]，如“初[tsʻuə^{213}]”。

崇母 今平声读送气音[tsʻ]，今仄声读不送气音[ts]，前者如“床[tsʻuaŋ^{24}]”，后者如“状[tsuaŋ^{44}]”。

生母 今多读[s]，如“山[saŋ^{213}]”，少数读[tsʻ]，如“产[tsʻaŋ^{535}]”。

章母 今多读[ts]，如“煮[tsu^{535}]”。

昌母 今多读[tsʻ]，如“穿[tsʻuaŋ^{33}]”。

船母 今多读[s]，如“神[səŋ^{24}]”。

书母 今多读[s]，如“手[səu^{535}]”，部分字今读[tsʻ]，如“唇[tsʻuŋ^{24}]”。

禅母 今多读[s]，如“时[sɿ^{24}]”，部分三等平声字今读[tsʻ]，如“晨[tsʻəŋ^{24}]臣[tsʻəŋ^{24}]愁[tsʻəu^{24}]仇[tsʻəu^{24}]”。

日母 今读[ø]，如“人[iŋ^{24}]热[iʌʔ^{54}]”，止摄开口三等字今读[ər]，如“儿[ər^{24}]”。

见母 今洪音读[k]，细音读[tɕ]。前者如“告[kɔ^{42}]”，后者如“骄[tɕiɔ^{213}]”。

溪母 今洪音读[kʻ]，细音读[tɕʻ]。前者如“靠[kʻɔ^{42}]”，后者如“乔[tɕʻiɔ^{24}]”。

群母 今洪音平声读[kʻ]，如“葵[kʻuei^{24}]”，今洪音仄声读[k]，如“跪[kuei^{44}]”，今细音平声读[tɕʻ]，如“旗[tɕʻi^{24}]”，今细音仄声读[tɕ]，

如“巨[tɕy^{53}]”。

疑母 今多读[ø]，如“牛[iəu^{24}]危[uei^{213}]硬[iŋ^{44}]”，但也有部分字今读[ȵ]，如“逆[ȵi^{42}]拟[ȵi^{535}]倪[ȵi^{24}]虐[ȵyʌʔ^{54}]疟[ȵyʌʔ^{54}]凝[ȵiŋ^{24}]”。

晓母 今洪音读[x]，今细音读[ɕ]。前者如“汉[xaŋ^{42}]”，后者如“吸[ɕiəʔ^{54}]”。也有个别字例外，如“况[kʻuaŋ^{42}]”、“歪[uæ^{213}]”。

匣母 今洪音多读[x]，今细音读[ɕ]。前者如“回[xuei^{24}]”，后者如“咸[ɕiaŋ^{24}]”，还有部分字今读[ø]，如“丸[uaŋ^{24}]”。

影母 今读[ø]，如“燕[iaŋ^{53}]”。

云母 今读[ø]，如“雨[y^{535}]”。

以母 今读[ø]，如“油[iəu^{24}]”。

（二）韵母比较

果摄

果摄开口一等端系、合口一等非帮组字今读韵母为[uə]，如“多[tuə^{213}]、拖[tʻuə^{213}]、驮[tʻuə^{24}]、罗[luə^{24}]、左[tsuə^{535}]、朵[tuə^{535}]、坐[tsuə^{42}]、骡[luə^{24}]、过[kuə^{44}]、课[kʻuə^{44}]”。

果摄开口一等见系今读[ə]，如“歌[kə^{213}]、河[xə^{24}]”。

果摄合口一等帮组今读韵母为[ə]，“婆[pʻə^{24}]、波[pə^{213}]、破[pʻə^{44}]”。

假摄

假摄开口二等非见系、合口二等庄组字今读韵母为[ɑ]，如“巴[pɑ^{213}]、爬[pʻɑ^{24}]、怕[pʻɑ^{53}]、拿[nɑ^{24}]、茶[tsʻɑ^{24}]、沙[sɑ^{213}]、傻[sɑ^{535}]”。

假摄开口二等见系字今读韵母为[iɑ]，如“家[tɕiɑ^{213}]、价[tɕiɑ^{42}]、牙[iɑ^{24}]、霞[ɕiɑ^{24}]、鸦[iɑ^{213}]”。

假摄开口三等字今读韵母为[iᴇ]，如“姐[tɕiᴇ^{535}]、写[ɕiᴇ^{535}]、谢[ɕiᴇ^{44}]、夜[iᴇ^{44}]”。

假摄合口二等见系字今读韵母为[uɑ]，如“瓜[kuɑ^{33}]、跨[kʻuɑ^{44}]、花[xuɑ^{213}]、蛙[uɑ^{213}]”。

遇摄

遇摄合口一等字、遇摄合口三等非组、知章组字今读韵母为[u]，如

“布[pu^{53}]、普[pʻu^{535}]、堵[tu^{535}]、土[tʻu^{535}]、杜[tu^{44}]、努[nu^{535}]、租[tsu^{213}]、苦[kʻu^{535}]、猪[tsu^{213}]、书[su^{213}]、夫[fu^{213}]”。

遇摄合口三等来母（除“庐”），精组、日母、见系字今读韵母为[y]，如“吕[ly^{535}]、徐[ɕy^{24}]、如[y^{24}]、居[tɕy^{213}]、屡[ly^{535}]、须[ɕy^{213}]、句[tɕy^{44}]”。

蟹摄

蟹摄开合口一等帮组、合口三等帮组、“埋”今读韵母为[ei]，如“贝[pei^{44}]、杯[pei^{213}]、废[fei^{44}]”。

蟹摄开口一等非帮组、蟹摄开口二等非见系字、蟹摄开口二等影母字、“楷骇”今读韵母为[æ]，如“戴[tæ^{53}]、态[tʻæ^{53}]、待[tæ^{44}]、灾[tsæ^{213}]、改[kæ^{535}]、摆[pæ^{535}]、买[mæ^{535}]、奶[næ^{535}]、排[pʻa æ^{24}]、债[tsai^{44}]”。

蟹摄开口二等见系字今读韵母为[iᴇ]，如“街[tɕiᴇ^{213}]、鞋[ɕiᴇ^{24}]”，个别字读[iɑ]，如“佳[tɕiɑ^{213}]、涯[iɑ^{24}]”等。

蟹摄开口三四等字今读韵母为[i]，如“蔽[pi^{53}]、批[pʻi^{213}]、米[mi^{535}]、低[ti^{213}]、弟[ti^{53}]、例[li^{42}]、妻[tɕʻi^{213}]、西[ɕi^{213}]、鸡[ɕi^{213}]、艺[i^{53}]”。

蟹摄合口一三等（除帮组），如“堆[tuei^{213}]、推[tʻuei^{213}]、雷[luei^{24}]、罪[tsuei^{53}]、脆[tsʻuei^{53}]、盔[kʻuei^{213}]、卫[uei^{42}]”。

蟹摄合口二等见晓组字今读韵母为[uæ]，如“怪[kuæ^{53}]、坏[xuæ^{44}]、快[kʻuæ^{53}]、歪[uæ^{213}]”；个别字今读[uɑ]，如“挂[kuɑ^{53}]、卦[kuɑ^{53}]、画[xuɑ^{44}]、话[xuɑ^{53}]、蛙[uɑ^{213}]”。

止摄

止摄开口三等帮组、泥组、见系字今读韵母为[i]，如“被[pi^{44}]、皮[pʻi^{24}]、眉[mi^{24}]、地[ti^{44}]、梨[li^{24}]、腻[ȵi^{44}]、肌[tɕi^{213}]、椅[i^{535}]、基[tɕi^{213}]、希[ɕi^{213}]、李[li^{535}]”，个别字今读[ei]，如“碑[pei^{213}]、卑[pei^{213}]、美[mei^{535}]”。

止摄开口三等精组、知庄章组字今读韵母为[ɿ]，如“资[tsɿ^{213}]、知[tsɿ^{213}]、视[sɿ^{44}]、词[tsʻɿ^{24}]。

日母字今读[ər]，如“而[ər^{24}]”。

止摄合口三等非组字今读韵母为[ei]，如“非[fei^{213}]”。

止摄合口三等微母、泥组、精组、知系、见系字今读韵母为[uei]，如

"垒[luei^{535}]、泪[luei^{53}]、嘴[tsuei^{535}]、翠[tsʻuei^{44}]、虽[suei^{213}]、蕊[luei^{535}]、归[kuei^{213}]、鬼[kuei^{535}]、葵[kʻuei^{24}]、跪[kuei^{53}]、尾[uei^{535}]、位[uei^{53}]"。

止摄合口三等庄组字今读韵母为[uæ]，如"揣[tsʻuæ^{535}]、摔[suæ^{213}]、帅[suæ^{53}]"。

效摄

效摄开口一等、开口二等非见系、开口三等知系字（除日母字）今读韵母为[ɔ]，如"毛[mɔ^{24}]、报[pɔ^{53}]、刀[tɔ^{213}]、道[tɔ^{44}]、早[tsɔ^{535}]、曹[tsʻɔ^{24}]、高[kɔ^{213}]、包[pɔ^{213}]、闹[nɔ^{53}]、吵[tsʻɔ^{535}]、超[tsʻɔ^{213}]、招[tsɔ^{213}]"，个别字今读[u]，如"堡[pu^{535}]、抱[pu^{53}]"，个别字今读韵母为[uɑ]，如"抓[tsuɑ^{213}]、爪$_{爪子}$[tsuɑ^{535}]"。

效摄开口二等非知系字（包括日母字）今读韵母为[iɔ]，如"表[piɔ^{535}]、苗[miɔ^{24}]、妙[miɔ^{53}]、料[liɔ^{53}]、鸟[ȵiɔ^{535}]、焦[tɕiɔ^{213}]、轿[tɕiɔ^{44}]、摇[iɔ^{24}]、聊[liɔ^{24}]"。

流摄

流摄开口一等、三等帮组字今读韵母为[u]，如"某[mu^{535}]、浮[fu^{24}]、否[fu^{535}]、富[fu^{53}]"，个别字例外，如"剖[pʻɔ^{213}]、贸[mɔ^{53}]、茂[mɔ^{53}]"，"彪"今读[piɔ^{213}]。

流摄开口一等非帮组字、流摄开口三等知系字今读韵母为[əu]，如"透[tʻəu^{44}]、豆[təu^{53}]、走[tsəu^{535}]、口[kʻəu^{535}]、狗[kəu^{535}]、厚[xəu^{53}]、周[tsəu^{213}]"。

流摄开口三等泥组、精组、见系字、日母字今读韵母为[iəu]，如"扭[ȵiəu^{535}]、流[liəu^{13}]、揪[tɕiəu^{213}]、就[tɕiəu^{53}]、揉[iəu^{24}]、丘[tɕʻiəu^{213}]、休[ɕiəu^{213}]、优[iəu^{213}]、纠[tɕiəu^{213}]、幽[iəu^{33}]"。

咸摄

就舒声字而言，咸摄开口一等、咸摄开口二等、三等知系（不包括日母字）、咸摄合口三等字今读韵母为[ɑŋ]，如"贪[tʻɑŋ^{213}]、南[nɑŋ^{24}]、蚕[tsʻɑŋ^{24}]、含[xɑŋ^{24}]、感[kɑŋ^{535}]、喊[xɑŋ^{535}]、淡[tɑŋ^{53}]、蓝[lɑŋ^{24}]、三[sɑŋ^{213}]、站[tsɑŋ^{42}]、搀[tsʻɑŋ^{213}]、闪[sɑŋ^{535}]、凡[fɑŋ^{24}]"，咸摄开口二等见系、咸摄开口三等非知系字（包括日母字）、咸摄开口四等字今读韵母为[iɑŋ]，如"减[tɕiɑŋ^{535}]、咸[ɕiɑŋ^{24}]、嵌[tɕʻiɑŋ^{53}]、严[iɑŋ^{24}]、检[tɕiɑŋ^{535}]、险[ɕiɑŋ^{535}]、淹[iɑŋ^{213}]、敛[liɑŋ^{535}]、尖[tɕiɑŋ^{213}]、贬

[piaŋ535]、甜[t'iaŋ24]、店[tiaŋ53]、嫌[çiaŋ24]、染[iaŋ535]”。

就入声字而言，咸摄开口一等、合口三等非组字今读韵母为[ʌʔ]，如“答[tʌʔ54]、踏[t'ʌʔ54]、纳[nʌʔ54]、杂[tʂʌʔ54]、塔[t'ʌʔ54]、腊[lʌʔ54]、眨[tʂʌʔ54]、插[tʂ'ʌʔ54]、鸽[kʌʔ54]、喝[xʌʔ54]、盒[xʌʔ54]、磕[k'ʌʔ54]、法[fʌʔ54]”。咸摄开口二等知系、见系、咸摄开口三四等今读韵母为[iʌʔ]，如“掐[c'iʌʔ54]、夹[ciʌʔ54]、狭[çiʌʔ54]、甲[ciʌʔ54]、鸭[iʌʔ54]、镊[ȵiʌʔ54]、猎[liʌʔ54]、接[tsiʌʔ54]、叶[iʌʔ54]、劫[ciʌʔ54]、跌[tiʌʔ54]、贴[t'iʌʔ54]、叠[tiʌʔ54]”褶[tʃiʌʔ54]、摄[ʃiʌʔ54]”。个别字已经舒化，如“恰[tç'ia53]、协[çiᴇ53]、拉[la213]”等。

深摄

就舒声字而言，深摄开口三等非知系字（包括日母字）今读韵母为[iŋ]，如“品[p'iŋ535]、林[liŋ24]、心[çiŋ213]、今[tçiŋ213]、任[iŋ24]”，深摄开口三等知系字（除日母字）今读韵母为[əŋ]，如“沉[ts'əŋ24]、森[səŋ213]、针[tsəŋ213]”。

就入声字而言，深摄开口三等泥组、精组、知组、章组、见晓组入声字今读韵母为[iəʔ]，如“立[liəʔ54]、集[tçiəʔ54]、习[çiəʔ54]、蛰[tsəʔ54]、湿[səʔ54]、十[səʔ54]、急[tçiəʔ54]”，庄组入声字“涩”今读韵母为[əʔ]，其中，影母入声字“揖作揖”已经舒化，今读[i53]。

山摄

就舒声字而言，山摄开口一等、山摄开口二等非见系、三等知系（不包括日母字）字今读韵母为[aŋ]，如“丹[taŋ213]、但[taŋ53]、兰[laŋ24]、餐[ts'aŋ213]、干[kaŋ213]、赞[tsaŋ53]、扮[paŋ53]、盼[p'aŋ53]、山[saŋ213]、绽[tsaŋ44]、班[paŋ213]、删[saŋ213]、缠[ts'aŋ24]、展[tsaŋ535]、善[saŋ44]”，山摄开口二等见系、山摄开口三等非知系字（包括日母字）、山摄开口四等字今读韵母为[iaŋ]，如“艰[tçiaŋ213]、颜[iaŋ24]、鞭[piaŋ213]、棉[miaŋ24]、连[liaŋ24]、煎[tçiaŋ213]、钱[tç'iaŋ24]、件[tçiaŋ44]、边[piaŋ213]、天[t'iaŋ213]、千[tç'iaŋ213]、肩[tçiaŋ213]、言[iaŋ24]、现[çiaŋ53]、然[iaŋ24]”。

就入声字而言，山摄开口一等、合口一等帮组、二等非见系、合口三等非组入声字今读韵母为[ʌʔ]，如“发[fʌʔ54]、罚[fʌʔ54]、铡[tsʌʔ54]、杀[sʌʔ54]、辣[lʌʔ54]、割[kʌʔ54]、渴[k'ʌʔ54]、泼[p'ʌʔ54]、末

[mʌʔ^{54}]”，山摄开口二等见系、山摄开口三四等入声字今读韵母为[iʌʔ]，如“掐[tɕʻiʌʔ^{54}]、夹[tɕiʌʔ^{54}]、狭[ɕiʌʔ^{54}]、甲[iʌʔ^{54}]、鸭[iʌʔ^{54}]、鳖[piʌʔ^{54}]、灭[miʌʔ^{54}]、列[liʌʔ^{54}]、泄[ɕiʌʔ^{4}]、哲[tsʌʔ^{54}]、舌[sʌʔ^{54}]、孽[ȵiʌʔ^{54}]、热[iʌʔ^{54}]、歇[ɕiʌʔ^{54}]、铁[tʻiʌʔ^{54}]、憋[piʌʔ^{54}]、节[tɕiʌʔ^{54}]、结[tɕiʌʔ^{54}]”，山摄合口一等非帮组、山摄合口二等、合口三等知系、微母字“袜”今读韵母为[uʌʔ]，如“刷[suʌʔ^{54}]、滑[xuʌʔ^{54}]、刮[kuʌʔ^{54}]、说[suʌʔ^{54}]、脱[tʻuʌʔ^{54}]、夺[tuʌʔ^{54}]、括[kʻuʌʔ^{54}]、活[xuʌʔ^{54}]”，山摄合口三四等见系、精组入声字今读韵母为[yʌʔ]，如“缺[tɕʻyʌʔ^{54}]、穴[ɕyʌʔ^{54}]、月[yʌʔ^{54}]、越[yʌʔ^{54}]、雪[ɕyʌʔ^{54}]”。个别字已经舒化，如“挖[uɑ^{535}]”等。

臻摄

就舒声字而言，臻摄开口一等见系、开口三等知庄章组字、臻摄合口一等帮组、合口三等非组字今读韵母为[əŋ]，如“跟[kəŋ^{213}]、痕[xəŋ^{24}]、恩[əŋ^{213}]、珍[tsəŋ^{213}]、陈[tsʻəŋ^{24}]、真[tsəŋ^{213}]、奔[pəŋ^{2131}]、门[məŋ^{24}]、分[fəŋ^{213}]、文[uŋ^{24}]”，臻摄开口一三等非知系、日母字今读[iŋ]，如“宾[piŋ^{213}]、民[miŋ^{24}]、邻[liŋ^{24}]、津[tɕiŋ^{213}]、辛[ɕiŋ^{213}]、人[iŋ^{24}]、巾[tɕiŋ^{213}]、银[iŋ^{24}]、引[iŋ^{535}]、斤[tɕiŋ^{213}]”，臻摄合口一等非帮组、合口三等来母、知章组字今读韵母为[uŋ]，如“敦[tuŋ^{213}]、顿[tuŋ^{44}]、论[luŋ^{44}]、尊[tsuŋ^{213}]、村[tsʻuŋ^{213}]、昆[kʻuŋ^{213}]、春[tsʻuŋ^{213}]、顺[suŋ^{44}]”，臻摄合口三等精组、见组字今读韵母为[yŋ]，如“俊[tɕyŋ^{53}]、旬[ɕyŋ^{24}]、均[tɕyŋ^{213}]、军[tɕyŋ^{213}]、训[ɕyŋ^{53}]、云[yŋ^{24}]”，其中，臻合三精组的“遵”韵母为[uŋ]。

就入声字而言，开口三等庄组字、合口一等帮组字今读韵母为[əʔ]，如“虱[səʔ^{54}]、勃[pəʔ^{54}]、没[məʔ^{54}]”，开口三等非庄组字今读韵母为[iəʔ]，如“笔[piəʔ^{54}]、蜜[miəʔ^{54}]、七[tɕʻiəʔ^{54}]、膝[ɕiəʔ^{54}]、秩[tsəʔ^{54}]、质[tsəʔ^{54}]、室[səʔ^{54}]、日[iəʔ^{54}]、吉[tɕiəʔ^{54}]、一[iəʔ^{54}]”，合口一等非帮组、合口三等知系、非组字今读韵母为[uəʔ]，如“突[tʻuəʔ^{54}]、卒[tsuəʔ^{54}]、骨[kuəʔ^{54}]、杌[uəʔ^{54}]、忽[xuəʔ^{54}]、出[tsʻuəʔ^{54}]、术[suəʔ^{54}]”，合口三等见系字今读韵母为[yəʔ]，如“橘[tɕyəʔ^{54}]、屈[tɕʻyəʔ^{54}]”。个别字已经舒化，如“乙[i^{535}]、匹[pʻi^{53}]”。

宕摄

就舒声字而言，开口一等、开口三等知庄章组、合口三等非敷奉母、微母的“芒”今读韵母为[aŋ]，如“帮[paŋ^{213}]、旁[p‘aŋ^{24}]、忙[maŋ^{24}]、汤[t‘aŋ^{213}]、堂[t‘aŋ^{13}]、郎[laŋ^{213}]、囊[naŋ^{24}]、仓[ts‘aŋ^{213}]、桑[saŋ^{213}]、刚[kaŋ^{213}]、昂[aŋ^{24}]、张[tsaŋ^{33}]、章[tsaŋ^{213}]、常[ts‘aŋ^{24}]、芳[faŋ^{33}]”，开口三等日母、见系字今读韵母为[iaŋ]，如“强[tɕ‘iaŋ^{13}]、疆[tɕiaŋ^{213}]、让[iaŋ^{44}]”，合口一等、合口三等见系、开口三等庄组、合口三等微母字今读韵母为[uaŋ]，如“装[tsuaŋ^{213}]、床[ts‘uaŋ^{24}]、霜[suaŋ^{213}]、忘[uaŋ^{44}]、望[uaŋ^{44}]、光[kuaŋ^{213}]、黄[xuaŋ^{24}]”。

就入声字而言，开口一等帮组、见组字今读韵母为[ʌʔ]，如“博[pʌʔ$^{\underline{54}}$]、莫[m ʌʔ$^{\underline{54}}$]、各[kʌʔ$^{\underline{54}}$]、郝[xʌʔ$^{\underline{54}}$]”，开口三等知章组字今读韵母为[iʌʔ]，如“着睡着[tsʌʔ$^{\underline{54}}$]、勺[sʌʔ$^{\underline{54}}$]”，合口一等见系、开口一等端系字今读韵母为[uʌʔ]，如“托[t‘uʌʔ$^{\underline{54}}$]、郭[kuʌʔ$^{\underline{54}}$]”，合口三等见系、开口三等日母字今读韵母为[yʌʔ]，如“略[lyʌʔ$^{\underline{54}}$]、雀[tɕ‘yʌʔ$^{\underline{54}}$]、削[ɕyəʔ$^{\underline{54}}$]、约[yʌʔ$^{\underline{54}}$]、疟[ȵyʌʔ$^{\underline{54}}$]”。个别字已经舒化，如“幕[mu^{44}]、鹤[xə^{53}]、嚼[tɕiɔ^{53}]”。

江摄

就舒声字而言，开口二等帮组字今读韵母为[aŋ]，如“邦[paŋ^{213}]、胖[p‘aŋ^{53}]”，开口二等知系字今读韵母为[uaŋ]，如“撞[tsuaŋ^{44}]、窗[ts‘uaŋ^{213}]、双[suaŋ^{213}]”，开口二等见系字今读韵母为[iaŋ]，如“江[tɕiaŋ^{213}]、讲[tɕiaŋ^{535}]、项[ɕiaŋ^{44}]”。

就入声字而言，开口二等帮组字今读韵母为[ʌʔ]，如“驳[pʌʔ$^{\underline{54}}$]、朴[p‘ʌʔ$^{\underline{54}}$]”，开口二等知系字今读韵母为[uʌʔ]，如“桌[tsuʌʔ$^{\underline{54}}$]、戳[ts‘uʌʔ$^{\underline{54}}$]、捉[tsuʌʔ$^{\underline{54}}$]、镯[tsuʌʔ$^{\underline{54}}$]”，开口二等见系字今读韵母为[yʌʔ]，如“觉知觉[tɕyʌʔ$^{\underline{54}}$]、岳[yʌʔ$^{\underline{54}}$]、学[ɕyʌʔ$^{\underline{54}}$]”。

曾摄

就舒声字而言，曾摄开口一等、曾摄开口三等知章组字今读韵母为[əŋ]，如“朋[p‘əŋ^{24}]、登[təŋ^{213}]、能[nəŋ^{24}]、赠[tsəŋ^{53}]、肯[k‘əŋ^{535}]、蒸[tsəŋ^{213}]、澄[ts‘əŋ^{24}]”，曾摄开口三等帮组、泥组、日母、见系字今读韵母为[iŋ]，如“仍[iŋ^{24}]、兴[ɕiŋ^{213}]、冰[piŋ^{213}]、陵[liŋ^{24}]”，曾合一“弘”今读韵母为[uŋ]。

就入声字而言，开口一等精组、开口三等庄组字今读韵母为[əʔ]，如“则[tsəʔ$^{\underline{54}}$]、塞[səʔ$^{\underline{54}}$]”，开口一等见系字今读韵母为[ʌʔ]，如“刻

[kʻʌʔ$^{\underline{54}}$]、黑[xʌʔ$^{\underline{54}}$]”，开口一等帮组、端组、开口三等非庄组字今读韵母为[iəʔ]，如“得[tiəʔ$^{\underline{54}}$]、墨[miəʔ$^{\underline{54}}$]、逼[piəʔ$^{\underline{54}}$]、力[liəʔ$^{\underline{54}}$]、息[ɕiəʔ$^{\underline{54}}$]、直[tsəʔ$^{\underline{54}}$]、职[tsəʔ$^{\underline{54}}$]、极[tɕiəʔ$^{\underline{54}}$]”，合口一等见系字今读韵母为[uəʔ]，如“国[kuəʔ$^{\underline{54}}$]、或[xuəʔ$^{\underline{54}}$]”。个别字已经舒化，如“亿[i^{44}]、忆[i^{44}]、抑[i^{44}]、域[y^{24}]”等。

梗摄

就舒声字而言，梗摄开口二等非见系、开口三等知系、合口二等匣母字“横$_{横直}$横$_{蛮横}$”、开口二等见母字“更耕耿”等今读韵母为[əŋ]，如“烹[pʻəŋ^{213}]、撑[tsʻəŋ^{213}]、生[səŋ^{213}]、坑[kʻəŋ^{213}]、争[tsəŋ^{213}]、迸[pəŋ^{44}]、耕[kəŋ^{213}]”，合口三四等“倾顷营颖”、开口三等非知系、开口二等见系（除见母）字今读韵母为[iŋ]，如“硬[iŋ^{44}]、杏[ɕiŋ^{44}]、幸[ɕiŋ^{44}]、京[ɕiŋ^{213}]、迎[iŋ^{24}]、英[iŋ^{213}]、兵[piŋ^{213}]、名[miŋ^{24}]、颈[ɕiŋ^{53}]、瓶[pʻiŋ^{24}]、丁[tiŋ^{213}]、宁[ȵiŋ^{24}]、零[liŋ^{24}]、青[tɕʻiŋ^{213}]、经[tɕiŋ^{213}]、形[ɕiŋ^{24}]、倾[tɕʻiŋ^{213}]”，合口四等字今读韵母为[yŋ]，如“兄[ɕyŋ^{213}]、荣[yŋ^{24}]、永[yŋ^{535}]”，“矿“今读韵母为[uɑŋ]，“轰宏”今读韵母为[uŋ]。

就入声字而言，开口二等知系、见系字今读韵母为[əʔ]，如“摘[tsəʔ$^{\underline{54}}$]、责[tsəʔ$^{\underline{54}}$]”，开口二等帮组字今读韵母为[iʌʔ]，如“麦[miʌʔ$^{\underline{21}}$]”，开口二等见系字今读韵母为[ʌʔ]，如“革[kʌʔ$^{\underline{54}}$]、核[xʌʔ$^{\underline{54}}$]”，开口三四等字今读韵母为[iəʔ]，如“僻[pʻiəʔ$^{\underline{54}}$]、脊[tɕiəʔ$^{\underline{54}}$]、惜[ɕiəʔ$^{\underline{54}}$]、席[ɕiəʔ$^{\underline{54}}$]、只[tɕiəʔ$^{\underline{54}}$]、石[səʔ$^{\underline{54}}$]、吃[tsʻəʔ$^{\underline{54}}$]、的$_{目的}$[tiəʔ$^{\underline{54}}$]、笛[tiəʔ$^{\underline{54}}$]、绩[tɕiəʔ$^{\underline{54}}$]、锡[ɕiəʔ$^{\underline{54}}$]”。个别字已经舒化，如“逆[ȵi^{44}]、易$_{交易}$[i^{53}]、役[i^{53}]、疫[i^{53}]”等。

通摄

就舒声字而言，通摄合口一三等帮组字今读韵母为[əŋ]，如“风[fəŋ^{213}]、蓬[pʻəŋ^{24}]、梦[məŋ^{44}]”，合口一等端见系、合口三等精泥组大部分字、知系、大部分见组字今读韵母为[uŋ]，如“聋[luŋ^{24}]、公[kuŋ^{213}]、红[xuŋ^{24}]、翁[uŋ^{213}]、宗[tsuŋ^{213}]、冬[tuŋ^{213}]、隆[luŋ^{24}]、虫[tsʻuŋ^{24}]、崇[tsʻuŋ^{24}]、终[tsuŋ^{213}]、宫[kuŋ^{213}]、恐[kʻuŋ^{535}]、种[tsuŋ^{53}]、从$_{从容}$[tsʻuŋ^{24}]、重[tsuŋ^{44}]”，合口三等晓匣影喻母字、日母字今读韵母为[yŋ]，如“绒[yŋ^{24}]、穷[tɕʻyŋ^{24}]、熊[ɕyŋ^{24}]、融[yŋ^{24}]、胸[ɕyŋ^{213}]、容[yŋ^{24}]”。

就入声字而言，合口一等帮组、合口三等帮组字今读韵母为[əʔ]，如“木[məʔ$^{\underline{54}}$]、福[fəʔ$^{\underline{54}}$]、服[fəʔ$^{\underline{54}}$]、目[məʔ$^{\underline{54}}$]”，合口一等端系、见系、合口三等知系、合口三等泥母字“六陆录”今读韵母为[uəʔ]，如“秃[tʻuəʔ$^{\underline{54}}$]、独[tuəʔ$^{\underline{54}}$]、鹿[luəʔ$^{\underline{54}}$]、族[tsuəʔ$^{\underline{54}}$]、谷[kuəʔ$^{\underline{54}}$]、竹[tsuəʔ$^{\underline{54}}$]、缩[suəʔ$^{\underline{54}}$]、叔[suəʔ$^{\underline{54}}$]”，合口三等精组、见组字今读韵母为[yəʔ]，如“肃[s uəʔ$^{\underline{54}}$]、俗[s uəʔ$^{\underline{54}}$]、菊[tɕyəʔ$^{\underline{54}}$]、畜$_{畜牧}$[ɕyəʔ$^{\underline{54}}$]、局[tɕyəʔ$^{\underline{54}}$]”。个别字已经舒化，如“肉[iəu^{44}]、育[y^{53}]、玉[y^{53}]、狱[y^{53}]、浴[y^{53}]”。

（三）声调比较

古声调与长治方言声调的对应关系如表所示，古平声今按清浊的不同分为阴平和阳平，古清、次浊上声今读上声，古全浊上声和古浊去今读阳去，古清去今读阴去，古入声今读入声。

		阴平	阳平	上声	阴去	阳去	入声
平声	清	高猪 天娟	敷				
	次浊	妈	难娘 文云				
	全浊		陈平 床穷				
上声	清			口体 古娶			
	次浊			老体 五缕			
	全浊					近厚 坐序	
去声	清				盖济 对句		
	次浊					让耀 路喻	
	全浊					大贱 共效	

续表

		阴平	阳平	上声	阴去	阳去	入声
入声	清						福割锡缺
	次浊						摸袜列月
	全浊						服合食局

二　长治县方言语音与中古音的比较

长治县方言的语音系统与以《切韵》系韵书为代表的中古音存在着一定的对应规律。古音分类以中国社会科学院语言研究所编制的《方言调查字表》为依据。长治县方言的语音仅指单字音。

（一）声母的比较

帮母　今读[p]。如“包[pɔ^{213}]”。

滂母　今多读[p‘]。如“怕”[p‘ɑ^{22}]，个别字读[p]，如“怖[pu^{22}]”。

并母　今平声多读送气音[p‘]，今仄声多读不送气音[p]，如：皮[p‘i^{44}]被[pi^{22}]。有个别字平声读不送气音，如“刨[pɔ^{213}]”，仄声读送气音，如“佩[p‘ei^{42}]”。

明母　今读[m]，如“马[mɑ^{535}]”。

非敷奉母　今读[f]，如“反[fɑŋ^{535}]翻[fɑŋ^{213}]房[fɑŋ^{44}]”。

微母　今读[ø]，如“微[uei^{213}]武[u^{535}]爱[æ^{22}]音[iŋ^{213}]”。

端母　今读[t]，如“肚[tu^{42}]”，“鸟”是例外字，今读[niɔ^{535}]。

透母　今读[t‘]，如“梯[t‘i^{213}]”，个别字读[t]，如”贷[tæ^{22}]”。

定母　今平声多读送气音[t‘]，今仄声多读不送气音[t]，如：“太[t‘æ^{22}]代[tæ^{42}]”。

泥母　今读[n]，如“脑[nɔ^{535}]”。

来母　今读[l]，如“来[læ^{44}]”。

精母　今洪音读[ts]，细音读[tɕ]。前者如“住[tsu^{42}]”，后者如“精[tɕiŋ^{213}]”。

清母　今洪音读[ts‘]，细音读[tɕ‘]。前者如“醋[ts‘u^{22}]”，后者如“清[tɕ‘iŋ^{213}]”。

从母　今洪音平声读[tsʻ]，如“曹[tsʻɔ⁴⁴]”，今洪音仄声读[ts]，如“找[tsɔ⁵³⁵]”今细音平声读[tɕʻ]，如“前[tɕʻiɑŋ⁴⁴]”，今细音仄声读[tɕ]，如“件[tɕiɑŋ⁴²]”。

心母　今洪音读[s]，细音读[ɕ]。前者如“扫[sɔ⁵³⁵]”，后者如“心[ɕiŋ²¹³]”。

邪母　今洪音读[tsʻ]，如“词[tsʻɿ²⁴]”，或读[s]，如“寺[sɿ⁴²]”，细音读[tɕʻ]，如“棋[tɕʻi⁴⁴]”。

知母　今读[ts]，如“朝[tsɔ²¹³]”。

彻母　今读[tsʻ]，如“超[tsʻɔ²¹³]”。

澄母　今平声读送气音[tsʻ]，今仄声读不送气音[ts]，前者如潮[tsʻɔ⁴⁴]”，后者如“赵[tsɔ⁴²]”。

庄母　今读[ts]，如“争[tsəŋ²¹³]”。

初母　今读[tsʻ]，如“初[tsʻuo²¹³]”。

崇母　今平声读送气音[tsʻ]，今仄声读不送气音[ts]，前者如“床[tsʻuɑŋ⁴⁴]”，后者如“状[tsuɑŋ⁴²]”。

生母　今多读[s]，如“山[sɑŋ²¹³]”，个别字读[tsʻ]，如“产[tsʻɑŋ⁵³⁵]”

章母　今读[ts]，如“煮[tsu⁵³⁵]”。

昌母　今读[tsʻ]，如“穿[tsʻuɑŋ²¹³]”。

船母　今读[s]，如“神[səŋ⁴⁴]”。

书母　今多读[s]，如“手[səu⁵³⁵]”，部分字今读[tsʻ]，如“唇[tsʻuəŋ⁴⁴]”。

禅母　今多读[s]，如“时[sɿ⁴⁴]”，部分三等平声字今读[tsʻ]，如“晨[tsʻəŋ⁴⁴]臣[tsʻəŋ⁴⁴]愁[tsʻəu⁴⁴]仇[tsʻəu⁴⁴]”。

日母　今读[ø]，如“人[iŋ⁴⁴]热[iəʔ²¹]”，止摄开口三等字今读[ər]，如“儿[ər⁴⁴]二[ər⁴²]耳[ər⁵³⁵]”。

见母　今洪音读[k]，细音读[tɕ]。前者如“告[kɔ²²]”，后者如“骄[tɕiɔ²¹³]”。

溪母　今洪音读[kʻ]，细音读[tɕʻ]。前者如“靠[kʻɔ²²]”，后者如“乔[tɕʻiɔ⁴⁴]”。

群母　今洪音平声读[kʻ]，如“葵[kʻuei⁴⁴]”，今洪音仄声读[k]，如“跪[kuei⁴²]”今细音平声读[tɕʻ]，如“旗[tɕʻi⁴⁴]”，今细音仄声读[tɕ]，如“巨[tɕy^{42}]”。

疑母 今多读[ø]，如“牛[iəu^{44}]危[uei^{213}]硬[iŋ^{42}]”，但也有部分字今读[n]，如“逆[ni^{42}]拟[ni^{353}]倪[ni^{44}]虐[nyəʔ^{21}]疟[nyəʔ^{21}]凝[niŋ^{44}]”。

晓母 今洪音读[x]，今细音读[ɕ]。前者如“汉[xɑŋ^{22}]”，后者如“吸[ɕiəʔ^{21}]”。也有个别字例外，如“况[k‘uɑŋ22]”、“歪[uæ^{213}]”。

匣母 今洪音多读[x]，今细音读[ɕ]。前者如“回[xuei^{44}]”，后者如“咸[ɕiɑŋ^{44}]”，还有部分字今读[ø]，如“丸[uɑŋ^{24}]完[uɑŋ^{44}]”。

影母 今读[ø]，如“燕[iɑŋ^{22}]”。

云母 今读[ø]，如“雨[y^{535}]”。

以母 今读[ø]，如“油[iəu^{44}]”。

（二）韵母的比较

果摄

果摄开口一等端系、合口一等非帮组字今读韵母为[uo]，如“多[tuo^{213}]、拖[t‘uo^{24}]、驮[t‘uo^{44}]、罗[luo^{44}]、左[tsuo^{535}]、朵[tuo^{535}]、坐[tsuo^{42}]、骡[luo^{44}]、过[kuo^{22}]、课[k‘uo^{22}]”。

果摄开口一等见系今读[ə]，如“歌[kə^{24}]、河[xə^{44}]”。

果摄合口一等帮组今读韵母为[o]，“婆[p‘o^{44}]、波[po^{213}]、破[p‘o^{22}]”。

假摄

假摄开口二等非见系、合口二等庄组字今读韵母为[ɑ]，如“巴[pɑ^{213}]、爬[p‘ɑ^{44}]、怕[p‘ɑ^{22}]、拿[nɑ^{44}]、茶[ts‘ɑ^{44}]、沙[sɑ^{213}]、傻[sɑ^{535}]”。

假摄开口二等见系字今读韵母为[iɑ]，如“家[tɕiɑ^{213}]、价[tɕiɑ^{22}]、牙[iɑ^{44}]、霞[ɕiɑ^{44}]、鸦[iɑ^{213}]”。

假摄开口三等字今读韵母为[ie]，如“姐[tɕie^{535}]、写[ɕie^{535}]、谢[ɕie^{42}]、遮[tɕie^{213}]、射[ɕie^{42}]、社[ɕie^{42}]、惹[ie^{535}]、夜[ie^{42}]”。

假摄合口二等见系字今读韵母为[uɑ]，如“瓜[kuɑ^{213}]、跨[k‘uɑ^{22}]、花[xuɑ^{213}]、蛙[uɑ^{213}]”。

遇摄

遇摄合口一等字、遇摄合口三等非组、知章组字今读韵母为[u]，如

“布[pu^{22}]、普[pʻu^{535}]、堵[tu^{535}]、土[tʻu^{535}]、杜[tu^{42}]、努[nu^{535}]、租[tsu^{213}]、苦[kʻu^{535}]、猪[tsu^{213}]、书[su^{213}]、夫[fu^{213}]”。

遇摄合口三等来母（除“庐”），精组、日母、见系字今读韵母为[y]，如“吕[ly^{535}]、徐[ɕy^{44}]、如[y^{44}]、居[tɕy^{213}]、屡[ly^{535}]、须[ɕy^{213}]、句[tɕy^{22}]”。

蟹摄

蟹摄开口一等帮组、蟹摄合口一等非见系、蟹摄合口三等非见系字、“埋“今读韵母为[ei]，如“贝[pei^{22}]、杯[pei^{213}]、堆[tei^{213}]、推[tʻei^{213}]、雷[lei^{44}]、罪[tsei^{42}]、脆[tsʻei^{22}]、废[fei^{22}]”。

蟹摄开口一等非帮组、蟹摄开口二等非见系字、蟹摄开口二等影母字、“楷骇”今读韵母为[æ]，如“戴[tæ^{22}]、态[tʻæ^{22}]、待[tæ^{42}]、灾[tsæ^{213}]、改[kæ^{535}]、摆[pæ^{535}]、买[mæ^{535}]、奶[næ^{535}]、排[pʻæ^{44}]、债[tsæ^{22}]、豺[tsʻæ^{44}]、挨$_{挨住}$[æ^{213}]”。

蟹摄开口二等见系字今读韵母为[ie]，如“街[tɕie^{213}]、鞋[ɕie^{24}]”，个别字读[iɑ]，如“佳[tɕiɑ^{213}]、涯[iɑ^{44}]、崖[iɑ^{44}]”等。

蟹摄开口三四等非知系字今读韵母为[i]，如“蔽[pi^{22}]、批[pʻi^{213}]、米[mi^{535}]、低[ti^{213}]、弟[ti^{42}]、例[li^{42}]、妻[tɕʻi^{213}]、西[ɕi^{213}]、鸡[tɕi^{213}]、艺[i^{42}]”。

知系字今读韵母为[ʅ]，如“制[tsʅ^{22}]、世[sʅ^{22}]、逝[sʅ^{42}]”。

蟹摄合口一等、三等见系字今读韵母为[uei]，如“盔[kʻuei^{213}]、灰[xuei^{213}]、汇[xuei^{42}]、卫[uei^{42}]”。

蟹摄合口二等见晓组字今读韵母为[uæ]，如“怪[kuæ^{22}]、坏[xuæ^{42}]、快[kʻuæ^{22}]、歪[uæ^{213}]”；个别字今读[uɑ]，如“挂[kuɑ^{22}]、卦[kuɑ^{22}]、画[xuɑ^{42}]、话[xuɑ^{42}]、蛙[uɑ^{213}]”。

止摄

止摄开口三等帮组、泥组、见系字今读韵母为[i]，如“被[pi^{42}]、皮[pʻi^{44}]、眉[mi^{44}]、地[ti^{42}]、梨[li^{44}]、腻[ni^{42}]、肌[tɕi^{213}]、椅[i^{535}]、基[tɕi^{213}]、希[ɕi^{213}]、李[li^{535}]”，个别字今读[ei]，如“碑[pei^{213}]、卑[pei^{213}]、美[mei^{535}]”。

止摄开口三等精组、知系（不包括日母）字今读韵母为[ʅ]，如“资[tsʅ^{213}]、知[tsʅ^{213}]、视[sʅ^{42}]、词[tsʻʅ^{44}]、字[tsʅ^{42}]、事[sʅ^{22}]、诗[sʅ^{213}]、时[sʅ^{44}]”。

日母字今读[ər]，如“而[ər^{44}]儿[ər^{44}]耳[ər^{535}]”。

止摄合口三等泥组、精组、非组字、日母字今读韵母为[ei]，如“非[fei^{213}]、微[uei^{213}]、垒[lei^{535}]、泪[lei^{42}]、嘴[tsei^{535}]、翠[tsʻei^{22}]、虽[sei^{213}]、蕊[lei^{535}]”。

止摄合口三等知章组、见系字今读韵母为[uei]，如“归[kuei^{213}]、鬼[kuei^{535}]、葵[kʻuei^{44}]、跪[kuei^{42}]、委[uei^{535}]、位[uei^{42}]”。

止摄合口三等庄组字今读韵母为[uæ]，如“揣[tsʻuæ^{535}]、摔[suæ^{213}]、帅[suæ^{22}]”。

效摄

效摄开口一等、开口二等非见系、开口三等知系字（除日母字）今读韵母为[ɔ]，如“毛[mɔ^{44}]、报[pɔ^{22}]、刀[tɔ^{213}]、道[tɔ^{22}]、早[tsɔ^{535}]、曹[tsʻɔ^{44}]、高[kɔ^{213}]、包[pɔ^{213}]、闹[nɔ^{42}]、吵[tsʻɔ^{535}]、超[tsʻɔ^{213}]、招[tsɔ^{213}]”，个别字今读[u]，如“堡[pu^{535}]、抱[pu^{42}]”，个别字今读韵母为[uɑ]，如“抓[tsuɑ^{213}]、爪$_{\text{爪子}}$[tsuɑ^{535}]”。

效摄开口二等非知系字（包括日母字）今读韵母为[iɔ]，如“表[piɔ^{535}]、苗[miɔ^{24}]、妙[miɔ^{42}]、料[liɔ^{42}]、鸟[niɔ^{535}]、焦[tɕiɔ^{213}]、轿[tɕiɔ^{22}]、摇[iɔ^{44}]、聊[liɔ^{24}]”。

流摄

流摄开口一等、三等帮组字今读韵母为[u]，如“某[mu^{535}]、浮[fu^{44}]、否[fu^{535}]、富[fu^{42}]”，个别字例外，如“剖[pʻɔ^{213}]、贸[mɔ^{42}]、茂[mɔ^{42}]”，“彪”今读[piɔ^{213}]。

流摄开口一等非帮组字、流摄开口三等知系字今读韵母为[əu]，如“透[tʻəu^{22}]、豆[təu^{42}]、走[tsəu^{535}]、口[kʻəu^{535}]、狗[kəu^{535}]、厚[xəu^{42}]、愁[tsʻəu^{44}]、抽[tsʻəu^{213}]、周[tsəu^{213}]”。

流摄开口三等泥组、精组、见系字、日母字今读韵母为[iəu]，如“扭[niəu^{535}]、流[liəu^{44}]、揪[tɕiəu^{213}]、就[tɕiəu^{22}]、袖[ɕiəu^{42}]、揉[iəu^{44}]、丘[tɕʻiəu^{213}]、休[ɕiəu^{213}]、优[iəu^{213}]、纠[tɕiəu^{213}]、幽[iəu^{213}]”。

咸摄

就舒声字而言，咸摄开口一等、咸摄开口二等、三等知系（不包括日母字）、咸摄合口三等字今读韵母为[ɑŋ]，如“贪[tʻɑŋ^{213}]、南[nɑŋ^{44}]、蚕[tsʻɑŋ^{44}]、含[xɑŋ^{44}]、感[kɑŋ^{535}]、喊[xɑŋ^{535}]、淡[tɑŋ^{42}]、蓝[lɑŋ^{44}]、

三[saŋ^{213}]、站[tsaŋ^{22}]、搀[tsʻaŋ^{213}]、闪[saŋ^{535}]、凡[faŋ^{44}]”，咸摄开口二等见系、咸摄开口三等非知系字（包括日母字）、咸摄开口四等字今读韵母为[iaŋ]，如“减[tɕiaŋ^{535}]、咸[ɕiaŋ^{44}]、嵌[tɕʻiaŋ^{22}]、严[iaŋ^{44}]、检[tɕiaŋ^{535}]、险[ɕiaŋ^{535}]、淹[iaŋ^{213}]、敛[liaŋ^{535}]、尖[tɕiaŋ^{213}]、贬[piaŋ^{535}]、甜[tʻiaŋ^{44}]、店[tiaŋ^{22}]、嫌[ɕiaŋ^{44}]、染[iaŋ^{535}]”。

就入声字而言，咸摄开口一等见系、开口三四等知系入声字今读韵母为[əʔ]，如“鸽[kəʔ^{21}]、喝[xəʔ^{21}]、盒[xəʔ^{21}]、磕[kʻəʔ^{21}]、褶[tsəʔ^{21}]、摄[səʔ^{21}]”，咸摄开口三四等非知系字今读韵母为[iəʔ^{21}]，如“镊[niəʔ^{21}]、猎[liəʔ^{21}]、接[tɕiəʔ^{21}]、叶[iəʔ^{21}]、劫[tɕiəʔ^{21}]、跌[tiəʔ^{21}]、贴[tʻiəʔ^{21}]、叠[tiəʔ^{21}]”咸摄开口一等非见系、开口二等知系、合口三等非组字今读韵母为[aʔ]，如“答[taʔ^{21}]、踏[tʻaʔ^{21}]、纳[naʔ^{21}]、杂[tsaʔ^{21}]、塔[tʻaʔ^{21}]、腊[laʔ^{21}]、眨[tsaʔ^{21}]、插[tsʻaʔ^{21}]、法[faʔ^{21}]”，咸摄开口二等见系字今读韵母为[iaʔ]，如“掐[tɕʻiaʔ^{21}]、夹[tɕiaʔ^{21}]、狭[ɕiaʔ^{21}]、甲[tɕiaʔ^{21}]、鸭[iaʔ^{21}]”。个别字已经舒化，如“恰[tɕʻia^{22}]、洽[tɕʻia^{42}]、拉[la^{213}]”等。

深摄

就舒声字而言，深摄开口三等非知系字（包括日母字）今读韵母为[iŋ]，如“品[pʻiŋ^{535}]、林[liŋ^{44}]、心[ɕiŋ^{213}]、今[tɕiŋ^{213}]、任[iŋ^{44}]”，深摄开口三等知系字（除日母字）今读韵母为[əŋ]，如“沉[tsʻəŋ^{44}]、森[səŋ^{213}]、针[tsəŋ^{213}]”。

就入声字而言，深摄开口三等泥组、精组、知组、章组、见晓组入声字今读韵母为[iəʔ]，如“立[liəʔ^{21}]、集[tɕiəʔ^{21}]、习[ɕiəʔ^{21}]、蛰[tɕiəʔ^{21}]、湿[ɕiəʔ^{21}]、十[ɕiəʔ^{21}]、急[tɕiəʔ^{21}]”，庄组入声字“涩”今读韵母为[əʔ]，其中，影母入声字”揖作揖”已经舒化，今读[i^{213}]。

山摄

就舒声字而言，山摄开口一等、山摄开口二等非见系、三等知系（不包括日母字）字今读韵母为[aŋ]，如“丹[taŋ^{213}]、但[taŋ^{42}]、兰[laŋ^{44}]、餐[tsʻaŋ^{213}]、干[kaŋ^{213}]、赞[tsaŋ^{22}]、扮[paŋ^{22}]、盼[pʻaŋ^{22}]、山[saŋ^{213}]、绽[tsaŋ^{42}]、班[paŋ^{213}]、删[saŋ^{213}]、缠[tsʻaŋ^{44}]、展[tsaŋ^{535}]、善[saŋ^{42}]”，山摄开口二等见系、山摄开口三等非知系字（包括日母字）、山摄开口四等字今读韵母为[iaŋ]，如“艰[tɕiaŋ^{213}]、颜[iaŋ^{44}]、鞭[piaŋ^{213}]、棉[miaŋ^{44}]、连[liaŋ^{44}]、煎[tɕiaŋ^{213}]、钱

[tɕʻiaŋ^{44}]、件[tɕiaŋ^{42}]、边[piaŋ^{213}]、天[tʻiaŋ^{213}]、千[tɕʻiaŋ^{213}]、肩[tɕiaŋ^{213}]、言[iaŋ^{44}]、现[ɕiaŋ^{22}]、然[iaŋ^{44}]”。

就入声字而言，山摄开口一等见系、合口一等帮组入声字今读韵母为[əʔ]，如“割[kəʔ^{21}]、渴[kʻəʔ^{21}]、泼[pʻəʔ^{21}]、末[məʔ^{21}]”，山摄开口三四等入声字今读韵母为[iəʔ]，如“鳖[piəʔ^{21}]、灭[miəʔ^{21}]、列[liəʔ^{21}]、泄[ɕiəʔ^{21}]、哲[tɕiəʔ^{21}]、舌[ɕiəʔ^{21}]、孽[niəʔ^{21}]、热[iəʔ^{21}]、歇[ɕiəʔ^{21}]、铁[tʻiəʔ^{21}]、憋[piəʔ^{21}]、节[tɕiəʔ^{21}]、结[tɕiəʔ^{21}]”，山摄合口一等非帮组、合口三等知系、微母字“袜”今读韵母为[uəʔ]，如“说[suəʔ^{21}]、脱[tʻuəʔ^{21}]、夺[tuəʔ^{21}]、括[kʻuəʔ^{21}]、活[xuəʔ^{21}]”，山摄合口三四等见系、精组入声字今读韵母为[yəʔ]，如“缺[tɕʻyəʔ^{21}]、穴[ɕyəʔ^{21}]、月[yəʔ^{21}]、越[yəʔ^{21}]、雪[ɕyəʔ^{21}]”，山摄开口一等非见系、二等非见系、合口三等非组入声字今读韵母为[ɑʔ]，如“发[fɑʔ^{21}]、罚[fɑʔ^{21}]、铡[tsɑʔ^{21}]、杀[sɑʔ^{21}]、辣[lɑʔ^{21}]”，山摄开口二等见系字今读韵母为[iɑʔ]，如“掐[tɕʻiɑʔ^{21}]、夹[tɕiɑʔ^{21}]、狭[ɕiɑʔ^{21}]、甲[iɑʔ^{21}]、鸭[iɑʔ^{21}]”，山摄合口二等入声字今读韵母为[uɑʔ]，如“刷[suɑʔ^{21}]、滑[xuɑʔ^{21}]、刮[kuɑʔ^{21}]”。个别字已经舒化，如“拽[tsuæ^{22}]、噎[ie^{213}]、挖[uɑ^{213}]”等。

臻摄

就舒声字而言，臻摄开口一等见系、开口三等知庄章组字、臻摄合口一等帮组、合口三等非组字今读韵母为[əŋ]，如“跟[kəŋ^{213}]、痕[xəŋ^{44}]、恩[əŋ^{213}]、珍[tsəŋ^{213}]、陈[tsʻəŋ^{44}]、真[tsəŋ^{213}]、奔[pəŋ^{213}]、门[məŋ^{44}]、分[fəŋ^{213}]、文[əŋ^{44}]”，臻摄开口一三等非知系、日母字今读[iŋ]，如“宾[piŋ^{213}]、民[miŋ^{44}]、邻[liŋ^{44}]、津[tɕiŋ^{213}]、辛[ɕiŋ^{213}]、人[iŋ^{44}]、巾[tɕiŋ^{213}]、银[iŋ^{44}]、引[iŋ^{535}]、斤[tɕiŋ^{213}]”臻摄合口一等非帮组、合口三等来母、知章组字今读韵母为[uŋ]，如“敦[tuŋ^{213}]、顿[tuŋ^{42}]、论[luŋ^{42}]、尊[tsuŋ^{213}]、村[tsʻuŋ^{213}]、昆[kʻuŋ^{213}]、春[tsʻuŋ^{213}]、顺[suŋ^{42}]”，臻摄合口三等精组、见组字今读韵母为[yŋ]，如“俊[tɕyŋ^{22}]、旬[ɕyŋ^{24}]、均[tɕyŋ^{213}]、军[tɕyŋ^{213}]、训[ɕyŋ^{22}]、云[yŋ^{44}]”，其中臻合三精组的“遵“韵母为[uŋ]。

就入声字而言，开口三等庄组字、合口一等帮组字今读韵母为[əʔ]，如“虱[səʔ^{21}]、勃[pəʔ^{21}]、没[məʔ^{21}]”，开口三等非庄组字今读韵母为[iəʔ]，如“笔[piəʔ21]、蜜[miəʔ21]、七[tɕʻiəʔ^{21}]、膝[ɕiəʔ^{21}]、秩

[tɕiəʔ^{21}]、质[tɕiəʔ^{21}]、室[ɕiəʔ^{21}]、日[iəʔ^{21}]、吉[tɕiəʔ^{21}]、一[iəʔ^{21}]”，合口一等非帮组、合口三等知系、非组字今读韵母为[uəʔ]，如“突[tʻuəʔ^{21}]、卒[tsuəʔ^{21}]、骨[kuəʔ^{21}]、杌[uəʔ^{21}]、忽[xuəʔ^{21}]、出[tsʻuəʔ^{21}]、术[suəʔ^{21}]”，合口三等见系字今读韵母为[yəʔ]，如“橘[tɕyəʔ^{21}]、屈[tɕʻyəʔ^{21}]”。一些字已经舒化，如“乙[i^{535}]、逸[i^{42}]、蟀[suæ^{42}]、率$_{\text{率领}}$[suæ^{42}]、匹[pʻi^{535}]、律[ly^{42}]”。

宕摄

就舒声字而言，开口一等、开口三等知庄章组、合口三等非敷奉母、微母的“芒”今读韵母为[ɑŋ]，如“帮[pɑŋ^{213}]、旁[pʻɑŋ^{44}]、忙[mɑŋ^{24}]、汤[tʻɑŋ^{213}]、堂[tʻɑŋ^{44}]、郎[lɑŋ^{44}]、囊[nɑŋ^{44}]、仓[tsʻɑŋ^{213}]、桑[sɑŋ^{213}]、刚[kɑŋ^{213}]、昂[ɑŋ^{44}]、张[tsɑŋ^{213}]、章[tsɑŋ^{213}]、常[tsʻɑŋ^{44}]、芳[fɑŋ^{213}]”，开口三等日母、见系字今读韵母为[iɑŋ]，如“强[tɕʻiɑŋ^{44}]、疆[tɕiɑŋ^{213}]、让[iɑŋ^{42}]”，合口一等、合口三等见系、开口三等庄组、合口三等微母字今读韵母为[uɑŋ]，如“装[tsuɑŋ^{213}]、床[tsʻuɑŋ^{44}]、霜[suɑŋ^{213}]、忘[uɑŋ^{42}]、望[uɑŋ^{42}]、光[kuɑŋ^{213}]、黄[xuɑŋ^{44}]”。

就入声字而言，开口一等帮组、见组字今读韵母为[əʔ]，如“博[pəʔ^{21}]、莫[məʔ^{21}]、各[kəʔ^{21}]、郝[xəʔ^{21}]”，开口三等知章组字今读韵母为[iəʔ]，如“着$_{\text{睡着}}$[tɕiəʔ^{21}]、勺[ɕiəʔ^{21}]、脚[tɕiəʔ^{21}]”，合口一等见系、开口一等端系字今读韵母为[uəʔ]，如“托[tʻuəʔ^{21}]、郭[kuəʔ^{21}]”，合口三等见系、开口三等日母字今读韵母为[yəʔ]，如“略[lyəʔ^{21}]、雀[tɕʻyəʔ^{21}]、削[tɕyəʔ^{21}]、约[yəʔ^{21}]、疟[ȵyəʔ^{21}]”。一些字已经舒化，如“幕[mu^{42}]、鹤[xə^{42}]、恶[ə^{22}]、嚼[tɕiɔ^{24}]、霍[xuo^{22}]”。

江摄

就舒声字而言，开口二等帮组字今读韵母为，如“邦[pɑŋ^{213}]、胖[pʻɑŋ^{22}]”，开口二等知系字今读韵母为[uɑŋ]，如“撞[tsuɑŋ^{42}]、窗[tsʻuɑŋ^{213}]、双[suɑŋ^{213}]”，开口二等见系字今读韵母为[iɑŋ]，如“江[tɕiɑŋ^{213}]、讲[tɕiɑŋ^{535}]、项[ɕiɑŋ^{42}]”。

就入声字而言，开口二等帮组字今读韵母为[əʔ]，如“驳[pəʔ^{21}]、朴[pʻəʔ^{21}]”，开口二等知系字今读韵母为[uəʔ]，如“桌[tsuəʔ^{21}]、戳[tsʻuəʔ^{21}]、捉[tsuəʔ^{21}]、镯[tsuəʔ^{21}]”，开口二等见系字今读韵母为[yəʔ]，如“觉$_{\text{知觉}}$[tɕyəʔ^{21}]、岳[yəʔ^{21}]、学[ɕyəʔ^{21}]”。个别字已经舒化，

如“雹[pɔ^{24}]、饺[tɕiɔ^{535}]”。

曾摄

就舒声字而言，曾摄开口一等、曾摄开口三等知章组字今读韵母为[əŋ]，如“朋[p‘əŋ^{44}]、登[təŋ^{213}]、能[nəŋ^{44}]、赠[tsəŋ^{22}]、肯[k‘əŋ^{535}]、蒸[tsəŋ^{213}]、澄[ts‘əŋ^{44}]”，曾摄开口三等帮组、泥组、日母、见系字今读韵母为[iŋ]，如“仍[iŋ^{44}]、兴[ɕiŋ^{213}]、冰[piŋ^{213}]、陵[liŋ^{44}]”，曾合一“弘”今读韵母为[uŋ]。

就入声字而言，开口一等精组、见系字、开口三等庄组字今读韵母为[əʔ]，如“则[tsəʔ^{21}]、塞[səʔ^{21}]、刻[k‘əʔ^{21}]、黑[xəʔ^{21}]”，开口一等帮组、端组、开口三等非庄组字今读韵母为[iəʔ]，如“得[tiəʔ^{21}]、墨[miəʔ^{21}]、逼[piəʔ^{21}]、力[liəʔ^{21}]、息[ɕiəʔ^{21}]、直[tɕiəʔ^{21}]、职[tɕiəʔ^{21}]、极[tɕiəʔ^{21}]”，合口一等见系字今读韵母为[uəʔ]，如“国[kuəʔ^{21}]、或[xuəʔ^{21}]”。一些字已经舒化，如“北[pei^{535}]、贼[tsei^{24}]、亿[i^{22}]、忆[i^{22}]、抑[i^{22}]、翼[i^{42}]、域[y^{42}]、匿[ni^{42}]”。

梗摄

就舒声字而言，梗摄开口二等非见系、开口三等知系、合口二等匣母字“横$_{\text{横直}}$横$_{\text{蛮横}}$”、开口二等见母字“更耕耿”等今读韵母为[əŋ]，如“烹[p‘əŋ^{213}]、撑[ts‘əŋ^{213}]、生[səŋ^{213}]、坑[k‘əŋ^{213}]、争[tsəŋ^{213}]、迸[pəŋ^{42}]、耕[kəŋ^{213}]”，合口三四等“倾顷营颖”、开口三等非知系、开口二等见系（除见母）字今读韵母为[iŋ]，如“硬[iŋ^{42}]、杏[ɕiŋ^{42}]、幸[ɕiŋ^{42}]、京[tɕiŋ^{213}]、迎[iŋ^{44}]、英[iŋ^{213}]、兵[piŋ^{213}]、名[miŋ^{44}]、颈[tɕiŋ^{22}]、瓶[p‘iŋ^{44}]、丁[tiŋ^{213}]、宁[niŋ^{44}]、零[liŋ^{24}]、青[tɕ‘iŋ^{213}]、经[tɕiŋ^{213}]、形[ɕiŋ^{24}]、倾[iŋ^{213}]”，合口四等字今读韵母为[yŋ]，如“兄[ɕyŋ^{213}]、荣[yŋ^{24}]、永[yŋ^{535}]”，“矿”今读韵母为[uɑŋ]，“轰宏”今读韵母为[uŋ]。

就入声字而言，开口二等知系、见系字今读韵母为[əʔ]，如“摘[tsəʔ^{21}]、责[tsəʔ21]、革[kəʔ^{21}]、核[xəʔ^{21}]”，开口二等帮组、开口三四等字今读韵母为[iəʔ]，如“麦[miəʔ^{21}]、僻[p‘iəʔ^{21}]、脊[tɕiəʔ^{21}]、惜[ɕiəʔ^{21}]、席[ɕiəʔ^{21}]、只[tɕiəʔ^{21}]、石[ɕiəʔ^{21}]、吃[tɕ‘iəʔ^{21}]、的$_{\text{目的}}$[tiəʔ^{21}]、笛[tiəʔ^{21}]、绩[tɕiəʔ^{21}]、锡[ɕiəʔ^{21}]”。一些字已经舒化，如“栅[sɑŋ^{22}]、剧[tɕy4^{2}]、逆[ni^{42}]、益[i^{22}]、译[i^{42}]、易[i^{42}]、戚[tɕ‘i^{213}]、划[xuɑ^{24}]、役[i^{42}]、疫[i^{42}]、陌[mo^{42}]、额[ə^{24}]”。

通摄

就舒声字而言，通摄合口一三等帮组字今读韵母为[əŋ]，如“风[fəŋ^{213}]、蓬[pʻəŋ^{44}]、梦[məŋ^{42}]”，合口一等端见系、合口三等精泥组大部分字、知系、大部分见组字今读韵母为[uŋ]，如“聋[luŋ^{44}]、公[kuŋ^{213}]、红[xuŋ^{44}]、翁[uŋ^{213}]、宗[tsuŋ^{213}]、冬[tuŋ^{213}]、隆[luŋ^{44}]、虫[tsʻuŋ^{24}]、崇[tsʻuŋ^{44}]、终[tsuŋ^{213}]、宫[kuŋ^{213}]、恐[kʻuŋ^{535}]、种[tsuŋ^{22}]、从$_{从容}$[tsʻuŋ^{44}]、重[tsuŋ^{42}]”，合口三等晓匣影喻母字、日母字今读韵母为[yŋ]，如“绒[yŋ^{44}]、穷[tɕʻyŋ^{44}]、熊[ɕyŋ^{44}]、融[yŋ^{44}]、胸[ɕyŋ^{213}]、容[yŋ^{44}]”。

就入声字而言，合口一等帮组、合口三等帮组字今读韵母为[əʔ]，如“木[məʔ^{21}]、福[fəʔ^{21}]、服[fəʔ^{21}]、目[məʔ^{21}]”，合口一等端系、见系、合口三等知系、合口三等泥母字”六陆录“今读韵母为[uəʔ]，如“秃[tʻuəʔ^{21}]、独[tuəʔ^{21}]、鹿[luəʔ^{21}]、族[tsuəʔ^{21}]、谷[kuəʔ^{21}]、竹[tsuəʔ^{21}]、缩[suəʔ^{21}]、叔[suəʔ^{21}]”，合口三等精组、见组字今读韵母为[yəʔ]，如“肃[ɕyəʔ^{21}]、俗[ɕyəʔ^{21}]、菊[tɕyəʔ^{21}]、畜$_{畜牧}$[ɕyəʔ^{21}]、局[tɕyəʔ^{21}]”。一些字已经舒化，如“肉[iəu^{42}]、郁[y^{22}]、育[y^{42}]、续[ɕy^{42}]、玉[y^{42}]、狱[y^{42}]、欲[y^{42}]、浴[y^{42}]、酷[kʻu^{42}]、褥[y^{42}]”。

（三）声调比较

古声调与长治县方言声调的对应关系如表所示，古平声今按清浊的不同分为阴平和阳平，古清、次浊上声今读上声，古全浊上声和古浊去今读阳去，古清去今读阴去，古入声今多读入声，部分舒化归入其他5个调中。

		阴平	阳平	上声	阴去	阳去	入声
平声	清	高猪 天娟	敷				
	次浊	妈	难娘 文云				
	全浊		陈平 床穷				

续表

		阴平	阳平	上声	阴去	阳去	入声
上声	清			口体 古娶			
	次浊			老体 五缕			
	全浊					近厚 坐序	
去声	清				盖济 对句		
	次浊					让耀 路喻	
	全浊					大贱 共效	
入声	清						福割锡缺
	次浊						摸袜列月
	全浊						服合食局

三　屯留方言语音与中古音的比较

屯留方言的语音系统与以《切韵》系韵书为代表的中古音存在着一定的对应规律。古音分类以中国社会科学院语言研究所编制的《方言调查字表》为依据。屯留方言的语音仅指单字音。

（一）声母比较

帮母　今读[p]。如“包”[pɔ^{33}]，少数读[pʻ]，如“蝙[pʻiaŋ^{313}]”。

滂母　今多读[pʻ]。如“怕”[pʻɑ^{53}]，少数读[p]，如“怖[pu^{53}]”。

並母　今平声多读送气音[pʻ]，今仄声多读不送气音[p]，如：皮[pʻi^{313}]被[pi^{53}]。有个别字平声读不送气音，如“刨[pɔ^{313}]”，仄声读送气音，如“佩[pʻei^{13}]”。

明母　今读[m]，如“马[mɑ^{534}]”。

非敷奉母　今读[f]，如“反[faŋ^{534}]翻[faŋ^{313}]房[faŋ^{13}]”。

微母　今读[ø]，如“微[uei^{313}]武[u^{535}]爱[æ^{53}]音[iŋ^{313}]”。

端母　今读[t]，如“肚[tu^{13}]”，“鸟”是例外字，今读[ȵiɔ^{535}]。

透母　读[t‘]，如“梯[t‘i^{313}]”，个别字读[t]声母，如“贷[tæ^{53}]”。

定母　今平声多读送气音[t‘]，今仄声多读不送气音[t]，前者如“太[t‘æ^{53}]，后者如“代[tæ^{13}]”。

泥母　今读[n]，如“脑[nɔ^{534}]”。

来母　今读[l]，如“来[læ^{13}]”。

精母　今洪音读[ts]，细音读[tɕ]。前者如“住[tsu^{13}]”，后者如“精[tɕiŋ^{313}]”。

清母　今洪音读[ts‘]，细音读[tɕ‘]。前者如“醋[ts‘u^{53}]”，后者如“清[tɕ‘iŋ^{313}]”。

从母　今洪音平声读[ts‘]，如“曹[ts‘ɔ^{13}]”，今洪音仄声读[ts]，如“找[tsɔ^{534}]”，今细音平声读[tɕ‘]，如“前[tɕ‘iɑŋ^{13}]”，今细音仄声读[tɕ]，如“件[tɕiɑŋ^{53}]”。

心母　今洪音读[s]，细音读[ɕ]。前者如“扫[sɔ^{534}]”，后者如“心[ɕiŋ^{313}]”。

邪母　今洪音读[ts‘]，如“词[ts‘ɿ^{13}]”，或读[s]，如“寺[sɿ^{53}]”，细音读[ɕ]，如“席[ɕiəʔ^{54}]”。

知母　今读[ts]，如“朝[tsɔ^{313}]”。

彻母　今读[ts‘]，如“超[ts‘ɔ^{313}]”。

澄母　今平声多读送气音[ts‘]，如“潮[ts‘ɔ^{13}]”。今仄声多读不送气音[ts]，如“赵[tsɔ^{53}]”。

庄母　今读[ts]，如“争[tsəŋ^{313}]”。

初母　今读[ts‘]，如“初[ts‘uə^{313}]”。

崇母　今平声读送气音[ts‘]，今仄声读不送气音[ts]，前者如“床[ts‘uɑŋ^{13}]”，后者如“状[tsuɑŋ^{53}]”。

生母　今多读[s]，如“山[sɑŋ^{313}]”，少数读[ts‘]，如“产[ts‘ɑŋ^{534}]”。

章母　今多读[ts]，如“煮[tsu^{534}]”。

昌母　今多读[ts‘]，如“穿[ts‘uɑŋ^{313}]”。

船母　今多读[s]，如“神[səŋ^{13}]”。

书母　今多读[s]，如“手[səu^{534}]”，部分字今读[ts‘]，如“唇

[tsʻuŋ^{13}]”。

禅母　今多读[s]，如“时[sʅ^{13}]”，部分三等平声字今读[tsʻ]，如“晨[tsʻəŋ^{13}]、臣[tsʻəŋ^{13}]、愁[tsʻəu^{13}]、仇[tsʻəu^{13}]”。

日母　今读[ø]，如“人[iŋ^{13}]热[iʌʔ$^{\underline{54}}$]”，止摄开口三等字今读[l̩]，如“儿[l̩^{13}]二[l̩^{53}]耳[l̩^{534}]”。

见母　今洪音读[k]，细音读[tɕ]。前者如“告[kɔ^{53}]”，后者如“骄[tɕiɔ^{313}]”。

溪母　今洪音读[kʻ]，细音读[tɕʻ]。前者如“靠[kʻɔ^{53}]”，后者如“乔[tɕʻiɔ^{13}]”。

群母　今洪音平声读[kʻ]，如“葵[kʻuei^{13}]”，今洪音仄声读[k]，如“跪[kuei^{53}]”，今细音平声读[tɕʻ]，如“旗[tɕʻi^{13}]”，今细音仄声读[tɕ]，如“巨[tɕy^{53}]”。

疑母　今多读[ø]，如“牛[iəu^{13}]、危[uei^{313}]、硬[iŋ^{53}]”，但也有部分字今读[ȵ]，如“逆[ȵi^{53}]、拟[ȵi^{534}]、倪[ȵi^{13}]、虐[ȵyʌʔ$^{\underline{54}}$]、疟[ȵyʌʔ$^{\underline{54}}$]、凝[ȵiŋ^{13}]”。

晓母　今洪音读[x]，今细音读[ɕ]。前者如“汉[xaŋ^{53}]”，后者如“吸[ɕiəʔ$^{\underline{45}}$]”。也有个别字例外，如“况[kʻuaŋ^{3}]”、“歪[uæ^{313}]”。

匣母　今洪音多读[x]，今细音读[ɕ]。前者如“回[xuei^{13}]”，后者如“咸[ɕiaŋ^{13}]”，还有部分字今读[ø]，如“丸[uaŋ^{13}]”。

影母　今读[ø]，如“燕[iaŋ^{53}]”。

云母　今读[ø]，如“雨[y^{534}]”。

以母　今读[ø]，如“油[iəu^{13}]”。

（二）韵母比较

果摄

果摄开口一等端系、合口一等非帮组字今读韵母为[uo]，如“多[tuo^{313}]、拖[tʻuo^{313}]、驮[tʻuo^{13}]、罗[luo^{13}]、左[tsuo^{534}]、朵[tuo^{534}]、坐[tsuo^{13}]、骡[luo^{13}]、过[kuo^{53}]、课[kʻuo^{53}]”。

果摄开口一等见系今读[ɤ]，如“歌[kɤ^{313}]、河[xɤ^{13}]”。

果摄合口一等帮组今读韵母为[o]，“婆[pʻo^{13}]、波[po^{313}]、破[pʻo^{53}]”。

假摄

假摄开口二等非见系、合口二等庄组字今读韵母为［a］，如“巴［pa^{313}］、爬［pʻa^{13}］、怕［pʻa^{53}］、拿［na^{13}］、茶［tsʻa^{13}］、沙［sa^{313}］、傻［sa^{534}］”。

假摄开口二等见系字今读韵母为［ia］，如“家［tɕia^{313}］、价［tɕia^{53}］、牙［ia^{13}］、霞［ɕia^{13}］、鸦［ia^{313}］”。

假摄开口三等字今读韵母为［iɛ］，如“姐［tɕiɛ^{534}］、写［ɕiɛ^{534}］、谢［ɕiɛ^{53}］、夜［iɛ^{53}］”。

假摄合口二等见系字今读韵母为［ua］，如“瓜［kua^{313}］、跨［kʻua^{53}］、花［xua^{313}］、蛙［ua^{313}］”。

遇摄

遇摄合口一等字、遇摄合口三等非组、知章组字今读韵母为［u］，如“布［pu^{53}］、普［pʻu^{534}］、堵［tu^{534}］、土［tʻu^{534}］、杜［tu^{53}］、努［nu^{534}］、租［tsu^{313}］、苦［kʻu^{534}］、猪［tsu^{313}］、书［su^{313}］、夫［fu^{313}］”。

遇摄合口三等来母（除“庐”），精组、日母、见系字今读韵母为［y］，如“吕［ly^{534}］、徐［ɕy^{13}］、如［y^{13}］、居［tɕy^{313}］、屡［ly^{534}］、须［ɕy^{313}］、句［tɕy^{53}］”。

蟹摄

蟹摄开合口一等帮组、合口三等帮组、“埋”今读韵母为［ei］，如“贝［pei^{53}］、杯［pei^{313}］、废［fei^{53}］。

蟹摄开口一等非帮组、蟹摄开口二等非见系字、蟹摄开口二等影母字、“楷骇”今读韵母为［æ］，如“戴［tæ^{53}］、态［tʻæ^{53}］、待［tæ^{13}］、灾［tsæ^{313}］、改［kæ^{534}］、摆［pæ^{534}］、买［mæ^{534}］、奶［næ^{534}］、排［pʻæ^{13}］、债［tsæ^{53}］、豺［tsʻæ^{13}］、挨$_{挨住}$［æ^{313}］”。

蟹摄开口二等见系字今读韵母为［iɛ］，如“街［tɕiɛ^{33}］、鞋［ɕiɛ^{13}］”，个别字读［ia］，如“佳［tɕia^{33}］、涯［ia^{13}］、崖［ia^{13}］”等。

蟹摄开口三四等字今读韵母为［i］，如“蔽［pi^{53}］、批［pʻi^{313}］、米［mi^{534}］、低［ti^{313}］、弟［ti^{13}］、例［li^{13}］、鸡［tɕi^{313}］、艺［i^{13}］”。

蟹摄合口一三等（除帮组），如“堆［tuei^{313}］、推［tʻuei^{313}］、雷［luei^{13}］、罪［tsuei^{13}］、脆［tsʻuei^{53}］、盔［kʻuei^{313}］、卫［uei^{13}］”。

蟹摄合口二等见晓组字今读韵母为［uæ］，如“怪［kuæ^{53}］、坏［xuæ^{13}］、快［kʻuæ^{53}］、歪［uæ^{313}］”；个别字今读［ua］，如“挂［kua^{53}］、

卦[kua^{53}]、画[xua^{13}]、话[xua^{13}]、蛙[ua^{313}]”。

止摄

止摄开口三等帮组、泥组、见系字今读韵母为[i]，如“被[pi^{13}]、皮[pʻi^{13}]、眉[mi^{13}]、地[ti^{13}]、梨[li^{13}]、腻[ȵi^{13}]、肌[tɕi^{313}]、椅[i^{534}]、基[tɕi^{313}]、希[ɕi^{313}]、李[li^{534}]”，个别字今读[ei]，如“碑[pei^{313}]、卑[pei^{313}]、美[mei^{534}]”。

止摄开口三等精组、庄章组字今读韵母为[ɿ]，如“资[tsɿ^{313}]、知[tsɿ^{313}]、视[sɿ^{13}]、词[tsʻɿ^{13}]”。

日母字今读[l̩]，如“而[l̩^{13}]儿[l̩^{13}]耳[l̩^{534}]”。

止摄合口三等非组字今读韵母为[ei]，如“非[fei^{313}]”。

止摄合口三等微母、泥组、精组、知系、见系字今读韵母为[uei]，如“垒[luei^{534}]、泪[luei^{13}]、嘴[tsuei^{534}]、翠[tsʻuei^{53}]、虽[suei^{313}]、蕊[luei^{534}]、归[kuei^{313}]、鬼[kuei^{534}]、葵[kʻuei^{13}]、跪[kuei^{13}]、尾[uei^{534}]、位[uei^{13}]”。

止摄合口三等庄组字今读韵母为[uæ]，如“揣[tsʻuæ^{534}]、摔[suæ^{313}]、帅[suæ^{53}]”。

效摄

效摄开口一等、开口二等非见系、开口三等知系字（除日母字）今读韵母为[ɔ]，如“毛[mɔ^{13}]、报[pɔ^{53}]、刀[tɔ^{313}]、道[tɔ^{53}]、早[tsɔ^{534}]、曹[tsʻɔ^{13}]、高[kɔ^{313}]、包[pɔ^{313}]、闹[nɔ^{13}]、吵[tsʻɔ^{534}]、超[tsʻɔ^{313}]、招[tsɔ^{313}]”，个别字今读[u]，如“堡[pu^{534}]、抱[pu^{13}]”，个别字今读韵母为[ua]，如“抓[tsua^{313}]、爪~爪子~[tsua^{534}]”。

效摄开口二等非知系字（包括日母字）今读韵母为[iɔ]，如“表[piɔ^{534}]、苗[miɔ^{13}]、妙[miɔ^{13}]、料[liɔ^{353}]、鸟[ȵiɔ^{534}]、焦[tɕiɔ^{313}]、轿[tɕiɔ^{53}]、摇[iɔ^{13}]、聊[liɔ^{13}]”。

流摄

流摄开口一等、三等帮组字今读韵母为[u]，如“某[mu^{534}]、浮[fu^{13}]、否[fu^{534}]、富[fu^{13}]”，个别字例外，如“剖[pʻɔ^{313}]、贸[mɔ^{53}]、茂[mɔ^{53}]”，“彪”今读[piɔ^{313}]。

流摄开口一等非帮组字、流摄开口三等知系字今读韵母为[əu]，如“透[tʻəu^{53}]、豆[təu^{13}]、走[tsəu^{534}]、口[kʻəu^{534}]、狗[kəu^{534}]、厚[xəu^{13}]、愁[tsʻəu^{13}]、抽[tsʻəu^{33}]、周[tsəu^{313}]”。

流摄开口三等泥组、精组、见系字、日母字今读韵母为[iəu]，如“扭[ȵiəu^{534}]、流[liəu^{13}]、揪[tɕiəu^{313}]、就[tɕiəu^{53}]、袖[ɕiəu^{13}]、揉[iəu^{13}]、丘[tɕʻiəu^{313}]、休[ɕiəu^{313}]、优[iəu^{313}]、纠[tɕiəu^{313}]、幽[iəu^{313}]”。

咸摄

就舒声字而言，咸摄开口一等、咸摄开口二等、三等知系（不包括日母字）、咸摄合口三等字今读韵母为[an]，如“贪[tʻan^{313}]、南[nan^{13}]、蚕[tsʻan^{13}]、含[xan^{13}]、感[kan^{534}]、喊[xan^{534}]、淡[tan^{53}]、蓝[lan^{13}]、三[san^{313}]、站[tsan^{53}]、搀[tsʻan^{313}]、闪[san^{534}]、凡[fan^{13}]”，咸摄开口二等见系、咸摄开口三等非知系字（包括日母字）、咸摄开口四等字今读韵母为[ian]，如“减[tɕian^{534}]、咸[ɕian^{13}]、嵌[tɕʻian^{53}]、严[ian^{13}]、检[tɕian^{534}]、险[ɕian^{534}]、淹[ian^{313}]、敛[lian^{534}]、尖[tɕian^{313}]、贬[pian^{534}]、甜[tʻian^{13}]、店[tian^{53}]、嫌[ɕian^{13}]、染[ian^{534}]”。

就入声字而言，咸摄开口一等、合口三等非组字今读韵母为[ʌʔ]，如“答[tʌʔ$^{\underline{45}}$]、踏[tʻʌʔ$^{\underline{45}}$]、纳[nʌʔ$^{\underline{54}}$]、杂[tsʌʔ$^{\underline{54}}$]、塔[tʻʌʔ$^{\underline{45}}$]、腊[lʌʔ$^{\underline{54}}$]、眨[tsʌʔ$^{\underline{45}}$]、插[tsʻʌʔ$^{\underline{45}}$]、鸽[kʌʔ$^{\underline{45}}$]、喝[xʌʔ$^{\underline{45}}$]、盒[xʌʔ$^{\underline{54}}$]、磕[kʻʌʔ$^{\underline{45}}$]、法[fʌʔ$^{\underline{45}}$]”。咸摄开口二等知系、见系、咸摄开口三四等今读韵母为[iʌʔ]，如“掐[tɕʻiʌʔ$^{\underline{45}}$]、夹[tɕiʌʔ$^{\underline{45}}$]、狭[ɕiʌʔ$^{\underline{54}}$]、甲[tɕiʌʔ$^{\underline{45}}$]、鸭[iʌʔ$^{\underline{45}}$]、镊[ȵiʌʔ$^{\underline{54}}$]、猎[liʌʔ$^{\underline{54}}$]、接[tɕiʌʔ$^{\underline{45}}$]、叶[iʌʔ$^{\underline{54}}$]、劫[tɕiʌʔ$^{\underline{45}}$]、跌[tiʌʔ$^{\underline{45}}$]、贴[tʻiʌʔ$^{\underline{45}}$]、叠[tiʌʔ$^{\underline{54}}$]”褶[tsʌʔ$^{\underline{45}}$]、摄[sʌʔ$^{\underline{45}}$]”。个别字已经舒化，如“恰[tɕʻia^{13}]、协[ɕiᴇ^{53}]、拉[la^{313}]”等。

深摄

就舒声字而言，深摄开口三等非知系字（包括日母字）今读韵母为[in]，如“品[pʻin^{534}]、林[lin^{13}]、心[ɕin^{313}]、今[tɕin^{313}]、任[in^{13}]”，深摄开口三等知系字（除日母字）今读韵母为[ən]，如“沉[tsʻən^{13}]、森[sən^{313}]、针[tsən^{313}]”。

就入声字而言，深摄开口三等泥组、精组、知组、章组、见晓组入声字今读韵母为[iəʔ]，如“立[liəʔ$^{\underline{54}}$]、集[tɕiəʔ$^{\underline{45}}$]、习[ɕiəʔ$^{\underline{54}}$]、蛰[tsəʔ$^{\underline{45}}$]、湿[səʔ$^{\underline{45}}$]、十[səʔ$^{\underline{54}}$]、急[tɕiəʔ$^{\underline{54}}$]”，庄组入声字“涩”今读韵母为[əʔ]，其中，影母入声字“揖$_{\text{作揖}}$”已经舒化，今读[i^{53}]。

山摄

就舒声字而言，山摄开口一等、山摄开口二等非见系、三等知系（不包括日母字）字今读韵母为[an]，如“丹[tan^{313}]、但[tan^{53}]、兰[lan^{13}]、餐[tsʻan^{313}]、干[kan^{313}]、赞[tsan^{53}]、扮[pan^{53}]、盼[pʻan^{53}]、山[san^{313}]、绽[tsan^{13}]、班[pan^{313}]、删[san^{313}]、缠[tsʻan^{13}]、展[tsan^{534}]、善[san^{13}]”，山摄开口二等见系、山摄开口三等非知系字（包括日母字）、山摄开口四等字今读韵母为[ian]，如“艰[tɕian^{313}]、颜[ian^{13}]、鞭[pian^{313}]、棉[mian^{13}]、连[lian^{13}]、煎[tɕian^{313}]、钱[tɕʻian^{13}]、件[tɕian^{13}]、边[pian^{313}]、天[tʻian^{313}]、千[tɕʻian^{313}]、肩[tɕian^{313}]、言[ian^{13}]、现[ɕian^{53}]、然[ian^{13}]”。

就入声字而言，山摄开口一等、合口一等帮组、二等非见系、合口三等非组入声字今读韵母为[ʌʔ]，如“发[fʌʔ$^{\underline{45}}$]、罚[fʌʔ$^{\underline{54}}$]、铡[tsʌʔ$^{\underline{54}}$]、杀[sʌʔ$^{\underline{45}}$]、辣[lʌʔ$^{\underline{54}}$]、割[kʌʔ$^{\underline{45}}$]、渴[kʻʌʔ$^{\underline{45}}$]、泼[pʻʌʔ$^{\underline{45}}$]、末[m ʌʔ$^{\underline{54}}$]”，山摄开口二等见系、山摄开口三四等入声字今读韵母为[iʌʔ]，如“掐[tɕʻiʌʔ$^{\underline{45}}$]、夹[tɕiʌʔ$^{\underline{45}}$]、狭[ɕiʌʔ$^{\underline{54}}$]、甲[iʌʔ$^{\underline{45}}$]、鸭[iʌʔ$^{\underline{45}}$]、鳖[piʌʔ$^{\underline{45}}$]、灭[miʌʔ$^{\underline{54}}$]、列[liʌʔ$^{\underline{54}}$]、泄[ɕiʌʔ$^{\underline{45}}$]、哲[tsʌʔ$^{\underline{45}}$]、舌[sʌʔ$^{\underline{54}}$]、孽[ȵiʌʔ$^{\underline{54}}$]、热[iʌʔ$^{\underline{54}}$]、歇[ɕiʌʔ$^{\underline{45}}$]、铁[tʻiʌʔ$^{\underline{45}}$]、憋[piʌʔ$^{\underline{45}}$]、节[tɕiʌʔ$^{\underline{54}}$]、结[tɕiʌʔ$^{\underline{45}}$]”，山摄合口一等非帮组、山摄合口二等、合口三等知系、微母字“袜“今读韵母为[uʌʔ]，如“刷[suʌʔ$^{\underline{45}}$]、滑[xuʌʔ$^{\underline{54}}$]、刮[kuʌʔ$^{\underline{45}}$]、说[suʌʔ$^{\underline{45}}$]、脱[tʻuʌʔ$^{\underline{45}}$]、夺[tuʌʔ$^{\underline{54}}$]、括[kʻuʌʔ$^{\underline{45}}$]、活[xuʌʔ$^{\underline{21}}$]”，山摄合口三四等见系、精组入声字今读韵母为[yʌʔ]，如“缺[tɕʻyʌʔ$^{\underline{45}}$]、穴[ɕyʌʔ$^{\underline{54}}$]、月[yʌʔ$^{\underline{54}}$]、越[yʌʔ$^{\underline{54}}$]、雪[ɕyʌʔ$^{\underline{45}}$]”。个别字已经舒化，如“挖[ua^{53}]”等。

臻摄

就舒声字而言，臻摄开口一等见系、开口三等知庄章组字、臻摄合口一等帮组、合口三等非组字今读韵母为[ən]，如“跟[kən^{313}]、痕[xən^{13}]、恩[ən^{313}]、珍[tsən^{313}]、陈[tsʻən^{13}]、真[tsəŋ^{313}]、奔[pəŋ^{313}]、门[məŋ^{13}]、分[fəŋ^{313}]、文[uŋ^{13}]”，臻摄开口一三等非知系、日母字今读[iŋ]，如“宾[pin^{313}]、民[min^{13}]、邻[lin^{13}]、津[tɕin^{313}]、辛[ɕin^{313}]、人[in^{13}]、巾[tɕin^{313}]、银[in^{24}]、引[in^{534}]、斤[tɕin^{313}]”，臻摄合口一等非帮组、合口三等来母、知章组字今读韵母为[uən]，如“敦[tuən^{313}]、顿[tuən^{13}]、论[luən^{13}]、尊[tsuən^{313}]、村[tsʻuən^{313}]、昆[kʻuən^{313}]、春[tsʻuən^{313}]、顺[suən^{13}]”，臻摄合口三等精组、见组字今读韵母为[yn]，如“俊[tɕyn^{53}]、旬[ɕyn^{13}]、均[tɕyn^{313}]、军[tɕyn^{313}]、训[ɕyn^{53}]、云

[yn^{13}]”，其中，臻合三精组的“遵”韵母为[uən]。

就入声字而言，开口三等庄组字、合口一等帮组字今读韵母为[əʔ]，如“虱[səʔ$^{\underline{45}}$]、勃[pəʔ$^{\underline{54}}$]、没[məʔ$^{\underline{54}}$]”，开口三等非庄组字今读韵母为[iəʔ]，如“笔[piəʔ$^{\underline{45}}$]、蜜[miəʔ$^{\underline{54}}$]、七[tɕʻiəʔ$^{\underline{54}}$]、膝[ɕiəʔ$^{\underline{45}}$]、秩[tsəʔ$^{\underline{54}}$]、质[tsəʔ$^{\underline{45}}$]、室[səʔ$^{\underline{45}}$]、日[iəʔ$^{\underline{54}}$]、吉[tɕiəʔ$^{\underline{45}}$]、一[iəʔ$^{\underline{45}}$]”，合口一等非帮组、合口三等知系、非组字今读韵母为[uəʔ]，如“突[tʻuəʔ$^{\underline{45}}$]、卒[tsuəʔ$^{\underline{54}}$]、骨[kuəʔ$^{\underline{45}}$]、杌[uəʔ$^{\underline{54}}$]、忽[xuəʔ$^{\underline{45}}$]、出[tsʻuəʔ$^{\underline{45}}$]、术[ʂuəʔ$^{\underline{21}}$]”，合口三等见系字今读韵母为[yəʔ]，如“橘[tɕyəʔ$^{\underline{2}}$]、屈[tɕʻyəʔ$^{\underline{45}}$]”。个别字已经舒化，如“乙[i^{534}]、匹[pʻi^{53}]”。

宕摄

就舒声字而言，开口一等、开口三等知庄章组、合口三等非敷奉母、微母的“芒”今读韵母为[ɑŋ]，如“帮[pɑŋ^{313}]、旁[pʻɑŋ^{13}]、忙[mɑŋ^{13}]、汤[tʻɑŋ^{313}]、堂[tʻɑŋ^{13}]、郎[lɑŋ^{313}]、囊[nɑŋ^{13}]、仓[tsʻɑŋ^{313}]、桑[sɑŋ^{313}]、刚[kɑŋ^{313}]、昂[ɑŋ^{13}]、张[tsɑŋ^{313}]、章[tsɑŋ^{313}]、常[tsʻɑŋ^{13}]、芳[fɑŋ^{313}]”，开口三等日母、见系字今读韵母为[iɑŋ]，如“强[tɕʻiɑŋ^{13}]、疆[tɕiɑŋ^{313}]、让[iɑŋ^{13}]”，合口一等、合口三等见系、开口三等庄组、合口三等微母字今读韵母为[uɑŋ]，如“装[tsuɑŋ^{313}]、床[tsʻuɑŋ^{13}]、霜[suɑŋ^{313}]、忘[uɑŋ^{13}]、望[uɑŋ^{13}]、光[kuɑŋ^{313}]、黄[xuɑŋ^{13}]”。

就入声字而言，开口一等帮组、见组字今读韵母为[ʌʔ]，如“博[pʌʔ$^{\underline{45}}$]、莫[mʌʔ$^{\underline{54}}$]、各[kʌʔ$^{\underline{45}}$]、郝[xʌʔ$^{\underline{45}}$]”，开口三等知章组字今读韵母为[iʌʔ]，如“着睡着[tʃiʌʔ$^{\underline{45}}$]、勺[ʃiʌʔ$^{\underline{54}}$]”，合口一等见系、开口一等端系字今读韵母为[uʌʔ]，如“托[tʻuʌʔ$^{\underline{45}}$]、郭[kuʌʔ$^{\underline{45}}$]”，合口三等见系、开口三等日母字今读韵母为[yʌʔ]，如“略[lyʌʔ$^{\underline{54}}$]、雀[tɕʻyʌʔ$^{\underline{45}}$]、削[ɕyəʔ$^{\underline{45}}$]、约[yʌʔ$^{\underline{45}}$]、疟[ȵyʌʔ$^{\underline{21}}$]”。个别字已经舒化，如“幕[mu^{13}]、鹤[xɤ^{13}]、嚼[tɕiɔ^{13}]”。

江摄

就舒声字而言，开口二等帮组字今读韵母为[ɑŋ]，如“邦[pɑŋ^{313}]、胖[pʻɑŋ^{53}]”，开口二等知系字今读韵母为[uɑŋ]，如“撞[tsuɑŋ^{13}]、窗[tsʻuɑŋ^{313}]、双[suɑŋ^{313}]”，开口二等见系字今读韵母为[iɑŋ]，如“江[tɕiɑŋ^{313}]、讲[tɕiɑŋ^{534}]、项[ɕiɑŋ^{13}]”。

就入声字而言，开口二等帮组字今读韵母为[ʌʔ]，如“驳[pʌʔ$^{\underline{45}}$]、朴[p'ʌʔ$^{\underline{45}}$]”，开口二等知系字今读韵母为[uʌʔ]，如“桌[tsuʌʔ$^{\underline{45}}$]、戳[ts'uʌʔ$^{\underline{45}}$]、捉[tsuʌʔ$^{\underline{45}}$]、镯[tsuʌʔ$^{\underline{54}}$]”，开口二等见系字今读韵母为[yʌʔ]，如“觉$_{知觉}$[tɕyʌʔ$^{\underline{45}}$]、岳[yʌʔ$^{\underline{54}}$]、学[ɕyʌʔ$^{\underline{54}}$]”。

曾摄

就舒声字而言，曾摄开口一等、曾摄开口三等知章组字今读韵母为[əŋ]，如“朋[p'əŋ^{13}]、登[təŋ^{313}]、能[nəŋ^{13}]、赠[tsəŋ^{53}]、肯[k'əŋ^{534}]、蒸[tsəŋ^{313}]、澄[ts'əŋ^{13}]”，曾摄开口三等帮组、泥组、日母、见系字今读韵母为[iŋ]，如“仍[iŋ^{13}]、兴[ɕiŋ^{313}]、冰[piŋ^{313}]、陵[liŋ^{13}]”，曾合一“弘”今读韵母为[uŋ]。

就入声字而言，开口一等精组、开口三等庄组字今读韵母为[əʔ]，如“则[tsəʔ$^{\underline{45}}$]、塞[səʔ$^{\underline{45}}$]”，开口一等见系字今读韵母为[ʌʔ]，如“刻[k'ʌʔ$^{\underline{45}}$]、黑[xʌʔ$^{\underline{45}}$]”，开口一等帮组、端组、开口三等非庄组字今读韵母为[iəʔ]，如“得[tiəʔ$^{\underline{45}}$]、墨[miəʔ$^{\underline{54}}$]、逼[piəʔ$^{\underline{45}}$]、力[liəʔ$^{\underline{54}}$]、息[ɕiəʔ$^{\underline{45}}$]、直[tsəʔ$^{\underline{54}}$]、职[tsəʔ$^{\underline{45}}$]、极[tɕiəʔ$^{\underline{45}}$]”，合口一等见系字今读韵母为[uəʔ]，如“国[kuəʔ$^{\underline{45}}$]、或[xuəʔ$^{\underline{54}}$]”。个别字已经舒化，如“亿[i^{13}]、忆[i^{13}]、抑[i^{13}]、域[y^{13}]”等。

梗摄

就舒声字而言，梗摄开口二等非见系、开口三等知系、合口二等匣母字“横$_{横直}$横$_{蛮横}$”、开口二等见母字“更耕耿”等今读韵母为[əŋ]，如“烹[p'əŋ^{313}]、撑[ts'əŋ^{313}]、生[səŋ^{313}]、坑[k'əŋ^{313}]、争[tsəŋ^{313}]、迸[pəŋ^{13}]、耕[kəŋ^{313}]”，合口三四等“倾顷营颖”、开口三等非知系、开口二等见系（除见母）字今读韵母为[iŋ]，如“硬[iŋ^{13}]、杏[ɕiŋ^{13}]、幸[ɕiŋ^{13}]、京[ɕiŋ^{313}]、迎[iŋ^{13}]、英[iŋ^{313}]、兵[piŋ^{313}]、名[miŋ^{13}]、颈[ɕiŋ^{53}]、瓶[p'iŋ^{13}]、丁[tiŋ^{313}]、宁[ȵiŋ^{13}]、零[liŋ^{13}]、青[tɕ'iŋ^{313}]、经[tɕiŋ^{313}]、形[ɕiŋ^{13}]、倾[tɕ'iŋ^{313}]”，合口四等字今读韵母为[yŋ]，如“兄[ɕyŋ^{313}]、荣[yŋ^{13}]、永[yŋ^{534}]”，“矿”今读韵母为[uɑŋ]，“轰宏”今读韵母为[uŋ]。

就入声字而言，开口二等知系、见系字今读韵母为[əʔ]，如“摘[tsəʔ$^{\underline{45}}$]、责[tsəʔ$^{\underline{45}}$]”，开口二等帮组字今读韵母为[iʌʔ]，如“麦[miʌʔ$^{\underline{54}}$]”，开口二等见系字今读韵母为[ʌʔ]，如“革[kʌʔ$^{\underline{45}}$]、核[xʌʔ$^{\underline{54}}$]”，开口三四等字今读韵母为[iəʔ]，如“僻[p'iəʔ$^{\underline{45}}$]、脊[tɕiəʔ$^{\underline{45}}$]、惜[ɕiəʔ$^{\underline{45}}$]、席[ɕiəʔ$^{\underline{54}}$]、只[tsəʔ$^{\underline{45}}$]、石[səʔ$^{\underline{54}}$]、吃[ts'əʔ$^{\underline{45}}$]、

的$_{\text{目的}}$[tiəʔ$^{\underline{45}}$]、笛[tiəʔ$^{\underline{54}}$]、绩[tɕiəʔ$^{\underline{45}}$]、锡[ɕiəʔ$^{\underline{45}}$]”。个别字已经舒化，如“逆[ȵi^{13}]、易$_{\text{交易}}$[i^{13}]、役[i^{13}]、疫[i^{13}]”等。

通摄

就舒声字而言，通摄合口一三等帮组字今读韵母为[əŋ]，如“风[fəŋ^{313}]、蓬[p‘əŋ^{13}]、梦[məŋ^{13}]”，合口一等端见系、合口三等精泥组大部分字、知系、大部分见组字今读韵母为[uŋ]，如“聋[luŋ^{13}]、公[kuŋ^{313}]、红[xuŋ^{13}]、翁[uŋ^{313}]、宗[tsuŋ^{313}]、冬[tuŋ^{313}]、隆[luŋ^{13}]、虫[ts‘uŋ^{13}]、崇[ts‘uŋ^{13}]、终[tsuŋ^{313}]、宫[kuŋ^{313}]、恐[k‘uŋ^{534}]、种[tsuŋ^{53}]、从$_{\text{从容}}$[tʂ‘uŋ^{13}]、重[tsuŋ^{13}]”，合口三等晓匣影喻母字、日母字今读韵母为[yŋ]，如“绒[yŋ^{13}]、穷[tɕ‘yŋ^{13}]、熊[ɕyŋ^{13}]、融[yŋ^{13}]、胸[ɕyŋ^{313}]、容[yŋ^{13}]”。

就入声字而言，合口一等帮组、合口三等帮组字今读韵母为[əʔ]，如“木[məʔ$^{\underline{54}}$]、福[fəʔ$^{\underline{45}}$]、服[fəʔ$^{\underline{54}}$]、目[məʔ$^{\underline{54}}$]”，合口一等端系、见系、合口三等知系、合口三等泥母字“六陆录”今读韵母为[uəʔ]，如“秃[t‘uəʔ$^{\underline{45}}$]、独[tuəʔ$^{\underline{54}}$]、鹿[luəʔ$^{\underline{54}}$]、族[tsuəʔ$^{\underline{54}}$]、谷[kuəʔ$^{\underline{45}}$]、竹[tsuəʔ$^{\underline{45}}$]、缩[suəʔ$^{\underline{45}}$]、叔[suəʔ$^{\underline{45}}$]”，合口三等精组、见组字今读韵母为[yəʔ]，如“俗[ɕyəʔ$^{\underline{54}}$]、菊[tɕyəʔ$^{\underline{54}}$]、畜$_{\text{畜牧}}$[ɕyəʔ$^{\underline{45}}$]、局[tɕyəʔ$^{\underline{54}}$]”。个别字已经舒化，如“肉[iəu^{13}]、育[y^{13}]、玉[y^{13}]、狱[y^{13}]、浴[y^{13}]”。

（三）声调比较

古声调与屯留方言声调的对应关系如表所示，古平声今按清浊的不同分为阴平和阳平，古清、次浊上声今读上声，古全浊上声、古浊去与阳平合流，古清去今读去声，古清声母和次浊入声今读阴入，古全浊声母入声今读阳入。

		阴平	阳平	上声	去声	阴入	阳入
平声	清	高猪 天娟					
	次浊		难娘 文云				
	全浊		陈平 床穷				

续表

		阴平	阳平	上声	去声	阴入	阳入
上声	清			口体 古娶			
	次浊			老体 五缕			
	全浊		近厚 坐序				
去声	清				盖济 对句		
	次浊		让耀 路喻				
	全浊		大贱 共效				
入声	清					福割锡缺	
	次浊					摸袜列月	
	全浊						服合食局

四　长子方言语音与中古音的比较

长子方言的语音系统与以《切韵》系韵书为代表的中古音存在着一定的对应规律。古音分类以中国社会科学院语言研究所编制的《方言调查字表》为依据。长子方言的语音仅指单字音。

（一）声母比较

帮母　今读[p]。如“包”[pɔ^{33}]，少数读[p‘]，如“蝙[p‘iæ̃^{213}]”。

滂母　今多读[p‘]。如“怕”[p‘a^{53}]，少数读[p]，如“怖[pu^{53}]”。

並母　今平声多读送气音[p‘]，今仄声多读不送气音[p]，如：皮[p‘i^{24}]被[p‘i^{53}]。有个别字平声读不送气音，如“刨[pɔ^{213}]”，仄声读送气音，如“佩[p‘ei^{45}]”。

明母　今读[m]，如“马[mɑ^{324}]”。

非敷奉母　今读[f]，如“反[fæ̃^{534}]、翻[fæ̃^{213}]、房[faŋ^{24}]”。

微母　今读[ø]，如“微[uei^{213}]武[u^{324}]爱[ai^{53}]音[iŋ^{213}]”。

端母　今读[t]，如“肚[tu^{45}]”，“鸟”是例外字，今读[ȵiau^{324}]。

透母　读[t‘]，如“梯[t‘i^{213}]”，个别字读[t]声母，如“贷[tai^{53}]”。

定母　今平声多读送气音[t‘]，今仄声多读不送气音[t]，前者如“太[t‘ai^{53}]”，后者如“代[tai^{53}]”。

泥母　今读[n]，如“脑[nau^{324}]”。

来母　今读[l]，如“来[lai^{24}]”。

精母　今洪音读[ts]，细音读[tɕ]。前者如“住[tsu^{53}]”，后者如“精[tɕiŋ^{213}]”。

清母　今洪音读[ts‘]，细音读[tɕ‘]。前者如“醋[ts‘u^{53}]”，后者如“清[tɕ‘iŋ^{213}]”。

从母　今洪音平声读[ts‘]，如“曹[ts‘au^{24}]”，今洪音仄声读[ts]，如“找[tsau^{324}]”，今细音平声读[tɕ‘]，如“前[tɕ‘iæ̃^{24}]”，今细音仄声读[tɕ]，如“件[tɕiæ̃^{53}]”。

心母　今洪音读[s]，细音读[ɕ]。前者如“扫[sau^{324}]”，后者如“心[ɕin^{213}]”。

邪母　今洪音读[ts‘]，如“词[ts‘ɿ^{24}]”，或读[s]，如“寺[sɿ^{53}]”，细音读[ɕ]，如“席[ɕiəʔ^{4}]”。

知母　今读[ts]，如“朝[tsau^{213}]”。

彻母　今读[ts‘]，如“超[ts‘au^{213}]”。

澄母　今平声多读送气音[ts‘]，如“潮[ts‘au^{24}]”。今仄声多读不送气音[ts]，如“赵[tsau^{53}]”。

庄母　今读[ts]，如“争[tsən^{213}]”。

初母　今读[ts‘]，如“初[ts‘uo^{213}]”。

崇母　今平声读送气音[ts‘]，今仄声读不送气音[ts]，前者如“床[ts‘uaŋ^{24}]”，后者如“状[tsuaŋ^{53}]”。

生母　今多读[s]，如“山[sæ̃^{213}]”，少数读[ts‘]，如“产[ts‘æ̃^{324}]”。

章母　今多读[ts]，如“煮[tsu^{324}]”。

昌母　今多读[ts‘]，如“穿[ts‘uæ̃^{213}]”。

船母　今多读[s]，如“神[sən^{24}]”。

书母　今多读[s]，如“手[səu^{324}]”，部分字今读[ts‘]，如“唇[ts‘uən^{24}]”。

禅母 今多读[s]，如“时[sɿ^{24}]”，部分三等平声字今读[tsʻ]，如“晨[tsʻən^{24}]、臣[tsʻən^{24}]、愁[tsʻəu^{24}]、仇[tsʻəu^{24}]”。

日母 今读[ø]，如“人[iŋ^{13}]热[iʌʔ$^{\underline{54}}$]”，止摄开口三等字今读[l̩]，如“儿[l̩^{24}]二[l̩^{53}]耳[l̩^{324}]”。

见母 今洪音读[k]，细音读[tɕ]。前者如“告[kau^{53}]”，后者如“骄[tɕiau^{213}]”。

溪母 今洪音读[kʻ]，细音读[tɕʻ]。前者如“靠[kʻau^{53}]”，后者如“乔[tɕʻiau^{24}]”。

群母 今洪音平声读[kʻ]，如“葵[kʻuei^{24}]”，今洪音仄声读[k]，如“跪[kuei^{53}]”，今细音平声读[tɕʻ]，如“旗[tɕʻi^{24}]”，今细音仄声读[tɕ]，如“巨[tɕy^{53}]”。

疑母 今多读[ø]，如“牛[iəu^{24}]危[uei^{213}]硬[iŋ^{53}]”，但也有部分字今读[ȵ]，如“逆[ȵi^{53}]、拟[ȵi^{324}]、倪[ȵi^{24}]、虐[ȵyʌʔ$^{\underline{212}}$]、疟[ȵyʌʔ$^{\underline{212}}$]、凝[ȵiŋ^{24}]”。

晓母 今洪音读[x]，今细音读[ɕ]。前者如“汉[xæ̃^{53}]”，后者如“吸[ɕiəʔ$^{\underline{212}}$]”。也有个别字例外，如“况[kʻuɑŋ^{53}]”、“歪[uæ^{213}]”。

匣母 今洪音多读[x]，今细音读[ɕ]。前者如“回[xuei^{24}]”，后者如“咸[ɕiæ̃^{24}]”，还有部分字今读[ø]，如“丸[uæ̃^{24}]”。

影母 今读[ø]，如“燕[iæ̃^{53}]”。

云母 今读[ø]，如“雨[y^{324}]”。

以母 今读[ø]，如“油[iəu^{24}]”。

（二）韵母比较

果摄

果摄开口一等端系、合口一等非帮组字今读韵母为[uo]，如“多[tuo^{213}]、拖[tʻuo^{213}]、驮[tʻuo^{24}]、罗[luo^{24}]、左[tsuo^{324}]、朵[tuo^{324}]、坐[tsuo^{45}]、骡[luo^{24}]、过[kuo^{45}]、课[kʻuo^{53}]”。

果摄开口一等见系今读[ɤ]，如“歌[kə^{213}]、河[xə^{24}]”。

果摄合口一等帮组今读韵母为[o]，“婆[pʻo^{24}]、波[po^{213}]、破[pʻo^{53}]”。

假摄

假摄开口二等非见系、合口二等庄组字今读韵母为[a]，如“巴

[pa^{213}]、爬[pʻa^{24}]、怕[pʻa^{53}]、拿[na^{24}]、茶[tsʻa^{24}]、沙[sa^{213}]、傻[sa^{324}]”。

假摄开口二等见系字今读韵母为[ia]，如“家[tɕia^{213}]、价[tɕia^{53}]、牙[ia^{24}]、霞[ɕia^{24}]、鸦[ia^{213}]”。

假摄开口三等字今读韵母为[iᴇ]，如“姐[tɕiɛ^{324}]、写[ɕiɛ^{324}]、谢[ɕiɛ^{53}]、夜[iɛ^{53}]”。

假摄合口二等见系字今读韵母为[ua]，如“瓜[kua^{213}]、跨[kʻua^{53}]、花[xua^{213}]、蛙[ua^{213}]”。

遇摄

遇摄合口一等字、遇摄合口三等非组、知章组字今读韵母为[u]，如“布[pu^{53}]、普[pʻu^{324}]、堵[tu^{324}]、土[tʻu^{324}]、杜[tu^{53}]、努[nu^{324}]、租[tsu^{213}]、苦[kʻu^{324}]、猪[tsu^{213}]、书[su^{213}]、夫[fu^{213}]”。

遇摄合口三等来母（除“庐”），精组、日母、见系字今读韵母为[y]，如“吕[ly^{324}]、徐[ɕy^{24}]、如[y^{24}]、居[tɕy^{213}]、屡[ly^{324}]、须[ɕy^{213}]、句[tɕy^{53}]”。

蟹摄

蟹摄开合口一等帮组、合口三等帮组、“埋”今读韵母为[ei]，如“贝[pei^{53}]、杯[pei^{213}]、废[fei^{53}]。

蟹摄开口一等非帮组、蟹摄开口二等非见系字、蟹摄开口二等影母字、“楷骇”今读韵母为[æ]，如“戴[tæ^{53}]、态[tʻæ^{53}]、待[tæ^{24}]、灾[tsæ^{213}]、改[kæ^{324}]、摆[pæ^{324}]、买[mæ^{324}]、奶[næ^{324}]、排[pʻæ^{24}]、债[tsæ^{53}]、豺[tsʻæ^{24}]、挨$_{挨住}$[æ^{213}]”。

蟹摄开口二等见系字今读韵母为[iɛ]，如“街[tɕiɛ^{213}]、鞋[ɕiɛ^{24}]”，个别字读[ia]，如”佳[tɕia^{213}]、涯[ia^{24}]、崖[ia^{24}]”等。

蟹摄开口三四等字今读韵母为[i]，如“蔽[pi^{53}]、批[pʻi^{213}]、米[mi^{324}]、低[ti^{213}]、弟[ti^{24}]、例[li^{24}]、鸡[tɕi^{213}]、艺[i^{24}]”。

蟹摄合口一三等（除帮组），如“堆[tuei^{213}]、推[tʻuei^{213}]、雷[luei^{24}]、罪[tsuei^{24}]、脆[tsʻuei^{53}]、盔[kʻuei^{213}]、卫[uei^{24}]”。

蟹摄合口二等见晓组字今读韵母为[uæ]，如“怪[kuæ^{53}]、坏[xuæ^{45}]、快[kʻuæ^{45}]、歪[uæ^{213}]”；个别字今读[ua]，如“挂[kua^{53}]、卦[kua^{53}]、画[xua^{24}]、话[xua^{24}]、蛙[ua^{213}]”。

止摄

止摄开口三等帮组、泥组、见系字今读韵母为[i]，如“被[pi^{45}]、皮[pʻi^{24}]、眉[mi^{24}]、地[ti^{45}]、梨[li^{24}]、腻[ȵi^{45}]、肌[tɕi^{213}]、椅[i^{324}]、基[tɕi^{213}]、希[ɕi^{213}]、李[li^{324}]”，个别字今读[ei]，如“碑[pei^{213}]、卑[pei^{213}]、美[mei^{324}]”。

止摄开口三等精组、庄章组字今读韵母为[ɿ]，如“资[tsɿ^{213}]、知[tsɿ^{213}]、视[sɿ^{45}]、词[tsʻɿ^{24}]。

日母字今读[l̩]，如“而[l̩^{24}]儿[l̩^{24}]耳[l̩^{324}]”。

止摄合口三等非组字今读韵母为[ei]，如“非[fei^{213}]”。

止摄合口三等微母、泥组、精组、知系、见系字今读韵母为[uei]，如“垒[luei^{324}]、泪[luei^{45}]、嘴[tsuei^{324}]、翠[tsʻuei^{53}]、虽[suei^{213}]、蕊[luei^{324}]、归[kuei^{213}]、鬼[kuei^{324}]、葵[kʻuei^{24}]、跪[kuei^{53}]、尾[uei^{324}]、位[uei^{24}]”。

止摄合口三等庄组字今读韵母为[uai]，如“揣[tsʻuai^{324}]、摔[suai^{213}]、帅[suai^{53}]”。

效摄

效摄开口一等、开口二等非见系、开口三等知系字（除日母字）今读韵母为[au]，如“毛[mau^{24}]、报[pau^{53}]、刀[tau^{213}]、道[tau^{53}]、早[tsau^{324}]、曹[tsʻau^{24}]、高[kau^{213}]、包[pau^{213}]、闹[nau^{45}]、吵[tsʻau^{324}]、超[tsʻau^{213}]、招[tsau^{213}]”，个别字今读[u]，如“堡[pu^{324}]、抱[pu^{45}]”，个别字今读韵母为[ua]，如“抓[tsua^{213}]、爪$_{\text{爪子}}$[tsua^{324}]”。

效摄开口二等非知系字（包括日母字）今读韵母为[iɔ]，如“表[piɔ^{324}]、苗[miɔ^{24}]、妙[miɔ^{45}]、料[liɔ^{45}]、鸟[ȵiɔ^{324}]、焦[tɕiɔ^{213}]、轿[tɕiɔ^{53}]、摇[iɔ^{24}]、聊[liɔ^{4}]”。

流摄

流摄开口一等、三等帮组字今读韵母为[u]，如“某[mu^{324}]、浮[fu^{24}]、否[fu^{324}]、富[fu^{45}]”，个别字例外，如“剖[pʻɔ^{213}]、贸[mɔ^{53}]、茂[mɔ^{53}]”，“彪”今读[piɔ^{213}]。

流摄开口一等非帮组字、流摄开口三等知系字今读韵母为[əu]，如“透[tʻəu^{53}]、豆[təu^{53}]、走[tsəu^{324}]、口[kʻəu^{324}]、狗[kəu^{324}]、厚[xəu^{53}]、愁[tsʻəu^{53}]、抽[tsʻəu^{213}]、周[tsəu^{213}]”。

流摄开口三等泥组、精组、见系字、日母字今读韵母为[iəu]，如

“扭[ȵiəu^{324}]、流[liəu^{24}]、揪[tɕiəu^{213}]、就[tɕiəu^{53}]、袖[ɕiəu^{24}]、揉[iəu^{24}]、丘[tɕʻiəu^{213}]、休[ɕiəu^{213}]、优[iəu^{213}]、纠[tɕiəu^{213}]、幽[iəu^{213}]”。

咸摄

就舒声字而言，咸摄开口一等、咸摄开口二等、三等知系（不包括日母字）、咸摄合口三等字今读韵母为[æ̃]，如“贪[tʻæ̃^{213}]、南[næ̃^{24}]、蚕[tsʻæ̃^{24}]、含[xæ̃^{24}]、感[kæ̃^{324}]、喊[xæ̃^{324}]、淡[tæ̃^{53}]、蓝[læ̃^{24}]、三[sæ̃^{213}]、站[tsæ̃^{53}]、搀[tsʻæ̃^{213}]、闪[sæ̃^{324}]、凡[fæ̃^{24}]”，咸摄开口二等见系、咸摄开口三等非知系字（包括日母字）、咸摄开口四等字今读韵母为[iæ̃]，如“减[tɕiæ̃^{324}]、咸[ɕiæ̃^{24}]、嵌[tɕʻiæ̃^{53}]、严[iæ̃^{24}]、检[tɕiæ̃^{324}]、险[ɕiæ̃^{324}]、淹[iæ̃^{213}]、敛[liæ̃^{324}]、尖[tɕiæ̃^{213}]、贬[piæ̃^{324}]、甜[tʻiæ̃^{24}]、店[tiæ̃^{53}]、嫌[ɕiæ̃^{24}]、染[iæ̃^{324}]”。

就入声字而言，咸摄开口一等、合口三等非组字今读韵母为[aʔ]，如“答[taʔ$^{\underline{4}}$]、踏[tʻaʔ$^{\underline{4}}$]、纳[naʔ$^{\underline{212}}$]、杂[tsaʔ$^{\underline{212}}$]、塔[tʻaʔ$^{\underline{4}}$]、腊[laʔ$^{\underline{212}}$]、眨[tsaʔ$^{\underline{4}}$]、插[tsʻaʔ$^{\underline{4}}$]、鸽[kaʔ$^{\underline{4}}$]、喝[x aʔ$^{\underline{4}}$]、盒[xʌʔ$^{\underline{212}}$]、磕[kʻaʔ$^{\underline{4}}$]、法[faʔ$^{\underline{4}}$]”。咸摄开口二等知系、见系、咸摄开口三四等今读韵母为[iaʔ]，如“掐[tɕʻiaʔ$^{\underline{4}}$]、夹[tɕiaʔ$^{\underline{4}}$]、狭[ɕiaʔ$^{\underline{212}}$]、甲[tɕiaʔ$^{\underline{4}}$]、鸭[iaʔ$^{\underline{4}}$]、镊[ȵiaʔ$^{\underline{212}}$]、猎[liaʔ$^{\underline{212}}$]、接[tɕiaʔ$^{\underline{4}}$]、叶[iaʔ$^{\underline{54}}$]、劫[tɕiaʔ$^{\underline{4}}$]、跌[tiaʔ$^{\underline{4}}$]、贴[tʻiaʔ$^{\underline{4}}$]、叠[tiaʔ$^{\underline{212}}$]”褶[tsaʔ$^{\underline{4}}$]、摄[saʔ$^{\underline{4}}$]”。个别字已经舒化，如“恰[tɕʻia^{24}]、协[ɕiᴇ^{53}]、拉[la^{213}]”等。

深摄

就舒声字而言，深摄开口三等非知系字（包括日母字）今读韵母为[in]，如“品[pʻin^{324}]、林[lin^{24}]、心[ɕin^{213}]、今[tɕin^{213}]、任[in^{24}]”，深摄开口三等知系字（除日母字）今读韵母为[ən]，如“沉[tsʻən^{24}]、森[sən^{213}]、针[tsən^{213}]”。

就入声字而言，深摄开口三等泥组、精组、知组、章组、见晓组入声字今读韵母为[iəʔ]，如“立[liəʔ$^{\underline{212}}$]、集[tɕiəʔ$^{\underline{4}}$]、习[ɕiəʔ$^{\underline{212}}$]、蛰[tsəʔ$^{\underline{4}}$]、湿[səʔ$^{\underline{4}}$]、十[səʔ$^{\underline{212}}$]、急[tɕiəʔ$^{\underline{212}}$]”，庄组入声字“涩”今读韵母为[əʔ]，其中，影母入声字“揖$_{\text{作揖}}$”已经舒化，今读[i^{53}]。

山摄

就舒声字而言，山摄开口一等、山摄开口二等非见系、三等知系（不包括日母字）字今读韵母为[æ̃]，如“丹[tæ̃^{213}]、但[tæ̃^{53}]、兰[læ̃^{24}]、餐[tsʻæ̃^{213}]、干[kæ̃^{213}]、赞[tsæ̃^{53}]、扮[pæ̃^{45}]、盼[pʻæ̃^{53}]、山[sæ̃^{213}]、绽[tsæ̃^{24}]、班[pæ̃^{213}]、删[sæ̃^{213}]、缠[tsʻæ̃^{24}]、展[tsæ̃^{324}]、善[sæ̃^{24}]”，山摄开口二等见系、山摄开口三等非知系字（包括日母字）、山摄开口四等字今读韵母为[iæ)]，如“艰[tɕiæ̃^{213}]、颜[iæ̃^{24}]、鞭[piæ̃^{213}]、棉[miæ̃^{24}]、连[liæ̃^{24}]、煎[tɕiæ̃^{213}]、钱[tɕʻiæ̃^{24}]、件[tɕiæ̃^{24}]、边[piæ̃^{213}]、天[tʻiæ̃^{213}]、千[tɕʻiæ̃^{213}]、肩[tɕiæ̃^{213}]、言[iæ̃^{24}]、现[ɕiæ̃^{53}]、然[iæ̃^{24}]”。

就入声字而言，山摄开口一等、合口一等帮组、二等非见系、合口三等非组入声字今读韵母为[aʔ]，如“发[faʔ$^{\underline{4}}$]、罚[faʔ$^{\underline{212}}$]、铡[tʂaʔ$^{\underline{212}}$]、杀[saʔ$^{\underline{4}}$]、辣[laʔ$^{\underline{212}}$]、割[kaʔ$^{\underline{4}}$]、渴[kʻaʔ$^{\underline{4}}$]、泼[pʻaʔ$^{\underline{4}}$]、末[maʔ$^{\underline{212}}$]”，山摄开口二等见系、山摄开口三四等入声字今读韵母为[iaʔ]，如“掐[tɕʻiaʔ$^{\underline{4}}$]、夹[tɕiaʔ$^{\underline{4}}$]、狭[ɕiaʔ$^{\underline{212}}$]、甲[iaʔ$^{\underline{4}}$]、鸭[iaʔ$^{\underline{4}}$]、鳖[piaʔ$^{\underline{4}}$]、灭[miaʔ$^{\underline{212}}$]、列[liaʔ$^{\underline{212}}$]、泄[ɕiaʔ$^{\underline{4}}$]、哲[tsaʔ$^{\underline{4}}$]、舌[saʔ$^{\underline{212}}$]、孽[ȵiaʔ$^{\underline{212}}$]、热[iaʔ$^{\underline{212}}$]、歇[ɕiaʔ$^{\underline{4}}$]、铁[tʻiaʔ$^{\underline{4}}$]、憋[piaʔ$^{\underline{4}}$]、节[tɕiaʔ$^{\underline{212}}$]、结[tɕiaʔ$^{\underline{4}}$]”，山摄合口一等非帮组、山摄合口二等、合口三等知系、微母字“袜”今读韵母为[uaʔ]，如“刷[suaʔ$^{\underline{4}}$]、滑[xuaʔ$^{\underline{212}}$]、刮[kuaʔ$^{\underline{4}}$]、说[suaʔ$^{\underline{4}}$]、脱[tʻuaʔ$^{\underline{4}}$]、夺[tuaʔ$^{\underline{212}}$]、括[kʻuaʔ$^{\underline{4}}$]、活[xuaʔ$^{\underline{212}}$]”，山摄合口三四等见系、精组入声字今读韵母为[yaʔ]，如“缺[tɕʻyaʔ$^{\underline{4}}$]、穴[ɕyaʔ$^{\underline{212}}$]、月[yaʔ$^{\underline{212}}$]、越[yaʔ$^{\underline{212}}$]、雪[ɕyaʔ$^{\underline{4}}$]”。个别字已经舒化，如“挖[ua^{53}]”等。

臻摄

就舒声字而言，臻摄开口一等见系、开口三等知庄章组字、臻摄合口一等帮组、合口三等非组字今读韵母为[ən]，如“跟[kən^{213}]、痕[xən^{24}]、恩[ən^{213}]、珍[tsən^{213}]、陈[tsʻən^{24}]、真[tsəŋ^{213}]、奔[pəŋ^{213}]、门[məŋ^{24}]、分[fəŋ^{213}]、文[uŋ^{24}]”，臻摄开口一三等非知系、日母字今读[in]，如“宾[pin^{213}]、民[min^{24}]、邻[lin^{24}]、津[tɕin^{213}]、辛[ɕin^{213}]、人[in^{24}]、巾[tɕin^{213}]、银[in^{24}]、引[in^{534}]、斤[tɕin^{313}]”，臻摄合口一等非帮组、合口三等来母、知章组字今读韵母为[uən]，如“敦[tuən^{213}]、顿[tuən^{24}]、论[luən^{24}]、尊[tsuən^{213}]、村[tsʻuən^{213}]、昆[kʻuən^{213}]、春[tsʻuən^{213}]、顺[suən^{24}]”，臻摄合口三等精组、见组字今读韵母为[yn]，如“俊[tɕyn^{53}]、旬[ɕyn^{24}]、均[tɕyn^{213}]、军[tɕyn^{213}]、训[ɕyn^{53}]、云[yn^{24}]”，其中，臻合三精组的“遵”韵母为[uən]。

就入声字而言，开口三等庄组字、合口一等帮组字今读韵母为[əʔ]，如“虱[səʔ$^{\underline{4}}$]、勃[pəʔ$^{\underline{212}}$]、没[məʔ$^{\underline{212}}$]”，开口三等非庄组字今读韵母为[iəʔ]，如“笔[piəʔ$^{\underline{4}}$]、蜜[miəʔ$^{\underline{212}}$]、七[tɕʻiəʔ$^{\underline{212}}$]、膝[ɕiəʔ$^{\underline{4}}$]、秩[tsəʔ$^{\underline{212}}$]、质[tsəʔ$^{\underline{4}}$]、室[səʔ$^{\underline{4}}$]、日[iəʔ$^{\underline{212}}$]、吉[tɕiəʔ$^{\underline{4}}$]、一[iəʔ$^{\underline{4}}$]”，合口一等非帮组、合口三等知系、非组字今读韵母为[uəʔ]，如“突[tʻuəʔ$^{\underline{4}}$]、卒[tsuəʔ$^{\underline{212}}$]、骨[kuəʔ$^{\underline{4}}$]、杌[uəʔ$^{\underline{212}}$]、忽[xuəʔ$^{\underline{4}}$]、出[tsʻuəʔ$^{\underline{4}}$]、术[ʂuəʔ$^{\underline{212}}$]”，合口三等见系字今读韵母为[yəʔ]，如“橘[tɕyəʔ$^{\underline{212}}$]、屈[tɕʻyəʔ$^{\underline{4}}$]”。个别字已经舒化，如“乙[i^{324}]、匹[pʻi^{53}]”。

宕摄

就舒声字而言，开口一等、开口三等知庄章组、合口三等非敷奉母、微母的“芒”今读韵母为[aŋ]，如“帮[paŋ^{213}]、旁[pʻaŋ^{24}]、忙[maŋ^{24}]、汤[tʻaŋ^{213}]、堂[tʻaŋ^{24}]、郎[laŋ^{213}]、囊[naŋ^{24}]、仓[tsʻaŋ^{213}]、桑[saŋ^{213}]、刚[kaŋ^{213}]、昂[ŋaŋ^{24}]、张[tsaŋ^{213}]、章[tsaŋ^{213}]、常[tsʻaŋ^{24}]、芳[faŋ^{213}]”，开口三等日母、见系字今读韵母为[iɑŋ]，如“强[tɕʻiaŋ^{24}]、疆[tɕiaŋ^{213}]、让[iaŋ^{24}]”，合口一等、合口三等见系、开口三等庄组、合口三等微母字今读韵母为[uaŋ]，如“装[tsuaŋ^{213}]、床[tsʻuaŋ^{24}]、霜[suaŋ^{213}]、忘[uaŋ^{24}]、望[uaŋ^{24}]、光[kuaŋ^{213}]、黄[xuaŋ^{24}]”。

就入声字而言，开口一等帮组、见组字今读韵母为[aʔ]，如“博[paʔ$^{\underline{4}}$]、莫[maʔ$^{\underline{212}}$]、各[kaʔ$^{\underline{4}}$]、郝[x aʔ$^{\underline{4}}$]”，合口一等见系、开口一等端系字今读韵母为[uaʔ]，如“托[tʻuaʔ$^{\underline{4}}$]、郭[kuaʔ$^{\underline{4}}$]”，合口三等见系、开口三等日母字今读韵母为[yaʔ]，如“略[lyaʔ$^{\underline{212}}$]、雀[tɕʻyaʔ$^{\underline{4}}$]、削[ɕyaʔ$^{\underline{4}}$]、约[yaʔ$^{\underline{4}}$]、疟[ȵyaʔ$^{\underline{212}}$]”。个别字已经舒化，如“幕[mu^{24}]、鹤[xɤ^{24}]、嚼[tɕiɔ^{24}]。

江摄

就舒声字而言，开口二等帮组字今读韵母为[aŋ]，如“邦[paŋ^{213}]、胖[pʻaŋ^{53}]”，开口二等知系字今读韵母为[uaŋ]，如“撞[tsuaŋ^{24}]、窗[tsʻuaŋ^{213}]、双[suaŋ^{213}]”，开口二等见系字今读韵母为[iaŋ]，如“江[tɕiaŋ^{213}]、讲[tɕiaŋ^{324}]、项[ɕiaŋ^{24}]”。

就入声字而言，开口二等帮组字今读韵母为[aʔ]，如“驳[paʔ$^{\underline{4}}$]、朴[pʻaʔ$^{\underline{4}}$]”，开口二等知系字今读韵母为[uaʔ]，如“桌[tsuaʔ$^{\underline{4}}$]、戳[tsʻuaʔ$^{\underline{4}}$]、捉[tsuaʔ$^{\underline{4}}$]、镯[tsuaʔ$^{\underline{212}}$]”，开口二等见系字今读韵母为[yaʔ]，如“觉$_{知觉}$[tɕyaʔ$^{\underline{4}}$]、岳[yaʔ$^{\underline{212}}$]、学[ɕyaʔ$^{\underline{4}}$]”。

曾摄

就舒声字而言，曾摄开口一等、曾摄开口三等知章组字今读韵母为[əŋ]，如“朋[p‘əŋ^{24}]、登[təŋ^{213}]、能[nəŋ^{24}]、赠[tsəŋ^{53}]、肯[k‘əŋ^{324}]、蒸[tsəŋ^{213}]、澄[ts‘əŋ^{24}]”，曾摄开口三等帮组、泥组、日母、见系字今读韵母为[iŋ]，如“仍[iŋ^{24}]、兴[ɕiŋ^{213}]、冰[piŋ^{213}]、陵[liŋ^{24}]”，曾合一“弘”今读韵母为[uŋ]。

就入声字而言，开口一等精组、开口三等庄组字今读韵母为[əʔ]，如“则[tsəʔ$^{\underline{4}}$]、塞[səʔ$^{\underline{4}}$]”，开口一等见系字今读韵母为[ʌʔ]，如“刻[k‘ʌʔ$^{\underline{4}}$]、黑[xʌʔ$^{\underline{4}}$]”，开口一等帮组、端组、开口三等非庄组字今读韵母为[iəʔ]，如“得[tiəʔ$^{\underline{4}}$]、墨[miəʔ$^{\underline{212}}$]、逼[piəʔ$^{\underline{4}}$]、力[liəʔ$^{\underline{212}}$]、息[ɕiəʔ$^{\underline{4}}$]、直[tsəʔ$^{\underline{212}}$]、职[tsəʔ$^{\underline{4}}$]、极[tɕiəʔ$^{\underline{4}}$]”，合口一等见系字今读韵母为[uəʔ]，如“国[kuəʔ$^{\underline{4}}$]、或[xuəʔ$^{\underline{212}}$]”。个别字已经舒化，如“亿[i^{24}]、忆[i^{24}]、抑[i^{24}]、域[y^{24}]”等。

梗摄

就舒声字而言，梗摄开口二等非见系、开口三等知系、合口二等匣母字“横$_{横直}$横$_{蛮横}$”、开口二等见母字“更耕耿”等今读韵母为[əŋ]，如“烹[p‘əŋ^{213}]、撑[ts‘əŋ^{213}]、生[səŋ^{213}]、坑[k‘əŋ^{213}]、争[tsəŋ^{213}]、迸[pəŋ^{24}]、耕[kəŋ^{213}]”，合口三四等“倾顷营颖”、开口三等非知系、开口二等见系（除见母）字今读韵母为[iŋ]，如“硬[iŋ^{24}]、杏[ɕiŋ^{24}]、幸[ɕiŋ^{24}]、京[ɕiŋ^{213}]、迎[iŋ^{24}]、英[iŋ^{213}]、兵[piŋ^{213}]、名[miŋ^{24}]、颈[ɕiŋ^{53}]、瓶[p‘iŋ^{24}]、丁[tiŋ^{213}]、宁[ȵiŋ^{24}]、零[liŋ^{24}]、青[tɕ‘iŋ^{213}]、经[tɕiŋ^{213}]、形[ɕiŋ^{24}]、倾[tɕ‘iŋ^{213}]”，合口四等字今读韵母为[yŋ]，如“兄[ɕyŋ^{213}]、荣[yŋ^{13}]、永[yŋ^{534}]”，“矿”今读韵母为[uaŋ]，“轰宏”今读韵母为[uŋ]。

就入声字而言，开口二等知系、见系字今读韵母为[əʔ]，如“摘[tsəʔ$^{\underline{45}}$]、责[tsəʔ$^{\underline{4}}$]”，开口二等帮组字今读韵母为[iaʔ]，如“麦[miaʔ$^{\underline{212}}$]”，开口二等见系字今读韵母为[aʔ]，如“革[kaʔ$^{\underline{4}}$]、核[x aʔ$^{\underline{212}}$]”，开口三四等字今读韵母为[iəʔ]，如“僻[p‘iəʔ$^{\underline{4}}$]、脊[tɕiəʔ$^{\underline{4}}$]、惜[ɕiəʔ$^{\underline{4}}$]、席[ɕiəʔ$^{\underline{212}}$]、只[tsəʔ$^{\underline{4}}$]、石[səʔ$^{\underline{212}}$]、吃[ts‘əʔ$^{\underline{4}}$]、的$_{目的}$[tiəʔ$^{\underline{4}}$]、笛[tiəʔ$^{\underline{212}}$]、绩[tɕiəʔ$^{\underline{4}}$]、锡[ɕiəʔ$^{\underline{4}}$]”。个别字已经舒化，如“逆[ȵi^{24}]、易$_{交易}$[i^{24}]、役[i^{24}]、疫[i^{24}]”等。

通摄

就舒声字而言，通摄合口一三等帮组字今读韵母为[əŋ]，如“风[fəŋ^{213}]、蓬[pʻəŋ^{24}]、梦[məŋ^{24}]”，合口一等端见系、合口三等精泥组大部分字、知系、大部分见组字今读韵母为[uŋ]，如“聋[luŋ^{24}]、公[kuŋ^{213}]、红[xuŋ^{24}]、翁[uŋ^{213}]、宗[tsuŋ^{213}]、冬[tuŋ^{213}]、隆[luŋ^{24}]、虫[tsʻuŋ^{24}]、崇[tsʻuŋ^{24}]、终[tsuŋ^{213}]、宫[kuŋ^{213}]、恐[kʻuŋ^{324}]、种[tsuŋ^{53}]、从$_{\text{从容}}$[tʂʻuŋ^{24}]、重[tsuŋ^{24}]”，合口三等晓匣影喻母字、日母字今读韵母为[yŋ]，如“绒[yŋ^{24}]、穷[tɕʻyŋ^{24}]、熊[ɕyŋ^{24}]、融[yŋ^{24}]、胸[ɕyŋ^{313}]、容[yŋ^{13}]”。

就入声字而言，合口一等帮组、合口三等帮组字今读韵母为[əʔ]，如“木[məʔ$^{\underline{212}}$]、福[fəʔ$^{\underline{4}}$]、服[fəʔ$^{\underline{212}}$]、目[məʔ$^{\underline{212}}$]”，合口一等端系、见系、合口三等知系、合口三等泥母字“六陆录”今读韵母为[uəʔ]，如“秃[tʻuəʔ$^{\underline{4}}$]、独[tuəʔ$^{\underline{212}}$]、鹿[luəʔ$^{\underline{212}}$]、族[tsuəʔ$^{\underline{212}}$]、谷[kuəʔ$^{\underline{4}}$]、竹[tsuəʔ$^{\underline{4}}$]、缩[suəʔ$^{\underline{4}}$]、叔[suəʔ$^{\underline{4}}$]”，合口三等精组、见组字今读韵母为[yəʔ]，如“俗[ɕyəʔ$^{\underline{212}}$]、菊[tɕyəʔ$^{\underline{212}}$]、畜$_{\text{畜牧}}$[ɕyəʔ$^{\underline{4}}$]、局[tɕyəʔ$^{\underline{212}}$]”。个别字已经舒化，如“肉[iəu^{24}]、育[y^{24}]、玉[y^{24}]、狱[y^{24}]、浴[y^{24}]”。

（三）声调比较

古声调与壶关方言声调的对应关系如表所示，古平声今按清浊的不同分为阴平和阳平，古清、次浊上声今读上声，古全浊上声和古浊去今读阳去，古清去今读阴去，古清声母入声今读阴入，古浊声母入声今读阳入，部分入声字舒化归入其他5个调中。

		阴平	阳平	上声	阴去	阳去	阴入	阳入
平声	清	高猪 天娟	敷					
	次浊	妈	难娘 文云					
	全浊		陈平 床穷					

续表

		阴平	阳平	上声	阴去	阳去	阴入	阳入
上声	清			口体 古娶				
	次浊			老体 五缕				
	全浊					近厚 坐序		
去声	清				盖济 对句			
	次浊					让耀 路喻		
	全浊					大贱 共效		
入声	清						福割锡缺	
	次浊							摸袜列月
	全浊							服合食局

五　壶关方言语音与中古音的比较

壶关方言的语音系统与以《切韵》系韵书为代表的中古音存在着一定的对应规律。古音分类以中国社会科学院语言研究所编制的《方言调查字表》为依据。壶关方言的语音仅指单字音。

（一）声母比较

帮母　今读[p]。如“包”[pɔ^{33}]，少数读[pʻ]，如“蝙[pʻiaŋ^{33}]”。

滂母　今多读[pʻ]。如“怕”[pʻa^{42}]，少数读[p]，如“怖[pu^{42}]”。

並母　今平声多读送气音[pʻ]，今仄声多读不送气音[p]，如：皮[pʻi^{13}]被[pʻi^{42}]。有个别字平声读不送气音，如“刨[pɔ^{33}]”，仄声读送气音，如“佩[pʻei^{353}]”。

明母　今读[m]，如“马[ma^{535}]”。

非敷奉母　今读[f]，如“反[faŋ^{535}]、翻[faŋ^{33}]、房[faŋ^{13}]”。

微母 今读[ø]，如“微[uei^{33}]武[u^{535}]爱[ɣai^{42}]音[iŋ^{33}]”。

端母 今读[t]，如“肚[tu^{353}]”，“鸟”是例外字，今读[ȵiɔ^{535}]。

透母 读[t‘]，如“梯[t‘i^{33}]”，个别字读[t]声母，如“贷[tai^{42}]”。

定母 今平声多读送气音[t‘]，今仄声多读不送气音[t]，前者如“太[t‘ai^{42}]，后者如“代[tai^{353}]”。

泥母 今读[n]，如“脑[nɔ^{535}]”。

来母 今读[l]，如“来[lai^{13}]”。

精母 今洪音读[tʂ]，细音读[ts]。前者如“住[tʂu^{353}]”，后者如“精[tsiŋ^{33}]”。

清母 今洪音读[tʂ‘]，细音读[ts‘]。前者如“醋[tʂ‘u^{42}]”，后者如“清[ts‘iŋ^{33}]”。

从母 今洪音平声读[tʂ‘]，如“曹[tʂ‘ɔ^{13}]”，今洪音仄声读[tʂ]，如“找[tʂɔ^{535}]”，今细音平声读[ts‘]，如“前[ts‘iaŋ^{13}]”，今细音仄声读[ts]，如“件[tsiaŋ^{353}]”。

心母 今洪音读[ʂ]，细音读[s]。前者如“扫[ʂɔ^{535}]”，后者如“心[siŋ^{33}]”。

邪母 今洪音读[tʂ‘]，如“词[tʂ‘ʅ^{13}]”，或读[ʂ]，如“寺[ʂʅ^{353}]”，细音读[s]，如“席[siʔ^{21}]”。

知母 今多读[tʂ]，如“朝[tʂɔ^{33}]”。止摄三等今读[tʃ]，如“知[tʃi^{33}]”。

彻母 今读[tʂ‘]，如“超[tʂ‘ɔ^{33}]”。止摄三等今读[tʃ‘]，如“耻[tʃ‘i^{535}]”。

澄母 今平声多读送气音[tʂ‘]，如“潮[tʂ‘ɔ^{13}]”，止摄三等今读[tʃ‘]，如“持[tʃ‘i^{13}]”。今仄声多读不送气音[tʂ]，如“赵[tʂɔ^{353}]”，止摄三等今读[tʃ]，如“治[tʃi^{353}]”。

庄母 今读[tʂ]，如“争[tʂəŋ^{33}]”。

初母 今读[tʂ‘]，如“初[tʂ‘uə^{33}]”。

崇母 今平声读送气音[tʂ‘]，今仄声读不送气音[tʂ]，前者如“床[tʂ‘uaŋ^{13}]”，后者如“状[tʂuaŋ^{353}]”。

生母 今多读[ʂ]，如“山[ʂaŋ^{33}]”，少数读[tʂ‘]，如“产[tʂ‘aŋ^{535}]”。

章母 今多读[tʂ]，如“煮[tʂu^{535}]”。假蟹摄、咸山深臻宕曾梗摄入声字读[tʃ]声母，如“制[tʃi^{42}]”。

昌母 今多读[tʂʻ]，如“穿[tʂʻuaŋ^{33}]”。假蟹摄、咸山深臻宕曾梗摄入声字读[tʃʻ]声母，如“尺[tʃiəʔ^{2}]”。

船母 今多读[ʂ]，如“神[ʂəŋ^{13}]”。假蟹摄、咸山深臻宕曾梗摄入声字读[ʃ]声母，如“实[ʃiəʔ^{21}]”。

书母 今多读[ʂ]，如“手[ʂəu^{535}]”，部分字今读[tʂʻ]，如“唇[tʂʻuŋ^{13}]”。假蟹摄、咸山深臻宕曾梗摄入声字读[ʃ]声母，如“失[ʃiəʔ^{2}]”。

禅母 今多读[ʂ]，如“时[ʂʅ^{44}]”，部分三等平声字今读[tʂʻ]，如“晨[tʂʻəŋ^{13}]臣[tʂʻəŋ^{13}]愁[tʂʻəu^{13}]仇[tʂʻəu^{13}]”。假蟹摄、咸山深臻宕曾梗摄入声字读[ʃ]声母，如“十[ʃiəʔ^{21}]”。

日母 今读[ø]，如“人[iŋ^{44}]热[iʌʔ^{21}]”，止摄开口三等字今读[l̩]，如“儿[l̩^{13}]二[l̩^{353}]耳[l̩^{535}]”。

见母 今洪音读[k]，细音读[c]。前者如“告[kɔ^{42}]”，后者如“骄[ciɔ^{33}]”。

溪母 今洪音读[kʻ]，细音读[cʻ]。前者如“靠[kʻɔ^{42}]”，后者如“乔[cʻiɔ^{13}]”。

群母 今洪音平声读[kʻ]，如“葵[kʻuei^{13}]”，今洪音仄声读[k]，如“跪[kuei^{353}]”，今细音平声读[cʻ]，如“旗[cʻi^{13}]”，今细音仄声读[c]，如“巨[cy^{353}]”。

疑母 今多读[ø]，如“牛[iəu^{13}]危[uei^{33}]硬[iŋ^{353}]”，但也有部分字今读[ȵ]，如“逆[ȵi^{353}]拟[ȵi^{535}]倪[ȵi^{13}]虐[ȵyʌʔ^{21}]疟[ȵyʌʔ^{21}]凝[ȵiŋ^{13}]”。

晓母 今洪音读[x]，今细音读[ç]。前者如“汉[xaŋ^{42}]”，后者如“吸[çiəʔ^{2}]”。也有个别字例外，如“况[kʻuaŋ^{42}]”、“歪[uai^{33}]”。

匣母 今洪音多读[x]，今细音读[ç]。前者如“回[xuei^{13}]”，后者如“咸[çiaŋ^{13}]，还有部分字今读[ø]，如“丸[uaŋ^{13}]”。

影母 在今开口呼前读[ɣ]，如“袄[ɣɔ^{535}]”。其余情况都读[ø]，如“燕[iaŋ^{42}]”。

云母 今读[ø]，如“雨[y^{535}]”。

以母 今读[ø]，如“油[iəu^{13}]”。

（二）韵母比较

果摄

果摄开口一等端系、合口一等非帮组字今读韵母为［uə］，如“多［tuə^{33}］、拖［tʻuə^{33}］、驮［tʻuə^{13}］、罗［luə^{13}］、左［tʂuə^{535}］、朵［tuə^{535}］、坐［tʂuə^{353}］、骡［luə^{13}］、过［kuə^{42}］、课［kʻuə^{42}］”。

果摄开口一等见系、合口一等帮组今读［ə］，如“歌［kə^{33}］、河［xə^{13}］、波［pə^{33}］、破［pʻə^{42}］”。

假摄

假摄开口二等非见系、合口二等庄组字今读韵母为［a］，如“巴［pa^{33}］、爬［pʻa^{13}］、怕［pʻa^{42}］、拿［na^{13}］、茶［tʂʻa^{13}］、沙［ʂa^{33}］、傻［ʂa^{535}］”。

假摄开口二等见系字今读韵母为［ia］，如“家［cia^{33}］、价［cia^{42}］、牙［ia^{13}］、霞［çia^{13}］、鸦［ia^{33}］”。

假摄开口三等字今读韵母为［iᴇ］，如“姐［tsiᴇ^{535}］、写［siᴇ^{535}］、谢［siᴇ^{42}］、遮［tʃiᴇ^{33}］、社［ʃiᴇ^{353}］、惹［iᴇ^{535}］、夜［iᴇ^{353}］”。

假摄合口二等见系字今读韵母为［ua］，如“瓜［kua^{33}］、跨［kʻua^{42}］、花［xua^{33}］、蛙［ua^{33}］”。

遇摄

遇摄合口一等字、遇摄合口三等非组、知章组字今读韵母为［u］，如“布［pu^{42}］、普［pʻu^{535}］、堵［tu^{535}］、土［tʻu^{535}］、杜［tu^{353}］、努［nu^{535}］、租［tʂu^{33}］、苦［kʻu^{535}］、猪［tʂu^{33}］、书［ʂu^{33}］、夫［fu^{33}］”。

遇摄合口三等来母（除“庐”），精组、日母、见系字今读韵母为［y］，如“吕［ly^{535}］、徐［sy^{13}］、如［y^{13}］、居［cy^{33}］、屡［ly^{535}］、须［sy^{33}］、句［cy^{42}］”。

蟹摄

蟹摄开合口一等帮组、合口三等帮组、“埋”今读韵母为［ei］，如“贝［pei^{42}］、杯［pei^{33}］、废［fei^{42}］。

蟹摄开口一等非帮组、蟹摄开口二等非见系字、蟹摄开口二等影母字、“楷骇”今读韵母为［ai］，如“戴［tai^{42}］、态［tʻai^{42}］、待［tai^{353}］、灾［tʂai^{33}］、改［kai^{535}］、摆［pai^{535}］、买［mai^{535}］、奶［nai^{535}］、排［pʻai^{13}］、债［tʂai^{42}］、豺［tʂʻai^{13}］、挨$_{\text{挨住}}$［ɣai^{33}］”。

蟹摄开口二等见系字今读韵母为[iᴇ]，如“街[ciᴇ^{33}]、鞋[çiᴇ^{13}]”，个别字读[iɑ]，如“佳[cia^{33}]、涯[ia^{13}]、崖[ia^{13}]”等。

蟹摄开口三四等字今读韵母为[i]，如“蔽[pi^{42}]、批[pʻi^{33}]、米[mi^{535}]、低[ti^{33}]、弟[ti^{353}]、例[li^{353}]、制[tʃi^{42}]、世[ʃi^{42}]、逝[ʃi^{353}]、妻[tsʻi^{33}]、西[si^{33}]、鸡[ci^{33}]、艺[i^{353}]”。

蟹摄合口一三等（除帮组），如“堆[tuei^{33}]、推[tʻuei^{33}]、雷[luei^{13}]、罪[tsuei^{353}]、脆[tsʻuei^{42}]、盔[kʻuei^{33}]、卫[uei^{353}]”。

蟹摄合口二等见晓组字今读韵母为[uai]，如“怪[kui^{42}]、坏[xuai^{353}]、快[kʻuai^{42}]、歪[uai^{33}]”；个别字今读[ua]，如“挂[kua^{42}]、卦[kua^{42}]、画[xua^{353}]、话[xua^{353}]、蛙[ua^{33}]”。

止摄

止摄开口三等帮组、泥组、见系字今读韵母为[i]，如“被[pi^{353}]、皮[pʻi^{13}]、眉[mi^{13}]、地[ti^{353}]、梨[li^{13}]、腻[ȵi^{353}]、肌[ci^{33}]、椅[i^{535}]、基[ci^{33}]、希[çi^{33}]、李[li^{535}]”，个别字今读[ei]，如“碑[pei^{33}]、卑[pei^{33}]、美[mei^{535}]”。

止摄开口三等知组字今读韵母为[i]，如“知[tʃi^{33}]、池[tʃi^{13}]”。

止摄开口三等精组、庄章组字今读韵母为[ʅ]，如“资[tʂʅ^{33}]、知[tʂʅ^{33}]、视[ʂʅ^{353}]、词[tʂʻʅ^{13}]”。

日母字今读[l̩]，如“而[l̩^{13}]儿[l̩^{13}]耳[l̩^{535}]”。

止摄合口三等非组字今读韵母为[ei]，如“非[fei^{33}]”。

止摄合口三等微母、泥组、精组、知系、见系字今读韵母为[uei]，如“垒[luei^{535}]、泪[luei^{353}]、嘴[tʂuei^{535}]、翠[tʂʻuei^{42}]、虽[ʂuei^{33}]、蕊[luei^{535}]、归[kuei^{33}]、鬼[kuei^{535}]、葵[kʻuei^{13}]、跪[kuei^{353}]、尾[uei^{535}]、位[uei^{353}]”。

止摄合口三等庄组字今读韵母为[uai]，如“揣[tʂʻuai^{535}]、摔[ʂuai^{33}]、帅[ʂuai^{42}]”。

效摄

效摄开口一等、开口二等非见系、开口三等知系字（除日母字）今读韵母为[ɔ]，如“毛[mɔ^{13}]、报[pɔ^{42}]、刀[tɔ^{33}]、道[tɔ^{42}]、早[tʂɔ^{535}]、曹[tʂʻɔ^{13}]、高[kɔ^{33}]、包[pɔ^{33}]、闹[nɔ^{353}]、吵[tʂʻɔ^{535}]、超[tʂʻɔ^{33}]、招[tʂɔ^{33}]”，个别字今读[u]，如“堡[pu^{535}]、抱[pu^{353}]”，个别字今读韵母为[ua]，如“抓[tʂua^{33}]、爪$_{爪子}$[tʂua^{535}]”。

效摄开口二等非知系字（包括日母字）今读韵母为[iɔ]，如“表[piɔ^{535}]、苗[miɔ^{13}]、妙[miɔ^{353}]、料[liɔ^{353}]、鸟[ȵiɔ^{535}]、焦[tsiɔ^{33}]、轿[ciɔ^{42}]、摇[iɔ^{13}]、聊[liɔ^{13}]”。

流摄

流摄开口一等、三等帮组字今读韵母为[u]，如“某[mu^{535}]、浮[fu^{13}]、否[fu^{535}]、富[fu^{353}]”，个别字例外，如“剖[pʻɔ^{33}]、贸[mɔ^{353}]、茂[mɔ^{353}]”，“彪”今读[piɔ^{33}]。

流摄开口一等非帮组字、流摄开口三等知系字今读韵母为[əu]，如“透[tʻəu^{42}]、豆[təu^{353}]、走[tʂəu^{535}]、口[kʻəu^{535}]、狗[kəu^{535}]、厚[xəu^{353}]、愁[tʂʻəu^{13}]、抽[tʂʻəu^{33}]、周[tʂəu^{33}]”。

流摄开口三等泥组、精组、见系字、日母字今读韵母为[iəu]，如“扭[ȵiəu^{535}]、流[liəu^{13}]、揪[tsiəu^{33}]、就[tsiəu^{42}]、袖[siəu^{353}]、揉[iəu^{13}]、丘[cʻiəu^{33}]、休[çiəu^{33}]、优[iəu^{33}]、纠[ciəu^{33}]、幽[iəu^{33}]”。

咸摄

就舒声字而言，咸摄开口一等、咸摄开口二等、三等知系（不包括日母字）、咸摄合口三等字今读韵母为[aŋ]，如“贪[tʻaŋ^{33}]、南[naŋ^{13}]、蚕[tʂʻaŋ^{13}]、含[xaŋ^{13}]、感[kaŋ^{535}]、喊[xaŋ^{535}]、淡[taŋ^{353}]、蓝[laŋ^{13}]、三[ʂaŋ^{33}]、站[tʂaŋ^{42}]、搀[tʂʻaŋ^{33}]、闪[ʂaŋ^{535}]、凡[faŋ^{13}]”，咸摄开口二等见系、咸摄开口三等非知系字（包括日母字）、咸摄开口四等字今读韵母为[iaŋ]，如“减[ciaŋ^{535}]、咸[çiaŋ^{13}]、嵌[cʻiaŋ^{42}]、严[iaŋ^{13}]、检[ciaŋ^{535}]、险[çiaŋ^{535}]、淹[iaŋ^{33}]、敛[liaŋ^{535}]、尖[tsiaŋ^{33}]、贬[piaŋ^{535}]、甜[tʻiaŋ^{13}]、店[tiaŋ^{42}]、嫌[çiaŋ^{13}]、染[iaŋ^{535}]”。

就入声字而言，咸摄开口一等、合口三等非组字今读韵母为[ʌʔ]，如“答[tʌʔ$^{\underline{2}}$]、踏[tʻʌʔ$^{\underline{2}}$]、纳[nʌʔ$^{\underline{21}}$]、杂[tʂʌʔ$^{\underline{21}}$]、塔[tʻʌʔ$^{\underline{2}}$]、腊[lʌʔ$^{\underline{21}}$]、眨[tʂʌʔ$^{\underline{2}}$]、插[tʂʻʌʔ$^{\underline{2}}$]、鸽[kʌʔ$^{\underline{2}}$]、喝[xʌʔ$^{\underline{2}}$]、盒[xʌʔ$^{\underline{21}}$]、磕[kʻʌʔ$^{\underline{2}}$]、法[fʌʔ$^{\underline{2}}$]”。咸摄开口二等知系、见系、咸摄开口三四等今读韵母为[iʌʔ]，如“掐[cʻiʌʔ$^{\underline{2}}$]、夹[ciʌʔ$^{\underline{2}}$]、狭[çiʌʔ$^{\underline{21}}$]、甲[ciʌʔ$^{\underline{2}}$]、鸭[iʌʔ$^{\underline{2}}$]、镊[ȵiʌʔ$^{\underline{21}}$]、猎[liʌʔ$^{\underline{21}}$]、接[tsiʌʔ$^{\underline{2}}$]、叶[iʌʔ$^{\underline{21}}$]、劫[ciʌʔ$^{\underline{2}}$]、跌[tiʌʔ$^{\underline{2}}$]、贴[tʻiʌʔ$^{\underline{2}}$]、叠[tiʌʔ$^{\underline{21}}$]”褶[tʃiʌʔ$^{\underline{2}}$]、摄[ʃiʌʔ$^{\underline{2}}$]”。个别字已经舒化，如“恰[tɕʻia^{353}]、协[çiᴇ^{42}]、拉[la^{33}]”等。

深摄

就舒声字而言，深摄开口三等非知系字（包括日母字）今读韵母为

[iŋ]，如“品[p'iŋ535]、林[liŋ13]、心[ɕiŋ33]、今[tsiŋ33]、任[iŋ13]”，深摄开口三等知系字（除日母字）今读韵母为[əŋ]，如“沉[tʂ'əŋ13]、森[ʂəŋ33]、针[tʂəŋ33]”。

就入声字而言，深摄开口三等泥组、精组、知组、章组、见晓组入声字今读韵母为[iəʔ]，如“立[liəʔ21]、集[tsiəʔ2]、习[siəʔ21]、蛰[tʃiəʔ2]、湿[ʃiəʔ2]、十[ʃiəʔ21]、急[ciəʔ2]”，庄组入声字“涩”今读韵母为[əʔ]，其中，影母入声字“揖作揖”已经舒化，今读[i42]。

山摄

就舒声字而言，山摄开口一等、山摄开口二等非见系、三等知系（不包括日母字）字今读韵母为[aŋ]，如“丹[taŋ33]、但[taŋ353]、兰[laŋ13]、餐[tʂ'aŋ33]、干[kaŋ33]、赞[tʂaŋ42]、扮[paŋ42]、盼[p'aŋ42]、山[ʂaŋ33]、绽[tʂaŋ353]、班[paŋ33]、删[ʂaŋ33]、缠[tʂ'aŋ13]、展[tʂaŋ535]、善[ʂaŋ353]”，山摄开口二等见系、山摄开口三等非知系字（包括日母字）、山摄开口四等字今读韵母为[iaŋ]，如“艰[ciaŋ33]、颜[iaŋ13]、鞭[piaŋ33]、棉[miaŋ13]、连[liaŋ13]、煎[tsiaŋ33]、钱[ts'iaŋ13]、件[ciaŋ353]、边[piaŋ33]、天[t'iaŋ33]、千[ts'iaŋ33]、肩[ciaŋ33]、言[iaŋ13]、现[ɕiaŋ42]、然[iaŋ13]”。

就入声字而言，山摄开口一等、合口一等帮组、二等非见系、合口三等非组入声字今读韵母为[ʌʔ]，如“发[fʌʔ2]、罚[fʌʔ21]、铡[tʂʌʔ21]、杀[ʂʌʔ2]、辣[lʌʔ21]、割[kʌʔ2]、渴[k'ʌʔ2]、泼[p'ʌʔ2]、末[mʌʔ21]”，山摄开口二等见系、山摄开口三四等入声字今读韵母为[iʌʔ]，如“掐[c'iʌʔ2]、夹[ciʌʔ2]、狭[ɕiʌʔ21]、甲[iʌʔ2]、鸭[iʌʔ2]、鳖[piʌʔ2]、灭[miʌʔ21]、列[liʌʔ21]、泄[siʌʔ2]、哲[tʃiʌʔ2]、舌[ʃiʌʔ21]、孽[ȵiʌʔ21]、热[iʌʔ21]、歇[ɕiʌʔ2]、铁[t'iʌʔ2]、憋[piʌʔ2]、节[tsiʌʔ21]、结[ciʌʔ2]”，山摄合口一等非帮组、山摄合口二等、合口三等知系、微母字“袜”今读韵母为[uʌʔ]，如“刷[ʂuʌʔ2]、滑[xuʌʔ21]、刮[kuʌʔ2]、说[ʂuʌʔ2]、脱[t'uʌʔ2]、夺[tuʌʔ21]、括[k'uʌʔ2]、活[xuʌʔ21]”，山摄合口三四等见系、精组入声字今读韵母为[yʌʔ]，如“缺[c'yʌʔ2]、穴[ɕyʌʔ21]、月[yʌʔ21]、越[yʌʔ21]、雪[syʌʔ2]”。个别字已经舒化，如“挖[ua353]”等。

臻摄

就舒声字而言，臻摄开口一等见系、开口三等知庄章组字、臻摄合口一等帮组、合口三等非组字今读韵母为[əŋ]，如“跟[kəŋ^{33}]、痕[xəŋ^{13}]、恩[ɣəŋ^{33}]、珍[tʂəŋ^{33}]、陈[tʂʻəŋ^{13}]、真[tʂəŋ^{33}]、奔[pəŋ^{33}]、门[məŋ^{13}]、分[fəŋ^{33}]、文[uəŋ^{13}]”，臻摄开口一三等非知系、日母字今读[iŋ]，如“宾[piŋ^{33}]、民[miŋ^{13}]、邻[liŋ^{13}]、津[tsiŋ^{33}]、辛[siŋ^{33}]、人[iŋ^{13}]、巾[ciŋ^{33}]、银[iŋ^{13}]、引[iŋ^{535}]、斤[tsiŋ^{33}]”，臻摄合口一等非帮组、合口三等来母、知章组字今读韵母为[uŋ]，如“敦[tuŋ^{33}]、顿[tuŋ^{353}]、论[luŋ^{353}]、尊[tʂuŋ^{33}]、村[tʂʻuŋ^{33}]、昆[kʻuŋ^{33}]、春[tʂʻuŋ^{33}]、顺[ʂuŋ^{353}]”，臻摄合口三等精组、见组字今读韵母为[yŋ]，如“俊[tsyŋ^{42}]、旬[syŋ^{13}]、均[cyŋ^{33}]、军[cyŋ^{33}]、训[çyŋ^{42}]、云[yŋ^{13}]”，其中，臻合三精组的“遵”韵母为[uŋ]。

就入声字而言，开口三等庄组字、合口一等帮组字今读韵母为[əʔ]，如“虱[ʂəʔ^{2}]、勃[pəʔ^{21}]、没[məʔ^{21}]”，开口三等非庄组字今读韵母为[iəʔ]，如“笔[piəʔ^{2}]、蜜[miəʔ^{21}]、七[tsʻiəʔ^{21}]、膝[siəʔ^{2}]、秩[tʃiəʔ^{21}]、质[tʃiəʔ^{2}]、室[ʃiəʔ^{2}]、日[iəʔ^{21}]、吉[ciəʔ^{2}]、一[iəʔ^{2}]”，合口一等非帮组、合口三等知系、非组字今读韵母为[uəʔ]，如“突[tʻuəʔ^{2}]、卒[tʂuəʔ^{21}]、骨[kuəʔ^{2}]、杌[uəʔ^{21}]、忽[xuəʔ^{2}]、出[tʂʻuəʔ^{2}]、术[ʂuəʔ^{21}]”，合口三等见系字今读韵母为[yəʔ]，如“橘[cyəʔ^{2}]、屈[cʻyəʔ^{2}]”。个别字已经舒化，如“乙[i^{535}]、匹[pʻi^{42}]”。

宕摄

就舒声字而言，开口一等、开口三等知庄章组、合口三等非敷奉母、微母的“芒”今读韵母为[aŋ]，如“帮[paŋ^{33}]、旁[pʻaŋ^{13}]、忙[maŋ^{13}]、汤[tʻaŋ^{33}]、堂[tʻaŋ^{13}]、郎[laŋ^{13}]、囊[naŋ^{13}]、仓[tʂʻaŋ^{33}]、桑[ʂaŋ^{33}]、刚[kaŋ^{33}]、昂[ɣaŋ^{13}]、张[tʂaŋ^{33}]、章[tʂaŋ^{33}]、常[tʂʻaŋ^{13}]、芳[faŋ^{33}]”，开口三等日母、见系字今读韵母为[iaŋ]，如“强[cʻiaŋ^{13}]、疆[ciaŋ^{33}]、让[iaŋ^{353}]”，合口一等、合口三等见系、开口三等庄组、合口三等微母字今读韵母为[uaŋ]，如“装[tʂuaŋ^{33}]、床[tʂʻuaŋ^{13}]、霜[ʂuaŋ^{33}]、忘[uaŋ^{353}]、望[uaŋ^{353}]、光[kuaŋ^{33}]、黄[xuaŋ^{13}]”。

就入声字而言，开口一等帮组、见组字今读韵母为[ʌʔ]，如“博[pʌʔ^{2}]、莫[mʌʔ^{21}]、各[kʌʔ^{2}]、郝[xʌʔ^{2}]”，开口三等知章组字今读韵母为[iʌʔ]，如“着$_{睡着}$[tʃiʌʔ^{2}]、勺[ʃiʌʔ^{21}]”，合口一等见系、开口一等端系字今读韵母为[uʌʔ]，如“托[tʻuʌʔ^{2}]、郭[kuʌʔ^{2}]”，合口三等见系、开口三等日母字今读韵母为[yʌʔ]，如“略[lyʌʔ^{21}]、雀[tsʻyʌʔ^{2}]、削

[syəʔ^{2}]、约[yʌʔ^{2}]、疟[ȵyʌʔ^{21}]”。个别字已经舒化，如“幕[mu^{353}]、鹤[xə^{42}]、嚼[ciɔ^{42}]”。

江摄

就舒声字而言，开口二等帮组字今读韵母为[aŋ]，如“邦[paŋ^{33}]、胖[pʻaŋ^{42}]”，开口二等知系字今读韵母为[uaŋ]，如“撞[tʂuaŋ^{353}]、窗[tʂʻuaŋ^{33}]、双[ʂuaŋ^{33}]”，开口二等见系字今读韵母为[iaŋ]，如“江[ciaŋ^{33}]、讲[ciaŋ^{535}]、项[çiaŋ^{353}]”。

就入声字而言，开口二等帮组字今读韵母为[ʌʔ]，如“驳[pʌʔ^{2}]、朴[pʻʌʔ^{2}]”，开口二等知系字今读韵母为[uʌʔ]，如“桌[tʂuʌʔ^{2}]、戳[tʂʻuʌʔ^{2}]、捉[tʂuʌʔ^{2}]、镯[tʂuʌʔ^{21}]”，开口二等见系字今读韵母为[yʌʔ]，如“觉$_{知觉}$[cyʌʔ^{2}]、岳[yʌʔ^{21}]、学[çyʌʔ^{21}]”。

曾摄

就舒声字而言，曾摄开口一等、曾摄开口三等知章组字今读韵母为[əŋ]，如“朋[pʻəŋ^{13}]、登[təŋ^{33}]、能[nəŋ^{13}]、赠[tʂəŋ^{42}]、肯[kʻəŋ^{535}]、蒸[tʂəŋ^{33}]、澄[tʂʻəŋ^{13}]”，曾摄开口三等帮组、泥组、日母、见系字今读韵母为[iŋ]，如“仍[iŋ^{13}]、兴[çiŋ^{33}]、冰[piŋ^{33}]、陵[liŋ^{13}]”，曾合一“弘”今读韵母为[uŋ]。

就入声字而言，开口一等精组、开口三等庄组字今读韵母为[əʔ]，如“则[tʂəʔ^{2}]、塞[ʂəʔ^{2}]”，开口一等见系字今读韵母为[ʌʔ]，如“刻[kʻʌʔ^{2}]、黑[xʌʔ^{2}]”，开口一等帮组、端组、开口三等非庄组字今读韵母为[iəʔ]，如“得[tiəʔ^{2}]、墨[miəʔ^{21}]、逼[piəʔ^{2}]、力[liəʔ^{21}]、息[siəʔ^{2}]、直[tʃiəʔ^{21}]、职[tʃiəʔ^{2}]、极[ciəʔ^{21}]”，合口一等见系字今读韵母为[uəʔ]，如“国[kuəʔ^{2}]、或[xuəʔ^{21}]”。个别字已经舒化，如“亿[i^{353}]、忆[i^{353}]、抑[i^{353}]、域[y^{13}]”等。

梗摄

就舒声字而言，梗摄开口二等非见系、开口三等知系、合口二等匣母字“横$_{横直}$横$_{蛮横}$”、开口二等见母字“更耕耿”等今读韵母为[əŋ]，如“烹[pʻəŋ^{33}]、撑[tʂʻəŋ^{33}]、生[ʂəŋ^{33}]、坑[kʻəŋ^{33}]、争[tʂəŋ^{33}]、迸[pəŋ^{353}]、耕[kəŋ^{33}]”，合口三四等“倾顷营颖”、开口三等非知系、开口二等见系（除见母）字今读韵母为[iŋ]，如“硬[iŋ^{353}]、杏[çiŋ^{353}]、幸[çiŋ^{353}]、京[ciŋ^{33}]、迎[iŋ^{13}]、英[iŋ^{33}]、兵[piŋ^{33}]、名[miŋ^{13}]、颈[ciŋ^{42}]、瓶[pʻiŋ^{13}]、丁[tiŋ^{33}]、宁[ȵiŋ^{13}]、零[liŋ^{13}]、青[tsʻiŋ^{33}]、经

[ciŋ^{33}]、形[çiŋ^{13}]、倾[cʻiŋ^{33}]”，合口四等字今读韵母为[yŋ]，如“兄[çyŋ^{33}]、荣[yŋ^{13}]、永[yŋ^{535}]”，“矿”今读韵母为[uaŋ]，“轰宏”今读韵母为[uŋ]。

就入声字而言，开口二等知系、见系字今读韵母为[əʔ]，如“摘[tʂəʔ^{2}]、责[tʂəʔ^{2}]”，开口二等帮组字今读韵母为[iʌʔ]，如“麦[miʌʔ^{21}]”，开口二等见系字今读韵母为[ʌʔ]，如“革[kʌʔ^{2}]、核[xʌʔ^{21}]”，开口三四等字今读韵母为[iəʔ]，如“僻[pʻiəʔ^{2}]、脊[tsiəʔ^{2}]、惜[siəʔ^{2}]、席[siəʔ^{21}]、只[ciəʔ^{2}]、石[ʃiəʔ^{21}]、吃[tʃʻiəʔ^{2}]、的目的[tiəʔ^{2}]、笛[tiəʔ^{21}]、绩[tsiəʔ^{2}]、锡[siəʔ^{2}]”。个别字已经舒化，如“逆[ȵi^{353}]、易交易[i^{42}]、役[i^{42}]、疫[i^{42}]”等。

通摄

就舒声字而言，通摄合口一三等帮组字今读韵母为[əŋ]，如“风[fəŋ^{33}]、蓬[pʻəŋ^{13}]、梦[məŋ^{353}]”，合口一等端见系、合口三等精泥组大部分字、知系、大部分见组字今读韵母为[uŋ]，如“聋[luŋ^{13}]、公[kuŋ^{33}]、红[xuŋ^{13}]、翁[uŋ^{33}]、宗[tʂuŋ^{33}]、冬[tuŋ^{33}]、隆[luŋ^{13}]、虫[tʂʻuŋ^{13}]、崇[tʂʻuŋ^{13}]、终[tʂuŋ^{33}]、宫[kuŋ^{33}]、恐[kʻuŋ^{535}]、种[tʂuŋ^{42}]、从从容[tʂʻuŋ^{13}]、重[tʂuŋ^{353}]”，合口三等晓匣影喻母字、日母字今读韵母为[yŋ]，如“绒[yŋ^{13}]、穷[cʻyŋ^{13}]、熊[çyŋ^{13}]、融[yŋ^{13}]、胸[çyŋ^{33}]、容[yŋ^{13}]”。

就入声字而言，合口一等帮组、合口三等帮组字今读韵母为[əʔ]，如“木[məʔ^{21}]、福[fəʔ^{2}]、服[fəʔ^{21}]、目[məʔ^{21}]”，合口一等端系、见系、合口三等知系、合口三等泥母字“六陆录”今读韵母为[uəʔ]，如“秃[tʻuəʔ^{2}]、独[tuəʔ^{21}]、鹿[luəʔ^{21}]、族[tʂuəʔ^{21}]、谷[kuəʔ^{2}]、竹[tʂuəʔ^{2}]、缩[ʂuəʔ^{2}]、叔[ʂuəʔ^{2}]”，合口三等精组、见组字今读韵母为[yəʔ]，如“肃[syəʔ^{2}]、俗[syəʔ^{21}]、菊[cyəʔ^{21}]、畜畜牧[çyəʔ^{2}]、局[cyəʔ^{21}]”。个别字已经舒化，如“肉[iəu^{353}]、育[y^{42}]、玉[y^{42}]、狱[y^{42}]、浴[y^{42}]”。

（三）声调比较

古声调与壶关方言声调的对应关系如表所示，古平声今按清浊的不同分为阴平和阳平，古清、次浊上声今读上声，古全浊上声和古浊去今读阳去，古清去今读阴去，古清声母入声今读阴入，古浊声母入声今读阳入。

		阴平	阳平	上声	阴去	阳去	阴入	阳入
平声	清	高猪 天娟	敷					
	次浊	妈	难娘 文云					
	全浊		陈平 床穷					
上声	清			口体 古娶				
	次浊			老体 五缕				
	全浊					近厚 坐序		
去声	清				盖济 对句			
	次浊					让耀 路喻		
	全浊					大贱 共效		
入声	清							
	次浊							摸袜列月
	全浊							服合食局

六 武乡方言语音与中古音的比较

武乡方言的语音系统与以《切韵》系韵书为代表的中古音存在着一定的对应规律。古音分类以中国社会科学院语言研究所编制的《方言调查字表》为依据。武乡方言的语音仅指单字音。

（一）声母比较

帮母 今读[p]。如“包”[pɔ^{33}]，少数读[p‘]，如“蝙[p‘ei^{113}]”。

滂母　今多读[pʻ]。如“怕”[pʻa^{55}]，少数读[p]，如“怖[pu^{55}]”。

並母　今平声多读送气音[pʻ]，今仄声多读不送气音[p]，如：皮[pʻi^{33}]被[pʻi^{55}]。有个别字平声读不送气音，如“刨[pɔ^{33}]”，仄声读送气音，如“佩[pʻei^{55}]”。

明母　今读[m]，如“马[ma^{213}]”。

非敷奉母　今读[f]，如“反[fæ^{213}]、翻[fæ^{113}]、房[fɔ̃^{33}]”。

微母　今读[ø]，如“微[vei^{113}]、武[vu^{213}]、爱[ŋɛ^{42}]、音[iɐŋ^{113}]”。

端母　今读[t]，如“肚[tu^{213}]”，“鸟”是例外字，今读[ȵiɔ^{213}]。

透母　读[tʻ]，如“梯[tʻi^{113}]”，个别字读[t]声母，如“贷[tɛ^{55}]”。

定母　今平声多读送气音[tʻ]，今仄声多读不送气音[t]，前者如“太[tʻɛ^{55}]，后者如“代[tɛ^{213}]”。

泥母　今读[n]，如“脑[nɔ^{213}]”。

来母　今读[l]，如“来[l ɛ^{33}]”。

精母　今洪音读[ts]，细音读[tɕ]。前者如“住[tsu^{55}]”，后者如“精[tɕiŋ^{113}]”。

清母　今洪音读[tsʻ]，细音读[tɕʻ]。前者如“醋[tsʻu^{55}]”，后者如“清[tɕʻiŋ^{113}]”。

从母　今洪音平声读[tsʻ]，如“曹[tsʻɔ^{33}]”，今洪音仄声读[ts]，如“找[tsɔ^{213}]”，今细音平声读[tsʻ]，如“前[tsʻei^{33}]”，今细音仄声读[ts]，如“件[tsei^{55}]”。

心母　今洪音读[s]，细音读[ɕ]。前者如“扫[sɔ^{213}]”，后者如“心[ɕiŋ^{113}]”。

邪母　今洪音读[tsʻ]，如“词[tsʻɿ^{33}]”，或读[s]，如“寺[sɿ^{55}]”，细音读[ɕ]，如“席[ɕiəʔ^{423}]”。

知母　今读[ts]，如“朝[tsɔ^{113}]”。

彻母　今读[tsʻ]，如“超[tsʻɔ^{33}]”。

澄母　今平声读送气音[tsʻ]，如“潮[tsʻɔ^{33}]”。今仄声读不送气音[ts]，如“赵[tsɔ^{55}]”。

庄母　今读[ts]，如“争[tsəŋ^{113}]”。

初母　今读[tsʻ]，如“初[tsʻuɤ^{113}]”。

崇母　今平声读送气音[tsʻ]，今仄声读不送气音[ts]，前者如“床[tsʻuɔ̃^{33}]”，后者如“状[tsuɔ̃^{55}]”。

生母 今多读[s]，如“山[saŋ^{113}]”，少数读[tsʻ]，如“产[tsʻæ^{213}]”。

章母 今读[ts]，如“煮[tsu^{213}]”。

昌母 今读[tsʻ]，如“穿[tsʻuæ^{113}]”。

船母 今读[s]，如“神[sɐŋ^{33}]”。

书母 今读[s]，如“手[səu^{213}]”，部分字今读[tsʻ]，如“唇[tsʻuɐŋ^{33}]”。

禅母 今多读[s]，如“时[sʅ^{33}]”，部分三等平声字今读[tsʻ]，如“晨[tsʻɐŋ^{33}]臣[tsʻɐŋ^{33}]愁[tsʻəu^{33}]仇[tsʻəu^{33}]”。

日母 今读[ø]，如“人[iɐŋ^{33}]热[iʌʔ$^{\underline{423}}$]”，止摄开口三等字今读[l̩]，如“儿[l̩^{33}]二[l̩^{55}]耳[l̩^{213}]”。

见母 今洪音读[k]，细音读[tɕ]。前者如“告[kɔ^{55}]”，后者如“骄[tɕiɔ^{113}]”。

溪母 今洪音读[kʻ]，细音读[tɕʻ]。前者如“靠[kʻɔ^{55}]”，后者如“乔[tɕʻiɔ^{33}]”。

群母 今洪音平声读[kʻ]，如“葵[kʻuei^{33}]”，今洪音仄声读[k]，如“跪[kuei^{55}]”，今细音平声读[tɕʻ]，如“旗[tɕʻi^{33}]”，今细音仄声读[tɕ]，如“巨[tɕy^{55}]”。

疑母 今多读[ø]，如“牛[iəu^{33}]危[vei^{113}]硬[iŋ^{55}]”，但也有部分字今读[nz]，如“逆[nzʅ^{55}]拟[nzʅ^{213}]，也有部分字今读[ȵ]，如虐[ȵyʌʔ$^{\underline{423}}$]疟[ȵyʌʔ$^{\underline{423}}$]凝[ȵiɐŋ^{33}]”。

晓母 今洪音读[x]，今细音读[ɕ]。前者如“汉[xæ^{55}]”，后者如“吸[ɕiəʔ^{3}]”。也有个别字例外，如“况[kʻuɔ̃^{55}]”、“歪[vɛ^{113}]”。

匣母 今洪音多读[x]，今细音读[ɕ]。前者如“回[xuei^{33}]”，后者如“咸[ɕiaŋ^{33}]”，还有部分字今读[ø]，如“丸[væ^{33}]”。

影母 在今开口呼前读[ŋ]，如“袄[ŋɔ^{213}]”。

云母 今读[z]，如“雨[zʮ^{213}]”。

以母 今读[ø]，如“油[iəu^{33}]”。

（二）韵母比较

果摄

果摄开口一等端系、合口一等非帮组字今读韵母为[uɤ]，如“多

[tuɤ^{33}]、拖[tʻuɤ^{33}]、驮[tʻuɤ^{33}]、罗[luɤ^{33}]、左[tsuɤ^{213}]、朵[tuɤ^{213}]、坐[tsuɤ^{55}]、骡[luɤ^{33}]、过[kuɤ^{55}]、课[kʻuɤ^{55}]”。

果摄开口一等见系、合口一等帮组今读[ə]，如“婆[pʻɤ^{33}]、波[pɤ^{113}]、歌[kɤ^{33}]、河[xɤ^{33}]”。

假摄

假摄开口二等非见系、合口二等庄组字今读韵母为[a]，如“巴[pa^{113}]、爬[pʻa^{33}]、怕[pʻa^{55}]、拿[na^{33}]、茶[tsʻa^{33}]、沙[sa^{113}]、傻[sa^{213}]”。

假摄开口二等见系字今读韵母为[ia]，如“家[tɕia^{113}]、价[tɕia^{55}]、牙[ia^{33}]、霞[ɕia^{33}]、鸦[ia^{113}]”。

假摄开口三等字今读韵母为[iɛ]，如“姐[tɕiɛ^{213}]、写[ɕiɛ^{213}]、谢[ɕiɛ^{55}]、夜[ɕiɛ^{55}]”。

假摄合口二等见系字今读韵母为[ua]，如“瓜[kua^{113}]、跨[kʻua^{55}]、花[x ua^{113}]、蛙[va^{113}]”。

遇摄

遇摄合口一等字、遇摄合口三等非组、知章组字今读韵母为[u]，如“布[pu^{55}]、普[pʻu^{213}]、堵[tu^{213}]、土[tʻu^{213}]、杜[tu^{55}]、努[nu^{213}]、租[tsu^{113}]、苦[kʻu^{213}]、猪[tsu^{113}]、书[su^{113}]、夫[fu^{113}]”。

遇摄合口三等来母（除“庐”），精组、日母、见系字今读韵母为[ʮ]，如“吕[lʮ^{213}]、徐[sʮ^{33}]、如[zʮ^{33}]、居[tsʻʮ^{113}]、屡[lʮ^{213}]、须[sʮ^{113}]、句[tsʮ^{55}]”。

蟹摄

蟹摄开合口一等帮组、合口三等帮组、“埋”今读韵母为[ei]，如“贝[pei^{55}]、杯[pei^{113}]、废[fei^{55}]”。

蟹摄开口一等非帮组、蟹摄开口二等非见系字、蟹摄开口二等影母字、“楷骇”今读韵母为[ɛ]，如“戴[tɛ^{55}]、态[tʻɛ^{55}]、待[tɛ^{55}]、灾[tsɛ^{113}]、改[kɛ^{213}]、摆[pɛ^{213}]、买[mɛ^{213}]、奶[nɛ^{213}]、排[pʻɛ^{33}]、债[tsɛ^{55}]、豺[tsʻɛ^{33}]、挨$_{挨住}$[ŋɛ^{113}]”。

蟹摄开口二等见系字今读韵母为[iɛ]，如“街[tɕiɛ^{113}]、鞋[ɕiɛ^{33}]”，个别字读[ia]，如“佳[tɕia^{113}]、涯[ia^{33}]、崖[ia^{33}]”等。

蟹摄开口三四等字今读韵母为[ɿ]，如“蔽[pɿ^{55}]、批[pʻɿ^{113}]、米[mɿ^{213}]、低[tɿ^{113}]、弟[tɿ^{55}]、例[lʮ^{55}]、妻[tsʻɿ^{113}]、西[sɿ^{113}]、鸡

[tsɿ^{113}]、艺[zɿ^{55}]”。

蟹摄合口一三等（除帮组），如“堆[tuei^{113}]、推[tʻuei^{113}]、雷[luei^{33}]、罪[tsuei^{55}]、脆[tsʻuei^{55}]、盔[kʻuei^{113}]、卫[uei^{55}]”。

蟹摄合口二等见晓组字今读韵母为[uɛ]，如“怪[kuɛ^{55}]、坏[xuɛ^{55}]、快[kʻuɛ^{55}]、歪[vɛ^{113}]”；个别字今读[ua]，如“挂[kua^{55}]、卦[kua^{55}]、画[xua^{55}]、话[xua^{55}]、蛙[ua^{113}]”。

止摄

止摄开口三等帮组、泥组、精组、知庄章组、见系字今读韵母为[ɿ]，如“被[pɿ^{55}]、皮[pʻɿ^{33}]、眉[mɿ^{33}]、地[tɿ^{55}]、梨[lɥ^{33}]、腻[nzɿ^{55}]、肌[c ɿ^{113}]、椅[zɿ^{213}]、基[c ɿ^{113}]、希[sɿ^{113}]、李[lɥ^{213}]”个别字今读[ei]，如“碑[pei^{113}]、卑[pei^{113}]、美[mei^{213}]、资[tsɿ^{113}]、知[tsɿ^{113}]、视[sɿ^{55}]、词[tsʻɿ^{33}]”。

日母字今读[l̩]，如“而[l̩^{33}]儿[l̩^{33}]耳[l̩^{213}]”。

止摄合口三等非组字今读韵母为[ei]，如“非[fei^{113}]”。

止摄合口三等微母、泥组、精组、知系、见系字今读韵母为[uei]，如“垒[luei^{213}]、泪[luei^{55}]、嘴[tsuei^{213}]、翠[tsʻuei^{55}]、虽[suei^{113}]、蕊[luei^{213}]、归[kuei^{113}]、鬼[kuei^{213}]、葵[kʻuei^{33}]、跪[kuei^{55}]、尾[vei^{213}]、位[vei^{55}]”。

止摄合口三等庄组字今读韵母为[uɛ]，如“揣[tsʻuɛ^{213}]、摔[suɛ^{113}]、帅[suɛ^{55}]”。

效摄

效摄开口一等、开口二等非见系、开口三等知系字（除日母字）今读韵母为[ɔ]，如“毛[mɔ^{33}]、报[pɔ^{55}]、刀[tɔ^{113}]、道[tɔ^{55}]、早[tsɔ^{213}]、曹[tsʻɔ^{33}]、高[kɔ^{113}]、包[pɔ^{113}]、闹[nɔ^{55}]、吵[tsʻɔ^{213}]、超[tsʻɔ^{113}]、招[tsɔ^{113}]”，个别字今读[u]，如“堡[pu^{213}]、抱[pu^{55}]”，个别字今读韵母为[ua]，如“抓[tsua^{113}]、爪$_{爪子}$[tsua^{213}]”。

效摄开口二等非知系字（包括日母字）今读韵母为[iɔ]，如“表[piɔ^{213}]、苗[miɔ^{33}]、妙[miɔ^{55}]、料[liɔ^{55}]、鸟[ȵiɔ^{213}]、焦[tɕiɔ^{113}]、轿[tɕiɔ^{55}]、摇[iɔ^{33}]、聊[liɔ^{33}]”。

流摄

流摄开口一等、三等帮组字今读韵母为[u]，如“某[mu^{535}]、浮[fu^{13}]、否[fu^{535}]、富[fu^{353}]”，个别字例外，如“剖[pʻɔ^{33}]、贸[mɔ^{353}]、

茂[mɔ^{353}]”，“彪”今读[piɔ^{33}]。

流摄开口一等非帮组字、流摄开口三等知系字今读韵母为[əu]，如“透[t‘əu^{55}]、豆[təu^{55}]、走[tsəu^{213}]、口[k‘əu^{213}]、狗[kəu^{213}]、厚[xəu^{55}]、愁[ts‘əu^{33}]、抽[ts‘əu^{113}]、周[tsəu^{113}]”。

流摄开口三等泥组、精组、见系字、日母字今读韵母为[iəu]，如“扭[ȵiəu^{213}]、流[liəu^{33}]、揪[tɕiəu^{113}]、就[tɕiəu^{55}]、袖[ɕiəu^{55}]、揉[iəu^{33}]、丘[tɕ‘iəu^{113}]、休[ɕiəu^{113}]、优[iəu^{113}]、纠[tɕiəu^{113}]、幽[iəu^{113}]”。

咸摄

就舒声字而言，咸摄开口一等、咸摄开口二等、三等知系（不包括日母字）、咸摄合口三等字今读韵母为[æ]，如“贪[t‘æ^{33}]、南[næ^{33}]、蚕[ts‘æ^{33}]、含[xæ^{33}]、感[kæ^{213}]、喊[xæ^{213}]、淡[tæ^{55}]、蓝[læ^{33}]、三[sæ^{113}]、站[tsæ^{55}]、搀[ts‘æ^{113}]、闪[sæ^{213}]、凡[fæ^{33}]”，咸摄开口二等见系、咸摄开口三等非知系字（包括日母字）、咸摄开口四等字今读韵母为[ei]，如“减[tsei^{213}]、咸[sei^{33}]、嵌[ts‘ei^{33}]、严[zei^{33}]、检[tsei^{213}]、险[sei^{213}]、淹[zei^{113}]、敛[l ei^{213}]、尖[tsei^{113}]、贬[pei^{213}]、甜[t‘ei^{33}]、店[tei^{55}]、嫌[sei^{33}]、染[zei^{213}]”。

就入声字而言，咸摄开口一等、合口三等非组字今读韵母为[ʌʔ]，如“答[t ʌʔ$^{\underline{3}}$]、踏[t‘ʌʔ$^{\underline{3}}$]、纳[nʌʔ$^{\underline{423}}$]、杂[tsʌʔ$^{\underline{423}}$]、塔[t‘ʌʔ$^{\underline{3}}$]、腊[lʌʔ$^{\underline{423}}$]、眨[tsʌʔ$^{\underline{3}}$]、插[ts‘ʌʔ$^{\underline{3}}$]、鸽[kʌʔ$^{\underline{3}}$]、喝[xʌʔ$^{\underline{3}}$]、盒[xʌʔ$^{\underline{423}}$]、磕[k‘ʌʔ$^{\underline{3}}$]、法[fʌʔ$^{\underline{3}}$]”。咸摄开口二等知系、见系、咸摄开口三四等今读韵母为[iʌʔ]，如“掐[tɕ‘iʌʔ$^{\underline{3}}$]、夹[tɕiʌʔ$^{\underline{3}}$]、狭[ɕiʌʔ$^{\underline{423}}$]、甲[tɕiʌʔ$^{\underline{3}}$]、鸭[iʌʔ$^{\underline{3}}$]、镊[ȵiʌʔ$^{\underline{423}}$]、猎[liʌʔ$^{\underline{423}}$]、接[tɕiʌʔ$^{\underline{3}}$]、叶[iʌʔ$^{\underline{423}}$]、劫[tɕiʌʔ$^{\underline{3}}$]、跌[tiʌʔ$^{\underline{3}}$]、贴[t‘iʌʔ$^{\underline{3}}$]、叠[tiʌʔ$^{\underline{423}}$]”。

深摄

就舒声字而言，深摄开口三等非知系字（包括日母字）今读韵母为[iɐŋ]，如“品[p‘iɐŋ^{213}]、林[liɐŋ^{33}]、心[ɕiɐŋ^{113}]、今[tɕiɐŋ^{113}]、任[iɐŋ^{33}]”，深摄开口三等知系字（除日母字）今读韵母为[ɐŋ]，如“沉[ts‘ɐŋ^{33}]、森[sɐŋ^{113}]、针[tsɐŋ^{113}]”。

就入声字而言，深摄开口三等泥组、精组、见晓组入声字今读韵母为[iəʔ]，如“立[liəʔ$^{\underline{423}}$]、集[tɕiəʔ$^{\underline{3}}$]、习[ɕiəʔ$^{\underline{423}}$]、急[tɕiəʔ$^{\underline{3}}$]”，知庄章组入声字今读韵母为[əʔ]，如“涩[səʔ$^{\underline{423}}$]”。

山摄

就舒声字而言，山摄开口一等、山摄开口二等非见系、三等知系（不包括日母字）字今读韵母为[æ]，如“丹[tæ^{113}]、但[tæ^{55}]、兰[læ^{33}]、餐[tsʻæ^{113}]、干[kæ^{113}]、赞[tsæ^{55}]、扮[pæ^{55}]、盼[pʻæ^{55}]、山[sæ^{113}]、绽[tsæ^{55}]、班[pæ^{113}]、删[sæ^{113}]、缠[tsʻæ^{33}]、展[tsæ^{213}]、善[sæ^{55}]”，山摄开口二等见系、山摄开口三等非知系字（包括日母字）、山摄开口四等字今读韵母为[ei]，如“艰[tsei^{113}]、颜[zei^{33}]、鞭[pei^{113}]、棉[mei^{33}]、连[lei^{33}]、煎[tsei^{113}]、钱[tsʻei^{33}]、件[tsei^{55}]、边[pei^{113}]、天[tʻei^{113}]、千[tsʻei^{113}]、肩[tsei^{113}]、言[zei^{33}]、现[sei^{55}]、然[zei^{33}]”。

就入声字而言，山摄开口一等、合口一等帮组、二等非见系、合口三等非组入声字今读韵母为[ʌʔ]，如“发[fʌʔ$^{\underline{3}}$]、罚[fʌʔ$^{\underline{423}}$]、铡[tsʌʔ$^{\underline{423}}$]、杀[sʌʔ$^{\underline{3}}$]、辣[lʌʔ$^{\underline{423}}$]、割[kʌʔ$^{\underline{3}}$]、渴[kʻʌʔ$^{\underline{3}}$]、泼[pʻʌʔ$^{\underline{3}}$]、末[mʌʔ$^{\underline{423}}$]”，山摄开口二等见系、山摄开口三四等入声字今读韵母为[iʌʔ]，如“掐[tɕʻiʌʔ$^{\underline{3}}$]、夹[tɕiʌʔ$^{\underline{3}}$]、狭[ɕiʌʔ$^{\underline{423}}$]、甲[iʌʔ$^{\underline{3}}$]、鸭[iʌʔ$^{\underline{3}}$]、鳖[piʌʔ$^{\underline{3}}$]、灭[miʌʔ$^{\underline{423}}$]、列[liʌʔ$^{\underline{423}}$]、泄[ɕiʌʔ$^{\underline{3}}$]、孽[ȵiʌʔ$^{\underline{423}}$]、热[iʌʔ$^{\underline{423}}$]、歇[ɕiʌʔ$^{\underline{3}}$]、铁[tʻiʌʔ$^{\underline{3}}$]、憋[piʌʔ$^{\underline{3}}$]、节[tɕiʌʔ$^{\underline{423}}$]、结[tɕiʌʔ$^{\underline{3}}$]”，山摄合口一等非帮组、山摄合口二等、合口三等知系、微母字“袜”今读韵母为[uʌʔ]，如“刷[ʂuʌʔ$^{\underline{3}}$]、滑[xuʌʔ$^{\underline{423}}$]、刮[kuʌʔ$^{\underline{3}}$]、说[suʌʔ$^{\underline{3}}$]、脱[tʻuʌʔ$^{\underline{3}}$]、夺[tuʌʔ$^{\underline{423}}$]、括[kʻuʌʔ$^{\underline{3}}$]、活[xuʌʔ$^{\underline{423}}$]”，山摄合口三四等见系、精组入声字今读韵母为[yʌʔ]，如“缺[tɕʻyʌʔ$^{\underline{3}}$]、穴[ɕyʌʔ$^{\underline{423}}$]、月[yʌʔ$^{\underline{423}}$]、越[yʌʔ$^{\underline{423}}$]、雪[ɕyʌʔ$^{\underline{3}}$]”。个别字已经舒化，如“挖[ua^{213}]”等。

臻摄

就舒声字而言，臻摄开口一等见系、开口三等知庄章组字、臻摄合口一等帮组、合口三等非组字今读韵母为[ɐŋ]，如“跟[kɐŋ^{113}]、痕[xɐŋ^{33}]、恩[ŋɐŋ^{113}]、珍[tsɐŋ^{113}]、陈[tsʻɐŋ^{13}]、真[tsɐŋ^{113}]、奔[pɐŋ^{113}]、门[mɐŋ^{33}]、分[fɐŋ^{113}]、文[uɐŋ^{33}]”，臻摄开口一三等非知系、日母字今读[iɐŋ]，如“宾[piɐŋ^{113}]、民[miɐŋ^{33}]、邻[liɐŋ^{33}]、津[tɕiɐŋ^{113}]、辛[ɕiɐŋ^{113}]、人[iɐŋ^{33}]、巾[tɕiɐŋ^{33}]、银[iɐŋ^{33}]、引[iɐŋ^{213}]、斤[tɕiɐŋ^{113}]”，臻摄合口一等非帮组、合口三等来母、知章组字今读韵母为[uɐŋ]，如“敦[tuɐŋ^{113}]、顿[tuɐŋ^{55}]、论[luɐŋ^{55}]、尊[tsuɐŋ^{213}]、村[tsʻuɐŋ^{113}]、昆[kʻuɐŋ^{113}]、春[tsʻuɐŋ^{113}]、顺[suɐŋ^{55}]”，臻摄合口三等精组、见组字今读

韵母为[yɐŋ]，如“俊[tɕyɐŋ^{55}]、旬[ɕyɐŋ^{33}]、均[tɕyɐŋ^{113}]、军[tɕyɐŋ^{113}]、训[ɕyɐŋ^{55}]、云[yɐŋ^{33}]”，其中，臻合三精组的“遵”韵母为[uɐŋ]。

就入声字而言，开口三等知庄章组字、合口一等帮组字今读韵母为[əʔ]，如“虱[səʔ^{3}]、勃[pəʔ^{423}]、没[məʔ^{423}]”，开口三等非知庄章组字今读韵母为[iəʔ]，如“笔[piəʔ^{3}]、蜜[miəʔ^{423}]、七[tɕʻiəʔ^{423}]、膝[ɕiəʔ^{3}]、日[iəʔ^{423}]、吉[tɕiəʔ^{3}]、一[iəʔ^{3}]”，合口一等非帮组、合口三等知系、非组字今读韵母为[uəʔ]，如“突[tʻuəʔ^{3}]、卒[tsuəʔ^{423}]、骨[kuəʔ^{3}]、杌[vəʔ^{423}]、忽[xuəʔ^{3}]、出[tsʻuəʔ^{3}]、术[suəʔ^{423}]”，合口三等见系字今读韵母为[yəʔ]，如“橘[tɕyəʔ^{3}]、屈[tɕʻyəʔ^{3}]”。个别字已经舒化，如“乙[i^{213}]、匹[pʻi^{55}]”。

宕摄

就舒声字而言，开口一等、开口三等知庄章组、合口三等非敷奉母、微母的“芒”今读韵母为[ɔ̃]，如“帮[pɔ̃^{113}]、旁[pʻɔ̃^{33}]、忙[mɔ̃^{33}]、汤[tʻɔ̃^{113}]、堂[tʻɔ̃^{33}]、郎[lɔ̃^{33}]、囊[nɔ̃^{33}]、仓[tsʻɔ̃^{113}]、桑[sɔ̃^{311}]、刚[kɔ̃^{113}]、昂[ŋɔ̃^{33}]、张[tsɔ̃^{113}]、章[tsɔ̃^{113}]、常[tsʻɔ̃^{33}]、芳[fɔ̃^{113}]”，开口三等日母、见系字今读韵母为[iɔ̃]，如“强[cʻiɔ̃^{33}]、疆[ciɔ̃^{113}]、让[iɔ̃^{55}]”，合口一等、合口三等见系、开口三等庄组、合口三等微母字今读韵母为[uɔ̃]，如“装[tsuɔ̃^{113}]、床[tsʻuɔ̃^{33}]、霜[suɔ̃^{113}]、忘[vɔ̃^{55}]、望[vɔ̃^{55}]、光[kuɔ̃^{113}]、黄[xuɔ̃^{33}]”。

就入声字而言，开口一等帮组、见组字今读韵母为[ʌʔ]，如“博[pʌʔ^{3}]、莫[mʌʔ^{423}]、各[kʌʔ^{3}]、郝[xʌʔ^{3}]”，合口一等见系、开口一等端系字今读韵母为[uʌʔ]，如“托[tʻuʌʔ^{3}]、郭[kuʌʔ^{3}]”，合口三等见系、开口三等日母字今读韵母为[yʌʔ]，如“略[lyʌʔ^{423}]、雀[tɕʻyʌʔ^{3}]、削[ɕyəʔ^{3}]、约[yʌʔ^{3}]、疟[ȵyʌʔ^{423}]”。个别字已经舒化，如“幕[mu^{55}]、鹤[xɤ^{55}]、嚼[tɕiɔ^{33}]”。

江摄

就舒声字而言，开口二等帮组字今读韵母为[ɔ̃]，如“邦[pɔ̃^{113}]、胖[pʻɔ̃^{55}]”，开口二等知系字今读韵母为[uɔ̃]，如“撞[tsuɔ̃^{55}]、窗[tsʻuɔ̃^{113}]、双[suɔ̃^{113}]”，开口二等见系字今读韵母为[iɔ̃]，如“江[tɕiɔ̃^{113}]、讲[tɕiɔ̃^{213}]、项[ɕiɔ̃^{55}]”。

就入声字而言，开口二等帮组字今读韵母为[ʌʔ]，如“驳[pʌʔ^{3}]、朴[pʻʌʔ^{3}]”，开口二等知系字今读韵母为[uʌʔ]，如“桌[tsuʌʔ^{3}]、戳

[tsʻuʌʔ$^{\underline{3}}$]、捉[tsuʌʔ$^{\underline{3}}$]、镯[tsuʌʔ$^{\underline{423}}$]”，开口二等见系字今读韵母为[yʌʔ]，如“觉$_{\text{知觉}}$[tɕyʌʔ$^{\underline{3}}$]、岳[yʌʔ$^{\underline{423}}$]、学[ɕyʌʔ$^{\underline{423}}$]”。

曾摄

就舒声字而言，曾摄开口一等、曾摄开口三等知章组字今读韵母为[ɐŋ]，如“朋[pʻɐŋ^{33}]、登[tɐŋ^{113}]、能[nɐŋ^{13}]、赠[tsɐŋ^{55}]、肯[kʻɐŋ^{213}]、蒸[tsɐŋ^{113}]、澄[tsʻɐŋ^{33}]”，曾摄开口三等帮组、泥组、日母、见系字今读韵母为[iɐŋ]，如“仍[iɐŋ^{33}]、兴[ɕiɐŋ^{113}]、冰[piɐŋ^{113}]、陵[liɐŋ^{33}]”，曾合一“弘”今读韵母为[uɐŋ]。

就入声字而言，开口一等精组、开口三等庄组字今读韵母为[əʔ]，如“则[tsəʔ$^{\underline{3}}$]、塞[səʔ$^{\underline{3}}$]”，开口一等见系字今读韵母为[ʌʔ]，如“刻[kʻʌʔ$^{\underline{3}}$]、黑[xʌʔ$^{\underline{3}}$]”，开口一等帮组、端组、开口三等非庄组字今读韵母为[iəʔ]，如“得[tiəʔ$^{\underline{3}}$]、墨[miəʔ$^{\underline{423}}$]、逼[piəʔ$^{\underline{3}}$]、力[liəʔ$^{\underline{423}}$]、息[ɕiəʔ$^{\underline{3}}$]、极[tɕiəʔ$^{\underline{423}}$]”，合口一等见系字今读韵母为[uəʔ]，如“国[kuəʔ$^{\underline{3}}$]、或[xuəʔ$^{\underline{423}}$]”。个别字已经舒化，如“亿[i^{55}]、忆[i^{55}]、抑[i^{55}]、域[y^{33}]”等。

梗摄

就舒声字而言，梗摄开口二等非见系、开口三等知系、合口二等匣母字“横$_{\text{横直}}$横$_{\text{蛮横}}$”、开口二等见母字“更耕耿”等今读韵母为[ɐŋ]，如“烹[pʻɐŋ^{113}]、撑[tsʻɐŋ^{113}]、生[sɐŋ^{113}]、坑[kʻɐŋ^{33}]、争[tsɐŋ^{33}]、迸[p ɐŋ^{353}]、耕[k ɐŋ^{33}]”，合口三四等“倾顷营颖”、开口三等非知系、开口二等见系（除见母）字今读韵母为[iɐŋ]，如“硬[iɐŋ^{55}]、杏[ɕiɐŋ^{55}]、幸[ɕiɐŋ^{55}]、京[tɕiɐŋ^{113}]、迎[iɐŋ^{33}]、英[iɐŋ^{113}]、兵[piɐŋ^{113}]、名[miɐŋ^{33}]、颈[tɕiɐŋ^{55}]、瓶[pʻiɐŋ^{33}]、丁[tiɐŋ^{113}]、宁[ȵiɐŋ^{33}]、零[liɐŋ^{33}]、青[tɕʻiɐŋ^{113}]、经[tɕiŋ^{113}]、形[ɕiɐŋ^{33}]、倾[tɕʻiŋ^{113}]”，合口四等字今读韵母为[yɐŋ]，如“兄[ɕyɐŋ^{113}]、荣[yɐŋ^{33}]、永[yɐŋ^{213}]”，“矿”今读韵母为[uɐŋ]，“轰宏”今读韵母为[uɐŋ]。

就入声字而言，开口二等知系、见系字今读韵母为[əʔ]，如“摘[tsəʔ$^{\underline{3}}$]、责[tsəʔ$^{\underline{3}}$]”，开口二等帮组字今读韵母为[iʌʔ]，如“麦[miʌʔ$^{\underline{21}}$]”，开口二等见系字今读韵母为[ʌʔ]，如“革[kʌʔ$^{\underline{3}}$]、核[xʌʔ$^{\underline{21}}$]”，开口三四等字今读韵母为[iəʔ]，如“僻[pʻiəʔ$^{\underline{3}}$]、脊[tɕiəʔ$^{\underline{3}}$]、惜[ɕiəʔ$^{\underline{3}}$]、席[ɕiəʔ$^{\underline{423}}$]、的$_{\text{目的}}$[tiəʔ$^{\underline{3}}$]、笛[tiəʔ$^{\underline{423}}$]、绩[tɕiəʔ$^{\underline{3}}$]、锡[ɕiəʔ$^{\underline{3}}$]”。个别字已经舒化，如“逆[ȵi^{55}]、易$_{\text{交易}}$[i^{55}]、役[i^{55}]、疫

[i^{55}]”等。

通摄

就舒声字而言，通摄合口一三等帮组字今读韵母为[ɐŋ]，如“风[fɐŋ^{113}]、蓬[pʻɐŋ^{33}]、梦[mɐŋ^{55}]”，合口一等端见系、合口三等精泥组大部分字、知系、大部分见组字今读韵母为[uɐŋ]，如“聋[luɐŋ^{33}]、公[kuɐŋ^{113}]、红[xuɐŋ^{33}]、翁[vɐŋ^{113}]、宗[tsuɐŋ^{113}]、冬[tuɐŋ^{33}]、隆[luɐŋ^{33}]、虫[tsʻuɐŋ^{33}]、崇[tsʻuɐŋ^{33}]、终[tsuɐŋ^{113}]、宫[kuɐŋ^{113}]、恐[kʻuɐŋ^{213}]、种[tsuɐŋ^{55}]、从$_{从容}$[tsʻuɐŋ^{33}]、重[tsuɐŋ^{55}]”，合口三等晓匣影喻母字、日母字今读韵母为[yɐŋ]，如“绒[yɐŋ^{33}]、穷[tɕʻyɐŋ^{33}]、熊[ɕyɐŋ^{33}]、融[yɐŋ^{33}]、胸[ɕyɐŋ^{113}]、容[yɐŋ^{33}]”。

就入声字而言，合口一等帮组、合口三等帮组字今读韵母为[əʔ]，如“木[məʔ$^{\underline{423}}$]、福[fəʔ$^{\underline{3}}$]、服[fəʔ$^{\underline{423}}$]、目[məʔ$^{\underline{423}}$]”，合口一等端系、见系、合口三等知系、合口三等泥母字“六陆录”今读韵母为[uəʔ]，如“秃[tʻuəʔ$^{\underline{3}}$]、独[tuəʔ$^{\underline{423}}$]、鹿[luəʔ$^{\underline{423}}$]、族[tsuəʔ$^{\underline{423}}$]、谷[kuəʔ$^{\underline{3}}$]、竹[tsuəʔ$^{\underline{3}}$]、缩[suəʔ$^{\underline{3}}$]、叔[suəʔ$^{\underline{3}}$]”，合口三等精组、见组字今读韵母为[yəʔ]，如“肃[ɕyəʔ$^{\underline{3}}$]、俗[ɕyəʔ$^{\underline{423}}$]、菊[tɕyəʔ$^{\underline{423}}$]、畜$_{畜牧}$[ɕyəʔ$^{\underline{3}}$]、局[tɕyəʔ$^{\underline{423}}$]”。个别字已经舒化，如“肉[iəu^{55}]、育[y^{55}]、玉[y^{55}]、狱[y^{55}]、浴[y^{55}]”。

（三）声调比较

古声调与武乡方言声调的对应关系如表所示，古平声今按清浊的不同分为阴平和阳平，古清、次浊上声今读上声，古全浊上声、古浊去和古清去今读去声，古清声母、次浊声母入声今读阴入，古全浊声母入声今读阳入。

		阴平	阳平	上声	去声	阴入	阳入
平声	清	高猪 天娟	敷				
	次浊	妈	难娘 文云				
	全浊		陈平 床穷				

续表

		阴平	阳平	上声	去声	阴入	阳入
上声	清			口体古娶			
	次浊			老体五缕			
	全浊				近厚坐序		
去声	清				盖济对句		
	次浊				让耀路喻		
	全浊				大贱共效		
入声	清					福割锡缺	
	次浊					摸袜列月	
	全浊						服合食局

七　沁县方言语音与中古音的比较

沁县方言的语音系统与以《切韵》系韵书为代表的中古音存在着一定的对应规律。古音分类以中国社会科学院语言研究所编制的《方言调查字表》为依据。沁县方言的语音仅指单字音。

（一）声母比较

帮母　今读[p]。如“包”[pɔ^{33}]，少数读[p‘]，如“蝙[p‘ei^{213}]”。

滂母　今多读[p‘]。如“怕”[p‘a^{55}]，少数读[p]，如“怖[pu^{55}]”。

並母　今平声多读送气音[p‘]，今仄声多读不送气音[p]，如：皮[p‘i^{33}]被[pi^{55}]。有个别字平声读不送气音，如“刨[pɔ^{33}]”，仄声读送气音，如“佩[p‘ei^{55}]”。

明母　今读[m]，如“马[ma^{213}]”。

非敷奉母　今读[f]，如“反[fæ^{213}]、翻[fæ^{213}]、房[fɔ̃^{33}]”。

微母　今读[ø]，如“微[vei^{213}]武[vu^{213}]爱[ŋɛ^{55}]音[iɐŋ^{213}]”。

端母　今读[t]，如“肚[tu^{213}]”，“鸟”是例外字，今读[ȵiɔ^{213}]。

透母 读[tʻ]，如“梯[tʻi²¹³]”，个别字读[t]声母，如“贷[tɛ⁵⁵]”。

定母 今平声多读送气音[tʻ]，今仄声多读不送气音[t]，前者如“太[tʻɛ⁵⁵]，后者如“代[tɛ⁵⁵]”。

泥母 今读[n]，如“脑[nɔ²¹³]”。

来母 今读[l]，如“来[lɛ³³]”。

精母 今洪音读[ts]，细音读[tɕ]。前者如“住[tsu⁵⁵]”，后者如“精[tɕiŋ²¹³]”。

清母 今洪音读[tsʻ]，细音读[tɕʻ]。前者如“醋[tsʻu⁵⁵]”，后者如“清[tɕʻiŋ²¹³]”。

从母 今洪音平声读[tsʻ]，如“曹[tsʻɔ³³]”，今洪音仄声读[ts]，如“找[tsɔ²¹³]”，今细音平声读[tsʻ]，如“前[tsʻei³³]”，今细音仄声读[ts]，如“件[tsei⁵⁵]”。

心母 今洪音读[s]，细音读[ɕ]。前者如“扫[sɔ²¹³]”，后者如“心[ɕiŋ²¹³]”。

邪母 今洪音读[tsʻ]，如“词[tsʻɿ³³]”，或读[s]，如“寺[sɿ⁵⁵]”，细音读[ɕ]，如“席[ɕiəʔ⁴²³]”。

知母 今读[ts]，如“朝[tsɔ²¹³]”。

彻母 今读[tsʻ]，如“超[tsʻɔ³³]”。

澄母 今平声读送气音[tsʻ]，如“潮[tsʻɔ³³]”。今仄声读不送气音[ts]，如“赵[tsɔ⁵⁵]”。

庄母 今读[ts]，如“争[tsəŋ²¹³]”。

初母 今读[tsʻ]，如“初[tsʻuo²¹³]”。

崇母 今平声读送气音[tsʻ]，今仄声读不送气音[ts]，前者如“床[tsʻuɔ̃³³]”，后者如“状[tsuɔ̃⁵⁵]”。

生母 今多读[s]，如“山[san²¹³]”，少数读[tsʻ]，如“产[tsʻan²¹³]”。

章母 今读[ts]，如“煮[tsu²¹³]”。

昌母 今读[tsʻ]，如“穿[tsʻuæ²¹³]”。

船母 今读[ʂ]，如“神[səŋ³³]”。

书母 今读[s]，如“手[səu²¹³]”，部分字今读[tsʻ]，如“唇[tsʻuəŋ³³]”。

禅母 今多读[s]，如“时[sɿ³³]”，部分三等平声字今读[tsʻ]，如

“晨[ts'əŋ^{33}]臣[ts'əŋ^{33}]愁[ts'əu^{33}]仇[ts'əu^{33}]”。

日母 今读[ø]，如“人[iŋ^{33}]热[iʌʔ$^{\underline{213}}$]”，止摄开口三等字今读[l̩]，如“儿[l̩^{33}]二[l̩^{55}]耳[l̩^{213}]”。

见母 今洪音读[k]，细音读[tɕ]。前者如“告[kɔ^{55}]”，后者如“骄[tɕiɔ^{213}]”。

溪母 今洪音读[k']，细音读[tɕ']。前者如“靠[k'ɔ^{55}]”，后者如“乔[tɕ'iɔ^{33}]”。

群母 今洪音平声读[k']，如“葵[k'uei^{33}]”，今洪音仄声读[k]，如“跪[kuei^{55}]”，今细音平声读[tɕ']，如“旗[tɕ'i^{33}]”，今细音仄声读[tɕ]，如“巨[tɕy^{55}]”。

疑母 今多读[ø]，如“牛[iəu^{33}]危[vei^{213}]硬[iŋ^{55}]”，但也有部分字今读[ȵ]，如虐[ȵyʌʔ$^{\underline{213}}$]、疟[ȵyʌʔ$^{\underline{213}}$]、凝[ȵiŋ^{33}]”。

晓母 今洪音读[x]，今细音读[ɕ]。前者如“汉[xæ^{55}]”，后者如“吸[ɕiəʔ$^{\underline{4}}$]”。也有个别字例外，如“况[k'uɔ̃^{55}]”、“歪[vɛ^{213}]”。

匣母 今洪音多读[x]，今细音读[ɕ]。前者如“回[xuei^{33}]”，后者如“咸[ɕɪ^{33}]”，还有部分字今读[ø]，如“丸[van^{33}]”。

影母 在今开口呼前读[ŋ]，如“袄[ŋɔ^{213}]”。

云母 今读[z]，如“雨[zʮ^{213}]”。

以母 今读[ø]，如“油[iəu^{33}]”。

（二）韵母比较

果摄

果摄开口一等端系、合口一等非帮组字今读韵母为[uo]，如“多[tuo^{33}]、拖[t'uo^{33}]、驮[t'uo^{33}]、罗[luo^{33}]、左[tsuo^{213}]、朵[tuo^{213}]、坐[tsuo^{55}]、骡[luo^{33}]、过[kuo^{55}]、课[k'uo^{55}]”。

果摄开口一等见系今读[ə]，如“歌[kə^{213}]、河[xə^{33}]”。

果摄合口一等帮组今读韵母为[ɤ]，“婆[p'ɤ^{33}]、波[pɤ^{213}]、破[p'ɤ^{55}]”。

假摄

假摄开口二等非见系、合口二等庄组字今读韵母为[a]，如“巴[pa^{213}]、爬[p'a^{33}]、怕[p'a^{55}]、拿[na^{33}]、茶[ts'a^{33}]、沙[sa^{213}]、傻[sa^{213}]”。

假摄开口二等见系字今读韵母为[ia]，如“家[tɕia^{213}]、价[tɕia^{55}]、牙[ia^{33}]、霞[ɕia^{33}]、鸦[ia^{213}]”。

假摄开口三等字今读韵母为[iɛ]，如“姐[tɕiɛ^{213}]、写[ɕiɛ^{213}]、谢[ɕiɛ^{55}]、夜[ɕiɛ^{55}]”。

假摄合口二等见系字今读韵母为[ua]，如“瓜[kua^{213}]、跨[kʻua^{55}]、花[x ua^{213}]、蛙[va^{213}]”。

遇摄

遇摄合口一等字、遇摄合口三等非组、知章组字今读韵母为[u]，如“布[pu^{55}]、普[pʻu^{213}]、堵[tu^{213}]、土[tʻu^{213}]、杜[tu^{55}]、努[nu^{213}]、租[tsu^{213}]、苦[kʻu^{213}]、猪[tsu^{213}]、书[su^{213}]、夫[fu^{213}]”。

遇摄合口三等来母（除“庐”），精组、日母、见系字今读韵母为[ʮ]，如“吕[lʮ^{213}]、徐[sʮ^{33}]、如[zʮ^{33}]、居[tsʻʮ^{213}]、屡[lʮ^{213}]、须[sʮ^{213}]、句[tsʮ^{55}]”。

蟹摄

蟹摄开合口一等帮组、合口三等帮组、“埋”今读韵母为[ei]，如“贝[pei^{55}]、杯[pei^{213}]、废[fei^{55}]”。

蟹摄开口一等非帮组、蟹摄开口二等非见系字、蟹摄开口二等影母字、“楷骇”今读韵母为[ɛ]，如“戴[tɛ^{55}]、态[tʻɛ^{55}]、待[tɛ^{55}]、灾[tsɛ^{213}]、改[kɛ^{213}]、摆[pɛ^{213}]、买[mɛ^{213}]、奶[nɛ^{213}]、排[pʻɛ^{33}]、债[tsɛ^{55}]、豺[tsʻɛ^{33}]、挨~挨住~[ŋɛ^{213}]”。

蟹摄开口二等见系字今读韵母为[iɛ]，如“街[tɕiɛ^{213}]、鞋[ɕiɛ^{33}]”，个别字读[ia]，如“佳[tɕia^{213}]、涯[ia^{33}]、崖[ia^{33}]”等。

蟹摄开口三四等字今读韵母为[ɿ]，如“蔽[pɿ^{55}]、批[pʻɿ^{213}]、米[mɿ^{213}]、低[tɿ^{213}]、弟[tɿ^{55}]、例[lʮ^{55}]、妻[tsʻɿ^{213}]、西[sɿ^{213}]、鸡[tsɿ^{213}]、艺[zɿ^{55}]”。

蟹摄合口一三等（除帮组），如“堆[tuei^{213}]、推[tʻuei^{213}]、雷[luei^{33}]、罪[tsuei^{55}]、脆[tsʻuei^{55}]、盔[kʻuei^{213}]、卫[uei^{55}]”。

蟹摄合口二等见晓组字今读韵母为[uɛ]，如“怪[kuɛ^{55}]、坏[xuɛ^{55}]、快[kʻuɛ^{55}]、歪[vɛ^{213}]”；个别字今读[ua]，如“挂[kua^{55}]、卦[kua^{55}]、画[xua^{55}]、话[xua^{55}]、蛙[ua^{213}]”。

止摄

止摄开口三等帮组、泥组、精组、知庄章组、见系字今读韵母为[ɿ]，如“被[pɿ^{55}]、皮[pʻɿ^{33}]、眉[mɿ^{33}]、地[tɿ^{55}]、梨[lʮ^{33}]、腻[nɿ^{55}]、肌[tsɿ^{213}]、椅[zɿ^{213}]、基[tsɿ^{213}]、希[sɿ^{213}]、李[lʮ^{213}]”，个别字今读[ei]，如“碑[pei^{213}]、卑[pei^{213}]、美[mei^{213}]、资[tsɿ^{213}]、知[tsɿ^{213}]、视[sɿ^{55}]、词[tsʻɿ^{33}]”。

日母字今读[l̩]，如“而[l̩^{33}]儿[l̩^{33}]耳[l̩^{213}]”。

止摄合口三等非组字今读韵母为[ei]，如“非[fei^{213}]”。

止摄合口三等微母、泥组、精组、知系、见系字今读韵母为[uei]，如“垒[luei^{213}]、泪[luei^{55}]、嘴[tsuei^{213}]、翠[tsʻuei^{55}]、虽[suei^{213}]、蕊[luei^{213}]、归[kuei^{213}]、鬼[kuei^{213}]、葵[kʻuei^{33}]、跪[kuei^{55}]、尾[vei^{213}]、位[vei^{55}]”。

止摄合口三等庄组字今读韵母为[uɛ]，如“揣[tsʻuɛ^{213}]、摔[suɛ^{213}]、帅[suɛ^{55}]”。

效摄

效摄开口一等、开口二等非见系、开口三等知系字（除日母字）今读韵母为[ɔ]，如“毛[mɔ^{33}]、报[pɔ^{55}]、刀[tɔ^{113}]、道[tɔ^{55}]、早[tsɔ^{213}]、曹[tsʻɔ^{33}]、高[kɔ^{213}]、包[pɔ^{213}]、闹[nɔ^{55}]、吵[tsʻɔ^{213}]、超[tsʻɔ^{213}]、招[tsɔ^{213}]”，个别字今读[u]，如“堡[pu^{213}]、抱[pu^{55}]”，个别字今读韵母为[ua]，如“抓[tsua^{213}]、爪$_{爪子}$[tsua^{213}]”。

效摄开口二等非知系字（包括日母字）今读韵母为[iɔ]，如“表[piɔ^{213}]、苗[miɔ^{33}]、妙[miɔ^{55}]、料[liɔ^{55}]、鸟[ȵiɔ^{213}]、焦[tɕiɔ^{213}]、轿[tɕiɔ^{55}]、摇[iɔ^{33}]、聊[liɔ^{33}]”。

流摄

流摄开口一等、三等帮组字今读韵母为[u]，如“某[mu^{213}]、浮[fu^{33}]、否[fu^{213}]、富[fu^{55}]”，个别字例外，如“剖[pʻɔ^{213}]、贸[mɔ^{55}]、茂[mɔ^{55}]”，“彪”今读[piɔ^{33}]。

流摄开口一等非帮组字、流摄开口三等知系字今读韵母为[əu]，如“透[tʻəu^{55}]、豆[təu^{55}]、走[tsəu^{213}]、口[kʻəu^{213}]、狗[kəu^{213}]、厚[xəu^{55}]、愁[tsʻəu^{33}]、抽[tsʻəu^{213}]、周[tsəu^{213}]”。

流摄开口三等泥组、精组、见系字、日母字今读韵母为[iəu]，如“扭[ȵiəu^{213}]、流[liəu^{33}]、揪[tɕiəu^{213}]、就[tɕiəu^{55}]、袖[ɕiəu^{55}]、揉[iəu^{33}]、丘[tɕʻiəu^{213}]、休[ɕiəu^{213}]、优[iəu^{213}]、纠[tɕiəu^{213}]、幽[iəu^{213}]”。

咸摄

就舒声字而言，咸摄开口一等、咸摄开口二等、三等知系（不包括日母字）、咸摄合口三等字今读韵母为[an]，如“贪[tʻan^{213}]、南[nan^{33}]、蚕[tsʻan^{33}]、含[xan^{33}]、感[kan^{213}]、喊[xan^{213}]、淡[tan^{55}]、蓝[lan^{33}]、三[san^{213}]、站[tsan^{55}]、搀[tsʻan^{213}]、闪[san^{213}]、凡[fan^{33}]”，咸摄开口二等见系、咸摄开口三等非知系字（包括日母字）、咸摄开口四等字今读韵母为[ɪ]，如“减[tɕɪ^{213}]、咸[ɕɪ^{33}]、嵌[tɕʻɪ^{55}]、严[ɪ^{33}]、检[tɕɪ^{213}]、险[ɕɪ^{213}]、淹[ɪ^{213}]、敛[l ɪ^{213}]、尖[tɕɪ^{213}]、贬[p ɪ^{213}]、甜[tʻɪ^{33}]、店[t ɪ^{55}]、嫌[ɕɪ^{33}]、染[ɪ^{213}]”。

就入声字而言，咸摄开口一等、合口三等非组字今读韵母为[ʌʔ]，如“答[t ʌʔ$^{\underline{4}}$]、踏[tʻʌʔ$^{\underline{4}}$]、纳[nʌʔ$^{\underline{213}}$]、杂[tsʌʔ$^{\underline{213}}$]、塔[tʻʌʔ$^{\underline{4}}$]、腊[lʌʔ$^{\underline{213}}$]、眨[tsʌʔ$^{\underline{4}}$]、插[tsʻʌʔ$^{\underline{4}}$]、鸽[kʌʔ$^{\underline{4}}$]、喝[xʌʔ$^{\underline{4}}$]、盒[xʌʔ$^{\underline{213}}$]、磕[kʻʌʔ$^{\underline{4}}$]、法[fʌʔ$^{\underline{4}}$]”。咸摄开口二等知系、见系、咸摄开口三四等今读韵母为[iʌʔ]，如“掐[tɕʻiʌʔ$^{\underline{4}}$]、夹[tɕiʌʔ$^{\underline{4}}$]、狭[ɕiʌʔ$^{\underline{213}}$]、甲[tɕiʌʔ$^{\underline{4}}$]、鸭[iʌʔ$^{\underline{4}}$]、镊[ȵiʌʔ$^{\underline{213}}$]、猎[liʌʔ$^{\underline{213}}$]、接[tɕiʌʔ$^{\underline{4}}$]、叶[iʌʔ$^{\underline{213}}$]、劫[tɕiʌʔ$^{\underline{4}}$]、跌[tiʌʔ$^{\underline{4}}$]、贴[tʻiʌʔ$^{\underline{4}}$]、叠[tiʌʔ$^{\underline{213}}$]”褶[tsʌʔ$^{\underline{4}}$]、摄[sʌʔ$^{\underline{4}}$]”。个别字已经舒化，如“恰[tɕʻia^{55}]、拉[la^{213}]”等。

深摄

就舒声字而言，深摄开口三等非知系字（包括日母字）今读韵母为[iŋ]，如“品[pʻiŋ^{213}]、林[liŋ^{33}]、心[ɕiŋ^{213}]、今[tɕiŋ^{213}]、任[iŋ^{33}]”，深摄开口三等知系字（除日母字）今读韵母为[əŋ]，如“沉[tsʻəŋ^{33}]、森[səŋ^{213}]、针[tsəŋ^{213}]”。

就入声字而言，深摄开口三等泥组、精组、知组、章组、见晓组入声字今读韵母为[iəʔ]，如“立[liəʔ$^{\underline{213}}$]、集[tɕiəʔ$^{\underline{4}}$]、习[ɕiəʔ$^{\underline{213}}$]、急[tɕiəʔ$^{\underline{4}}$]”，知庄章组入声字今读韵母为[əʔ]，如“蛰[tsəʔ$^{\underline{4}}$]、湿[səʔ$^{\underline{4}}$]、十[səʔ$^{\underline{213}}$]”。

山摄

就舒声字而言，山摄开口一等、山摄开口二等非见系、三等知系（不包括日母字）字今读韵母为[an]，如“丹[tan^{213}]、但[tan^{55}]、兰[lan^{33}]、餐[tsʻan^{213}]、干[kan^{213}]、赞[tsan^{55}]、扮[pan^{55}]、盼[pʻan^{55}]、山[san^{213}]、绽[tsan^{55}]、班[pan^{213}]、删[san^{213}]、缠[tsʻan^{33}]、展[tsan^{213}]、善[san^{55}]”，山摄开口二等见系、山摄开口三等非知系字（包

括日母字）、山摄开口四等字今读韵母为[ɪ]，如“艰[tɕɪ^{213}]、颜[ɪ^{33}]、鞭[pɪ^{213}]、棉[mɪ^{33}]、连[lɪ^{33}]、煎[tɕɪ^{213}]、钱[tɕʻɪ^{33}]、件[tɕɪ^{55}]、边[pɪ^{213}]、天[tʻɪ^{213}]、千[tɕʻɪ^{213}]、肩[tɕɪ^{213}]、言[ɪ^{33}]、现[ɕɪ^{55}]、然[ɪ^{33}]”。

就入声字而言，山摄开口一等、合口一等帮组、二等非见系、合口三等非组入声字今读韵母为[ʌʔ]，如“发[fʌʔ$^{\underline{4}}$]、罚[fʌʔ$^{\underline{213}}$]、铡[tsʌʔ$^{\underline{213}}$]、杀[sʌʔ$^{\underline{4}}$]、辣[lʌʔ$^{\underline{213}}$]、割[kʌʔ$^{\underline{4}}$]、渴[kʻʌʔ$^{\underline{4}}$]、泼[pʻʌʔ$^{\underline{4}}$]、末[mʌʔ$^{\underline{213}}$]”，山摄开口二等见系、山摄开口三四等入声字今读韵母为[iʌʔ]，如“掐[tɕʻiʌʔ$^{\underline{4}}$]、夹[tɕiʌʔ$^{\underline{4}}$]、狭[ɕiʌʔ$^{\underline{213}}$]、甲[iʌʔ$^{\underline{4}}$]、鸭[iʌʔ$^{\underline{4}}$]、鳖[piʌʔ$^{\underline{4}}$]、灭[miʌʔ$^{\underline{213}}$]、列[liʌʔ$^{\underline{213}}$]、泄[ɕiʌʔ$^{\underline{4}}$]、哲[tsʌʔ$^{\underline{4}}$]、舌[sʌʔ$^{\underline{213}}$]、孽[ȵiʌʔ$^{\underline{213}}$]、热[iʌʔ$^{\underline{213}}$]、歇[ɕiʌʔ$^{\underline{4}}$]、铁[tʻiʌʔ$^{\underline{4}}$]、憋[piʌʔ$^{\underline{4}}$]、节[tɕiʌʔ$^{\underline{213}}$]、结[tɕiʌʔ$^{\underline{4}}$]”，山摄合口一等非帮组、山摄合口二等、合口三等知系、微母字“袜”今读韵母为[uʌʔ]，如“刷[suʌʔ$^{\underline{4}}$]、滑[xuʌʔ$^{\underline{213}}$]、刮[kuʌʔ$^{\underline{4}}$]、说[suʌʔ$^{\underline{4}}$]、脱[tʻuʌʔ$^{\underline{4}}$]、夺[tuʌʔ$^{\underline{213}}$]、括[kʻuʌʔ$^{\underline{4}}$]、活[xuʌʔ$^{\underline{213}}$]”，山摄合口三四等见系、精组入声字今读韵母为[yʌʔ]，如“缺[tɕʻyʌʔ$^{\underline{4}}$]、穴[ɕyʌʔ$^{\underline{213}}$]、月[yʌʔ$^{\underline{213}}$]、越[yʌʔ$^{\underline{213}}$]、雪[ɕyʌʔ$^{\underline{4}}$]”。个别字已经舒化，如“挖[ua^{213}]”等。

臻摄

就舒声字而言，臻摄开口一等见系、开口三等知庄章组字、臻摄合口一等帮组、合口三等非组字今读韵母为[əŋ]，如“跟[kəŋ^{213}]、痕[xəŋ^{33}]、恩[ŋəŋ^{213}]、珍[tsəŋ^{213}]、陈[tsʻəŋ^{33}]、真[tsəŋ^{213}]、奔[pəŋ^{213}]、门[məŋ^{33}]、分[fəŋ^{213}]、文[vəŋ^{33}]”，臻摄开口一三等非知系、日母字今读[iŋ]，如“宾[piŋ^{213}]、民[miŋ^{33}]、邻[liŋ^{33}]、津[tɕiŋ^{213}]、辛[ɕiŋ^{213}]、人[iŋ^{33}]、巾[tɕiŋ^{213}]、银[iŋ^{33}]、引[iŋ^{213}]、斤[tɕiŋ^{213}]”，臻摄合口一等非帮组、合口三等来母、知章组字今读韵母为[uŋ]，如“敦[tuŋ^{213}]、顿[tuŋ^{55}]、论[luŋ^{55}]、尊[tsuŋ^{213}]、村[tsʻuŋ^{213}]、昆[kʻuŋ^{213}]、春[tsʻuŋ^{213}]、顺[suŋ^{55}]”，臻摄合口三等精组、见组字今读韵母为[yŋ]，如“俊[tɕyŋ^{55}]、旬[ɕyŋ^{33}]、均[tɕyŋ^{213}]、军[tɕyŋ^{213}]、训[ɕyŋ^{55}]、云[yŋ^{33}]”，其中，臻合三精组的“遵”韵母为[uŋ]。

就入声字而言，开口三等庄组字、合口一等帮组字今读韵母为[əʔ]，如“虱[səʔ$^{\underline{4}}$]、勃[pəʔ$^{\underline{213}}$]、没[məʔ$^{\underline{213}}$]”，开口三等非庄组字今读韵母为[iəʔ]，如“笔[piəʔ$^{\underline{4}}$]、蜜[miəʔ$^{\underline{213}}$]、七[tɕʻiəʔ$^{\underline{213}}$]、膝[ɕiəʔ$^{\underline{4}}$]、吉[tɕiəʔ$^{\underline{4}}$]、一[iəʔ$^{\underline{4}}$]”，合口一等非帮组、合口三等知系、非组字今读韵母

为[uəʔ]，如“突[tʻuəʔ$^{\underline{4}}$]、卒[tsuəʔ$^{\underline{213}}$]、骨[kuəʔ$^{\underline{4}}$]、杌[vəʔ$^{\underline{213}}$]、忽[xuəʔ$^{\underline{4}}$]、出[tsʻuəʔ$^{\underline{4}}$]、术[suəʔ$^{\underline{213}}$]”，合口三等见系字今读韵母为[yəʔ]，如“橘[tɕyəʔ$^{\underline{4}}$]、屈[tɕʻyəʔ$^{\underline{4}}$]”。个别字已经舒化，如“乙[i^{55}]、匹[pʻi^{55}]”。

宕摄

就舒声字而言，开口一等、开口三等知庄章组、合口三等非敷奉母、微母的“芒”今读韵母为[ɔ̃]，如“帮[pɔ̃^{213}]、旁[pʻɔ̃^{33}]、忙[mɔ̃^{33}]、汤[tʻɔ̃^{213}]、堂[tʻɔ̃^{33}]、郎[lɔ̃^{33}]、囊[nɔ̃^{33}]、仓[tsʻɔ̃^{213}]、桑[sɔ̃^{213}]、刚[kɔ̃^{213}]、昂[ŋɔ̃^{33}]、张[tsɔ̃^{213}]、章[tsɔ̃^{213}]、常[tsʻɔ̃^{33}]、芳[fɔ̃^{213}]”，开口三等日母、见系字今读韵母为[iɔ̃]，如“强[cʻiɔ̃^{33}]、疆[ciɔ̃^{213}]、让[iɔ̃^{55}]”，合口一等、合口三等见系、开口三等庄组、合口三等微母字今读韵母为[uɔ̃]，如“装[tsuɔ̃^{213}]、床[tsʻuɔ̃^{33}]、霜[suɔ̃^{213}]、忘[vɔ̃^{55}]、望[vɔ̃^{55}]、光[kuɔ̃^{213}]、黄[xuɔ̃^{33}]”。

就入声字而言，开口一等帮组、见组字今读韵母为[ʌʔ]，如“博[pʌʔ$^{\underline{4}}$]、莫[mʌʔ$^{\underline{213}}$]、各[kʌʔ$^{\underline{4}}$]、郝[xʌʔ$^{\underline{4}}$]”，合口一等见系、开口一等端系字今读韵母为[uʌʔ]，如“托[tʻuʌʔ$^{\underline{4}}$]、郭[kuʌʔ$^{\underline{4}}$]”，合口三等见系、开口三等日母字今读韵母为[yʌʔ]，如“略[lyʌʔ$^{\underline{213}}$]、雀[tɕʻyʌʔ$^{\underline{4}}$]、削[ɕyəʔ$^{\underline{4}}$]、约[yʌʔ$^{\underline{4}}$]、疟[ȵyʌʔ$^{\underline{213}}$]”。个别字已经舒化，如“幕[mu^{55}]、鹤[xɤ^{55}]、嚼[tɕiɔ^{33}]”。

江摄

就舒声字而言，开口二等帮组字今读韵母为[ɔ̃]，如“邦[pɔ̃^{213}]、胖[pʻɔ̃^{55}]”，开口二等知系字今读韵母为[uɔ̃]，如“撞[tsuɔ̃^{55}]、窗[tsʻuɔ̃^{213}]、双[suɔ̃^{213}]”，开口二等见系字今读韵母为[iɔ̃]，如“江[tɕiɔ̃^{213}]、讲[tɕiɔ̃^{213}]、项[ɕiɔ̃^{55}]”。

就入声字而言，开口二等帮组字今读韵母为[ʌʔ]，如“驳[pʌʔ$^{\underline{4}}$]、朴[pʻʌʔ$^{\underline{4}}$]”，开口二等知系字今读韵母为[uʌʔ]，如“桌[tsuʌʔ$^{\underline{4}}$]、戳[tsʻuʌʔ$^{\underline{4}}$]、捉[tsuʌʔ$^{\underline{4}}$]、镯[tsuʌʔ$^{\underline{213}}$]”，开口二等见系字今读韵母为[yʌʔ]，如“觉$_{知觉}$[tɕyʌʔ$^{\underline{4}}$]、岳[yʌʔ$^{\underline{213}}$]、学[ɕyʌʔ$^{\underline{213}}$]”。

曾摄

就舒声字而言，曾摄开口一等、曾摄开口三等知章组字今读韵母为[əŋ]，如“朋[pʻəŋ^{33}]、登[təŋ^{213}]、能[nəŋ^{33}]、赠[tsəŋ^{55}]、肯[kʻəŋ^{213}]、蒸[tsəŋ^{213}]、澄[tsʻəŋ^{33}]”，曾摄开口三等帮组、泥组、日母、见系字今读

韵母为[iŋ]，如“仍[iŋ^{33}]、兴[ɕiŋ^{213}]、冰[piŋ^{213}]、陵[liŋ^{33}]”，曾合一“弘”今读韵母为[uŋ]。

就入声字而言，开口一等精组、开口三等庄组字今读韵母为[əʔ]，如“则[tsəʔ$^{\underline{4}}$]、塞[səʔ$^{\underline{4}}$]”，开口一等见系字今读韵母为[ʌʔ]，如“刻[kʻʌʔ$^{\underline{4}}$]、黑[xʌʔ$^{\underline{4}}$]”，开口一等帮组、端组、开口三等非庄组字今读韵母为[iəʔ]，如“得[tiəʔ$^{\underline{4}}$]、墨[miəʔ$^{\underline{213}}$]、逼[piəʔ$^{\underline{4}}$]、力[liəʔ$^{\underline{213}}$]、息[ɕiəʔ$^{\underline{4}}$]、极[tɕiəʔ$^{\underline{213}}$]”，合口一等见系字今读韵母为[uəʔ]，如“国[kuəʔ$^{\underline{4}}$]、或[xuəʔ$^{\underline{213}}$]”。

梗摄

就舒声字而言，梗摄开口二等非见系、开口三等知系、合口二等匣母字“横横直横蛮横”、开口二等见母字“更耕耿”等今读韵母为[əŋ]，如“烹[pʻəŋ^{213}]、撑[tsʻəŋ^{213}]、生[səŋ^{213}]、坑[kʻəŋ^{213}]、争[tsəŋ^{213}]、迸[pəŋ^{55}]、耕[kəŋ^{213}]”，合口三四等“倾顷营颖”、开口三等非知系、开口二等见系（除见母）字今读韵母为[iŋ]，如“硬[iŋ^{55}]、杏[ɕiŋ^{55}]、幸[ɕiŋ^{55}]、京[tɕiŋ^{213}]、迎[iŋ^{33}]、英[iŋ^{213}]、兵[piŋ^{213}]、名[miŋ^{33}]、颈[tɕiŋ^{55}]、瓶[pʻiŋ^{33}]、丁[tiŋ^{213}]、宁[ȵiŋ^{33}]、零[liŋ^{33}]、青[tɕʻiŋ^{213}]、经[tɕiŋ^{213}]、形[ɕiŋ^{33}]、倾[tɕʻiŋ^{213}]”，合口四等字今读韵母为[yŋ]，如“兄[ɕyŋ^{213}]、荣[yŋ^{33}]、永[yŋ^{213}]”，“矿”今读韵母为[uaŋ]，“轰宏”今读韵母为[uŋ]。

就入声字而言，开口二等知系、见系字今读韵母为[əʔ]，如“摘[tsəʔ$^{\underline{4}}$]、责[tsəʔ$^{\underline{4}}$]”，开口二等帮组字今读韵母为[iʌʔ]，如“麦[miʌʔ$^{\underline{21}}$]”，开口二等见系字今读韵母为[ʌʔ]，如“革[kʌʔ$^{\underline{4}}$]、核[xʌʔ$^{\underline{213}}$]”，开口三四等字今读韵母为[iəʔ]，如“僻[pʻiəʔ$^{\underline{4}}$]、脊[tɕiəʔ$^{\underline{4}}$]、惜[ɕiəʔ$^{\underline{4}}$]、席[ɕiəʔ$^{\underline{213}}$]、的目的[tiəʔ$^{\underline{4}}$]、笛[tiəʔ$^{\underline{213}}$]、绩[tɕiəʔ$^{\underline{4}}$]、锡[ɕiəʔ$^{\underline{4}}$]”。

通摄

就舒声字而言，通摄合口一三等帮组字今读韵母为[əŋ]，如“风[fəŋ^{213}]、蓬[pʻəŋ^{33}]、梦[məŋ^{55}]”，合口一等端见系、合口三等精泥组大部分字、知系、大部分见组字今读韵母为[uŋ]，如“聋[luŋ^{33}]、公[kuŋ^{213}]、红[xuŋ^{33}]、翁[uŋ^{213}]、宗[tsuŋ^{213}]、冬[tuŋ^{213}]、隆[luŋ^{33}]、虫[tsʻuŋ^{33}]、崇[tsʻuŋ^{33}]、终[tsuŋ^{213}]、宫[kuŋ^{213}]、恐[kʻuŋ^{213}]、种[tsuŋ^{55}]、从从容[tsʻuŋ^{33}]、重[tsuŋ^{55}]”，合口三等晓匣影喻母字、日母字

今读韵母为[yŋ]，如“绒[yŋ^{33}]、穷[tɕʻyŋ^{33}]、熊[ɕyŋ^{33}]、融[yŋ^{33}]、胸[ɕyŋ^{213}]、容[yŋ^{33}]”。

就入声字而言，合口一等帮组、合口三等帮组字今读韵母为[əʔ]，如“木[məʔ$^{\underline{213}}$]、福[fəʔ$^{\underline{4}}$]、服[fəʔ$^{\underline{213}}$]、目[məʔ$^{\underline{213}}$]”，合口一等端系、见系、合口三等知系、合口三等泥母字“六陆录”今读韵母为[uəʔ]，如“秃[tʻuəʔ$^{\underline{4}}$]、独[tuəʔ$^{\underline{213}}$]、鹿[luəʔ$^{\underline{213}}$]、族[tsuəʔ$^{\underline{213}}$]、谷[kuəʔ$^{\underline{4}}$]、竹[tsuəʔ$^{\underline{4}}$]、缩[suəʔ$^{\underline{4}}$]、叔[suəʔ$^{\underline{4}}$]”，合口三等精组、见组字今读韵母为[yəʔ]，如“肃[ɕyəʔ$^{\underline{4}}$]、俗[ɕyəʔ$^{\underline{213}}$]、菊[tɕyəʔ$^{\underline{213}}$]、畜$_{畜牧}$[ɕyəʔ$^{\underline{4}}$]、局[tɕyəʔ$^{\underline{213}}$]”。

（三）声调比较

古声调与沁县方言声调的对应关系如表所示，古平声今按清浊的不同分为阴平和阳平，古清、次浊上声今读上声，与阴平合流为阴平上，古全浊上声、古浊去和古清去今读去声，古清声母、次浊声母入声今读阴入，古全浊声母入声今读阳入。

		阴平上	阳平	去声	阴入	阳入
平声	清	高猪天娟	敷			
	次浊	妈	难娘文云			
	全浊		陈平床穷			
上声	清	口体古娶				
	次浊	老体五缕				
	全浊			近厚坐序		
入声	清				福割锡缺	
	次浊				摸袜列月	
	全浊					服合食局

八　襄垣方言语音与中古音的比较

襄垣方言的语音系统与以《切韵》系韵书为代表的中古音存在着一定的对应规律。古音分类以中国社会科学院语言研究所编制的《方言调查字表》为依据。襄垣方言的语音仅指单字音。

（一）声母比较

帮母 今读[p]。如“包”[pau^{33}]，少数读[pʻ]，如“蝙[pʻiei^{33}]”。

滂母 今多读[pʻ]。如“怕”[pʻa^{55}]，少数读[p]，如“怖[pu^{55}]”。

並母 今平声多读送气音[pʻ]，今仄声多读不送气音[p]，如：皮[pʻi^{11}]被[pi^{55}]。有个别字平声读不送气音，如“刨[pau^{11}]”，仄声读送气音，如“佩[pʻei^{55}]”。

明母 今读[m]，如“马[mɑ^{213}]”。

非敷奉母 今读[f]，如“反[fæ^{213}]、翻[fæ^{33}]、房[fɔ̃^{11}]”。

微母 今读[ø]，如“微[vei^{33}]、武[vu^{213}]、爱[ai^{55}]、音[iŋ^{33}]”。

端母 今读[t]，如“肚[tu^{55}]”，“鸟”是例外字，今读[ȵiɔ^{213}]。

透母 读[tʻ]，如“梯[tʻi^{33}]”，个别字读[t]声母，如“贷[tai^{55}]”。

定母 今平声多读送气音[tʻ]，今仄声多读不送气音[t]，前者如“太[tʻai^{55}]，后者如“代[tai^{55}]”。

泥母 今读[n]，如“脑[nau^{213}]”。

来母 今读[l]，如“来[lai^{11}]”。

精母 今洪音读[ts]，细音读[tɕ]。前者如“住[tsu^{55}]”，后者如“精[tɕiŋ^{33}]”。

清母 今洪音读[tsʻ]，细音读[tɕʻ]。前者如“醋[tsʻu^{55}]”，后者如“清[tɕʻiŋ^{33}]”。

从母 今洪音平声读[tsʻ]，如“曹[tsʻɔ^{11}]”，今洪音仄声读[ts]，如“找[tsɔ^{213}]”，今细音平声读[tɕʻ]，如“前[tɕʻiei^{11}]”，今细音仄声读[tɕ]，如“件[tɕiei^{55}]”。

心母 今洪音读[s]，细音读[ɕ]。前者如“扫[sɔ^{213}]”，后者如“心[ɕiŋ^{33}]”。

邪母 今洪音读[tsʻ]，如“词[tsʻɿ^{11}]”，或读[s]，如“寺[sɿ^{55}]”，细音读[ɕ]，如“席[ɕiəʔ^{5}]”。

知母 今读[ts]，如“朝[tsɔ^{33}]”。

彻母 今读[tsʻ]，如“超[tsʻɔ^{33}]”。

澄母 今平声读送气音[tsʻ]，如“潮[tsʻɔ^{11}]”。今仄声读不送气音[ts]，如“赵[tsɔ^{55}]”。

庄母 今读[ts]，如“争[tsəŋ^{33}]”。

初母 今读[tsʻ]，如“初[tsʻuo^{33}]”。

崇母 今平声读送气音[tsʻ]，今仄声读不送气音[ts]，前者如“床[tsʻuɔ̃^{11}]”，后者如“状[tsuɔ̃^{55}]”。

生母 今多读[s]，如“山[sæ^{33}]”，少数读[tsʻ]，如“产[tsʻæ^{213}]”。

章母 今读[ts]，如“煮[tsu^{213}]”。

昌母 今读[tsʻ]，如“穿[tsʻuæ^{213}]”。

船母 今读[s]，如“神[səŋ^{11}]”。

书母 今读[s]，如“手[səu^{213}]”，部分字今读[tsʻ]，如“唇[tsʻuŋ^{33}]”。

禅母 今多读[s]，如“时[sɿ^{33}]”，部分三等平声字今读[tsʻ]，如“晨[tsʻəŋ^{11}]臣[tsʻəŋ^{11}]愁[tsʻəu^{11}]仇[tsʻəu^{11}]”。

日母 今读[ø]，如“人[iŋ^{11}]热[iʌʔ^{5}]”，止摄开口三等字今读[l̩]，如“儿[l̩^{11}]二[l̩^{55}]耳[l̩^{213}]”。

见母 今洪音读[k]，细音读[tɕ]。前者如“告[kau^{55}]”，后者如“骄[tɕiau^{33}]”。

溪母 今洪音读[kʻ]，细音读[tɕʻ]。前者如“靠[kʻau^{55}]”，后者如“乔[tɕʻiau^{11}]”。

群母 今洪音平声读[kʻ]，如“葵[kʻuei^{11}]”，今洪音仄声读[k]，如“跪[kuei^{55}]”，今细音平声读[tɕʻ]，如“旗[tɕʻi^{11}]”，今细音仄声读[tɕ]，如“巨[tɕy^{55}]”。

疑母 今多读[ø]，如“牛[iəu^{11}]危[vei^{33}]硬[iŋ^{55}]”，但也有部分字今读[ȵ]，如“虐[ȵyʌʔ^{5}]疟[ȵyʌʔ^{5}]凝[ȵiŋ^{11}]”。

晓母 今洪音读[x]，今细音读[ɕ]。前者如“汉[xæ^{55}]”，后者如“吸[ɕiəʔ^{3}]”。也有个别字例外，如“况[kʻuɔ̃^{55}]”、“歪[vɛ^{33}]”。

匣母 今洪音多读[x]，今细音读[ɕ]。前者如“回[xuei^{11}]”，后者如“咸[ɕiei^{11}]”，还有部分字今读[ø]，如“丸[væ^{11}]”。

影母 今读[ø]，如“袄[au^{213}]”。

云母 今读[ø]，如“雨[y^{213}]”。

以母 今读[ø]，如“油[iou^{11}]”。

（二）韵母比较

果摄

果摄开口一等端系、合口一等非帮组字今读韵母为[uo]，如“多[tuo^{33}]、拖[tʻuo^{33}]、驮[tʻuo^{11}]、罗[luo^{11}]、左[tsuo^{213}]、朵[tuo^{213}]、坐[tsuo^{55}]、骡[luo^{11}]、过[kuo^{55}]、课[kʻuo^{55}]”。

果摄开口一等见系今读[ɤ]，如“歌[kɤ^{33}]、河[xɤ^{11}]”。

果摄合口一等帮组今读韵母为[o]，“婆[pʻo^{11}]、波[po^{55}]、破[pʻo^{55}]”。

假摄

假摄开口二等非见系、合口二等庄组字今读韵母为[ɑ]，如“巴[pɑ^{33}]、爬[pʻɑ^{11}]、怕[pʻɑ^{55}]、拿[nɑ^{11}]、茶[tsʻɑ^{11}]、沙[sɑ^{33}]、傻[sɑ^{213}]”。

假摄开口二等见系字今读韵母为[iɑ]，如“家[tɕiɑ^{33}]、价[tɕiɑ^{55}]、牙[iɑ^{11}]、霞[ɕiɑ^{11}]、鸦[iɑ^{33}]”。

假摄开口三等字今读韵母为[ie]，如“姐[tɕie^{213}]、写[ɕie^{213}]、谢[ɕie^{55}]、夜[ie^{55}]”。

假摄合口二等见系字今读韵母为[ua]，如“瓜[kua^{33}]、跨[kʻua^{55}]、花[xua^{33}]、蛙[ua^{33}]”。

遇摄

遇摄合口一等字、遇摄合口三等非组、知章组字今读韵母为[u]，如“布[pu^{55}]、普[pʻu^{213}]、堵[tu^{213}]、土[tʻu^{213}]、杜[tu^{55}]、努[nu^{213}]、租[tsu^{33}]、苦[kʻu^{213}]、猪[tsu^{33}]、书[su^{33}]、夫[fu^{33}]”。

遇摄合口三等来母（除“庐”），精组、日母、见系字今读韵母为[y]，如“吕[ly^{213}]、徐[ɕy^{33}]、如[y^{11}]、居[tɕy^{33}]、屡[ly^{213}]、须[ɕy^{33}]、句[tɕy^{55}]”。

蟹摄

蟹摄开合口一等帮组、合口三等帮组、“埋”今读韵母为[ei]，如“贝[pei^{55}]、杯[pei^{33}]、废[fei^{55}]。

蟹摄开口一等非帮组、蟹摄开口二等非见系字、蟹摄开口二等影母字、“楷骇”今读韵母为[ai]，如“戴[tai^{55}]、态[tʻai^{55}]、待[tai^{55}]、灾[tsai^{33}]、改[kai^{213}]、摆[pai^{213}]、买[mai^{213}]、奶[nai^{213}]、排[pʻai^{11}]、债

[tsai^{55}]、豺[tsʻæ^{11}]、挨$_{\text{挨住}}$[ai^{33}]”。

蟹摄开口二等见系字今读韵母为[ie]，如“街[tɕie^{33}]、鞋[ɕie^{11}]”，个别字读[ia]，如“佳[tɕia^{33}]、涯[ia^{11}]、崖[ia^{11}]”等。

蟹摄开口三四等字今读韵母为[i]，如“蔽[pi^{55}]、批[pʻi^{33}]、米[mi^{213}]、低[ti^{33}]、弟[ti^{55}]、例[li^{55}]、鸡[tɕi^{33}]、艺[i^{55}]”。

蟹摄合口一三等（除帮组），如“堆[tuei^{33}]、推[tʻuei^{33}]、雷[luei^{11}]、罪[tsuei^{55}]、脆[tsʻuei^{55}]、盔[kʻuei^{33}]、卫[uei^{55}]”。

蟹摄合口二等见晓组字今读韵母为[uai]，如“怪[kuai^{55}]、坏[xuai^{55}]、快[kʻuai^{55}]、歪[vai^{33}]”；个别字今读[uɑ]，如“挂[kuɑ^{55}]、卦[kuɑ^{55}]、画[xuɑ^{55}]、话[xuɑ^{55}]、蛙[uɑ^{33}]”。

止摄

止摄开口三等帮组、泥组、见系字今读韵母为[i]，如“被[pi^{55}]、皮[pʻi^{11}]、眉[mi^{33}]、地[ti^{55}]、梨[li^{11}]、腻[ȵi^{55}]、肌[tɕi^{33}]、椅[i^{213}]、基[tɕi^{33}]、希[ɕi^{33}]、李[li^{213}]”，个别字今读[ei]，如“碑[pei^{33}]、卑[pei^{33}]、美[mei^{213}]”。

止摄开口三等精组、庄章组字今读韵母为[ɿ]，如“资[tsɿ^{33}]、知[tsɿ^{33}]、视[sɿ^{55}]、词[tsʻɿ^{11}]”。

日母字今读[l̩]，如“而[l̩^{33}]儿[l̩^{33}]耳[l̩^{213}]”。

止摄合口三等非组字今读韵母为[ei]，如“非[fei^{33}]”。

止摄合口三等微母、泥组、精组、知系、见系字今读韵母为[uei]，如“垒[luei^{213}]、泪[luei^{55}]、嘴[tsuei^{213}]、翠[tsʻuei^{55}]、虽[suei^{33}]、蕊[luei^{213}]、归[kuei^{33}]、鬼[kuei^{213}]、葵[kʻuei^{33}]、跪[kuei^{55}]、尾[uei^{213}]、位[vei^{55}]”。

止摄合口三等庄组字今读韵母为[uai]，如“揣[tsʻuai^{213}]、摔[suai^{33}]、帅[suai^{55}]”。

效摄

效摄开口一等、开口二等非见系、开口三等知系字（除日母字）今读韵母为[au]，如“毛[mau^{11}]、报[pau^{55}]、刀[tau^{33}]、道[tau^{55}]、早[tsau^{213}]、曹[tsʻau^{11}]、高[kau^{33}]、包[pau^{33}]、闹[nau^{55}]、吵[tsʻau^{213}]、超[tsʻau^{33}]、招[tsau^{33}]”，个别字今读[u]，如“堡[pu^{213}]、抱[pu^{55}]”，个别字今读韵母为[uɑ]，如“抓[tsuɑ^{33}]、爪$_{\text{爪子}}$[tsuɑ^{213}]”。

效摄开口二等非知系字（包括日母字）今读韵母为[iau]，如“表

[piau^{213}]、苗[miau^{11}]、妙[miau^{55}]、料[liau^{55}]、鸟[ȵiau^{213}]、焦[tɕiau^{33}]、轿[tɕiau^{55}]、摇[iau^{11}]、聊[liau^{11}]”。

流摄

流摄开口一等、三等帮组字今读韵母为[u]，如“某[mu^{213}]、浮[fu^{11}]、否[fu^{213}]、富[fu^{55}]”，个别字例外，如“剖[pʻau^{33}]、贸[mau^{55}]、茂[mau^{55}]”，“彪”今读[piau^{33}]。

流摄开口一等非帮组字、流摄开口三等知系字今读韵母为[əu]，如“透[tʻəu^{55}]、豆[təu^{55}]、走[tsəu^{213}]、口[kʻəu^{213}]、狗[kəu^{213}]、厚[xəu^{55}]、愁[tsʻəu^{11}]、抽[tsʻəu^{33}]、周[tsəu^{33}]”。

流摄开口三等泥组、精组、见系字、日母字今读韵母为[iəu]，如“扭[ȵiəu^{213}]、流[liəu^{11}]、揪[tɕiəu^{33}]、就[tɕiəu^{55}]、袖[ɕiəu^{55}]、揉[iəu^{11}]、丘[tɕʻiəu^{33}]、休[ɕiəu^{33}]、优[iəu^{33}]、纠[tɕiəu^{33}]、幽[iəu^{33}]”。

咸摄

就舒声字而言，咸摄开口一等、咸摄开口二等、三等知系（不包括日母字）、咸摄合口三等字今读韵母为[æ]，如“贪[tʻæ^{313}]、南[næ^{13}]、蚕[tsʻæ^{13}]、含[xæ^{13}]、感[kæ^{534}]、喊[xæ^{534}]、淡[tæ^{53}]、蓝[læ^{13}]、三[sæ^{313}]、站[tsæ^{53}]、搀[tsʻæ^{313}]、闪[sæ^{534}]、凡[fæ^{13}]”，咸摄开口二等见系、咸摄开口三等非知系字（包括日母字）、咸摄开口四等字今读韵母为[iei]，如“减[tɕiei^{534}]、咸[ɕiei^{13}]、嵌[tɕʻiei^{53}]、严[iei^{13}]、检[tɕiei^{534}]、险[ɕiei^{534}]、淹[iei^{313}]、敛[liei^{534}]、尖[tɕiei^{313}]、贬[p iei^{534}]、甜[tʻiei^{13}]、店[t iei^{53}]、嫌[ɕiei^{13}]、染[iei^{534}]”。

就入声字而言，咸摄开口一等、合口三等非组字今读韵母为[ʌʔ]，如“答[t ʌʔ$^{\underline{3}}$]、踏[tʻʌʔ$^{\underline{3}}$]、纳[nʌʔ$^{\underline{5}}$]、杂[tsʌʔ$^{\underline{5}}$]、塔[tʻʌʔ$^{\underline{3}}$]、腊[lʌʔ$^{\underline{5}}$]、眨[tsʌʔ$^{\underline{3}}$]、插[tsʻʌʔ$^{\underline{3}}$]、鸽[kʌʔ$^{\underline{3}}$]、喝[xʌʔ$^{\underline{3}}$]、盒[xʌʔ$^{\underline{5}}$]、磕[kʻʌʔ$^{\underline{3}}$]、法[fʌʔ$^{\underline{3}}$]”。咸摄开口二等知系、见系、咸摄开口三四等今读韵母为[iʌʔ]，如“掐[tɕʻiʌʔ$^{\underline{3}}$]、夹[tɕiʌʔ$^{\underline{3}}$]、狭[ɕiʌʔ$^{\underline{5}}$]、甲[tɕiʌʔ$^{\underline{3}}$]、鸭[iʌʔ$^{\underline{3}}$]、镊[ȵiʌʔ$^{\underline{5}}$]、猎[liʌʔ$^{\underline{5}}$]、接[tɕiʌʔ$^{\underline{3}}$]、叶[iʌʔ$^{\underline{5}}$]、劫[tɕiʌʔ$^{\underline{3}}$]、跌[tiʌʔ$^{\underline{3}}$]、贴[tʻiʌʔ$^{\underline{3}}$]、叠[tiʌʔ$^{\underline{5}}$]”褶[tsʌʔ$^{\underline{3}}$]、摄[sʌʔ$^{\underline{3}}$]”。个别字已经舒化，如“恰[tɕʻiɑ^{55}]、拉[lɑ^{33}]”等。

深摄

就舒声字而言，深摄开口三等非知系字（包括日母字）今读韵母为[iŋ]，如“品[pʻiŋ^{213}]、林[liŋ^{11}]、心[ɕiŋ^{33}]、今[tɕiŋ^{33}]、任[iŋ^{11}]”，深

摄开口三等知系字（除日母字）今读韵母为[əŋ]，如“沉[tsʻəŋ^{11}]、森[səŋ^{33}]、针[tsəŋ^{33}]”。

就入声字而言，深摄开口三等泥组、精组、知组、章组、见晓组入声字今读韵母为[iəʔ]，如“立[liəʔ^{5}]、集[tɕiəʔ^{3}]、习[ɕiəʔ^{5}]、蛰[tsəʔ^{3}]、湿[səʔ^{3}]、十[səʔ^{5}]、急[tɕiəʔ^{5}]”，庄组入声字“涩”今读韵母为[əʔ]，其中，影母入声字“揖$_{作揖}$”已经舒化，今读[i^{55}]。

山摄

就舒声字而言，山摄开口一等、山摄开口二等非见系、三等知系（不包括日母字）字今读韵母为[æ]，如“丹[tæ^{33}]、但[tæ^{55}]、兰[læ^{11}]、餐[tsʻæ^{33}]、干[kæ^{33}]、赞[tsæ^{55}]、扮[pæ^{55}]、盼[pʻæ^{55}]、山[sæ^{33}]、绽[tsæ^{55}]、班[pæ^{33}]、删[sæ^{33}]、缠[tsʻæ^{11}]、展[tsæ^{213}]、善[sæ^{55}]”，山摄开口二等见系、山摄开口三等非知系字（包括日母字）、山摄开口四等字今读韵母为[iei]，如“艰[tɕiei^{33}]、颜[iei^{11}]、鞭[piei^{33}]、棉[miei^{11}]、连[liei^{11}]、煎[tɕiei^{33}]、钱[tɕʻiei^{11}]、件[tɕiei^{55}]、边[piei^{33}]、天[tʻiei^{33}]、千[tɕʻiei^{33}]、肩[tɕiei^{33}]、言[iei^{11}]、现[ɕiei^{55}]、然[iei^{11}]”。

就入声字而言，山摄开口一等、合口一等帮组、二等非见系、合口三等非组入声字今读韵母为[ʌʔ]，如“发[fʌʔ^{3}]、罚[fʌʔ^{5}]、铡[tsʌʔ^{5}]、杀[sʌʔ^{3}]、辣[lʌʔ^{5}]、割[kʌʔ^{3}]、渴[kʻʌʔ^{5}]、泼[pʻʌʔ^{3}]、末[m ʌʔ^{5}]”，山摄开口二等见系、山摄开口三四等入声字今读韵母为[iʌʔ]，如“掐[tɕʻiʌʔ^{3}]、夹[tɕiʌʔ^{3}]、狭[ɕiʌʔ^{5}]、甲[iʌʔ^{3}]、鸭[iʌʔ^{3}]、鳖[piʌʔ^{3}]、灭[miʌʔ^{5}]、列[liʌʔ^{5}]、泄[ɕiʌʔ^{3}]、哲[tsʌʔ^{3}]、舌[sʌʔ^{5}]、孽[ȵiʌʔ^{5}]、热[iʌʔ^{5}]、歇[ɕiʌʔ^{3}]、铁[tʻiʌʔ^{3}]、憋[piʌʔ^{3}]、节[tɕiʌʔ^{5}]、结[tɕiʌʔ^{45}]”，山摄合口一等非帮组、山摄合口二等、合口三等知系、微母字“袜”今读韵母为[uʌʔ]，如“刷[suʌʔ^{3}]、滑[xuʌʔ^{5}]、刮[kuʌʔ^{3}]、说[suʌʔ^{3}]、脱[tʻuʌʔ^{3}]、夺[tuʌʔ^{5}]、括[kʻuʌʔ^{3}]、活[xuʌʔ^{5}]”，山摄合口三四等见系、精组入声字今读韵母为[yʌʔ]，如“缺[tɕʻyʌʔ^{3}]、穴[ɕyʌʔ^{5}]、月[yʌʔ^{5}]、越[yʌʔ^{5}]、雪[ɕyʌʔ^{3}]”。个别字已经舒化，如“挖[uɑ^{33}]”等。

宕摄

就舒声字而言，开口一等、开口三等知庄章组、合口三等非敷奉母、微母的“芒”今读韵母为[aŋ]，如“帮[paŋ^{33}]、旁[pʻaŋ^{11}]、忙[maŋ^{11}]、汤[tʻaŋ^{33}]、堂[tʻaŋ^{11}]、郎[laŋ^{11}]、囊[naŋ^{11}]、仓[tsʻaŋ^{33}]、桑[saŋ^{33}]、

刚[kaŋ^{33}]、昂[ŋaŋ^{11}]、张[tsaŋ^{33}]、章[tsaŋ^{33}]、常[tsʻaŋ^{11}]、芳[faŋ^{33}]”，开口三等日母、见系字今读韵母为[iaŋ]，如“强[tɕʻiaŋ^{11}]、疆[tɕiaŋ^{33}]、让[iaŋ^{55}]”，合口一等、合口三等见系、开口三等庄组、合口三等微母字今读韵母为[uaŋ]，如“装[tsuaŋ^{33}]、床[tsʻuaŋ^{11}]、霜[suaŋ^{33}]、忘[uaŋ^{55}]、望[uaŋ^{55}]、光[kuaŋ^{33}]、黄[xuaŋ^{11}]”。

就入声字而言，开口一等帮组、见组字今读韵母为[ʌʔ]，如“博[pʌʔ^{3}]、莫[mʌʔ^{5}]、各[kʌʔ^{3}]、郝[xʌʔ^{3}]”，合口一等见系、开口一等端系字今读韵母为[uʌʔ]，如“托[tʻuʌʔ^{3}]、郭[kuʌʔ^{3}]”，合口三等见系、开口三等日母字今读韵母为[yʌʔ]，如“略[lyʌʔ^{5}]、雀[tɕʻyʌʔ^{3}]、削[ɕyʌʔ^{3}]、约[yʌʔ^{3}]、疟[ȵyʌʔ^{5}]”。个别字已经舒化，如“幕[mu^{55}]、鹤[xɤ^{33}]、嚼[tɕiau^{11}]”。

江摄

就舒声字而言，开口二等帮组字今读韵母为[aŋ]，如“邦[paŋ^{33}]、胖[pʻaŋ^{55}]”，开口二等知系字今读韵母为[uaŋ]，如“撞[tsuaŋ^{55}]、窗[tsʻuaŋ^{33}]、双[suaŋ^{33}]”，开口二等见系字今读韵母为[iaŋ]，如“江[tɕiaŋ^{33}]、讲[tɕiaŋ^{213}]、项[ɕiaŋ^{55}]”。

就入声字而言，开口二等帮组字今读韵母为[aʔ]，如“驳[paʔ^{3}]、朴[pʻaʔ^{3}]”，开口二等知系字今读韵母为[uaʔ]，如“桌[tsuaʔ^{3}]、戳[tsʻuaʔ^{3}]、捉[tsuaʔ^{3}]、镯[tsuaʔ^{5}]”，开口二等见系字今读韵母为[yaʔ]，如“觉$_{知觉}$[tɕyaʔ^{3}]、岳[yaʔ^{5}]、学[ɕyaʔ^{3}]”。

曾摄

就舒声字而言，曾摄开口一等、曾摄开口三等知章组字今读韵母为[əŋ]，如“朋[pʻəŋ^{11}]、登[təŋ^{33}]、能[nəŋ^{11}]、赠[tsəŋ^{55}]、肯[kʻəŋ^{33}]、蒸[tsəŋ^{33}]、澄[tsʻəŋ^{11}]”，曾摄开口三等帮组、泥组、日母、见系字今读韵母为[iŋ]，如“仍[iŋ^{11}]、兴[ɕiŋ^{33}]、冰[piŋ^{33}]、陵[liŋ^{11}]”，曾合一“弘”今读韵母为[uŋ]。

就入声字而言，开口一等精组、开口三等庄组字今读韵母为[əʔ]，如“则[tsəʔ^{3}]、塞[səʔ^{3}]”，开口一等见系字今读韵母为[ʌʔ]，如“刻[kʻʌʔ^{3}]、黑[xʌʔ^{3}]”，开口一等帮组、端组、开口三等非庄组字今读韵母为[iəʔ]，如“得[tiəʔ^{3}]、墨[miəʔ^{5}]、逼[piəʔ^{3}]、力[liəʔ^{5}]、息[ɕiəʔ^{3}]、极[tɕiəʔ^{5}]”，合口一等见系字今读韵母为[uəʔ]，如“国[kuəʔ^{3}]、或[xuəʔ^{5}]”。

梗摄

就舒声字而言，梗摄开口二等非见系、开口三等知系、合口二等匣母字“横横直 横蛮横”、开口二等见母字“更耕耿”等今读韵母为[əŋ]，如“烹[pʻəŋ^{33}]、撑[tsʻəŋ^{33}]、生[səŋ^{33}]、坑[kʻəŋ^{33}]、争[tsəŋ^{33}]、迸[pəŋ^{55}]、耕[kəŋ^{33}]”，合口三四等“倾顷营颖”、开口三等非知系、开口二等见系（除见母）字今读韵母为[iŋ]，如“硬[iŋ^{55}]、杏[ɕiŋ^{55}]、幸[ɕiŋ^{55}]、京[tɕiŋ^{33}]、迎[iŋ^{11}]、英[iŋ^{213}]、兵[piŋ^{33}]、名[miŋ^{11}]、颈[tɕiŋ^{55}]、瓶[pʻiŋ^{11}]、丁[tiŋ^{33}]、宁[ȵiŋ^{11}]、零[liŋ^{11}]、青[tɕʻiŋ^{33}]、经[tɕiŋ^{33}]、形[ɕiŋ^{11}]、倾[tɕʻiŋ^{33}]”，合口四等字今读韵母为[yŋ]，如“兄[ɕyŋ^{33}]、荣[yŋ^{11}]、永[yŋ^{213}]”，“矿”今读韵母为[uaŋ]，“轰宏”今读韵母为[uŋ]。

就入声字而言，开口二等知系、见系字今读韵母为[əʔ]，如“摘[tsəʔ^{3}]、责[tsəʔ^{3}]”，开口二等帮组字今读韵母为[iʌʔ]，如“麦[miʌʔ^{5}]”，开口二等见系字今读韵母为[ʌʔ]，如“革[kʌʔ^{3}]、核[xʌʔ^{5}]”，开口三四等字今读韵母为[iəʔ]，如“僻[pʻiəʔ^{3}]、脊[tɕiəʔ^{3}]、惜[ɕiəʔ^{3}]、席[ɕiəʔ^{5}]、的目的[tiəʔ^{3}]、笛[tiəʔ^{5}]、绩[tɕiəʔ^{3}]、锡[ɕiəʔ^{3}]”。

通摄

就舒声字而言，通摄合口一三等帮组字今读韵母为[əŋ]，如“风[fəŋ^{33}]、蓬[pʻəŋ^{11}]、梦[məŋ^{55}]”，合口一等端见系、合口三等精泥组大部分字、知系、大部分见组字今读韵母为[uŋ]，如“聋[luŋ^{11}]、公[kuŋ^{33}]、红[xuŋ^{11}]、翁[uŋ^{33}]、宗[tsuŋ^{33}]、冬[tuŋ^{33}]、隆[luŋ^{11}]、虫[tsʻuŋ^{11}]、崇[tsʻuŋ^{11}]、终[tsuŋ^{33}]、宫[kuŋ^{33}]、恐[kʻuŋ^{213}]、种[tsuŋ^{55}]、从从容[tsʻuŋ^{11}]、重[tsuŋ^{55}]”，合口三等晓匣影喻母字、日母字今读韵母为[yŋ]，如“绒[yŋ^{11}]、穷[tɕʻyŋ^{11}]、熊[ɕyŋ^{11}]、融[yŋ^{11}]、胸[ɕyŋ^{33}]、容[yŋ^{11}]”。

就入声字而言，合口一等帮组、合口三等帮组字今读韵母为[əʔ]，如“木[məʔ^{5}]、福[fəʔ^{3}]、服[fəʔ^{5}]、目[məʔ^{5}]”，合口一等端系、见系、合口三等知系、合口三等泥母字“六陆录”今读韵母为[uəʔ]，如“秃[tʻuəʔ^{3}]、独[tuəʔ^{5}]、鹿[luəʔ^{5}]、族[tsuəʔ^{5}]、谷[kuəʔ^{3}]、竹[tsuəʔ^{3}]、缩[suəʔ^{3}]、叔[suəʔ^{3}]”，合口三等精组、见组字今读韵母为[yəʔ]，如“肃[ɕyəʔ^{3}]、俗[ɕyəʔ^{5}]、菊[tɕyəʔ^{5}]、畜畜牧[ɕyəʔ^{3}]、局[tɕyəʔ^{5}]”。

（三）声调比较

古声调与襄垣方言声调的对应关系如表所示，古平声今按清浊的不同分为阴平和阳平，古清、次浊上声今读上声，古全浊上声、古浊去和古清去今读去声，古清声母、次浊声母入声今读阴入，古全浊声母入声今读阳入。

		阴平	阳平	上声	去声	阴入	阳入
平声	清	高猪天娟	敷				
	次浊	妈	难娘文云				
	全浊		陈平床穷				
上声	清			口体古娶			
	次浊			老体五缕			
	全浊				近厚坐序		
去声	清				盖济对句		
	次浊				让耀路喻		
	全浊				大贱共效		
入声	清					福割锡缺	
	次浊					摸袜列月	
	全浊						服合食局

九　榆社方言语音与中古音的比较

榆社方言的语音系统与以《切韵》系韵书为代表的中古音存在着一定的对应规律。古音分类以中国社会科学院语言研究所编制的《方言调查字表》为依据。榆社方言的语音仅指单字音。

（一）声母比较

帮母　今读[p]。如“包”[pou^{33}]，少数读[pʻ]，如“蝙[pʻiᴇ^{323}]”。

滂母　今多读[pʻ]。如“怕”[pʻa^{45}]，少数读[p]，如“怖[pu^{45}]”。

並母　今平声多读送气音[pʻ]，今仄声多读不送气音[p]，如：皮[pʻi^{33}]被[pi^{45}]。有个别字平声读不送气音，如“刨[pou^{33}]”，仄声读送气音，如“佩[pʻei^{45}]”。

明母　今读[m]，如“马[m ɒ^{323}]”。

非敷奉母　今读[f]，如“反[fɑ̃^{323}]翻、[fɑ̃^{33}]、房[fɔ̃^{33}]”。

微母　今读[ø]，如“微[vei^{33}]、武[vu^{323}]、爱[ŋɛ^{45}]、音[iɛ̃^{33}]”。

端母　今读[t]，如“肚[tu^{45}]”，“鸟”是例外字，今读[ȵiou^{323}]。

透母　读[tʻ]，如“梯[tʻi^{33}]”，个别字读[t]声母，如“贷[tɛ^{45}]”。

定母　今平声多读送气音[tʻ]，今仄声多读不送气音[t]，前者如“太[tʻɛ^{45}]”，后者如“代[tɛ^{45}]”。

泥母　今读[n]，如“脑[nou^{323}]”。

来母　今读[l]，如“来[l ɛ^{33}]”。

精母　今洪音读[ts]，细音读[tɕ]。前者如“住[tsu^{45}]”，后者如“精[tɕiɛ̃^{33}]”。

清母　今洪音读[tsʻ]，细音读[tɕʻ]。前者如“醋[tsʻu^{45}]”，后者如“清[tɕʻiɛ̃^{33}]”。

从母　今洪音平声读[tsʻ]，如“曹[tsʻou^{33}]”，今洪音仄声读[ts]，如“找[tsou^{313}]”，今细音平声读[tɕʻ]，如“前[tɕʻiᴇ^{33}]”，今细音仄声读[tɕ]，如“件[tɕiᴇ^{45}]”。

心母　今洪音读[s]，细音读[ɕ]。前者如“扫[sɔ^{313}]”，后者如“心[ɕi ᴇ^{33}]”。

邪母　今洪音读[tsʻ]，如“词[tsʻɿ^{33}]”，或读[s]，如“寺[sɿ^{45}]”，细音读[ɕ]，如“席[ɕiəʔ^{434}]”。

知母　今读[ts]，如“朝[tsou^{33}]”。

彻母　今读[tsʻ]，如“超[tsʻou^{33}]”。

澄母　今平声读送气音[tsʻ]，如“潮[tsʻɔ^{33}]”。今仄声读不送气音[ts]，如“赵[tsɔ^{45}]”。

庄母　今读[ts]，如“争[tsɛ̃^{33}]”。

初母 今读[tsʻ]，如“初[tsʻu^{33}]”。

崇母 今平声读送气音[tsʻ]，今仄声读不送气音[ts]，前者如“床[tsʻuɔ̃^{33}]”，后者如“状[tsuɔ̃^{45}]”。

生母 今多读[s]，如“山[sɑ̃^{33}]”，少数读[tsʻ]，如“产[tsʻɑ̃^{323}]”。

章母 今读[ts]，如“煮[tsu^{323}]”。

昌母 今读[tsʻ]，如“穿[tsʻuɑ̃^{33}]”。

船母 今读[s]，如“神[sɛ̃^{33}]”。

书母 今读[s]，如“手[səu^{313}]”，部分字今读[tsʻ]，如“唇[tsʻuɛ̃^{33}]”。

禅母 今多读[s]，如“时[sʅ^{33}]”，部分三等平声字今读[tsʻ]，如“晨[tsʻɛ̃^{33}]臣[tsʻɛ̃^{33}]愁[tsʻəu^{33}]仇[tsʻəu^{33}]”。

日母 今读[ø]，如“人[zɛ̃^{33}]热[iaʔ^{2}]”，止摄开口三等字今读[l̩]，如“儿[ər^{33}]二[ər^{45}]耳[ər^{323}]”。

见母 今洪音读[k]，细音读[tɕ]。前者如“告[kou^{45}]”，后者如“骄[tɕiou^{33}]”。

溪母 今洪音读[kʻ]，细音读[tɕʻ]。前者如“靠[kʻou^{45}]”，后者如“乔[tɕʻiou^{33}]”。

群母 今洪音平声读[kʻ]，如“葵[kʻuei^{33}]”，今洪音仄声读[k]，如“跪[kuei^{45}]”，今细音平声读[tɕʻ]，如“旗[tɕʻi^{33}]”，今细音仄声读[tɕ]，如“巨[tɕy^{45}]”。

疑母 今多读[ø]，如“牛[iəu^{33}]、危[vei^{33}]、硬[iɛ̃^{45}]”，但也有部分字今读[n]，如“虐[nyʌʔ^{2}]疟[nyʌʔ$^{\underline{434}}$]凝[niŋ^{33}]”。

晓母 今洪音读[x]，今细音读[ɕ]。前者如“汉[xæ^{55}]”，后者如“吸[ɕiəʔ^{2}]”。也有个别字例外，如“况[kʻuɔ̃^{55}]”、“歪[vɛ^{33}]”。

匣母 今洪音多读[x]，今细音读[ɕ]。前者如“回[xuei^{33}]”，后者如“咸[ɕiɛ^{33}]”，还有部分字今读[ø]，如“丸[vɑ̃^{33}]”。

影母 今读[ŋ]，如“袄[ŋou^{313}]”。

云母 今读[ø]，如“雨[y^{313}]”。

以母 今读[ø]，如“油[iəu^{33}]”。

（二）韵母比较

果摄

果摄开口一等端系、合口一等非帮组字今读韵母为[o]，如“多[to^{33}]、拖[tʻo^{33}]、驮[tʻo^{33}]、罗[lo^{33}]、左[tso^{313}]、朵[to^{313}]、坐[tso^{45}]、骡[lo^{33}]、过[ko^{45}]、课[kʻo^{45}]”。

果摄开口一等见系今读[ɤ]，如“歌[kɤ^{33}]、河[xɤ^{33}]”。

果摄合口一等帮组今读韵母为[ɤ]，如“婆[pʻɤ^{33}]、波[pɤ^{33}]、破[pʻɤ^{45}]”。

假摄

假摄开口二等非见系、合口二等庄组字今读韵母为[ɒ]，如“巴[pɒ^{33}]、爬[pʻɒ^{33}]、怕[pʻɒ^{45}]、拿[nɒ^{33}]、茶[tsʻɒ^{33}]、沙[sɒ^{33}]、傻[sɒ^{323}]”。

假摄开口二等见系字今读韵母为[iɒ]，如“家[tɕiɒ^{33}]、价[tɕiɒ^{45}]、牙[iɒ^{33}]、霞[ɕiɒ^{33}]、鸦[iɒ^{33}]”。

假摄开口三等字今读韵母为[i]，如“姐[tɕi^{323}]、写[ɕi^{323}]、谢[ɕi^{45}]、夜[i^{45}]”。

假摄合口二等见系字今读韵母为[uɒ]，如“瓜[kuɒ^{33}]、跨[kʻuɒ^{45}]、花[xuɒ^{33}]、蛙[vɒ^{33}]”。

遇摄

遇摄合口一等字、遇摄合口三等非组、知章组字今读韵母为[u]，如“布[pu^{45}]、普[pʻu^{323}]、堵[tu^{323}]、土[tʻu^{323}]、杜[tu^{45}]、努[nu^{323}]、租[tsu^{33}]、苦[kʻu^{323}]、猪[tsu^{33}]、书[su^{33}]、夫[fu^{33}]”。

遇摄合口三等来母（除“庐”），精组、日母、见系字今读韵母为[ʮ]，如“吕[lʮ^{323}]、徐[sʮ^{33}]、如[zʮ^{33}]、居[tsʻʮ^{33}]、屡[lʮ^{323}]、须[sʮ^{33}]、句[tsʮ^{45}]”。

蟹摄

蟹摄开合口一等帮组、合口三等帮组、“埋”今读韵母为[ei]，如“贝[pei^{45}]、杯[pei^{33}]、废[fei^{45}]”。

蟹摄开口一等非帮组、蟹摄开口二等非见系字、蟹摄开口二等影母字、“楷骇”今读韵母为[ɛ]，如“戴[tɛ^{45}]、态[tʻɛ^{45}]、待[tɛ^{45}]、灾[tsɛ^{33}]、改[kɛ^{323}]、摆[pɛ^{323}]、买[mɛ^{323}]、奶[nɛ^{323}]、排[pʻɛ^{33}]、债

[tsε^{45}]、豺[tsʻε^{33}]、挨$_{\text{挨住}}$[ŋε^{33}]”。

蟹摄开口二等见系字今读韵母为[i]，如“街[tɕi^{33}]、鞋[ɕi^{33}]”，个别字读[iɒ]，如“佳[tɕiɒ^{33}]、涯[iɒ^{33}]、崖[iɒ^{33}]”等。

蟹摄开口三四等字今读韵母为[ɿ]，如“蔽[pɿ^{45}]、批[pʻɿ^{33}]、米[mɿ^{323}]、低[tɿ^{33}]、弟[tɿ^{45}]、例[lʮ^{45}]、妻[tsʻɿ^{33}]、西[sɿ^{33}]、鸡[tsɿ^{323}]、艺[zɿ^{45}]”。

蟹摄合口一三等（除帮组），如“堆[tuei^{33}]、推[tʻuei^{33}]、雷[luei^{33}]、罪[tsuei^{45}]、脆[tsʻuei^{45}]、盔[kʻuei^{33}]、卫[vei^{45}]”。

蟹摄合口二等见晓组字今读韵母为[uε]，如“怪[kuε^{45}]、坏[xuε^{45}]、快[kʻuε^{45}]、歪[vε^{33}]”；个别字今读[uɒ]，如“挂[kuɒ^{45}]、卦[kuɒ^{45}]、画[xuɒ^{45}]、话[xuɒ^{45}]、蛙[uɒ^{33}]”。

止摄

止摄开口三等帮组、泥组、精组、知庄章组、见系字今读韵母为[ɿ]，如“被[pɿ^{45}]、皮[pʻɿ^{33}]、眉[mɿ^{33}]、地[tɿ^{45}]、梨[lʮ^{33}]、腻[nɿ^{45}]、肌[tsɿ^{33}]、椅[zɿ^{323}]、基[tsɿ^{33}]、希[sɿ^{33}]、李[lʮ^{323}]”，个别字今读[ei]，如“碑[pei^{33}]、卑[pei^{33}]、美[mei^{323}]、资[tsɿ^{323}]、知[tsɿ^{33}]、视[sɿ^{45}]、词[tsʻɿ^{33}]”。

日母字今读[ər]，如“而[ər^{33}]儿[ər^{33}]耳[ər^{323}]”。

止摄合口三等非组字今读韵母为[ei]，如“非[fei^{33}]”。

止摄合口三等微母、泥组、精组、知系、见系字今读韵母为[uei]，如“垒[luei^{323}]、泪[luei^{45}]、嘴[tsuei^{323}]、翠[tsʻuei^{45}]、虽[suei^{33}]、蕊[luei^{323}]、归[kuei^{33}]、鬼[kuei^{323}]、葵[kʻuei^{33}]、跪[kuei^{45}]、尾[vei^{323}]、位[vei^{45}]”。

止摄合口三等庄组字今读韵母为[uε]，如“揣[tsʻuε^{323}]、摔[suε^{33}]、帅[suε^{45}]”。

效摄

效摄开口一等、开口二等非见系、开口三等知系字（除日母字）今读韵母为[ou]，如“毛[mou^{33}]、报[pou^{45}]、刀[tou^{33}]、道[tou^{45}]、早[tsou^{323}]、曹[tsʻou^{33}]、高[kou^{33}]、包[pou^{33}]、闹[nou^{45}]、吵[tsʻou^{323}]、超[tsʻou^{33}]、招[tsou^{33}]”，个别字今读[u]，如“堡[pu^{323}]、抱[pu^{45}]”，个别字今读韵母为[uɒ]，如“抓[tsuɒ^{33}]、爪$_{\text{爪子}}$[tsuɒ^{323}]”。

效摄开口二等非知系字（包括日母字）今读韵母为[iou]，如“表

[piou^{323}]、苗[miou^{33}]、妙[miou^{45}]、料[liou^{45}]、鸟[ȵiou^{323}]、焦[tɕiou^{33}]、轿[tɕiou^{45}]、摇[iou^{33}]、聊[liou^{33}]”。

流摄

流摄开口一等、三等帮组字今读韵母为[u]，如“某[mu^{323}]、浮[fu^{33}]、否[fu^{323}]、富[fu^{45}]”，个别字例外，如“剖[p'ou^{33}]、贸[mou^{45}]、茂[mou^{45}]”，“彪”今读[piou^{33}]。

流摄开口一等非帮组字、流摄开口三等知系字今读韵母为[əu]，如“透[t'əu^{45}]、豆[təu^{45}]、走[tsəu^{323}]、口[k'əu^{323}]、狗[kəu^{323}]、厚[xəu^{45}]、愁[ts'əu^{33}]、抽[ts'əu^{33}]、周[tsəu^{33}]”。

流摄开口三等泥组、精组、见系字、日母字今读韵母为[iəu]，如“扭[niəu^{323}]、流[liəu^{33}]、揪[tɕiəu^{33}]、就[tɕiəu^{45}]、袖[ɕiəu^{45}]、揉[iəu^{33}]、丘[tɕ'iəu^{33}]、休[ɕiəu^{33}]、优[iəu^{33}]、纠[tɕiəu^{33}]、幽[iəu^{33}]”。

咸摄

就舒声字而言，咸摄开口一等、咸摄开口二等、三等知系（不包括日母字）、咸摄合口三等字今读韵母为[ɑ̃]，如“贪[t'ɑ̃^{33}]、南[nɑ̃^{33}]、蚕[ts'ɑ̃^{33}]、含[xɑ̃^{33}]、感[kɑ̃^{323}]、喊[xɑ̃^{323}]、淡[tɑ̃^{45}]、蓝[lɑ̃^{33}]、三[sɑ̃^{33}]、站[tsɑ̃^{45}]、搀[ts'ɑ̃^{33}]、闪[sɑ̃^{323}]、凡[fɑ̃^{33}]”，咸摄开口二等见系、咸摄开口三等非知系字（包括日母字）、咸摄开口四等字今读韵母为[iᴇ]，如“减[tɕiᴇ^{323}]、咸[ɕiᴇ^{33}]、嵌[tɕ'iᴇ^{45}]、严[iᴇ^{33}]、检[tɕiᴇ^{323}]、险[ɕiᴇ^{323}]、淹[iᴇ^{33}]、敛[l iᴇ^{323}]、尖[tɕiᴇ^{33}]、贬[piᴇ^{323}]、甜[t'iᴇ^{33}]、店[tiᴇ^{45}]、嫌[ɕiᴇ^{33}]、染[iᴇ^{323}]”。

就入声字而言，咸摄开口一等、合口三等非组字今读韵母为[aʔ]，如“答[taʔ$^{\underline{2}}$]、踏[t'aʔ$^{\underline{2}}$]、纳[naʔ$^{\underline{434}}$]、杂[tsaʔ$^{\underline{434}}$]、塔[t'aʔ$^{\underline{2}}$]、腊[laʔ$^{\underline{434}}$]、眨[tsaʔ$^{\underline{2}}$]、插[ts'aʔ$^{\underline{2}}$]、鸽[kaʔ$^{\underline{2}}$]、喝[x aʔ$^{\underline{2}}$]、盒[x aʔ$^{\underline{434}}$]、磕[k'aʔ$^{\underline{2}}$]、法[faʔ$^{\underline{2}}$]”。咸摄开口二等知系、见系、咸摄开口三四等今读韵母为[iaʔ]，如“掐[tɕ'iaʔ$^{\underline{2}}$]、夹[tɕiaʔ$^{\underline{2}}$]、狭[ɕiaʔ$^{\underline{434}}$]、甲[tɕiaʔ$^{\underline{2}}$]、鸭[iaʔ$^{\underline{2}}$]、镊[ȵiaʔ$^{\underline{434}}$]、猎[liaʔ$^{\underline{434}}$]、接[tɕiaʔ$^{\underline{2}}$]、叶[iaʔ$^{\underline{434}}$]、劫[tɕiaʔ$^{\underline{2}}$]、跌[tiaʔ$^{\underline{2}}$]、贴[t'iaʔ$^{\underline{2}}$]、叠[tiaʔ$^{\underline{434}}$]、褶[tsiaʔ$^{\underline{2}}$]、摄[sia$^{\underline{2}}$]”。个别字已经舒化，如“恰[tɕ'iɒ^{45}]、拉[l ɒ^{33}]”等。

深摄

就舒声字而言，深摄开口三等非知系字今读韵母为[iɛ̃]，如“品[p'iɛ̃^{323}]、林[liɛ̃^{33}]、心[ɕiɛ̃^{33}]、今[tɕiɛ̃^{213}]”，深摄开口三等知系字今读韵母为[ɛ̃]，如“沉[tsʻɛ̃^{33}]、森[sɛ̃^{33}]、针[tsɛ̃^{33}]”。

就入声字而言，深摄开口三等泥组、精组、知组、章组、见晓组入声字今读韵母为[iəʔ]，如“立[liəʔ$^{\underline{434}}$]、集[tɕiəʔ$^{\underline{2}}$]、习[ɕiəʔ$^{\underline{434}}$]、急[tɕiəʔ$^{\underline{2}}$]”，知庄章组入声字今读韵母为[əʔ]，如“蛰[tsəʔ$^{\underline{2}}$]、湿[səʔ$^{\underline{2}}$]、十[səʔ$^{\underline{434}}$]”。

山摄

就舒声字而言，山摄开口一等、山摄开口二等非见系、三等知系（不包括日母字）字今读韵母为[ɑ̃]，如“丹[tɑ̃^{33}]、但[tɑ̃^{45}]、兰[lɑ̃^{33}]、餐[tsʻɑ̃^{33}]、干[kɑ̃^{33}]、赞[tsɑ̃^{45}]、扮[pɑ̃^{45}]、盼[pʻɑ̃^{45}]、山[sɑ̃^{33}]、绽[tsɑ̃^{45}]、班[pɑ̃^{33}]、删[sɑ̃^{33}]、缠[tsʻɑ̃^{33}]、展[tsɑ̃^{323}]、善[sɑ̃^{45}]”，山摄开口二等见系、山摄开口三等非知系字（包括日母字）、山摄开口四等字今读韵母为[iᴇ]，如“艰[tɕiᴇ^{33}]、颜[iᴇ^{33}]、鞭[piᴇ^{33}]、棉[miᴇ^{33}]、连[l iᴇ^{33}]、煎[tɕiᴇ^{33}]、钱[tɕʻiᴇ^{33}]、件[tɕiᴇ^{45}]、边[piᴇ^{33}]、天[tʻiᴇ^{33}]、千[tɕʻiᴇ^{33}]、肩[tɕiᴇ^{33}]、言[iᴇ^{33}]、现[ɕiᴇ^{45}]”。

就入声字而言，山摄开口一等、合口一等帮组、二等非见系、合口三等非组入声字今读韵母为[aʔ]，如“发[faʔ$^{\underline{2}}$]、罚[faʔ$^{\underline{434}}$]、铡[tsaʔ$^{\underline{434}}$]、杀[saʔ$^{\underline{2}}$]、辣[laʔ$^{\underline{434}}$]、割[kaʔ$^{\underline{2}}$]、渴[kʻaʔ$^{\underline{2}}$]、泼[pʻaʔ$^{\underline{2}}$]、末[maʔ$^{\underline{434}}$]”，山摄开口二等见系、山摄开口三四等入声字今读韵母为[iaʔ]，如“掐[tɕʻiaʔ$^{\underline{2}}$]、夹[tɕiaʔ$^{\underline{2}}$]、狭[ɕiaʔ$^{\underline{434}}$]、甲[iaʔ$^{\underline{2}}$]、鸭[iaʔ$^{\underline{2}}$]、鳖[piaʔ$^{\underline{2}}$]、灭[miaʔ$^{\underline{434}}$]、列[liaʔ$^{\underline{434}}$]、泄[ɕiaʔ$^{\underline{2}}$]、哲[tɕiaʔ$^{\underline{2}}$]、舌[ɕiaʔ$^{\underline{434}}$]、孽[ȵiaʔ$^{\underline{434}}$]、热[iaʔ$^{\underline{434}}$]、歇[ɕiaʔ$^{\underline{2}}$]、铁[tʻiaʔ$^{\underline{2}}$]、憋[piaʔ$^{\underline{2}}$]、节[tɕiaʔ$^{\underline{434}}$]、结[tɕiaʔ$^{\underline{2}}$]”，山摄合口一等非帮组、山摄合口二等、合口三等知系、微母字“袜”今读韵母为[uaʔ]，如“刷[suaʔ$^{\underline{2}}$]、滑[xuaʔ$^{\underline{434}}$]、刮[kuaʔ$^{\underline{2}}$]、说[suaʔ$^{\underline{2}}$]、脱[tʻuaʔ$^{\underline{2}}$]、夺[tuaʔ$^{\underline{434}}$]、括[kʻuaʔ$^{\underline{2}}$]、活[xuaʔ$^{\underline{434}}$]”，山摄合口三四等见系、精组入声字今读韵母为[yaʔ]，如“缺[tɕʻyaʔ$^{\underline{2}}$]、穴[ɕyaʔ$^{\underline{434}}$]、月[yaʔ$^{\underline{434}}$]、越[yaʔ$^{\underline{434}}$]、雪[ɕyaʔ$^{\underline{2}}$]”。个别字已经舒化，如“挖[vɒ^{33}]”等。

臻摄

就舒声字而言，臻摄开口一等见系、开口三等知庄章组字、臻摄合口一等帮组、合口三等非组字今读韵母为[ɛ̃]，如“跟[kɛ̃^{33}]、痕[xɛ̃^{33}]、恩[ŋɛ̃^{33}]、珍[tsɛ̃^{33}]、陈[tsʻɛ̃^{33}]、真[tsɛ̃^{33}]、奔[pɛ̃^{33}]、门[mɛ̃^{33}]、分[fɛ̃^{33}]、文[vɛ̃^{33}]”，臻摄开口一三等非知系、日母字今读[iɛ̃]，如“宾

[piẽ^{33}]、民[miẽ^{33}]、邻[liẽ^{33}]、津[tɕiẽ^{33}]、辛[ɕiẽ^{33}]、巾[tɕiẽ^{33}]、银[iẽ^{33}]、引[iẽ^{323}]、斤[tɕiẽ^{33}]”，臻摄合口一等非帮组、合口三等来母、知章组字今读韵母为[uẽ]，如“敦[tuẽ^{33}]、顿[tuẽ^{45}]、论[luẽ^{45}]、尊[tsuẽ^{33}]、村[tsʻuẽ^{33}]、昆[kʻuẽ^{33}]、春[tsʻuẽ^{33}]、顺[suẽ^{45}]”，臻摄合口三等精组、见组字今读韵母为[yẽ]，如“俊[tɕyẽ^{55}]、旬[ɕyẽ^{33}]、均[tɕyẽ^{33}]、军[tɕyẽ^{213}]、训[ɕyẽ^{55}]、云[yẽ^{33}]”，其中，臻合三精组的“遵”韵母为[uẽ]。

就入声字而言，开口三等庄组字、合口一等帮组字今读韵母为[əʔ]，如“虱[səʔ^{2}]、勃[pəʔ^{434}]、没[məʔ^{434}]”，开口三等非庄组字今读韵母为[iəʔ]，如“笔[piəʔ^{2}]、蜜[miəʔ^{434}]、七[tɕʻiəʔ^{434}]、膝[ɕiəʔ^{2}]、吉[tɕiəʔ^{2}]、一[iəʔ^{2}]”，合口一等非帮组、合口三等知系、非组字今读韵母为[uəʔ]，如“突[tʻuəʔ^{2}]、卒[tsuəʔ^{434}]、骨[kuəʔ^{2}]、杌[vəʔ^{434}]、忽[xuəʔ^{2}]、出[tsʻuəʔ^{2}]、术[suəʔ^{434}]”，合口三等见系字今读韵母为[yəʔ]，如“橘[tɕyəʔ^{2}]、屈[tɕʻyəʔ^{2}]”。个别字已经舒化，如“乙[i^{323}]、匹[pʻi^{323}]”。

宕摄

就舒声字而言，开口一等、开口三等知庄章组、合口三等非敷奉母、微母的“芒”今读韵母为[ɔ̃]，如“帮[pɔ̃^{33}]、旁[pʻɔ̃^{33}]、忙[mɔ̃^{33}]、汤[tʻɔ̃^{33}]、堂[tʻɔ̃^{33}]、郎[lɔ̃^{33}]、囊[nɔ̃^{33}]、仓[tsʻɔ̃^{33}]、桑[sɔ̃^{33}]、刚[kɔ̃^{33}]、昂[ŋɔ̃^{33}]、张[tsɔ̃^{33}]、章[tsɔ̃^{33}]、常[tsʻɔ̃^{33}]、芳[fɔ̃^{33}]”，开口三等日母、见系字今读韵母为[iɔ̃]，如“强[cʻiɔ̃^{33}]、疆[ciɔ̃^{33}]、让[iɔ̃^{45}]”，合口一等、合口三等见系、开口三等庄组、合口三等微母字今读韵母为[uɔ̃]，如“装[tsuɔ̃^{33}]、床[tsʻuɔ̃^{33}]、霜[suɔ̃^{33}]、忘[vɔ̃^{45}]、光[kuɔ̃^{33}]、黄[xuɔ̃^{33}]”。

就入声字而言，开口一等帮组、见组字今读韵母为[aʔ]，如“博[paʔ^{2}]、莫[maʔ^{434}]、各[kaʔ^{2}]、郝[x aʔ^{2}]”，合口一等见系、开口一等端系字今读韵母为[uaʔ]，如“托[tʻuaʔ^{2}]、郭[kuaʔ^{2}]”，合口三等见系、开口三等日母字今读韵母为[yaʔ]，如“略[lyaʔ^{434}]、雀[tɕʻyaʔ^{2}]、削[ɕyəʔ^{2}]、约[yaʔ^{2}]、疟[ȵyaʔ^{434}]”。个别字已经舒化，如“幕[mu^{45}]、鹤[xɤ^{45}]、嚼[tɕiou^{33}]”。

江摄

就舒声字而言，开口二等帮组字今读韵母为[ɔ̃]，如“邦[pɔ̃^{33}]、胖

[pʻɔ̃^{45}]”，开口二等知系字今读韵母为[uɔ̃]，如“撞[tsuɔ̃^{45}]、窗[tsʻuɔ̃^{33}]、双[suɔ̃^{33}]”，开口二等见系字今读韵母为[iɔ̃]，如“江[tɕiɔ̃^{33}]、讲[tɕiɔ̃^{323}]、项[ɕiɔ̃^{45}]”。

就入声字而言，开口二等帮组字今读韵母为[aʔ]，如“驳[paʔ$^{\underline{2}}$]、朴[pʻaʔ$^{\underline{2}}$]”，开口二等知系字今读韵母为[uaʔ]，如“桌[tsuaʔ$^{\underline{2}}$]、戳[tsʻuaʔ$^{\underline{2}}$]、捉[tsuaʔ$^{\underline{2}}$]、镯[tsuaʔ$^{\underline{434}}$]”，开口二等见系字今读韵母为[yaʔ]，如“觉$_{\text{知觉}}$[tɕyaʔ$^{\underline{2}}$]、岳[yaʔ$^{\underline{434}}$]、学[ɕyaʔ$^{\underline{434}}$]”。

曾摄

就舒声字而言，曾摄开口一等、曾摄开口三等知章组字今读韵母为[ɛ̃]，如“朋[pʻɛ̃^{33}]、登[tɛ̃^{33}]、能[nɛ̃^{33}]、赠[tsɛ̃^{45}]、肯[kʻɛ̃^{323}]、蒸[tsɛ̃^{33}]、澄[tsʻɛ̃^{33}]”，曾摄开口三等帮组、泥组、日母、见系字今读韵母为[iɛ)]，如“仍[iɛ̃^{33}]、兴[ɕiɛ̃^{33}]、冰[piɛ̃^{33}]、陵[liɛ̃^{33}]”，曾合一“弘”今读韵母为[uɛ̃]。

就入声字而言，开口一等精组、开口三等庄组字今读韵母为[əʔ]，如“则[tsəʔ$^{\underline{2}}$]、塞[səʔ$^{\underline{2}}$]”，开口一等见系字今读韵母为[aʔ]，如“刻[kʻaʔ$^{\underline{2}}$]、黑[x aʔ$^{\underline{2}}$]”，开口一等帮组、端组、开口三等非庄组字今读韵母为[iəʔ]，如“得[tiəʔ$^{\underline{2}}$]、墨[miəʔ$^{\underline{434}}$]、逼[piəʔ$^{\underline{2}}$]、力[liəʔ$^{\underline{434}}$]、息[ɕiəʔ$^{\underline{2}}$]、极[tɕiəʔ$^{\underline{434}}$]”，合口一等见系字今读韵母为[uəʔ]，如“国[kuəʔ$^{\underline{2}}$]、或[xuəʔ$^{\underline{434}}$]”。

梗摄

就舒声字而言，梗摄开口二等非见系、开口三等知系、合口二等匣母字“横$_{\text{横直}}$横$_{\text{蛮横}}$”、开口二等见母字“更耕耿”等今读韵母为[ɛ̃]，如“烹[pʻɛ̃^{33}]、撑[tsʻɛ̃^{33}]、生[sɛ̃^{33}]、坑[kʻɛ̃^{33}]、争[tsɛ̃^{33}]、迸[pɛ̃^{45}]、耕[kɛ̃^{33}]”，合口三四等“倾顷营颖”、开口三等非知系、开口二等见系（除见母）字今读韵母为[iɛ̃]，如“硬[iɛ̃^{45}]、杏[ɕiɛ̃^{45}]、幸[ɕiɛ̃^{45}]、京[tɕiɛ̃^{33}]、迎[iɛ̃^{33}]、英[iɛ̃^{33}]、兵[piɛ̃^{33}]、名[miɛ̃^{33}]、颈[tɕiɛ̃^{45}]、瓶[pʻiɛ̃^{33}]、丁[tiɛ̃^{33}]、宁[niɛ̃^{33}]、零[liɛ̃^{33}]、青[tɕʻiɛ̃^{33}]、经[tɕiɛ̃^{33}]、形[ɕiɛ̃^{33}]、倾[tɕʻiɛ̃^{33}]”，合口四等字今读韵母为[yɛ)]，如“兄[ɕyɛ)^{33}]”，“矿”今读韵母为[uɑ̃]，“轰宏”今读韵母为[uɛ̃]。

就入声字而言，开口二等知系、见系字今读韵母为[əʔ]，如“摘[tsəʔ$^{\underline{2}}$]、责[tsəʔ$^{\underline{2}}$]”，开口二等帮组字今读韵母为[iaʔ]，如“麦[miaʔ$^{\underline{434}}$]”，开口二等见系字今读韵母为[aʔ]，如“革[kaʔ$^{\underline{2}}$]、核

[xaʔ^{434}]”，开口三四等字今读韵母为[iəʔ]，如“僻[pʻiəʔ^{2}]、脊[tɕiəʔ^{2}]、惜[ɕiəʔ^{2}]、席[ɕiəʔ^{434}]、的$_{\text{目的}}$[tiəʔ^{2}]、笛[tiəʔ^{434}]、绩[tɕiəʔ^{2}]、锡[ɕiəʔ^{2}]”。

通摄

就舒声字而言，通摄合口一三等帮组字今读韵母为[ɛ̃]，如“风[fɛ̃^{33}]、蓬[pʻɛ̃^{33}]、梦[mɛ̃^{45}]”，合口一等端见系、合口三等精泥组大部分字、知系、大部分见组字今读韵母为[uɛ̃]，如“聋[luɛ̃^{33}]、公[kuɛ̃^{33}]、红[xuɛ̃^{33}]、翁[vɛ̃^{33}]、宗[tsuɛ)^{33}]、冬[tuɛ)^{33}]、隆[luɛ)^{33}]、虫[tsʻuɛ)^{33}]、崇[tsʻuɛ)^{33}]、终[tsuɛ)^{33}]、宫[kuɛ)^{33}]、恐[kʻuɛ)^{323}]、种[tsuɛ)^{45}]、从$_{\text{从容}}$[tsʻuɛ)^{33}]、重[tsuɛ)^{33}]”，合口三等晓匣影喻母字、日母字今读韵母为[yɛ)]，如“穷[tɕʻyɛ)^{33}]、熊[ɕyɛ)^{33}]、胸[ɕyɛ)^{33}]”。

就入声字而言，合口一等帮组、合口三等帮组字今读韵母为[əʔ]，如“木[məʔ^{434}]、福[fəʔ^{2}]、服[fəʔ^{2}]、目[məʔ^{434}]”，合口一等端系、见系、合口三等知系、合口三等泥母字“六陆录”今读韵母为[uəʔ]，如“秃[tʻuəʔ^{2}]、独[tuəʔ^{434}]、鹿[luəʔ^{434}]、族[tsuəʔ^{434}]、谷[kuəʔ^{2}]、竹[tsuəʔ^{2}]、缩[suəʔ^{2}]、叔[suəʔ^{2}]”，合口三等精组、见组字今读韵母为[yəʔ]，如“肃[ɕyəʔ^{2}]、俗[ɕyəʔ^{434}]、菊[tɕyəʔ^{434}]、畜$_{\text{畜牧}}$[ɕyəʔ^{2}]、局[tɕyəʔ^{434}]”。

（三）声调比较

古声调与榆社方言声调的对应关系如表所示，古平声今仍读为平声，古清、次浊上声今读上声，古全浊上声、古浊去和古清去今读去声，古清声母、次浊声母入声今读阴入，古全浊声母入声今读阳入。

		平声		上声	去声	阴入	阳入
平声	清	高猪天娟					
	次浊		难娘文云				
	全浊		陈平床穷				

续表

		平声		上声	去声	阴入	阳入
上声	清			口体古娶			
	次浊			老体五缕			
	全浊				近厚坐序		
去声	清				盖济对句		
	次浊				让耀路喻		
	全浊				大贱共效		
入声	清					福割锡缺	
	次浊					摸袜列月	
	全浊						服合食局

十　黎城方言语音与中古音的比较

黎城方言的语音系统与以《切韵》系韵书为代表的中古音存在着一定的对应规律。古音分类以中国社会科学院语言研究所编制的《方言调查字表》为依据。黎城方言的语音仅指单字音。

（一）声母比较

帮母　今读[p]。如“包”[pɔ^{33}]，少数读[p‘]，如“蝙[p‘iaŋ^{33}]”。

滂母　今多读[p‘]。如“怕”[p‘a^{53}]，少数读[p]，如“怖[pu^{53}]”。

並母　今平声多读送气音[p‘]，今仄声多读不送气音[p]，如：皮[p‘i^{33}]被[pi^{53}]。有个别字平声读不送气音，如“刨[pɔ^{33}]”，仄声读送气音，如“佩[p‘ei^{353}]”。

明母　今读[m]，如“马[mɑ^{212}]”。

非敷奉母　今读[f]，如“反[fæ^{535}]、翻[fæ^{33}]、房[faŋ^{13}]”。

微母　今读[ø]，如“微[uei^{33}]、武[u^{212}]、爱[ɣE^{353}]、音[iẼ^{33}]”。

端母　今读[t]，如“肚[tu^{353}]”，“鸟”是例外字，今读[ȵiɔ^{212}]。

透母　读[t‘]，如“梯[t‘i^{33}]”，个别字读[t]声母，如“贷[tE^{53}]”。

定母　今平声多读送气音[tʻ]，今仄声多读不送气音[t]，前者如“太[tʻᴇ^{53}]”，后者如“代[tᴇ^{353}]”。

泥母　今读[n]，如“脑[nɔ^{212}]”。

来母　今读[l]，如“来[lᴇ^{53}]”。

精母　今洪音读[ts]，细音读[tɕ]。前者如“住[tsu^{353}]”，后者如“精[tɕiŋ^{33}]”。

清母　今洪音读[tsʻ]，细音读[tɕʻ]。前者如“醋[tsʻu^{53}]”，后者如“清[tɕʻiŋ^{33}]”。

从母　今洪音平声读[tsʻ]，如“曹[tsʻɔ^{53}]”，今洪音仄声读[ts]，如“找[tsɔ^{212}]”，今细音平声读[tɕʻ]，如“前[tsʻiᴇ^{53}]”，今细音仄声读[tɕ]，如“件[tɕiᴇ^{353}]”。

心母　今洪音读[s]，细音读[ɕ]。前者如“扫[sɔ^{212}]”，后者如“心[ɕiᴇ̃^{33}]”。

邪母　今洪音读[tsʻ]，如“词[tsʻɿ^{53}]”，或读[s]，如“寺[sɿ^{353}]”，细音读[ɕ]，如“席[ɕiəʔ^{43}]”。

知母　今多读[ts]，如“朝[tsɔ^{33}]”。止摄三等今读[tɕ]，如“知[tɕi^{33}]”。

彻母　今读[tsʻ]，如“超[tsʻɔ^{33}]”。止摄三等今读[tɕʻ]，如“耻[tɕʻi^{212}]”。

澄母　今平声多读送气音[tsʻ]，如“潮[tsʻɔ^{53}]”，止摄三等今读[tɕʻ]，如“持[tɕʻi^{53}]”。今仄声多读不送气音[ts]，如“赵[tsɔ^{353}]”，止摄三等今读[tɕ]，如“治[tɕi^{353}]”。

庄母　今读[ts]，如“争[tsəŋ^{33}]”。

初母　今读[tsʻ]，如“初[tsʻuɤ^{33}]”。

崇母　今平声读送气音[tsʻ]，今仄声读不送气音[ts]，前者如“床[tsʻuaŋ^{53}]”，后者如“状[tsuaŋ^{353}]”。

生母　今多读[s]，如“山[sæ^{33}]”，少数读[tsʻ]，如“产[tsʻæ^{212}]”。

章母　今多读[ts]，如“煮[tsu^{212}]”。假蟹摄、咸山深臻宕曾梗摄入声字读[tɕ]声母，如“制[tɕi^{353}]”。

昌母　今多读[tsʻ]，如“穿[tsʻuæ^{33}]”。假蟹摄、咸山深臻宕曾梗摄入声字读[tɕʻ]声母，如“尺[tɕiəʔ^{2}]”。

船母 今多读[s]，如“神[sən^{53}]”。假蟹摄、咸山深臻宕曾梗摄入声字读[ɕ]声母，如“实[ɕiəʔ$^{\underline{43}}$]”。

书母 今多读[s]，如“手[səu^{535}]”，部分字今读[tsʻ]，如“唇[tsʻuẼ^{53}]”。假蟹摄、咸山深臻宕曾梗摄入声字读[ɕ]声母，如“失[ɕiəʔ$^{\underline{2}}$]”。

禅母 今多读[s]，如“时[sɿ^{53}]”，部分三等平声字今读[tsʻ]，如“晨[tsʻẼ^{53}]臣[tsʻẼ^{53}]愁[tsʻəu^{53}]仇[tsʻəu^{13}]”。假蟹摄、咸山深臻宕曾梗摄入声字读[ɕ]声母，如“十[ɕiəʔ$^{\underline{43}}$]”。

日母 今读[ø]，如“人[iẼ^{53}]热[iʌʔ$^{\underline{43}}$]”，止摄开口三等字今读[l̩]，如“儿[l̩^{53}]二[l̩^{353}]耳[l̩^{212}]”。

见母 今洪音读[k]，细音读[c]。前者如“告[kɔ^{53}]”，后者如“骄[ciɔ^{33}]”。

溪母 今洪音读[kʻ]，细音读[cʻ]。前者如“靠[kʻɔ^{353}]”，后者如“乔[cʻiɔ^{53}]”。

群母 今洪音平声读[kʻ]，如“葵[kʻuei^{53}]”，今洪音仄声读[k]，如“跪[kuei^{353}]”，今细音平声读[cʻ]，如“旗[cʻi^{53}]”，今细音仄声读[c]，如“巨[cy^{353}]”。

疑母 今多读[ø]，如“牛[iəu^{53}]危[uei^{33}]硬[iŋ^{353}]”，但也有部分字今读[ȵ]，如“逆[ȵi^{353}]拟[ȵi^{212}]倪[ȵi^{53}]虐[ȵyʌʔ$^{\underline{43}}$]疟[ȵyʌʔ$^{\underline{43}}$]凝[ȵiŋ^{53}]”。

晓母 今洪音读[x]，今细音读[ç]。前者如“汉[xæ^{53}]”，后者如“吸[çiəʔ$^{\underline{2}}$]”。也有个别字例外，如“况[kʻuaŋ^{53}]”、“歪[ua æ^{33}]”。

匣母 今洪音多读[x]，今细音读[ç]。前者如“回[xuei^{53}]”，后者如“咸[çiaŋ^{53}]”，还有部分字今读[ø]，如“丸[uaŋ^{53}]”。

影母 在今开口呼前读[ɣ]，如“袄[ɣɔ^{212}]”。其余情况都读[ø]，如“燕[iaŋ^{42}]”。

云母 今读[ø]，如“雨[y^{212}]”。

以母 今读[ø]，如“油[iəu^{53}]”。

（二）韵母比较

果摄

果摄开口一等端系、合口一等非帮组字今读韵母为[uɤ]，如“多

[tuɤ^{33}]、拖[tʻuɤ^{33}]、驮[tʻuɤ^{53}]、罗[luɤ^{53}]、左[tsuɤ^{212}]、朵[tuɤ^{212}]、坐[tsuɤ^{353}]、骡[luɤ^{53}]、过[kuɤ^{53}]、课[kʻuɤ^{353}]”。

果摄开口一等见系、合口一等帮组今读[ɤ]，如“歌[kɤ^{33}]、河[xɤ^{53}]、波[pɤ^{33}]、破[pʻɤ^{53}]”。

假摄

假摄开口二等非见系、合口二等庄组字今读韵母为[ɑ]，如“巴[pɑ^{33}]、爬[pʻɑ^{53}]、怕[pʻɑ^{353}]、拿[nɑ^{53}]、茶[tsʻɑ^{53}]、沙[sɑ^{33}]、傻[sɑ^{212}]”。

假摄开口二等见系字今读韵母为[iɑ]，如“家[ciɑ^{33}]、价[ciɑ^{353}]、牙[iɑ^{53}]、霞[çiɑ^{53}]、鸦[iɑ^{33}]”。

假摄开口三等字今读韵母为[iɤ]，如“姐[tɕiɤ^{212}]、写[ɕiɤ^{212}]、谢[ɕiɤ^{53}]、遮[tɕiɤ^{33}]、社[ɕiɤ^{353}]、惹[iɤ^{212}]、夜[iɤ^{53}]”。

假摄合口二等见系字今读韵母为[uɑ]，如“瓜[kuɑ^{33}]、跨[kʻuɑ^{53}]、花[xuɑ^{33}]、蛙[uɑ^{33}]”。

遇摄

遇摄合口一等字、遇摄合口三等非组、知章组字今读韵母为[u]，如“布[pu^{53}]、普[pʻu^{212}]、堵[tu^{212}]、土[tʻu^{212}]、杜[tu^{53}]、努[nu^{212}]、租[tsu^{33}]、苦[kʻu^{212}]、猪[tsu^{33}]、书[su^{33}]、夫[fu^{33}]”。

遇摄合口三等来母（除“庐”），精组、日母、见系字今读韵母为[y]，如“吕[ly^{212}]、徐[ɕy^{53}]、如[y^{53}]、居[cy^{33}]、屡[ly^{212}]、须[ɕy^{33}]、句[cy^{53}]”。

蟹摄

蟹摄开合口一等帮组、合口三等帮组、“埋”今读韵母为[ei]，如“贝[pei^{53}]、杯[pei^{33}]、废[fei^{53}]”。

蟹摄开口一等非帮组、蟹摄开口二等非见系字、蟹摄开口二等影母字、“楷骇”今读韵母为[ᴇ]，如“戴[tᴇ^{53}]、态[tʻᴇ^{53}]、待[tᴇ^{353}]、灾[tsᴇ^{33}]、改[kᴇ^{212}]、摆[pai^{212}]、买[mᴇ^{212}]、奶[nᴇ^{212}]、排[pʻᴇ^{53}]、债[tsᴇ^{53}]、豺[tsʻᴇ^{53}]、挨$_{挨住}$[ɣᴇ^{33}]”。

蟹摄开口二等见系字今读韵母为[iɤ]，如“街[ciɤ^{33}]、鞋[çiɤ^{53}]”，个别字读[iɑ]，如“佳[ciɑ^{33}]、涯[iɑ^{53}]、崖[iɑ^{53}]”等。

蟹摄开口三四等字今读韵母为[i]，如“蔽[pi^{53}]、批[pʻi^{33}]、米

[mi212]、低[ti33]、弟[ti353]、例[li353]、制[tɕi53]、世[ɕi53]、逝[ɕi353]、妻[tɕʻi33]、西[ɕi33]、鸡[ci33]、艺[i353]”。

蟹摄合口一三等（除帮组），如“堆[tuei33]、推[tʻuei33]、雷[luei53]、罪[tsuei53]、脆[tsʻuei353]、盔[kʻuei33]、卫[uei353]”。

蟹摄合口二等见晓组字今读韵母为[uᴇ]，如“怪[kuᴇ53]、坏[xuᴇ353]、快[kʻuᴇ53]、歪[uᴇ33]”；个别字今读[uɑ]，如“挂[kuɑ42]、卦[kuɑ42]、画[xuɑ353]、话[xuɑ353]、蛙[uɑ33]”。

止摄

止摄开口三等帮组、泥组、见系字今读韵母为[i]，如“被[pi353]、皮[pʻi53]、眉[mi53]、地[ti353]、梨[li53]、腻[ȵi353]、肌[ci33]、椅[i212]、基[ci33]、希[çi33]、李[li212]”，个别字今读[ei]，如“碑[pei33]、卑[pei33]、美[mei212]”。

止摄开口三等知组字今读韵母为[i]，如“知[tɕi33]、池[tɕʻi53]”。

止摄开口三等精组、庄章组字今读韵母为[ɿ]，如“资[tsɿ33]、知[tsɿ33]、视[sɿ353]、词[tsʻɿ53]”。

日母字今读[l̩]，如“而[l̩212]儿[l̩53]耳[l̩212]”。

止摄合口三等非组字今读韵母为[ei]，如“非[fei33]”。

止摄合口三等微母、泥组、精组、知系、见系字今读韵母为[uei]，如“垒[luei212]、泪[luei353]、嘴[tsuei212]、翠[tsʻuei53]、虽[suei33]、蕊[luei212]、归[kuei33]、鬼[kuei212]、葵[kʻuei53]、跪[kuei353]、尾[uei212]、位[uei353]”。

止摄合口三等庄组字今读韵母为[uᴇ]，如“揣[tsʻuᴇ212]、摔[suᴇ33]、帅[suᴇ53]”。

效摄

效摄开口一等、开口二等非见系、开口三等知系字（除日母字）今读韵母为[ɔ]，如“毛[mɔ53]、报[pɔ353]、刀[tɔ33]、道[tɔ53]、早[tsɔ212]、曹[tsʻɔ53]、高[kɔ33]、包[pɔ33]、闹[nɔ53]、吵[tsʻɔ212]、超[tsʻɔ33]、招[tsɔ33]”，个别字今读[u]，如“堡[pu212]、抱[pu353]”，个别字今读韵母为[uɑ]，如“抓[tsuɑ33]、爪爪子[tsuɑ212]”。

效摄开口二等非知系字（包括日母字）今读韵母为[iɔ]，如“表[piɔ212]、苗[miɔ53]、妙[miɔ53]、料[liɔ53]、鸟[ȵiɔ212]、焦[tɕiɔ33]、轿

[ciɔ^{53}]、摇[iɔ^{53}]、聊[liɔ^{53}]”。

流摄

流摄开口一等、三等帮组字今读韵母为[u]，如“某[mu^{212}]、浮[fu^{53}]、否[fu^{212}]、富[fu^{353}]”，个别字例外，如“剖[p‘ɔ^{33}]、贸[mɔ^{53}]、茂[mɔ^{53}]”，“彪”今读[piɔ^{33}]。

流摄开口一等非帮组字、流摄开口三等知系字今读韵母为[əu]，如“透[t‘əu^{53}]、豆[təu^{53}]、走[tsəu^{212}]、口[k‘əu^{212}]、狗[kəu^{212}]、厚[xəu^{353}]、愁[ts‘əu^{53}]、抽[ts‘əu^{33}]、周[tsəu^{33}]”。

流摄开口三等泥组、精组、见系字、日母字今读韵母为[iəu]，如“扭[ȵiəu^{212}]、流[liəu^{53}]、揪[tɕiəu^{33}]、就[tɕiəu^{53}]、袖[ɕiəu^{53}]、揉[iəu^{53}]、丘[c‘iəu^{33}]、休[çiəu^{33}]、优[iəu^{33}]、纠[ciəu^{33}]、幽[iəu^{33}]”。

咸摄

就舒声字而言，咸摄开口一等、咸摄开口二等、三等知系（不包括日母字）、咸摄合口三等字今读韵母为[æ]，如“贪[t‘æ^{33}]、南[næ^{53}]、蚕[ts‘æ^{53}]、含[xæ^{53}]、感[kæ^{212}]、喊[xæ^{212}]、淡[tæ^{353}]、蓝[læ^{53}]、三[sæ^{33}]、站[tsæ^{53}]、搀[ts‘æ^{33}]、闪[sæ^{212}]、凡[fæ^{53}]”，咸摄开口二等见系、咸摄开口三等非知系字（包括日母字）、咸摄开口四等字今读韵母为[iᴇ]，如“减[ciᴇ^{212}]、咸[çiᴇ^{53}]、嵌[c‘iᴇ^{53}]、严[iᴇ^{53}]、检[ciᴇ^{212}]、险[çiᴇ^{212}]、淹[iᴇ^{33}]、敛[liᴇ^{212}]、尖[tɕiᴇ^{33}]、贬[piᴇ^{212}]、甜[t‘iᴇ^{53}]、店[tiᴇ^{53}]、嫌[çiᴇ^{53}]、染[iᴇ^{212}]”。

就入声字而言，咸摄开口一等、合口三等非组字今读韵母为[ʌʔ]，如“答[tʌʔ$^{\underline{2}}$]、踏[t‘ʌʔ$^{\underline{2}}$]、纳[nʌʔ$^{\underline{432}}$]、杂[tsʌʔ$^{\underline{43}}$]、塔[t‘ʌʔ$^{\underline{2}}$]、腊[lʌʔ$^{\underline{43}}$]、眨[tsʌʔ$^{\underline{2}}$]、插[ts‘ʌʔ$^{\underline{2}}$]、鸽[kʌʔ$^{\underline{2}}$]、喝[xʌʔ$^{\underline{2}}$]、盒[xʌʔ$^{\underline{43}}$]、磕[k‘ʌʔ$^{\underline{2}}$]、法[fʌʔ$^{\underline{2}}$]”。咸摄开口二等知系、见系、咸摄开口三四等今读韵母为[iʌʔ]，如“掐[c‘iʌʔ$^{\underline{2}}$]、夹[ciʌʔ$^{\underline{2}}$]、狭[çiʌʔ$^{\underline{43}}$]、甲[ciʌʔ$^{\underline{2}}$]、鸭[iʌʔ$^{\underline{2}}$]、镊[ȵiʌʔ$^{\underline{43}}$]、猎[liʌʔ$^{\underline{43}}$]、接[tsiʌʔ$^{\underline{2}}$]、叶[iʌʔ$^{\underline{43}}$]、劫[ciʌʔ$^{\underline{2}}$]、跌[tiʌʔ$^{\underline{2}}$]、贴[t‘iʌʔ$^{\underline{2}}$]、叠[tiʌʔ$^{\underline{43}}$]”褶[tɕiʌʔ$^{\underline{2}}$]、摄[ɕiʌʔ$^{\underline{2}}$]”。个别字已经舒化，如“恰[tɕ‘iɑ^{353}]、协[çiɤ^{42}]、拉[lɑ^{33}]”等。

深摄

就舒声字而言，深摄开口三等非知系字（包括日母字）今读韵母为[iᴇ)]，如“品[p‘iẼ^{212}]、林[liẼ^{53}]、心[ɕiẼ^{33}]、今[tsiẼ^{33}]、任[iẼ^{53}]”，深摄开口三等知系字（除日母字）今读韵母为[Ẽ]，如“沉[ts‘Ẽ^{53}]、森

[sẼ^{33}]、针[tsẼ^{33}]"。

就入声字而言，深摄开口三等泥组、精组、知组、章组、见晓组入声字今读韵母为[iəʔ]，如"立[liəʔ$^{\underline{43}}$]、集[tɕiəʔ$^{\underline{2}}$]、习[ɕiəʔ$^{\underline{43}}$]、蛰[tɕiəʔ$^{\underline{2}}$]、湿[ɕiəʔ$^{\underline{2}}$]、十[ɕiəʔ$^{\underline{43}}$]、急[ciəʔ$^{\underline{2}}$]"，庄组入声字"涩"今读韵母为[əʔ]，其中，影母入声字"揖作揖"已经舒化，今读[i^{353}]。

山摄

就舒声字而言，山摄开口一等、山摄开口二等非见系、三等知系（不包括日母字）字今读韵母为[æ]，如"丹[tæ^{33}]、但[tæ^{353}]、兰[læ^{53}]、餐[ts‘æ^{33}]、干[kæ^{33}]、赞[tsæ^{53}]、扮[pæ^{3}]、盼[p‘æ^{53}]、山[sæ^{33}]、绽[tsæ^{353}]、班[pæ^{33}]、删[sæ^{33}]、缠[ts‘æ^{53}]、展[tsæ^{212}]、善[sæ^{353}]"，山摄开口二等见系、山摄开口三等非知系字（包括日母字）、山摄开口四等字今读韵母为[iᴇ]，如"艰[ciᴇ^{33}]、颜[iᴇ^{53}]、鞭[piᴇ^{33}]、棉[miᴇ^{53}]、连[liᴇ^{53}]、煎[tɕiᴇ^{33}]、钱[tɕ‘iᴇ^{53}]、件[ciᴇ^{353}]、边[piᴇ^{33}]、天[t‘iᴇ^{33}]、千[tɕ‘iᴇ^{33}]、肩[ciᴇ^{33}]、言[iᴇ^{53}]、现[ɕiᴇ^{53}]、然[iᴇ^{53}]"。

就入声字而言，山摄开口一等、合口一等帮组、二等非见系、合口三等非组入声字今读韵母为[ʌʔ]，如"发[fʌʔ$^{\underline{2}}$]、罚[fʌʔ$^{\underline{43}}$]、铡[tsʌʔ$^{\underline{43}}$]、杀[sʌʔ$^{\underline{2}}$]、辣[lʌʔ$^{\underline{43}}$]、割[kʌʔ$^{\underline{2}}$]、渴[k‘ʌʔ$^{\underline{2}}$]、泼[p‘ʌʔ$^{\underline{2}}$]、末[m ʌʔ$^{\underline{43}}$]"，山摄开口二等见系、山摄开口三四等入声字今读韵母为[iʌʔ]，如"掐[c‘iʌʔ$^{\underline{2}}$]、夹[ciʌʔ$^{\underline{2}}$]、狭[ɕiʌʔ$^{\underline{43}}$]、甲[iʌʔ$^{\underline{2}}$]、鸭[iʌʔ$^{\underline{2}}$]、鳖[piʌʔ$^{\underline{2}}$]、灭[miʌʔ$^{\underline{43}}$]、列[liʌʔ$^{\underline{43}}$]、泄[ɕiʌʔ$^{\underline{2}}$]、哲[tɕiʌʔ$^{\underline{2}}$]、舌[ɕiʌʔ$^{\underline{43}}$]、孽[ȵiʌʔ$^{\underline{43}}$]、热[iʌʔ$^{\underline{43}}$]、歇[ɕiʌʔ$^{\underline{2}}$]、铁[t‘iʌʔ$^{\underline{2}}$]、憋[piʌʔ$^{\underline{2}}$]、节[tɕiʌʔ$^{\underline{43}}$]、结[ciʌʔ$^{\underline{2}}$]"，山摄合口一等非帮组、山摄合口二等、合口三等知系、微母字"袜"今读韵母为[uʌʔ]，如"刷[suʌʔ$^{\underline{2}}$]、滑[xuʌʔ$^{\underline{43}}$]、刮[kuʌʔ$^{\underline{2}}$]、说[suʌʔ$^{\underline{2}}$]、脱[t‘uʌʔ$^{\underline{2}}$]、夺[tuʌʔ$^{\underline{43}}$]、括[k‘uʌʔ$^{\underline{2}}$]、活[xuʌʔ$^{\underline{43}}$]"，山摄合口三四等见系、精组入声字今读韵母为[yʌʔ]，如"缺[c‘yʌʔ$^{\underline{2}}$]、穴[ɕyʌʔ$^{\underline{43}}$]、月[yʌʔ$^{\underline{43}}$]、越[yʌʔ$^{\underline{43}}$]、雪[ɕyʌʔ$^{\underline{2}}$]"。个别字已经舒化，如"挖[uɑ^{212}]"等。

臻摄

就舒声字而言，臻摄开口一等见系、开口三等知庄章组字、臻摄合口一等帮组、合口三等非组字今读韵母为[Ẽ]，如"跟[kẼ^{33}]、痕[xẼ^{53}]、恩[ɣẼ^{33}]、珍[tsẼ^{33}]、陈[ts‘Ẽ^{53}]、真[tsẼ^{33}]、奔[p Ẽ^{33}]、门[mẼ^{53}]、分[fẼ^{33}]、文[uẼ^{53}]"，臻摄开口一三等非知系、日母字今读[iẼ]，如"宾

[piᴇ̃^{33}]、民[miᴇ̃^{53}]、邻[liᴇ̃^{53}]、津[tɕiᴇ̃^{33}]、辛[ɕiᴇ̃^{33}]、人[iᴇ̃^{53}]、巾[ciᴇ̃^{33}]、银[iᴇ̃^{53}]、引[iᴇ̃^{212}]、斤[tɕiᴇ̃^{33}]”，臻摄合口一等非帮组、合口三等来母、知章组字今读韵母为[uᴇ]，如“敦[tuᴇ̃^{33}]、顿[tuᴇ̃^{53}]、论[luᴇ̃^{353}]、尊[tsuᴇ̃^{33}]、村[tsʻuᴇ̃^{33}]、昆[kʻuᴇ̃^{33}]、春[tsʻuᴇ̃^{33}]、顺[suᴇ̃^{353}]”，臻摄合口三等精组、见组字今读韵母为[yᴇ]，如“俊[tɕyᴇ̃^{53}]、旬[ɕyᴇ̃^{53}]、均[cyᴇ̃^{33}]、军[cyᴇ̃^{33}]、训[ɕyᴇ̃^{53}]、云[yᴇ̃^{53}]”，其中，臻合三精组的“遵”韵母为[uẽ]。

就入声字而言，开口三等庄组字、合口一等帮组字今读韵母为[əʔ]，如“虱[səʔ$^{\underline{2}}$]、勃[pəʔ$^{\underline{43}}$]、没[məʔ$^{\underline{43}}$]”，开口三等非庄组字今读韵母为[iəʔ]，如“笔[piəʔ$^{\underline{2}}$]、蜜[miəʔ$^{\underline{43}}$]、七[tɕʻiəʔ$^{\underline{43}}$]、膝[ɕiəʔ$^{\underline{2}}$]、秩[tɕiəʔ$^{\underline{43}}$]、质[tɕiəʔ$^{\underline{2}}$]、室[ɕiəʔ$^{\underline{2}}$]、日[iəʔ$^{\underline{43}}$]、吉[ciəʔ$^{\underline{2}}$]、一[iəʔ$^{\underline{2}}$]”，合口一等非帮组、合口三等知系、非组字今读韵母为[uəʔ]，如“突[tʻuəʔ$^{\underline{2}}$]、卒[tsuəʔ$^{\underline{43}}$]、骨[kuəʔ$^{\underline{2}}$]、杌[uəʔ$^{\underline{43}}$]、忽[xuəʔ$^{\underline{2}}$]、出[tsʻuəʔ$^{\underline{2}}$]、术[suəʔ$^{\underline{43}}$]”，合口三等见系字今读韵母为[yəʔ]，如“橘[cyəʔ$^{\underline{2}}$]、屈[cʻyəʔ$^{\underline{2}}$]”。个别字已经舒化，如“乙[i^{535}]、匹[pʻi^{53}]”。

宕摄

就舒声字而言，开口一等、开口三等知庄章组、合口三等非敷奉母、微母的“芒”今读韵母为[aŋ]，如“帮[paŋ^{33}]、旁[pʻaŋ^{53}]、忙[maŋ^{53}]、汤[tʻaŋ^{33}]、堂[tʻaŋ^{53}]、郎[laŋ^{53}]、囊[naŋ^{53}]、仓[tsʻaŋ^{33}]、桑[saŋ^{33}]、刚[kaŋ^{33}]、昂[ɣaŋ^{53}]、张[tsaŋ^{33}]、章[tsaŋ^{33}]、常[tsʻaŋ^{53}]、芳[faŋ^{33}]”，开口三等日母、见系字今读韵母为[iaŋ]，如“强[cʻiaŋ^{53}]、疆[ciaŋ^{33}]、让[iaŋ^{353}]”，合口一等、合口三等见系、开口三等庄组、合口三等微母字今读韵母为[uaŋ]，如“装[tsuaŋ^{33}]、床[tsʻuaŋ^{53}]、霜[suaŋ^{33}]、忘[uaŋ^{353}]、望[uaŋ^{353}]、光[kuaŋ^{33}]、黄[xuaŋ^{53}]”。

就入声字而言，开口一等帮组、见组字今读韵母为[ʌʔ]，如“博[pʌʔ$^{\underline{2}}$]、莫[mʌʔ$^{\underline{43}}$]、各[kʌʔ$^{\underline{2}}$]、郝[xʌʔ$^{\underline{2}}$]”，开口三等知章组字今读韵母为[iʌʔ]，如“着睡着[tɕiʌʔ$^{\underline{2}}$]、勺[ɕiʌʔ$^{\underline{43}}$]”，合口一等见系、开口一等端系字今读韵母为[uʌʔ]，如“托[tʻuʌʔ$^{\underline{2}}$]、郭[kuʌʔ$^{\underline{2}}$]”，合口三等见系、开口三等日母字今读韵母为[yʌʔ]，如“略[lyʌʔ$^{\underline{43}}$]、雀[tɕʻyʌʔ$^{\underline{2}}$]、削[ɕyəʔ$^{\underline{2}}$]、约[yʌʔ$^{\underline{2}}$]、疟[ȵyʌʔ$^{\underline{21}}$]”。个别字已经舒化，如“幕[mu^{353}]、鹤[xɤ^{53}]、嚼[ciɔ^{53}]”。

江摄

就舒声字而言，开口二等帮组字今读韵母为[aŋ]，如“邦[paŋ^{33}]、胖[p‘aŋ^{53}]”，开口二等知系字今读韵母为[uaŋ]，如“撞[tsuaŋ^{353}]、窗[ts‘uaŋ^{33}]、双[suaŋ^{33}]”，开口二等见系字今读韵母为[iaŋ]，如“江[ciaŋ^{33}]、讲[ciaŋ^{212}]、项[çiaŋ^{353}]”。

就入声字而言，开口二等帮组字今读韵母为[ʌʔ]，如“驳[pʌʔ^{2}]、朴[p‘ʌʔ^{2}]”，开口二等知系字今读韵母为[uʌʔ]，如“桌[tsuʌʔ^{2}]、戳[ts‘uʌʔ^{2}]、捉[tsuʌʔ^{2}]、镯[tsuʌʔ^{43}]”，开口二等见系字今读韵母为[yʌʔ]，如“觉$_{知觉}$[cyʌʔ^{2}]、岳[yʌʔ^{43}]、学[çyʌʔ^{43}]”。

曾摄

就舒声字而言，曾摄开口一等、曾摄开口三等知章组字今读韵母为[əŋ]，如“朋[p‘əŋ^{53}]、登[təŋ^{33}]、能[nəŋ^{53}]、赠[tsəŋ^{53}]、肯[k‘əŋ^{212}]、蒸[tsəŋ^{33}]、澄[ts‘əŋ^{53}]”，曾摄开口三等帮组、泥组、日母、见系字今读韵母为[iŋ]，如“仍[iŋ^{53}]、兴[çiŋ^{33}]、冰[piŋ^{33}]、陵[liŋ^{53}]”，曾合一“弘”今读韵母为[uŋ]。

就入声字而言，开口一等精组、开口三等庄组字今读韵母为[əʔ]，如“则[tsəʔ^{2}]、塞[səʔ^{2}]”，开口一等见系字今读韵母为[ʌʔ]，如“刻[k‘ʌʔ^{2}]、黑[xʌʔ^{2}]”，开口一等帮组、端组、开口三等非庄组字今读韵母为[iəʔ]，如“得[tiəʔ^{2}]、墨[miəʔ^{43}]、逼[piəʔ^{2}]、力[liəʔ^{43}]、息[çiəʔ^{2}]、直[tçiəʔ^{43}]、职[tçiəʔ^{2}]、极[ciəʔ^{43}]”，合口一等见系字今读韵母为[uəʔ]，如“国[kuəʔ^{2}]、或[xuəʔ^{21}]”。个别字已经舒化，如“亿[i^{353}]、忆[i^{353}]、抑[i^{353}]、域[y^{53}]”等。

梗摄

就舒声字而言，梗摄开口二等非见系、开口三等知系、合口二等匣母字“横$_{横直}$横$_{蛮横}$”、开口二等见母字“更耕耿”等今读韵母为[əŋ]，如“烹[p‘əŋ^{33}]、撑[ts‘əŋ^{33}]、生[səŋ^{33}]、坑[k‘əŋ^{33}]、争[tsəŋ^{33}]、迸[pəŋ^{353}]、耕[kəŋ^{33}]”，合口三四等“倾顷营颖”、开口三等非知系、开口二等见系（除见母）字今读韵母为[iŋ]，如“硬[iŋ^{353}]、杏[çiŋ^{353}]、幸[çiŋ^{353}]、京[ciŋ^{33}]、迎[iŋ^{53}]、英[iŋ^{33}]、兵[piŋ^{33}]、名[miŋ^{53}]、颈[ciŋ^{53}]、瓶[p‘iŋ^{53}]、丁[tiŋ^{33}]、宁[ȵiŋ^{53}]、零[liŋ^{53}]、青[tç‘iŋ^{33}]、经[ciŋ^{33}]、形[çiŋ^{53}]、倾[c‘iŋ^{33}]”，合口四等字今读韵母为[yŋ]，如“兄[çyŋ^{33}]、荣[yŋ^{53}]、永[yŋ^{212}]”，“矿”今读韵母为[uaŋ]，“轰宏”今读

韵母为[uŋ]。

就入声字而言，开口二等知系、见系字今读韵母为[əʔ]，如“摘[tsəʔ^{2}]、责[tsəʔ^{2}]”，开口二等帮组字今读韵母为[iʌʔ]，如“麦[miʌʔ^{43}]”，开口二等见系字今读韵母为[ʌʔ]，如“革[kʌʔ^{2}]、核[xʌʔ^{43}]”，开口三四等字今读韵母为[iəʔ]，如“僻[p‘iəʔ^{2}]、脊[tɕiəʔ^{2}]、惜[ɕiəʔ^{2}]、席[ɕiəʔ^{43}]、只[tɕiəʔ^{2}]、石[ɕiəʔ^{43}]、吃[tɕ‘iəʔ^{2}]、的$_{\text{目的}}$[tiəʔ^{2}]、笛[tiəʔ^{43}]、绩[tɕiəʔ^{2}]、锡[ɕiəʔ^{2}]”。个别字已经舒化，如“逆[ȵi^{353}]、易$_{\text{交易}}$[i^{53}]、役[i^{53}]、疫[i^{53}]”等。

通摄

就舒声字而言，通摄合口一三等帮组字今读韵母为[əŋ]，如“风[fəŋ^{33}]、蓬[p‘əŋ^{53}]、梦[məŋ^{353}]”，合口一等端见系、合口三等精泥组大部分字、知系、大部分见组字今读韵母为[uŋ]，如“聋[luŋ^{53}]、公[kuŋ^{33}]、红[xuŋ^{53}]、翁[uŋ^{33}]、宗[tsuŋ^{33}]、冬[tuŋ^{33}]、隆[luŋ^{3}]、虫[ts‘uŋ^{53}]、崇[ts‘uŋ^{53}]、终[tsuŋ^{33}]、宫[kuŋ^{33}]、恐[k‘uŋ^{212}]、种[tsuŋ^{53}]、从$_{\text{从容}}$[ts‘uŋ^{53}]、重[tsuŋ^{353}]”，合口三等晓匣影喻母字、日母字今读韵母为[yŋ]，如“绒[yŋ^{53}]、穷[c‘yŋ^{53}]、熊[çyŋ^{53}]、融[yŋ^{53}]、胸[çyŋ^{33}]、容[yŋ^{53}]”。

就入声字而言，合口一等帮组、合口三等帮组字今读韵母为[əʔ]，如“木[məʔ^{43}]、福[fəʔ^{2}]、服[fəʔ^{43}]、目[məʔ^{43}]”，合口一等端系、见系、合口三等知系、合口三等泥母字“六陆录”今读韵母为[uəʔ]，如“秃[t‘uəʔ^{2}]、独[tuəʔ^{43}]、鹿[luəʔ^{43}]、族[tsuəʔ^{43}]、谷[kuəʔ^{2}]、竹[tsuəʔ^{2}]、缩[suəʔ^{2}]、叔[suəʔ^{2}]”，合口三等精组、见组字今读韵母为[yəʔ]，如“肃[ɕyəʔ^{2}]、俗[ɕyəʔ^{43}]、菊[cyəʔ^{43}]、畜$_{\text{畜牧}}$[çyəʔ^{2}]、局[cyəʔ^{43}]”。个别字已经舒化，如“肉[iəu^{353}]、育[y^{53}]、玉[y^{53}]、狱[y^{53}]、浴[y^{53}]”。

（三）声调比较

古声调与黎城方言声调的对应关系如表所示，古平声今按清浊的不同分为阴平和阳平，古全浊上声和古浊去与阳平合流为阳平去，古清、次浊上声今读上声，古清去今读去声，古清声母入声今读阴入，古浊声母入声今读阳入，部分入声字舒化归入其他 4 个调中。

		阴平	阳平去	上声	去声	阴入	阳入
平声	清	高猪 天娟	敷				
	次浊	妈	难娘 文云				
	全浊		陈平 床穷				
上声	清			口体古娶			
	次浊			老体五缕			
	全浊		近厚坐序				
去声	清				盖济对句		
	次浊		让耀 路喻				
	全浊		大贱 共效				
入声	清					福割锡缺	
	次浊						摸袜列月
	全浊						服合食局

十一　潞城方言语音与中古音的比较

潞城方言的语音系统与以《切韵》系韵书为代表的中古音存在着一定的对应规律。古音分类以中国社会科学院语言研究所编制的《方言调查字表》为依据。潞城方言的语音仅指单字音。

（一）声母比较

帮母　今读[p]。如“包”［pɔ^{33}］，少数读[p‘]，如“蝙[p‘iɑŋ^{213}]”。

滂母　今多读[p‘]。如“怕”［p‘ɑ^{53}］”，少数读[p]，如“怖[pu^{53}]”。

並母　今平声多读送气音[p‘]，今仄声多读不送气音[p]，如：皮[p‘i^{53}]被[pi^{53}]。有个别字平声读不送气音，如“刨[pɔ^{33}]”，仄声读送气音，如“佩[p‘ei^{434}]”。

明母 今读[m]，如“马[mɑ434]”。

非敷奉母 今读[f]，如“反[fæ̃535]、翻[fæ̃213]、房[faŋ13]”。

微母 今读[ø]，如“微[uei213]、武[u434]、爱[ɣai53]、音[iɛ̃33]”。

端母 今读[t]，如“肚[tu353]”，“鸟”是例外字，今读[ȵiɔ434]。

透母 读[t‘]，如“梯[t‘i33]”，个别字读[t]声母，如“贷[tai53]”。

定母 今平声多读送气音[t‘]，今仄声多读不送气音[t]，前者如“太[t‘ai53]”，后者如“代[tai343]”。

泥母 今读[n]，如“脑[nɔ434]”。

来母 今读[l]，如“来[lai53]”。

精母 今洪音读[ts]，细音读[tʃ]。前者如“住[tsu434]”，后者如“精[tʃiŋ213]”。

清母 今洪音读[ts‘]，细音读[tʃ‘]。前者如“醋[ts‘u42]”，后者如“清[tʃ‘iŋ213]”。

从母 今洪音平声读[ts‘]，如“曹[ts‘ɔ13]”，今洪音仄声读[ts]，如“找[tsɔ434]”，今细音平声读[tʃ‘]，如“前[tʃ‘iɑŋ13]”，今细音仄声读[tʃ]，如“件[tʃiɑŋ434]”。

心母 今洪音读[s]，细音读[ʃ]。前者如“扫[sɔ434]”，后者如“心[ʃiŋ33]”。

邪母 今洪音读[ts‘]，如“词[ts‘ɿ13]”，或读[s]，如“寺[sɿ343]”，细音读[ʃ]，如“席[ʃiʔ21]”。

知母 今多读[tʂ]，如“朝[tsɔ213]”。止摄三等今读[tɕ]，如“知[tɕi33]”。

彻母 今读[tʂ‘]，如“超[ts‘ɔ213]”。止摄三等今读[tɕ‘]，如“耻[tɕ‘i434]”。

澄母 今平声多读送气音[ts‘]，如“潮[ts‘ɔ13]”，止摄三等今读[tɕ‘]，如“持[tɕ‘i13]”。今仄声多读不送气音[ts]，如“赵[tsɔ343]”，止摄三等今读[tɕ]，如“治[tɕi343]”。

庄母 今读[ts]，如“争[tsəŋ213]”。

初母 今读[ts‘]，如“初[ts‘uə213]”。

崇母 今平声读送气音[ts‘]，今仄声读不送气音[ts]，前者如“床[ts‘uɑŋ13]”，后者如“状[tsuɑŋ343]”。

生母 今多读[s]，如“山[sæ̃33]”，少数读[ts‘]，如“产[ts‘æ̃434]”。

章母 今多读[ts]，如“煮[tsu434]”。假蟹摄、咸山深臻宕曾梗摄入声字读[tɕ]声母，如“制[tɕi53]”。

昌母 今多读[tsʻ]，如“穿[tsʻuæ̃33]”。假蟹摄、咸山深臻宕曾梗摄入声字读[tɕʻ]声母，如“尺[tɕiəʔ2]”。

船母 今多读[s]，如“神[sẽ13]”。假蟹摄、咸山深臻宕曾梗摄入声字读[ɕ]声母，如“实[ɕiəʔ43]”。

书母 今多读[s]，如“手[səu434]”，部分字今读[tsʻ]，如“唇[tsʻuẽ13]”。假蟹摄、咸山深臻宕曾梗摄入声字读[ɕ]声母，如“失[ɕiəʔ12]”。

禅母 今多读[s]，如“时[sʅ13]”，部分三等平声字今读[tsʻ]，如“晨[tsʻẽ13]臣[tsʻẽ13]愁[tsʻəu13]仇[tsʻəu13]”。假蟹摄、咸山深臻宕曾梗摄入声字读[ɕ]声母，如“十[ɕiəʔ21]”。

日母 今读[ø]，如“人[iŋ44]热[iʌʔ21]”，止摄开口三等字今读[l̩]，如“儿[l̩13]二[l̩343]耳[l̩434]”。

见母 今洪音读[k]，细音读[tɕ]。前者如“告[kɔ53]”，后者如“骄[tɕiɔ213]”。

溪母 今洪音读[kʻ]，细音读[tɕʻ]。前者如“靠[kʻɔ42]”，后者如“乔[tɕʻiɔ13]”。

群母 今洪音平声读[kʻ]，如“葵[kʻuei13]”，今洪音仄声读[k]，如“跪[kuei343]”，今细音平声读[tɕʻ]，如“旗[tɕʻi13]”，今细音仄声读[tɕ]，如“巨[tɕy343]”。

疑母 今多读[ø]，如“牛[iəu13]危[uei33]硬[iŋ343]”，但也有部分字今读[ȵ]，如“逆[ȵi343]拟[ȵi435]倪[ȵi13]虐[ȵyʌʔ43]疟[ȵyʌʔ43]凝[ȵiŋ13]”。

晓母 今洪音读[x]，今细音读[ɕ]。前者如“汉[xæ̃53]”，后者如“吸[ɕiəʔ12]”。也有个别字例外，如“况[kʻuɑŋ53]”、“歪[uai33]”。

匣母 今洪音多读[x]，今细音读[ɕ]。前者如“回[xuei13]”，后者如“咸[ɕiæ̃13]”，还有部分字今读[ø]，如“丸[uæ̃13]”。

影母 在今开口呼前读[ɣ]，如“袄[ɣɔ434]”。其余情况都读[ø]，如“燕[iæ̃53]”。

云母 今读[ø]，如“雨[y434]”。

以母 今读[ø]，如“油[iəu13]”。

（二）韵母比较

果摄

果摄开口一等端系、合口一等非帮组字今读韵母为[uɤ]，如“多[tuə^{213}]、拖[tʻuə^{213}]、驮[tʻuə^{13}]、罗[luə^{13}]、左[tsuə^{434}]、朵[tuə^{434}]、坐[tsuə^{343}]、骡[luə^{13}]、过[kuə^{53}]、课[kʻuə^{343}]”。

果摄开口一等见系、合口一等帮组今读[ə]，如“歌[kə^{213}]、河[xə^{13}]、波[pə^{213}]、破[pʻə^{53}]”。

假摄

假摄开口二等非见系、合口二等庄组字今读韵母为[ɑ]，如“巴[pɑ^{213}]、爬[pʻɑ^{3}]、怕[pʻɑ^{343}]、拿[nɑ^{13}]、茶[tsʻɑ^{13}]、沙[sɑ^{213}]、傻[sɑ^{434}]”。

假摄开口二等见系字今读韵母为[iɑ]，如“家[tɕiɑ^{213}]、价[ciɑ^{343}]、牙[iɑ^{13}]、霞[ɕiɑ^{13}]、鸦[iɑ^{213}]”。

假摄开口三等字今读韵母为[iə]，如“姐[tsiə^{434}]、写[siə^{434}]、谢[siə^{53}]、遮[tsiə^{213}]、社[ɕiə^{343}]、惹[iə^{434}]、夜[iə^{53}]”。

假摄合口二等见系字今读韵母为[uɑ]，如“瓜[kuɑ^{213}]、跨[kʻuɑ^{53}]、花[xuɑ^{213}]、蛙[uɑ^{213}]”。

遇摄

遇摄合口一等字、遇摄合口三等非组、知章组字今读韵母为[u]，如“布[pu^{53}]、普[pʻu^{434}]、堵[tu^{434}]、土[tʻu^{434}]、杜[tu^{343}]、努[nu^{434}]、租[tsu^{213}]、苦[kʻu^{434}]、猪[tsu^{213}]、书[su^{213}]、夫[fu^{213}]”。

遇摄合口三等来母（除“庐”），精组、日母、见系字今读韵母为[y]，如“吕[ly^{434}]、徐[ʃy^{13}]、如[y^{13}]、居[tɕy^{213}]、屡[ly^{434}]、须[ʃy^{213}]、句[tɕy^{53}]”。

蟹摄

蟹摄开合口一等帮组、合口三等帮组、“埋”今读韵母为[ei]，如“贝[pei^{53}]、杯[pei^{213}]、废[fei^{53}]。

蟹摄开口一等非帮组、蟹摄开口二等非见系字、蟹摄开口二等影母字、“楷骇”今读韵母为[ai]，如“戴[tai^{53}]、态[tʻai^{53}]、待[tai^{343}]、灾[tsai^{213}]、改[kai^{434}]、摆[pai^{434}]、买[mai^{434}]、奶[nai^{434}]、排[pʻai^{13}]、债[tsai^{53}]、豺[tsʻai^{13}]、挨$_{\text{挨住}}$[ɣai^{213}]”。

蟹摄开口二等见系字今读韵母为[iᴇ]，如“街[tɕiə^{213}]、鞋[ɕiə^{13}]”，个别字读[iɑ]，如“佳[tɕiɑ^{213}]、涯[iɑ^{13}]、崖[iɑ^{13}]”等。

蟹摄开口三四等字今读韵母为[i]，如“蔽[pi^{53}]、批[pʻi^{213}]、米[mi^{434}]、低[ti^{213}]、弟[ti^{343}]、例[li^{343}]、制[tɕi^{53}]、世[ɕi^{53}]、逝[ɕi^{343}]、妻[tʃʻi^{213}]、西[ʃi^{213}]、鸡[tɕi^{213}]、艺[i^{343}]”。

蟹摄合口一三等（除帮组），如“堆[tuei^{213}]、推[tʻuei^{213}]、雷[luei^{13}]、罪[tsuei^{343}]、脆[tsʻuei^{53}]、盔[kʻuei^{213}]、卫[uei^{343}]”。

蟹摄合口二等见晓组字今读韵母为[uai]，如“怪[kuai^{53}]、坏[xuai^{343}]、快[kʻuai^{53}]、歪[uai^{213}]”；个别字今读[uɑ]，如“挂[kuɑ^{53}]、卦[kuɑ^{53}]、画[xuɑ^{343}]、话[xuɑ^{343}]、蛙[uɑ^{213}]”。

止摄

止摄开口三等帮组、泥组、见系字今读韵母为[i]，如“被[pi^{343}]、皮[pʻi^{13}]、眉[mi^{13}]、地[ti^{343}]、梨[li^{13}]、腻[ȵi^{343}]、肌[tɕi^{213}]、椅[i^{434}]、基[tɕi^{213}]、希[ɕi^{213}]、李[li^{434}]”，个别字今读[ei]，如“碑[pei^{213}]、卑[pei^{213}]、美[mei^{434}]”。

止摄开口三等知组字今读韵母为[i]，如“知[tɕi^{213}]、池[tɕʻi^{13}]”。

止摄开口三等精组、庄章组字今读韵母为[ɿ]，如“资[tsɿ^{213}]、知[tsɿ^{213}]、视[sɿ^{343}]、词[tsʻɿ^{13}]”。

日母字今读[l̩]，如“而[l̩^{13}]儿[l̩^{13}]耳[l̩^{434}]”。

止摄合口三等非组字今读韵母为[ei]，如“非[fei^{213}]”。

止摄合口三等微母、泥组、精组、知系、见系字今读韵母为[uei]，如“垒[luei^{434}]、泪[luei^{343}]、嘴[tsuei^{434}]、翠[tsʻuei^{53}]、虽[suei^{213}]、蕊[luei^{434}]、归[kuei^{213}]、鬼[kuei^{434}]、葵[kʻuei^{13}]、跪[kuei^{343}]、尾[uei^{434}]、位[uei^{343}]”。

止摄合口三等庄组字今读韵母为[uai]，如“揣[tsʻuai^{434}]、摔[suai^{213}]、帅[suai^{53}]”。

效摄

效摄开口一等、开口二等非见系、开口三等知系字（除日母字）今读韵母为[ɔ]，如“毛[mɔ^{13}]、报[pɔ^{53}]、刀[tɔ^{213}]、道[tɔ^{53}]、早[tsɔ^{434}]、曹[tsʻɔ^{13}]、高[kɔ^{213}]、包[pɔ^{213}]、闹[nɔ^{343}]、吵[tsʻɔ^{534}]、超[tsʻɔ^{213}]、招[tsɔ^{213}]”，个别字今读[u]，如“堡[pu^{434}]、抱[pu^{343}]”，个别字今读韵母为[uɑ]，如“抓[tsuɑ^{213}]、爪爪子[tsuɑ^{434}]”。

效摄开口二等非知系字（包括日母字）今读韵母为[iɔ]，如“表[piɔ^{434}]、苗[miɔ^{13}]、妙[miɔ^{343}]、料[liɔ^{343}]、鸟[ȵiɔ^{434}]、焦[tʃiɔ^{213}]、轿[tɕiɔ^{53}]、摇[iɔ^{13}]、聊[liɔ^{13}]”。

流摄

流摄开口一等、三等帮组字今读韵母为[u]，如“某[mu^{434}]、浮[fu^{13}]、否[fu^{434}]、富[fu^{343}]”，个别字例外，如“剖[pʻɔ^{213}]、贸[mɔ^{343}]、茂[mɔ^{343}]”，“彪”今读[piɔ^{213}]。

流摄开口一等非帮组字、流摄开口三等知系字今读韵母为[əu]，如“透[tʻəu^{53}]、豆[təu^{343}]、走[tsəu^{434}]、口[kʻəu^{434}]、狗[kəu^{434}]、厚[xəu^{343}]、愁[tsʻəu^{13}]、抽[tsʻəu^{213}]、周[tsəu^{213}]”。

流摄开口三等泥组、精组、见系字、日母字今读韵母为[iəu]，如“扭[ȵiəu^{434}]、流[liəu^{13}]、揪[tʃiəu^{213}]、就[tʃiəu^{53}]、袖[ʃiəu^{343}]、揉[iəu^{13}]、丘[tɕʻiəu^{213}]、休[ɕiəu^{213}]、优[iəu^{213}]、纠[tɕiəu^{213}]、幽[iəu^{213}]”。

咸摄

就舒声字而言，咸摄开口一等、咸摄开口二等、三等知系（不包括日母字）、咸摄合口三等字今读韵母为[æ̃]，如“贪[tʻæ̃^{33}]、南[næ̃^{53}]、蚕[tsʻæ̃^{53}]、含[xæ̃^{53}]、感[kæ̃^{212}]、喊[xæ̃^{212}]、淡[tæ̃^{353}]、蓝[læ̃^{53}]、三[sæ̃^{33}]、站[tsæ̃^{53}]、搀[tsʻæ̃^{33}]、闪[sæ̃^{212}]、凡[fæ̃^{53}]”，咸摄开口二等见系、咸摄开口三等非知系字（包括日母字）、咸摄开口四等字今读韵母为[iæ̃]，如“减[ciæ̃^{212}]、咸[çiæ̃^{53}]、嵌[cʻiæ̃^{53}]、严[iæ̃^{53}]、检[ciæ̃^{212}]、险[çiæ̃^{212}]、淹[iæ̃^{33}]、敛[liæ̃^{212}]、尖[tɕiæ̃^{33}]、贬[piæ̃^{212}]、甜[tʻiæ̃^{53}]、店[tiæ̃^{53}]、嫌[çiæ̃^{53}]、染[iæ̃^{212}]”。

就入声字而言，咸摄开口一等、合口三等非组字今读韵母为[aʔ]，如“答[taʔ$^{\underline{12}}$]、踏[tʻaʔ$^{\underline{12}}$]、纳[naʔ$^{\underline{43}}$]、杂[tsaʔ$^{\underline{43}}$]、塔[tʻaʔ$^{\underline{12}}$]、腊[laʔ$^{\underline{43}}$]、眨[tsaʔ$^{\underline{12}}$]、插[tsʻaʔ$^{\underline{12}}$]、鸽[kaʔ$^{\underline{12}}$]、喝[x aʔ$^{\underline{12}}$]、盒[x aʔ$^{\underline{43}}$]、磕[kʻaʔ$^{\underline{12}}$]、法[faʔ$^{\underline{12}}$]”。咸摄开口二等知系、见系、咸摄开口三四等今读韵母为[iaʔ]，如“掐[tɕʻiaʔ$^{\underline{12}}$]、夹[tɕiaʔ$^{\underline{12}}$]、狭[ɕiaʔ$^{\underline{43}}$]、甲[tɕiaʔ$^{\underline{12}}$]、鸭[iaʔ$^{\underline{12}}$]、镊[ȵiaʔ$^{\underline{43}}$]、猎[liaʔ$^{\underline{43}}$]、接[tʃiaʔ$^{\underline{12}}$]、叶[iaʔ$^{\underline{43}}$]、劫[tɕiaʔ$^{\underline{12}}$]、跌[tiaʔ$^{\underline{12}}$]、贴[tʻiaʔ$^{\underline{12}}$]、叠[tiaʔ$^{\underline{43}}$]”褶[tɕiaʔ$^{\underline{12}}$]、摄[ɕiaʔ$^{\underline{12}}$]”。个别字已经舒化，如“恰[tɕʻiɑ^{343}]、协[ɕiə^{53}]、拉[lɑ^{213}]”等。

深摄

就舒声字而言，深摄开口三等非知系字（包括日母字）今读韵母为[iẼ]，如“品[pʻiẼ^{434}]、林[liẼ^{53}]、心[ɕiẼ^{213}]、今[tʃiẼ^{213}]、任[iẼ^{53}]”，深摄开口三等知系字（除日母字）今读韵母为[Ẽ]，如“沉[tsʻẼ^{53}]、森[sẼ^{213}]、针[tsẼ^{213}]”。

就入声字而言，深摄开口三等泥组、精组、知组、章组、见晓组入声字今读韵母为[iəʔ]，如“立[liəʔ$^{\underline{43}}$]、集[tɕiəʔ$^{\underline{12}}$]、习[ɕiəʔ$^{\underline{43}}$]、蛰[tɕiəʔ$^{\underline{12}}$]、湿[ɕiəʔ$^{\underline{12}}$]、十[ɕiəʔ$^{\underline{43}}$]、急[tɕiəʔ$^{\underline{12}}$]”，庄组入声字“涩”今读韵母为[əʔ]，其中，影母入声字“揖$_{\text{作揖}}$”已经舒化，今读[i^{343}]。

山摄

就舒声字而言，山摄开口一等、山摄开口二等非见系、三等知系（不包括日母字）字今读韵母为[æ̃]，如“丹[tæ̃^{213}]、但[tæ̃^{343}]、兰[læ̃^{53}]、餐[tsʻæ̃^{213}]、干[kæ̃^{213}]、赞[tsæ̃^{53}]、扮[pæ̃^{53}]、盼[pʻæ̃^{53}]、山[ʂæ̃^{213}]、绽[tsæ̃^{343}]、班[pæ̃^{213}]、删[sæ̃^{213}]、缠[tsʻæ̃^{53}]、展[tsæ̃^{434}]、善[sæ̃^{343}]”，山摄开口二等见系、山摄开口三等非知系字（包括日母字）、山摄开口四等字今读韵母为[iæ̃]，如“艰[tɕiæ̃^{213}]、颜[iæ̃^{53}]、鞭[piæ̃^{213}]、棉[miæ̃^{53}]、连[liæ̃^{53}]、煎[tɕiæ̃^{213}]、钱[tɕʻiæ̃^{53}]、件[tɕiæ̃^{343}]、边[piæ̃^{213}]、天[tʻiæ̃^{213}]、千[tɕʻiæ̃^{213}]、肩[ciæ̃^{213}]、言[iæ̃^{53}]、现[ɕiæ̃^{53}]、然[iæ̃^{53}]”。

就入声字而言，山摄开口一等、合口一等帮组、二等非见系、合口三等非组入声字今读韵母为[aʔ]，如“发[faʔ$^{\underline{12}}$]、罚[faʔ$^{\underline{43}}$]、铡[tsaʔ$^{\underline{43}}$]、杀[saʔ$^{\underline{12}}$]、辣[laʔ$^{\underline{43}}$]、割[kaʔ$^{\underline{12}}$]、渴[kʻaʔ$^{\underline{12}}$]、泼[pʻaʔ$^{\underline{12}}$]、末[maʔ$^{\underline{43}}$]”，山摄开口二等见系、山摄开口三四等入声字今读韵母为[iaʔ]，如“掐[cʻiaʔ$^{\underline{12}}$]、夹[ciaʔ$^{\underline{12}}$]、狭[ɕiaʔ$^{\underline{43}}$]、甲[iaʔ$^{\underline{12}}$]、鸭[iaʔ$^{\underline{12}}$]、鳖[piaʔ$^{\underline{12}}$]、灭[miaʔ$^{\underline{43}}$]、列[liaʔ$^{\underline{43}}$]、泄[ɕiaʔ$^{\underline{12}}$]、哲[tɕiaʔ$^{\underline{12}}$]、舌[ɕiaʔ$^{\underline{43}}$]、孽[ȵiaʔ$^{\underline{43}}$]、热[iaʔ$^{\underline{43}}$]、歇[ɕiaʔ$^{\underline{12}}$]、铁[tʻiaʔ$^{\underline{12}}$]、憋[piaʔ$^{\underline{12}}$]、节[tʃiaʔ$^{\underline{43}}$]、结[tɕiaʔ$^{\underline{12}}$]”，山摄合口一等非帮组、山摄合口二等、合口三等知系、微母字“袜”今读韵母为[uaʔ]，如“刷[suaʔ$^{\underline{12}}$]、滑[xuaʔ$^{\underline{43}}$]、刮[kuaʔ$^{\underline{12}}$]、说[suaʔ$^{\underline{12}}$]、脱[tʻuaʔ$^{\underline{12}}$]、夺[tuaʔ$^{\underline{43}}$]、括[kʻuaʔ$^{\underline{2}}$]、活[xuaʔ$^{\underline{43}}$]”，山摄合口三四等见系、精组入声字今读韵母为[yʌʔ]，如“缺[tɕʻyaʔ$^{\underline{12}}$]、穴[ɕyaʔ$^{\underline{43}}$]、月[yaʔ$^{\underline{43}}$]、越[yaʔ$^{\underline{43}}$]、雪[ɕyaʔ$^{\underline{12}}$]”。个别字已经舒化，如“挖[uɑ^{213}]”等。

臻摄

就舒声字而言，臻摄开口一等见系、开口三等知庄章组字、臻摄合口一等帮组、合口三等非组字今读韵母为[ᴇ̃]，如“跟[kᴇ̃^{213}]、痕[xᴇ̃^{53}]、恩[ɣᴇ̃^{213}]、珍[tsᴇ̃^{213}]、陈[ts‘ᴇ̃^{53}]、真[tsᴇ̃^{213}]、奔[p ᴇ̃^{213}]、门[mᴇ̃^{53}]、分[fᴇ̃^{213}]、文[uᴇ̃^{53}]”，臻摄开口一三等非知系、日母字今读[iᴇ̃]，如“宾[piᴇ̃^{213}]、民[miᴇ̃^{53}]、邻[liᴇ̃^{53}]、津[tʃiᴇ̃^{213}]、辛[ʃiᴇ̃^{213}]、人[iᴇ̃^{53}]、巾[tɕiᴇ̃^{213}]、银[iᴇ̃^{53}]、引[iᴇ̃^{213}]、斤[tɕiᴇ̃^{33}]”，臻摄合口一等非帮组、合口三等来母、知章组字今读韵母为[uᴇ̃]，如“敦[tuᴇ̃^{213}]、顿[tuᴇ̃^{53}]、论[luᴇ̃^{343}]、尊[tsuᴇ̃^{213}]、村[ts‘uᴇ̃^{213}]、昆[k‘uᴇ̃^{213}]、春[ts‘uᴇ̃^{213}]、顺[suᴇ̃^{343}]”，臻摄合口三等精组、见组字今读韵母为[yᴇ]，如“俊[tʃyᴇ̃^{53}]、旬[ʃyᴇ̃^{53}]、均[tɕyᴇ̃^{213}]、军[tɕyᴇ̃^{213}]、训[ɕyᴇ̃^{53}]、云[yᴇ̃^{53}]”，其中，臻合三精组的“遵”韵母为[uᴇ̃]。

就入声字而言，开口三等庄组字、合口一等帮组字今读韵母为[əʔ]，如“虱[səʔ$^{\underline{12}}$]、勃[pəʔ$^{\underline{43}}$]、没[məʔ$^{\underline{43}}$]”，开口三等非庄组字今读韵母为[iəʔ]，如“笔[piəʔ$^{\underline{12}}$]、蜜[miəʔ$^{\underline{43}}$]、七[tɕ‘iəʔ$^{\underline{43}}$]、膝[ʃiəʔ$^{\underline{12}}$]、秩[tɕiəʔ$^{\underline{43}}$]、质[tʃiəʔ$^{\underline{12}}$]、室[ʃiəʔ$^{\underline{12}}$]、日[iəʔ$^{\underline{43}}$]、吉[tɕiəʔ$^{\underline{12}}$]、一[iəʔ$^{\underline{12}}$]”，合口一等非帮组、合口三等知系、非组字今读韵母为[uəʔ]，如“突[t‘uəʔ$^{\underline{12}}$]、卒[tsuəʔ$^{\underline{43}}$]、骨[kuəʔ$^{\underline{12}}$]、杌[uəʔ$^{\underline{43}}$]、忽[xuəʔ$^{\underline{12}}$]、出[ts‘uəʔ$^{\underline{12}}$]、术[suəʔ$^{\underline{43}}$]”，合口三等见系字今读韵母为[yəʔ]，如“橘[cyəʔ$^{\underline{12}}$]、屈[tɕ‘yəʔ$^{\underline{12}}$]”。个别字已经舒化，如“乙[i^{434}]、匹[p‘i^{53}]”。

宕摄

就舒声字而言，开口一等、开口三等知庄章组、合口三等非敷奉母、微母的“芒”今读韵母为[ɑŋ]，如“帮[pɑŋ^{213}]、旁[p‘ɑŋ^{13}]、忙[mɑŋ^{13}]、汤[t‘ɑŋ^{213}]、堂[t‘ɑŋ^{13}]、郎[lɑŋ^{213}]、囊[nɑŋ^{13}]、仓[ts‘ɑŋ^{213}]、桑[sɑŋ^{213}]、刚[kɑŋ^{213}]、昂[ɣɑŋ^{13}]、张[tsɑŋ^{213}]、章[tsɑŋ^{213}]、常[ts‘ɑŋ^{13}]、芳[fɑŋ^{213}]”，开口三等日母、见系字今读韵母为[iɑŋ]，如“强[tɕ‘iɑŋ^{13}]、疆[tɕiɑŋ^{213}]、让[iɑŋ^{13}]”，合口一等、合口三等见系、开口三等庄组、合口三等微母字今读韵母为[uɑŋ]，如“装[tsuɑŋ^{213}]、床[ts‘uɑŋ^{13}]、霜[suɑŋ^{213}]、忘[uɑŋ^{13}]、望[uɑŋ^{13}]、光[kuɑŋ^{213}]、黄[xuɑŋ^{13}]”。

就入声字而言，开口一等帮组、见组字今读韵母为[aʔ]，如“博[paʔ$^{\underline{12}}$]、莫[maʔ$^{\underline{43}}$]、各[kaʔ$^{\underline{12}}$]、郝[x aʔ$^{\underline{12}}$]”，开口三等知章组字今读

韵母为[iaʔ]，如“着$_{睡着}$[tɕiaʔ$^{\underline{12}}$]、勺[ɕiaʔ$^{\underline{43}}$]”，合口一等见系、开口一等端系字今读韵母为[uaʔ]，如“托[tʻuaʔ$^{\underline{12}}$]、郭[kuaʔ$^{\underline{12}}$]”，合口三等见系、开口三等日母字今读韵母为[yaʔ]，如“略[lyaʔ$^{\underline{43}}$]、雀[tɕʻyaʔ$^{\underline{12}}$]、削[ɕyaʔ$^{\underline{12}}$]、约[yaʔ$^{\underline{12}}$]、疟[ȵyaʔ$^{\underline{12}}$]”。个别字已经舒化，如“幕[mu^{13}]、鹤[xə^{13}]、嚼[tɕiə^{13}]”。

江摄

就舒声字而言，开口二等帮组字今读韵母为[ɑŋ]，如“邦[pɑŋ^{213}]、胖[pʻɑŋ^{53}]”，开口二等知系字今读韵母为[uɑŋ]，如“撞[tsuɑŋ^{13}]、窗[tsʻuɑŋ^{213}]、双[suɑŋ^{213}]”，开口二等见系字今读韵母为[iɑŋ]，如“江[tɕiɑŋ^{213}]、讲[tɕiɑŋ^{434}]、项[ɕiɑŋ^{13}]”。

就入声字而言，开口二等帮组字今读韵母为[aʔ]，如“驳[paʔ$^{\underline{12}}$]、朴[pʻaʔ$^{\underline{12}}$]”，开口二等知系字今读韵母为[uʌʔ]，如“桌[tsuaʔ$^{\underline{12}}$]、戳[tsʻuaʔ$^{\underline{12}}$]、捉[tsuaʔ$^{\underline{43}}$]、镯[tsuaʔ$^{\underline{12}}$]”，开口二等见系字今读韵母为[yʌʔ]，如“觉$_{知觉}$[tɕyaʔ$^{\underline{12}}$]、岳[yaʔ$^{\underline{43}}$]、学[ɕyaʔ$^{\underline{43}}$]”。

曾摄

就舒声字而言，曾摄开口一等、曾摄开口三等知章组字今读韵母为[əŋ]，如“朋[pʻəŋ^{53}]、登[təŋ^{213}]、能[nəŋ^{53}]、赠[tsəŋ^{53}]、肯[kʻəŋ^{213}]、蒸[tsəŋ^{213}]、澄[tsʻəŋ^{53}]”，曾摄开口三等帮组、泥组、日母、见系字今读韵母为[iŋ]，如“仍[iŋ^{53}]、兴[ɕiŋ^{213}]、冰[piŋ^{213}]、陵[liŋ^{53}]”，曾合一“弘”今读韵母为[uŋ]。

就入声字而言，开口一等精组、开口三等庄组字今读韵母为[əʔ]，如“则[tsəʔ$^{\underline{12}}$]、塞[səʔ$^{\underline{12}}$]”，开口一等见系字今读韵母为[aʔ]，如“刻[kʻaʔ$^{\underline{12}}$]、黑[x aʔ$^{\underline{12}}$]”，开口一等帮组、端组、开口三等非庄组字今读韵母为[iəʔ]，如“得[tiəʔ$^{\underline{12}}$]、墨[miəʔ$^{\underline{43}}$]、逼[piəʔ$^{\underline{12}}$]、力[liəʔ$^{\underline{43}}$]、息[ɕiəʔ$^{\underline{12}}$]、直[tɕiəʔ$^{\underline{43}}$]、职[tɕiəʔ$^{\underline{12}}$]、极[tɕiəʔ$^{\underline{43}}$]”，合口一等见系字今读韵母为[uəʔ]，如“国[kuəʔ$^{\underline{12}}$]、或[xuəʔ$^{\underline{43}}$]”。个别字已经舒化，如“亿[i^{343}]、忆[i^{343}]、抑[i^{343}]、域[y^{53}]”等。

梗摄

就舒声字而言，梗摄开口二等非见系、开口三等知系、合口二等匣母字“横$_{横直}$横$_{蛮横}$”、开口二等见母字“更耕耿”等今读韵母为[əŋ]，如“烹[pʻəŋ^{213}]、撑[tsʻəŋ^{213}]、生[səŋ^{213}]、坑[kʻəŋ^{213}]、争[tsəŋ^{213}]、迸[pəŋ^{343}]、耕[kəŋ^{213}]”，合口三四等“倾顷营颖”、开口三等非知系、开口二等见系（除见母）字今读韵母为[iŋ]，如“硬[iŋ^{343}]、杏[ɕiŋ^{343}]、幸[ɕiŋ^{343}]、京[tɕiŋ^{213}]、迎[iŋ^{53}]、英[iŋ^{213}]、兵[piŋ^{213}]、名[miŋ^{53}]、颈[tɕiŋ^{53}]、瓶[pʻiŋ^{53}]、丁[tiŋ^{213}]、宁[ȵiŋ^{53}]、零[liŋ^{53}]、青[tɕʻiŋ^{213}]、经[tɕiŋ^{213}]、形[ɕiŋ^{53}]、倾[tɕʻiŋ^{213}]”，合口四等字今读韵母为[yŋ]，如“兄[ɕyŋ^{213}]、荣[yŋ^{53}]、永[yŋ^{434}]”，“矿”今读韵母为[uɑŋ]，“轰宏”今读韵母为[uŋ]。

就入声字而言，开口二等知系、见系字今读韵母为[əʔ]，如“摘[tsəʔ$^{\underline{12}}$]、责[tsəʔ$^{\underline{12}}$]”，开口二等帮组字今读韵母为[iaʔ]，如“麦[miʌʔ$^{\underline{43}}$]”，开口二等见系字今读韵母为[ʌʔ]，如“革[kaʔ$^{\underline{12}}$]、核[x aʔ$^{\underline{43}}$]”，开口三四等字今读韵母为[iəʔ]，如“僻[pʻiəʔ$^{\underline{12}}$]、脊[tɕiəʔ$^{\underline{12}}$]、惜[ɕiəʔ$^{\underline{12}}$]、席[ɕiəʔ$^{\underline{43}}$]、只[tɕiəʔ$^{\underline{12}}$]、石[ɕiəʔ$^{\underline{43}}$]、吃[tɕʻiəʔ$^{\underline{12}}$]、的$_{目的}$[tiəʔ$^{\underline{12}}$]、笛[tiəʔ$^{\underline{43}}$]、绩[tɕiəʔ$^{\underline{12}}$]、锡[ɕiəʔ$^{\underline{12}}$]”。个别字已经舒化，如“逆[ȵi^{343}]、易$_{交易}$[i^{53}]、役[i^{53}]、疫[i^{53}]”等。

通摄

就舒声字而言，通摄合口一三等帮组字今读韵母为[əŋ]，如“风[fəŋ^{213}]、蓬[pʻəŋ^{53}]、梦[məŋ^{343}]”，合口一等端见系、合口三等精泥组大部分字、知系、大部分见组字今读韵母为[uŋ]，如“聋[luŋ^{53}]、公[kuŋ^{213}]、红[xuŋ^{53}]、翁[uŋ^{213}]、宗[tsuŋ^{213}]、冬[tuŋ^{213}]、隆[luŋ^{13}]、虫[tsʻuŋ^{13}]、崇[tsʻuŋ^{13}]、终[tsuŋ^{213}]、宫[kuŋ^{213}]、恐[kʻuŋ^{434}]、种[tsuŋ^{53}]、从$_{从容}$[tsʻuŋ^{13}]、重[tsuŋ^{343}]”，合口三等晓匣影喻母字、日母字今读韵母为[yŋ]，如“绒[yŋ^{13}]、穷[tɕʻyŋ^{13}]、熊[ɕyŋ^{13}]、融[yŋ^{13}]、胸[ɕyŋ^{213}]、容[yŋ^{13}]”。

就入声字而言，合口一等帮组、合口三等帮组字今读韵母为[əʔ]，如“木[məʔ$^{\underline{43}}$]、福[fəʔ$^{\underline{12}}$]、服[fəʔ$^{\underline{43}}$]、目[məʔ$^{\underline{43}}$]”，合口一等端系、见系、合口三等知系、合口三等泥母字“六陆录”今读韵母为[uəʔ]，如“秃[tʻuəʔ$^{\underline{12}}$]、独[tuəʔ$^{\underline{43}}$]、鹿[luəʔ$^{\underline{43}}$]、族[tsuəʔ$^{\underline{43}}$]、谷[kuəʔ$^{\underline{12}}$]、竹[tsuəʔ$^{\underline{12}}$]、缩[suəʔ$^{\underline{12}}$]、叔[suəʔ$^{\underline{12}}$]”，合口三等精组、见组字今读韵母为[yəʔ]，如“肃[ɕyəʔ$^{\underline{12}}$]、俗[ɕyəʔ$^{\underline{43}}$]、菊[tɕyəʔ$^{\underline{43}}$]、畜$_{畜牧}$[ɕyəʔ$^{\underline{12}}$]、局[tɕyəʔ$^{\underline{43}}$]”。个别字已经舒化，如“肉[iəu^{343}]、育[y^{53}]、玉[y^{53}]、狱[y^{53}]、浴[y^{53}]”。

（三）声调比较

古声调与潞城方言声调的对应关系如表所示，古平声今按清浊的不同分为阴平和阳平，古清、次浊上声今读上声，古全浊上声和古浊去今读阳去，古清去今读阴去，古清声母入声今读阴入，古浊声母入声今读阳入，部分入声字舒化归入其他 5 个调中。

		阴平	阳平	上声	阴去	阳去	阴入	阳入
平声	清	高猪 天娟						
	次浊		难娘 文云					
	全浊		陈平 床穷					
上声	清			口体 古娶				
	次浊			老体 五缕				
	全浊					近厚 坐序		
去声	清				盖济 对句			
	次浊					让耀 路喻		
	全浊					大贱 共效		
入声	清						福割锡缺	
	次浊							摸袜列月
	全浊							服合食局

十二　平顺方言语音与中古音的比较

平顺方言的语音系统与以《切韵》系韵书为代表的中古音存在着一定的对应规律。古音分类以中国社会科学院语言研究所编制的《方言调查字表》为依据。平顺方言的语音仅指单字音。

（一）声母比较

帮母　今读[p]。如“包”[pɔ^{33}]，少数读[p‘]，如“蝙[p‘iaŋ^{313}]”。

滂母　今多读[p‘]。如“怕”[p‘a^{53}]，少数读[p]，如“怖[pu^{53}]”。

並母　今平声多读送气音[p‘]，今仄声多读不送气音[p]，如：皮[p‘i^{313}]被[pi^{53}]。有个别字平声读不送气音，如“刨[pɔ^{313}]”，仄声读送气音，如“佩[p‘ei^{353}]”。

明母　今读[m]，如“马[mɑ^{424}]”。

非敷奉母　今读[f]，如“反[fæ̃^{424}]、翻[fæ̃^{313}]、房[faŋ^{22}]”。

微母　今读[ø]，如“微[uei^{313}]、武[u^{424}]、爱[ɣai^{353}]、音[iẼ^{313}]”。

端母　今读[t]，如“肚[tu^{353}]”，“鸟”是例外字，今读[ȵiɔ^{424}]。

透母　读[t‘]，如“梯[t‘i^{313}]”，个别字读[t]声母，如“贷[tai^{53}]”。

定母　今平声多读送气音[t‘]，今仄声多读不送气音[t]，前者如“太[t‘ai^{53}]”，后者如“代[tai^{353}]”。

泥母　今读[n]，如“脑[nɔ^{424}]”。

来母　今读[l]，如“来[lai^{22}]”。

精母　不论洪细音今都读[ts]，如“住[tsu^{353}]”、“精[tɕiŋ^{313}]”。

清母　不论洪细音今都读[ts‘]，如“醋[ts‘u^{53}]”、“清[tɕ‘iŋ^{313}]”。

从母　今洪音平声读[ts‘]，如“曹[ts‘ɔ^{22}]”，今洪音仄声读[ts]，如“找[tsɔ^{424}]”，今细音平声读[ts‘]，如“前[ts‘iæ̃^{22}]”，今细音仄声读[ts]，如“件[tsiæ̃^{353}]”。

心母　不论洪细音今都读[s]，如“扫[sɔ^{313}]”、“心[siẼ^{313}]””。

邪母　今洪音读[ts‘]，如“词[ts‘ɿ^{22}]”，或读[s]，如“寺[sɿ^{353}]”，细音也读[s]，如“席[siəʔ^{212}]”。

知母　今多读[ts]，如“朝[tsɔ^{313}]”。止摄三等今读[tɕ]，如“知[tɕi^{313}]”。

彻母　今读[ts‘]，如“超[ts‘ɔ^{313}]”。止摄三等今读[tɕ‘]，如“耻[tɕ‘i^{424}]”。

澄母　今平声多读送气音[ts‘]，如“潮[ts‘ɔ^{22}]”，止摄三等今读[tɕ‘]，如“持[tɕ‘i^{22}]”。今仄声多读不送气音[ts]，如“赵[tsɔ^{353}]”，止摄三等今读[tɕ]，如“治[tɕi^{353}]”。

庄母　今读[ts]，如“争[tsəŋ^{313}]”。

初母 今读[tsʻ]，如“初[tsʻuʌ^{313}]”。

崇母 今平声读送气音[tsʻ]，今仄声读不送气音[ts]，前者如“床[tsʻuaŋ^{22}]”，后者如“状[tsuaŋ^{353}]”。

生母 今多读[s]，如“山[sæ̃^{313}]”，少数读[tsʻ]，如“产[tsʻæ̃^{424}]”。

章母 今多读[ts]，如“煮[tsu^{424}]”。假蟹摄、咸山深臻宕曾梗摄入声字读[tɕ]声母，如“制[tɕi^{353}]”。

昌母 今多读[tsʻ]，如“穿[tsʻuæ̃^{313}]”。假蟹摄、咸山深臻宕曾梗摄入声字读[tɕʻ]声母，如“尺[tɕʻiəʔ^{2}]”。

船母 今多读[s]，如“神[səŋ^{22}]”。假蟹摄、咸山深臻宕曾梗摄入声字读[ɕ]声母，如“实[ɕiəʔ$^{\underline{212}}$]”。

书母 今多读[s]，如“手[səu^{424}]”，部分字今读[tsʻ]，如“唇[tsʻuɛ̃^{22}]”。假蟹摄、咸山深臻宕曾梗摄入声字读[ɕ]声母，如“失[ɕiəʔ^{2}]”。

禅母 今多读[s]，如“时[sɿ^{22}]”，部分三等平声字今读[tsʻ]，如“晨[tsʻɛ̃^{22}]臣[tsʻɛ̃^{22}]愁[tsʻəu^{22}]仇[tsʻəu^{22}]”。假蟹摄、咸山深臻宕曾梗摄入声字读[ɕ]声母，如“十[ɕiəʔ$^{\underline{212}}$]”。

日母 今读[ø]，如“人[iɛ̃^{22}]热[iʌʔ$^{\underline{212}}$]”，止摄开口三等字今读[l̩]，如“儿[l̩^{22}]二[l̩^{353}]耳[l̩^{424}]”。

见母 今洪音读[k]，细音读[c]。前者如“告[kɔ^{53}]”，后者如“骄[ciɔ^{313}]”。

溪母 今洪音读[kʻ]，细音读[cʻ]。前者如“靠[kʻɔ^{353}]”，后者如“乔[cʻiɔ^{22}]”。

群母 今洪音平声读[kʻ]，如“葵[kʻuei^{53}]”，今洪音仄声读[k]，如“跪[kuei^{353}]”，今细音平声读[cʻ]，如“旗[cʻi^{53}]”，今细音仄声读[c]，如“巨[cy^{353}]”。

疑母 今多读[ø]，如“牛[iəu^{22}]危[uei^{313}]硬[iŋ^{353}]”，但也有部分字今读[ȵ]，如“逆[ȵi^{353}]拟[ȵi^{424}]倪[ȵi^{53}]虐[ȵyʌʔ$^{\underline{212}}$]疟[ȵyʌʔ$^{\underline{212}}$]凝[ȵiŋ^{22}]”。

晓母 今洪音读[x]，今细音读[ç]。前者如“汉[xæ̃^{53}]”，后者如“吸[çiəʔ^{2}]”。也有个别字例外，如“况[kʻuaŋ^{53}]”、“歪[uai^{313}]”。

匣母 今洪音多读[x]，今细音读[ç]。前者如“回[xuei^{22}]”，后者如“咸[çiaŋ^{22}]”，还有部分字今读[ø]，如“丸[uæ̃^{22}]”。

影母 在今开口呼前读[ɣ]，如“袄[ɣɔ^{424}]”。其余情况都读[ø]，如“燕[iæ̃^{53}]”。

云母 今读[ø]，如“雨[y^{424}]”。

以母 今读[ø]，如“油[iəu^{22}]”。

（二）韵母比较

果摄

果摄开口一等端系、合口一等非帮组字今读韵母为[uə]，如“多[tuʌ^{313}]、拖[tʻuʌ^{313}]、驮[tʻuʌ^{22}]、罗[luʌ^{22}]、左[tsuʌ^{424}]、朵[tuʌ^{424}]、坐[tsuʌ^{353}]、骡[luʌ^{22}]、过[kuʌ^{53}]、课[kʻuʌ^{53}]”。

果摄开口一等见系今读[ə]，如“歌[kə^{22}]、河[xə^{22}]”。

果摄合口一等帮组今读韵母为[ə]，“婆[pʻə^{22}]、波[pə^{313}]、破[pʻə^{353}]”。

假摄

假摄开口二等非见系、合口二等庄组字今读韵母为[a]，如“巴[pa^{313}]、爬[pʻa^{22}]、怕[pʻa^{353}]、拿[na^{22}]、茶[tsʻa^{22}]、沙[sa^{313}]、傻[sa^{424}]”。

假摄开口二等见系字今读韵母为[ia]，如“家[cia^{313}]、价[cia^{353}]、牙[ia^{22}]、霞[çia^{22}]、鸦[ia^{313}]”。

假摄开口三等字今读韵母为[ie]，如“姐[tsie^{424}]、写[sie^{424}]、谢[sie^{353}]、遮[tçie^{313}]、社[çie^{353}]、惹[ie^{424}]、夜[ie^{353}]”。

假摄合口二等见系字今读韵母为[ua]，如“瓜[kua^{313}]、跨[kʻua^{353}]、花[xua^{313}]、蛙[ua^{313}]”。

遇摄

遇摄合口一等字、遇摄合口三等非组、知章组字今读韵母为[u]，如“布[pu^{353}]、普[pʻu^{424}]、堵[tu^{424}]、土[tʻu^{424}]、杜[tu^{353}]、努[nu^{424}]、租[tsu^{313}]、苦[kʻu^{424}]、猪[tsu^{313}]、书[su^{313}]、夫[fu^{313}]”。

遇摄合口三等来母（除“庐”），精组、日母、见系字今读韵母为[y]，如“吕[ly^{424}]、徐[sy^{22}]、如[y^{22}]、居[cy^{313}]、屡[ly^{424}]、须[sy^{313}]、句[cy^{353}]”。

蟹摄

蟹摄开合口一等帮组、合口三等帮组、“埋”今读韵母为[ei]，如

"贝[pei^{353}]、杯[pei^{313}]、废[fei^{353}]"。

蟹摄开口一等非帮组、蟹摄开口二等非见系字、蟹摄开口二等影母字、"楷骇"今读韵母为[ai]，如"戴[tai^{353}]、态[tʻai^{353}]、待[tai^{353}]、灾[tsai^{313}]、改[kai^{424}]、摆[pai^{424}]、买[mai^{424}]、奶[nai^{424}]、排[pʻai^{22}]、债[tsai^{353}]、豺[tsʻai^{22}]、挨$_{\text{挨住}}$[ɣai^{313}]"。

蟹摄开口二等见系字今读韵母为[ie]，如"街[cie^{33}]、鞋[çie^{13}]"，个别字读[ia]，如"佳[cia^{313}]、涯[ia^{22}]、崖[ia^{22}]"等。

蟹摄开口三四等字今读韵母为[i]，如"蔽[pi^{353}]、批[pʻi^{313}]、米[mi^{424}]、低[ti^{313}]、弟[ti^{353}]、例[li^{353}]、制[tɕi^{42}]、世[ɕi^{53}]、逝[ɕi^{353}]、妻[tsʻi^{313}]、西[si^{313}]、鸡[ci^{313}]、艺[i^{353}]"。

蟹摄合口一三等（除帮组），如"堆[tuei^{313}]、推[tʻuei^{313}]、雷[luei^{22}]、罪[tsuei^{353}]、脆[tsʻuei^{53}]、盔[kʻuei^{313}]、卫[uei^{353}]"。

蟹摄合口二等见晓组字今读韵母为[uai]，如"怪[kui^{53}]、坏[xuai^{353}]、快[kʻuai^{53}]、歪[uai^{313}]"；个别字今读[ua]，如"挂[kua^{53}]、卦[kua^{53}]、画[xua^{353}]、话[xua^{353}]、蛙[ua^{313}]"。

止摄

止摄开口三等帮组、泥组、见系字今读韵母为[i]，如"被[pi^{353}]、皮[pʻi^{22}]、眉[mi^{22}]、地[ti^{353}]、梨[li^{22}]、腻[ȵi^{353}]、肌[ci^{313}]、椅[i^{424}]、基[ci^{313}]、希[çi^{313}]、李[li^{535}]"，个别字今读[ei]，如"碑[pei^{313}]、卑[pei^{313}]、美[mei^{424}]"。

止摄开口三等知组字今读韵母为[i]，如"知[tɕi^{313}]、池[tɕʻi^{22}]"。

止摄开口三等精组、庄章组字今读韵母为[ɿ]，如"资[tsɿ^{313}]、视[sɿ^{353}]、词[tsʻɿ^{22}]"。

日母字今读[l̩]，如"而[l̩^{22}]、儿[l̩^{22}]、耳[l̩^{424}]"。

止摄合口三等非组字今读韵母为[ei]，如"非[fei^{313}]"。

止摄合口三等微母、泥组、精组、知系、见系字今读韵母为[uei]，如"垒[luei^{424}]、泪[luei^{353}]、嘴[tsuei^{424}]、翠[tsʻuei^{53}]、虽[suei^{313}]、蕊[luei^{424}]、归[kuei^{33}]、鬼[kuei^{424}]、葵[kʻuei^{22}]、跪[kuei^{353}]、尾[uei^{424}]、位[uei^{353}]"。

止摄合口三等庄组字今读韵母为[uai]，如"揣[tsʻuai^{424}]、摔[suai^{313}]、帅[suai^{53}]"。

效摄

效摄开口一等、开口二等非见系、开口三等知系字（除日母字）今读韵母为[ɔ]，如“毛[mɔ^{22}]、报[pɔ^{53}]、刀[tɔ^{313}]、道[tɔ^{53}]、早[tsɔ^{424}]、曹[tsʻɔ^{22}]、高[kɔ^{313}]、包[pɔ^{313}]、闹[nɔ^{353}]、吵[tsʻɔ^{424}]、超[tsʻɔ^{313}]、招[tsɔ^{313}]”，个别字今读[u]，如“堡[pu^{424}]、抱[pu^{353}]”，个别字今读韵母为[ua]，如“抓[tsua^{313}]、爪$_{\text{爪子}}$[tsua^{424}]”。

效摄开口二等非知系字（包括日母字）今读韵母为[iɔ]，如“表[piɔ^{424}]、苗[miɔ^{22}]、妙[miɔ^{353}]、料[liɔ^{353}]、鸟[ȵiɔ^{424}]、焦[tsiɔ^{313}]、轿[ciɔ^{53}]、摇[iɔ^{22}]、聊[liɔ^{22}]”。

流摄

流摄开口一等、三等帮组字今读韵母为[u]，如“某[mu^{424}]、浮[fu^{22}]、否[fu^{424}]、富[fu^{353}]”，个别字例外，如“剖[pʻɔ^{313}]、贸[mɔ^{353}]、茂[mɔ^{353}]”，“彪”今读[piɔ^{313}]。

流摄开口一等非帮组字、流摄开口三等知系字今读韵母为[əu]，如“透[tʻəu^{53}]、豆[təu^{353}]、走[tsəu^{424}]、口[kʻəu^{424}]、狗[kəu^{424}]、厚[xəu^{353}]、愁[tsʻəu^{22}]、抽[tsʻəu^{313}]、周[tsəu^{313}]”。

流摄开口三等泥组、精组、见系字、日母字今读韵母为[iəu]，如“扭[ȵiəu^{424}]、流[liəu^{22}]、揪[tsiəu^{313}]、就[tsiəu^{53}]、袖[siəu^{353}]、揉[iəu^{22}]、丘[cʻiəu^{313}]、休[çiəu^{313}]、优[iəu^{22}]、纠[ciəu^{313}]、幽[iəu^{33}]”。

咸摄

就舒声字而言，咸摄开口一等、咸摄开口二等、三等知系（不包括日母字）、咸摄合口三等字今读韵母为[æ̃]，如“贪[tʻæ̃^{313}]、南[næ̃^{22}]、蚕[tsʻæ̃^{22}]、含[xæ̃^{22}]、感[kæ̃^{424}]、喊[xæ̃^{424}]、淡[tæ̃^{353}]、蓝[læ̃^{22}]、三[sæ̃^{313}]、站[tsæ̃^{53}]、搀[tsʻæ̃^{313}]、闪[sæ̃^{424}]、凡[fæ̃^{22}]”，咸摄开口二等见系、咸摄开口三等非知系字（包括日母字）、咸摄开口四等字今读韵母为[iæ̃]，如“减[ciæ̃^{424}]、咸[çiæ̃^{22}]、嵌[cʻiæ̃^{53}]、严[iæ̃^{22}]、检[ciæ̃^{424}]、险[çiæ̃^{424}]、淹[iæ̃^{313}]、敛[liæ̃^{424}]、尖[tçiæ̃^{313}]、贬[piæ̃^{424}]、甜[tʻiæ̃^{22}]、店[tiæ̃^{53}]、嫌[çiæ̃^{22}]、染[iæ̃^{424}]”。

就入声字而言，咸摄开口一等、合口三等非组字今读韵母为[ʌʔ]，如“答[tʌʔ$^{\underline{212}}$]、踏[tʻʌʔ$^{\underline{2}}$]、纳[nʌʔ$^{\underline{212}}$]、杂[tsʌʔ$^{\underline{212}}$]、塔[tʻʌʔ$^{\underline{2}}$]、腊[lʌʔ$^{\underline{212}}$]、眨[tsʌʔ$^{\underline{212}}$]、插[tsʻʌʔ$^{\underline{2}}$]、鸽[kʌʔ$^{\underline{2}}$]、喝[xʌʔ$^{\underline{2}}$]、盒[xʌʔ$^{\underline{212}}$]、磕[kʻʌʔ$^{\underline{2}}$]、法[fʌʔ$^{\underline{2}}$]”。咸摄开口二等知系、见系、咸摄开口三四等今读

韵母为[iʌʔ]，如“掐[cʻiʌʔ^{2}]、夹[ciʌʔ^{2}]、狭[çiʌʔ^{212}]、甲[ciʌʔ^{2}]、鸭[iʌʔ^{2}]、镊[ȵiʌʔ^{212}]、猎[liʌʔ^{212}]、接[tsiʌʔ^{2}]、叶[iʌʔ^{212}]、劫[ciʌʔ^{2}]、跌[tiʌʔ^{2}]、贴[tʻiʌʔ^{2}]、叠[tiʌʔ^{212}]”褶[tɕiʌʔ^{2}]、摄[ɕiʌʔ^{2}]”。个别字已经舒化，如“恰[cʻia^{343}]、协[çiə^{22}]、拉[la^{313}]”等。

深摄

就舒声字而言，深摄开口三等非知系字（包括日母字）今读韵母为[iᴇ̃]，如“品[pʻiᴇ̃^{424}]、林[liᴇ̃^{22}]、心[ɕiᴇ̃^{313}]、今[tsiᴇ̃^{313}]、任[iᴇ̃^{53}]”，深摄开口三等知系字（除日母字）今读韵母为[ᴇ̃]，如“沉[tsʻᴇ̃^{22}]、森[sᴇ̃^{313}]、针[tsᴇ̃^{313}]”。

就入声字而言，深摄开口三等泥组、精组、知组、章组、见晓组入声字今读韵母为[iəʔ]，如“立[liəʔ^{212}]、集[tɕiəʔ^{2}]、习[ɕiəʔ^{212}]、蛰[tɕiəʔ^{212}]、湿[ɕiəʔ^{2}]、十[ɕiəʔ^{212}]、急[tɕiəʔ^{2}]”，庄组入声字“涩”今读韵母为[əʔ]，其中，影母入声字“揖$_{作揖}$”已经舒化，今读[i^{353}]。

山摄

就舒声字而言，山摄开口一等、山摄开口二等非见系、三等知系（不包括日母字）字今读韵母为[æ̃]，如“丹[tæ̃^{313}]、但[tæ̃^{353}]、兰[læ̃^{22}]、餐[tsʻæ̃^{313}]、干[kæ̃^{313}]、赞[tsæ̃^{53}]、扮[pæ̃^{53}]、盼[pʻæ̃^{53}]、山[sæ̃^{313}]、绽[tsæ̃^{353}]、班[pæ̃^{313}]、删[sæ̃^{313}]、缠[tsʻæ̃^{22}]、展[tsæ̃^{424}]、善[sæ̃^{353}]”，山摄开口二等见系、山摄开口三等非知系字（包括日母字）、山摄开口四等字今读韵母为[iæ̃]，如“艰[tsiæ̃^{313}]、颜[iæ̃^{53}]、鞭[piæ̃^{313}]、棉[miæ̃^{53}]、连[liæ̃^{53}]、煎[tsiæ̃^{313}]、钱[tsʻiæ̃^{53}]、件[ciæ̃^{353}]、边[piæ̃^{313}]、天[tʻiæ̃^{313}]、千[tsʻiæ̃^{313}]、肩[ciæ̃^{313}]、言[iæ̃^{53}]、现[çiæ̃^{53}]、然[iæ̃^{53}]”。

就入声字而言，山摄开口一等、合口一等帮组、二等非见系、合口三等非组入声字今读韵母为[ʌʔ]，如“发[fʌʔ^{2}]、罚[fʌʔ^{212}]、铡[tsʌʔ^{212}]、杀[sʌʔ^{2}]、辣[lʌʔ^{212}]、割[kʌʔ^{2}]、渴[kʻʌʔ^{2}]、泼[pʻʌʔ^{2}]、末[mʌʔ^{212}]”，山摄开口二等见系、山摄开口三四等入声字今读韵母为[iʌʔ]，如“掐[cʻiʌʔ^{2}]、夹[ciʌʔ^{2}]、狭[siʌʔ^{212}]、甲[iʌʔ^{2}]、鸭[iʌʔ^{2}]、鳖[piʌʔ^{2}]、灭[miʌʔ^{212}]、列[liʌʔ^{212}]、泄[siʌʔ^{2}]、哲[tɕiʌʔ^{2}]、舌[ɕiʌʔ^{212}]、孽[ȵiʌʔ^{212}]、热[iʌʔ^{212}]、歇[siʌʔ^{2}]、铁[tʻiʌʔ^{2}]、憋[piʌʔ^{2}]、节[tsiʌʔ^{212}]、结[tsiʌʔ^{2}]”，山摄合口一等非帮组、山摄合口二等、合口三等知系、微母字“袜”今读韵母为[uʌʔ]，如“刷[suʌʔ^{2}]、滑[xuʌʔ^{212}]、刮[kuʌʔ^{2}]、说[suʌʔ^{2}]、脱[tʻuʌʔ^{2}]、夺[tuʌʔ^{212}]、括

[k'uʌʔ^{2}]、活[xuʌʔ^{212}]"，山摄合口三四等见系、精组入声字今读韵母为[yʌʔ]，如"缺[ts'yʌʔ^{2}]、穴[syʌʔ^{212}]、月[yʌʔ^{212}]、越[yʌʔ^{212}]、雪[syʌʔ^{2}]"。个别字已经舒化，如"挖[ua^{313}]"等。

臻摄

就舒声字而言，臻摄开口一等见系、开口三等知庄章组字、臻摄合口一等帮组、合口三等非组字今读韵母为[ẽ]，如"跟[kẽ^{313}]、痕[xẽ^{22}]、恩[ɣẽ^{313}]、珍[tsẽ^{313}]、陈[ts'ẽ^{22}]、真[tsẽ^{313}]、奔[pẽ^{313}]、门[mẽ^{22}]、分[fẽ^{313}]、文[uẽ^{22}]"，臻摄开口一三等非知系、日母字今读[iẽ]，如"宾[piẽ^{313}]、民[miẽ^{22}]、邻[liẽ^{22}]、津[tsiẽ^{313}]、辛[siẽ^{313}]、人[iẽ^{22}]、巾[tɕiẽ^{313}]、银[iẽ^{22}]、引[iẽ^{313}]、斤[tsiẽ^{313}]"，臻摄合口一等非帮组、合口三等来母、知章组字今读韵母为[uẽ]，如"敦[tuẽ^{313}]、顿[tuẽ^{53}]、论[luẽ^{353}]、尊[tsuẽ^{313}]、村[ts'uẽ^{313}]、昆[k'uẽ^{313}]、春[ts'uẽ^{313}]、顺[suẽ^{353}]"，臻摄合口三等精组、见组字今读韵母为[yẽ]，如"俊[tsyẽ^{53}]、旬[syẽ^{22}]、均[tsyẽ^{313}]、军[tsyẽ^{313}]、训[syẽ^{53}]、云[yẽ^{22}]"，其中，臻合三精组的"遵"韵母为[uẽ]。

就入声字而言，开口三等庄组字、合口一等帮组字今读韵母为[əʔ]，如"虱[səʔ^{2}]、勃[pəʔ^{212}]、没[məʔ^{212}]"，开口三等非庄组字今读韵母为[iəʔ]，如"笔[piəʔ^{2}]、蜜[miəʔ^{212}]、七[ts'iəʔ^{212}]、膝[siəʔ^{2}]、秩[tɕiəʔ^{212}]、质[tsiəʔ^{2}]、室[ɕiəʔ^{2}]、日[iəʔ^{212}]、吉[tsiəʔ^{2}]、一[iəʔ^{2}]"，合口一等非帮组、合口三等知系、非组字今读韵母为[uəʔ]，如"突[t'uəʔ^{2}]、卒[tsuəʔ^{212}]、骨[kuəʔ^{2}]、杌[uəʔ^{212}]、忽[xuəʔ^{2}]、出[ts'uəʔ^{2}]、术[suəʔ^{212}]"，合口三等见系字今读韵母为[yəʔ]，如"橘[cyəʔ^{2}]、屈[ts'yəʔ^{2}]"。个别字已经舒化，如"乙[i^{434}]、匹[p'i^{53}]"。

宕摄

就舒声字而言，开口一等、开口三等知庄章组、合口三等非敷奉母、微母的"芒"今读韵母为[aŋ]，如"帮[paŋ^{313}]、旁[p'aŋ^{22}]、忙[maŋ^{22}]、汤[t'aŋ^{313}]、堂[t'aŋ^{22}]、郎[laŋ^{22}]、囊[naŋ^{22}]、仓[ts'aŋ^{313}]、桑[saŋ^{313}]、刚[kaŋ^{313}]、昂[ɣaŋ^{22}]、张[tsaŋ^{313}]、章[tsaŋ^{313}]、常[ts'aŋ^{22}]、芳[faŋ^{313}]"，开口三等日母、见系字今读韵母为[iaŋ]，如"强[c'iaŋ^{22}]、疆[ciaŋ^{313}]、让[iaŋ^{353}]"，合口一等、合口三等见系、开口三等庄组、合口三等微母字今读韵母为[uaŋ]，如"装[tsuaŋ^{313}]、床[ts'uaŋ^{22}]、霜[suaŋ^{313}]、忘[uaŋ^{353}]、望[uaŋ^{353}]、光[kuaŋ^{313}]、黄[xuaŋ^{22}]"。

就入声字而言，开口一等帮组、见组字今读韵母为[ʌʔ]，如“博[pʌʔ^{2}]、莫[mʌʔ^{212}]、各[kʌʔ^{2}]、郝[xʌʔ^{2}]”，开口三等知章组字今读韵母为[iʌʔ]，如“着$_{\text{睡着}}$[tɕiʌʔ^{2}]、勺[ɕiʌʔ^{212}]”，合口一等见系、开口一等端系字今读韵母为[uʌʔ]，如“托[tʻuʌʔ^{2}]、郭[kuʌʔ^{2}]”，合口三等见系、开口三等日母字今读韵母为[yʌʔ]，如“略[lyʌʔ^{212}]、雀[tsʻyʌʔ^{2}]、削[syəʔ^{2}]、约[yʌʔ^{2}]、疟[n̥yʌʔ^{212}]”。个别字已经舒化，如“幕[mu^{353}]、鹤[xə^{53}]、嚼[ciɔ^{53}]”。

江摄

就舒声字而言，开口二等帮组字今读韵母为[aŋ]，如“邦[paŋ^{313}]、胖[pʻaŋ^{53}]”，开口二等知系字今读韵母为[uaŋ]，如“撞[tsuaŋ^{353}]、窗[tsʻuaŋ^{313}]、双[suaŋ^{313}]”，开口二等见系字今读韵母为[iaŋ]，如“江[ciaŋ^{313}]、讲[ciaŋ^{424}]、项[çiaŋ^{353}]”。

就入声字而言，开口二等帮组字今读韵母为[ʌʔ]，如“驳[pʌʔ^{2}]、朴[pʻʌʔ^{2}]”，开口二等知系字今读韵母为[uʌʔ]，如“桌[tsuʌʔ^{2}]、戳[tsʻuʌʔ^{2}]、捉[tsuʌʔ^{2}]、镯[tsuʌʔ^{212}]”，开口二等见系字今读韵母为[yʌʔ]，如“觉$_{\text{知觉}}$[cyʌʔ^{2}]、岳[yʌʔ^{212}]、学[çyʌʔ^{212}]”。

曾摄

就舒声字而言，曾摄开口一等、曾摄开口三等知章组字今读韵母为[əŋ]，如“朋[pʻəŋ^{22}]、登[təŋ^{313}]、能[nəŋ^{22}]、赠[tsəŋ^{53}]、肯[kʻəŋ^{424}]、蒸[tsəŋ^{313}]、澄[tsʻəŋ^{22}]”，曾摄开口三等帮组、泥组、日母、见系字今读韵母为[iŋ]，如“仍[iŋ^{22}]、兴[çiŋ^{313}]、冰[piŋ^{313}]、陵[liŋ^{22}]”，曾合一“弘”今读韵母为[uŋ]。

就入声字而言，开口一等精组、开口三等庄组字今读韵母为[əʔ]，如“则[tsəʔ^{2}]、塞[səʔ^{2}]”，开口一等见系字今读韵母为[ʌʔ]，如“刻[kʻʌʔ^{2}]、黑[xʌʔ^{2}]”，开口一等帮组、端组、开口三等非庄组字今读韵母为[iəʔ]，如“得[tiəʔ^{2}]、墨[miəʔ^{212}]、逼[piəʔ^{2}]、力[liəʔ^{212}]、息[siəʔ^{2}]、直[tɕiəʔ^{212}]、职[tɕiəʔ^{2}]、极[ciəʔ^{212}]”，合口一等见系字今读韵母为[uəʔ]，如“国[kuəʔ^{2}]、或[xuəʔ^{212}]”。个别字已经舒化，如“亿[i^{353}]、忆[i^{353}]、抑[i^{353}]、域[y^{53}]”等。

梗摄

就舒声字而言，梗摄开口二等非见系、开口三等知系、合口二等匣母字“横$_{\text{横直}}$横$_{\text{蛮横}}$”、开口二等见母字“更耕耿”等今读韵母为[əŋ]，如

“烹［pʻəŋ^{313}］、撑［tsʻəŋ^{313}］、生［səŋ^{313}］、坑［kʻəŋ^{313}］、争［tsəŋ^{313}］、迸［pəŋ^{353}］、耕［kəŋ^{313}］”，合口三四等“倾顷营颖”、开口三等非知系、开口二等见系（除见母）字今读韵母为［iŋ］，如“硬［iŋ^{353}］、杏［çiŋ^{353}］、幸［çiŋ^{353}］、京［ciŋ^{313}］、迎［iŋ^{22}］、英［iŋ^{313}］、兵［piŋ^{313}］、名［miŋ^{22}］、颈［ciŋ^{53}］、瓶［pʻiŋ^{22}］、丁［tiŋ^{313}］、宁［n̥iŋ^{22}］、零［liŋ^{22}］、青［tsʻiŋ^{313}］、经［ciŋ^{313}］、形［çiŋ^{22}］、倾［cʻiŋ^{313}］”，合口四等字今读韵母为［yŋ］，如“兄［çyŋ^{313}］、荣［yŋ^{22}］、永［yŋ^{535}］”，“矿”今读韵母为［uaŋ］，“轰宏”今读韵母为［uŋ］。

就入声字而言，开口二等知系、见系字今读韵母为［əʔ］，如“摘［tsəʔ^{2}］、责［tsəʔ^{2}］”，开口二等帮组字今读韵母为［iʌʔ］，如“麦［miʌʔ$^{\underline{212}}$］”，开口二等见系字今读韵母为［ʌʔ］，如“革［kʌʔ^{2}］、核［xʌʔ$^{\underline{212}}$］”，开口三四等字今读韵母为［iəʔ］，如“僻［pʻiəʔ^{2}］、脊［tsiəʔ^{2}］、惜［siəʔ^{2}］、席［siəʔ$^{\underline{212}}$］、只［tɕiəʔ^{2}］、石［ɕiəʔ$^{\underline{212}}$］、吃［tɕʻiəʔ^{2}］、的$_{目的}$［tiəʔ^{2}］、笛［tiəʔ$^{\underline{212}}$］、绩［tsiəʔ^{2}］、锡［siəʔ^{2}］”。个别字已经舒化，如“逆［n̥i^{353}］、易$_{交易}$［i^{53}］、役［i^{53}］、疫［i^{53}］”等。

通摄

就舒声字而言，通摄合口一三等帮组字今读韵母为［əŋ］，如“风［fəŋ^{313}］、蓬［pʻəŋ^{22}］、梦［məŋ^{353}］”，合口一等端见系、合口三等精泥组大部分字、知系、大部分见组字今读韵母为［uŋ］，如“聋［luŋ^{22}］、公［kuŋ^{313}］、红［xuŋ^{22}］、翁［uŋ^{313}］、宗［tsuŋ^{313}］、冬［tuŋ^{313}］、隆［luŋ^{22}］、虫［tsʻuŋ^{22}］、崇［tsʻuŋ^{22}］、终［tsuŋ^{313}］、宫［kuŋ^{313}］、恐［kʻuŋ^{424}］、种［tsuŋ^{53}］、从$_{从容}$［tsʻuŋ^{22}］、重［tsuŋ^{353}］”，合口三等晓匣影喻母字、日母字今读韵母为［yŋ］，如“绒［yŋ^{22}］、穷［cʻyŋ^{22}］、熊［çyŋ^{22}］、融［yŋ^{22}］、胸［çyŋ^{313}］、容［yŋ^{22}］”。

就入声字而言，合口一等帮组、合口三等帮组字今读韵母为［əʔ］，如“木［məʔ$^{\underline{212}}$］、福［fəʔ^{2}］、服［fəʔ$^{\underline{212}}$］、目［məʔ$^{\underline{212}}$］”，合口一等端系、见系、合口三等知系、合口三等泥母字“六陆录”今读韵母为［uəʔ］，如“秃［tʻuəʔ^{2}］、独［tuəʔ$^{\underline{212}}$］、鹿［luəʔ$^{\underline{212}}$］、族［tsuəʔ$^{\underline{212}}$］、谷［kuəʔ^{2}］、竹［tsuəʔ^{2}］、缩［suəʔ^{2}］、叔［suəʔ^{2}］”，合口三等精组、见组字今读韵母为［yəʔ］，如“肃［syəʔ^{2}］、俗［syəʔ$^{\underline{212}}$］、菊［cyəʔ$^{\underline{212}}$］、畜$_{畜牧}$［çyəʔ^{2}］、局［cyəʔ$^{\underline{212}}$］”。个别字已经舒化，如“肉［iəu^{353}］、育［y^{53}］、玉［y^{53}］、狱［y^{53}］、浴［y^{53}］”。

（三）声调比较

古声调与平顺方言声调的对应关系如表所示，古平声今按清浊的不同分为阴平和阳平，古清、次浊上声今读上声，古全浊上声和古浊去今读阳去，古清去今读阴去，古清声母入声今读阴入，古浊声母入声今读阳入，部分入声字舒化归入其他5个调中。

		阴平	阳平	上声	阴去	阳去	阴入	阳入
平声	清	高猪天娟						
	次浊		难娘文云					
	全浊		陈平床穷					
上声	清			口体古娶				
	次浊			老体五缕				
	全浊					近厚坐序		
去声	清				盖济对句			
	次浊					让耀路喻		
	全浊					大贱共效		
入声	清						福割锡缺	
	次浊							摸袜列月
	全浊							服合食局

第二章　浊漳河流域方言词汇特点

第一节　入头分音词

一般来讲，分音词是指“由一个单音节‘字’按声韵分拆的规则分读为两个音节”的单纯词。据目前的调查研究结果显示，分音词在晋语区（侯精一 1999）、河南固始（属中原官话）（安华林 2005）、河南广武（属中原官话）（王森 1994）、山东寿光（属冀鲁官话）（张树铮 2003）、安徽怀远（属江淮官话）（耿军 2011）、江淮流域的临淮关、蚌埠、寿县正阳关一带（属江淮官话）（张天堡 1996）、天津方言（属北京官话）（王国栓马庆株 2012）中都存在。可见，“分音词就不是晋语所独有”的现象，鉴于此，温端政先生（2003）将晋语的分音词限定为“入头分音词”，这样，“不仅不影响内部一致性，而且具有高度的排他性。”据此，我们这里谈到的分音词就是入头分音词，即“一种前字读入声，后字读 l 母的双音节单纯词，是通过语音手段分离单音词而构成的一种特殊词汇形式。”①（邢向东 2013）这里把和分音词对应的单音节词称为“本词”。如长治话中分音词“不浪[pəʔ^{54} lAŋ^{44}]”，其对应的本词是“棒”。

一　分音词选释

侯精一先生曾在《晋语研究十题》中谈到分音词是晋语的一个重要的特点，并指出“分音词现象主要分布在山西中部、西部及北部邻近中部的少数地区。”② 事实上，在浊漳河流域方言的分布地也存在着丰富的分音

---

① 邢向东：《秦晋沿河方言历史比较研究》，中华书局 2013 年版。

② 侯精一：《现代晋语的研究》，商务印书馆，1999 年版。

词，并且各方言之间的分音词构造基本一致，词义也基本相同，下面以长治方言为例，将分音词列举如下。（分音词中的字多是有音无字的或一时无法考出本字的，为统一起见，一律用同音字代替，并用国际音标标示。）

不拉[pəʔ^{54} lɑ^{53}]——拨，如：把白菜～～，要不了[ou^{535}]啦。（把菜来回翻动一下，要不然就糊了。）

不来[pəʔ^{54} lQ^{44}]——摆，如：手 piɔ^{54}（不要）～了。

不捞[pəʔ^{54} lɔ^{44}]——刨，如：鸡在地上～哩。

奔溜[təʔ^{54} liəu^{44}]——丢，如：他睡觉把被子～到地上了。

圪联[kəʔ^{54} lyɑŋ^{44}]——圈 如：尿床啦，被子上一～一～的。

圪捞[kəʔ^{54}lɔ^{44}]——搅，如：舀顿米汤了，～～再舀。

圪略[kəʔ^{54} lyE^{44}]——块，如：把果子切成一～一～才不丁牙咧。

圪料[kəʔ^{54} liɔ^{53}]——翘，如：棍子～了，弄直些儿。

圪轮[kəʔ^{54} luŋ^{24}]——滚，如：不要在地上～啦。

圪榔[kəʔ^{54}lɑŋ^{44}]——秆，如：咱家收的玉茭～哩？

圪敛[kəʔ^{54} lyɑŋ^{535}]——卷，如：把画儿～将来。

圪乱[kəʔ^{54} luɑŋ^{44}]——团，如：一～纸

特拉[tÁ əʔ^{54} lɑ^{44}]——拖，如：你每天～上鞋像个甚样儿。

骨噜[ku əʔ^{54} luəʔ^{54}]——咕，如：肚饥了，肚子一直～～响。

骨鲁[ku əʔ^{54} lu^{535}]——股，如：给我一～绳。

扑楞[pəʔ^{54} ləŋ^{44}]——蹦，如：鸡在鸡窝里头直～。

圪搂[kəʔ^{54} ləu^{535}]——钩，如：不要～，容易坏了秤。

圪岭[kəʔ^{54} liŋ^{535}]——埂，如：去～上瞧瞧，瞧有没呢菜。

圪落[kəʔ^{54} la^{53}]——角，如：桌子～都是灰。

窟窿[kuəʔ^{54} luŋ^{24}]——孔，如：桌子上有个～。

不棱[pH əʔ^{54} ləŋ^{44}]——蒙，如：把车子～上，不要荡上灰。

圪路[kəʔ^{54} lu^{53}]——锢，如：～～锅吧，锅也喽啦。

二　入头分音词的特点

（1）语音特点

王洪君认为分音词是“前冠衔接式韵律词”，联系浊漳河流域方言，也是如此，其分音词的第一个音节都是入声，入声往往读得短而急促，因此具有“前冠”的特点，第二个音节的声母多以响度较大的边音[l]开头，因此，

使得前后韵律和谐，形成前暗后亮、前轻后重的响度对比效果。

由于分音词属于方言口语词，很多都很难找到书面记载。因此，在浊漳河流域方言的分音词中，只有一部分能找到本词，如“不浪（棒）、不拉（拨）”等。考察分音词和本词可以发现，二者在语音上具有一定的对应关系，具体表现在以下几个方面（侯精一，温端政 1993）：

第一，分音词中第一个音节的声母多是本词的声母，一般为清塞音[p t k p^{h} t^{h} k^{h}]，由于古今声母的演变，分音词声母为[k k^{h}]的，本词声母有的读为[tɕ tɕ^{h}]，如长治方言“圪料[kəʔ^{54} liɔ^{53}]（翘[tɕ^{h}iɔ^{53}]）”。第二，分音词中第一个音节的韵母都是入声韵。第三，分音词中第二个音节的声母为边音[l]。第四，分音词中第二个音节的韵母多是本词的韵母。第五，分音词中第二个音节的调类就是本词的调类。

（2）语法特点

分音词和本词不仅在语音上存在一定的对应关系，而且在词性上也基本一致，主要有名词、动词、量词、象声词等。如：不浪、忽涎、不亮、骨碌等。

一般情况下，分音词除了单独使用外，属于动词、量词和象声词的分音词还可以重叠。动词的分音词重叠格式是“ABAB”式，多表示动量小，时量短，具有短时、尝试、反复、持续等语法特点，量词的分音词重叠格式是“一AB一AB”式，象声词的分音词重叠格式也是“ABAB”式。以长治方言为例，如：

不来不来[pəʔ^{54} lai^{24} pəʔ^{54} lai^{24}]——反复快速地清洗某物，如：快点~这个衣裳算了。

圪轮圪轮[kəʔ^{54} luŋ^{24} kəʔ^{54} luŋ^{24}]——反复滚，如：把这个面来回~。

骨噜骨噜[kuəʔ^{54} luəʔ^{54} kuəʔ^{54} luəʔ^{54}]——咕咕，如：水管里的水一直~响咧。

一圪乱一圪乱[iəʔ^{54} kəʔ^{54} luɑŋ^{44} iəʔ^{54} kəʔ^{54} luɑŋ^{44}]——一团一团，如：废纸是~的扔咧。

一骨鲁一骨鲁[iəʔ^{54} kuəʔ^{54} lu^{535}iəʔ^{54} kuəʔ^{54} lu^{535}]——一股一股，如：毛线就得~得弄咧吧。

（3）语义特点

目前对分音词词义的研究成果较少。从语义上来看，分音词绝大多数是表示当地人民群众劳动生活中最常见的、最基本的事物、动作、状态、声音等，具有浓郁的口语色彩，分音词和本词之间在语义上也存在一定的对应关系。下面我们就从分音词本身的词义以及分音词和本词之间的语义对应关系两个方面来讨论。

首先，从分音词本身的语义来看，分音词并不都是单义词，根据语境，其可以衍生出多个义项，这些引申义与基本义相比，或扩大，或转移。下面以长治方言为例分别举例说明。

得拉[təʔ^{54} la^{213}]——搭，本义是指植物发蔫的样子：就两天没管它，这个花就~了。后泛指各类物体下垂的样子：把这个桌布~下来吧。（属于词义扩大）

圪料[kəʔ^{54} liɔ^{54}]——翘，本义指物体弯曲：这个棍子~了。后来还可以泛指人脾气别扭或事情不符合常理：这个人真是~死啦。/这个事办得真~，想都想不到。（属于词义转移）

其次，从分音词和本词的语义对应关系来看，大致有以下几种情况：

第一，二者意义基本相同，一般情况下可以互换。如“不来——摆”、“圪老——搅”、“圪针——荆”、“不浪——棒”等，但使用分音词可以更加生动形象地表达意思。

第二，有少部分的分音词的词义和本字的字义在某个义项上并非一致，二者不能互换。如长治方言中的“拿过麦圪榔来”不能替换为“拿过麦秆来。”再如“葫芦——壶”，在指“南瓜和冬瓜”的总称时，分音词“葫芦”和本字“壶”在表义上是不一致的，只有指壶具时，二者表义才是相同的。因此可以看出部分分音词和本字的意义范围是不同的。

三　分音词的性质

赵秉璇先生（1986《太原方言里的复辅音遗迹》）较早地注意到了“分音词”，提出了分音词的定义，总结了分音词的特点，并认为晋语中的分音词是复辅音现象的遗存，引起了学界的广泛关注。分音词，又叫作“嵌 l 词”，是汉语自古就有的现象，早在先秦两汉典籍、宋元明清笔记以及宋元词曲中都有记载，很多学者已有详细列举（张崇 1993，邢向东 2002，李蓝 2002，师玉梅 2007），不再赘述，现只转引几例：

《庄子·至乐》：“庄子之楚，见空髑髅。”

《尔雅·释草》：“茨，蒺藜。”

亢，《尔雅·释鸟》：“亢，乌咙。”郭注：“谓喉咙。”

貍，《仪礼·大射》："奏貍首间若一。"郑注："貍之言不来也。"

阜，《左传·襄公二十四年》："子大叔曰：部娄无松柏。"杜注："部娄，小阜。"《说文》："附，附娄，小土山也。"按：附、阜上古声同韵近。

樛，《诗经·周南·樛木》："南有樛木，葛藟累之。"毛传："木下曲曰樛。"汉·扬雄《甘泉赋》："揽樛流于高光兮，容方皇于西清。"汉·班彪《北征赋》："涉长路之绵绵兮，远迂回以樛流。"按："樛"分音即"樛流"。

宋·王观国《学林》卷八《四声谱》："……突鸾为团，屈陆为曲，鹘仑为浑，鹘卢为壶，忒煞为太，咳洛为殼……"

元·睢景臣《高祖还乡》："一面旗白胡阑套住个迎霜兔，两面旗红曲连打着个毕月乌。"

分音词的历史虽然悠久，但目前学界对分音词的性质仍说法不一。择要选择几种观点，如下：

1. 分音词是儿化词进一步分化的结果。

徐通锵先生（1981）根据山西平定话中的儿化现象，认为分音词是在儿化词的基础上进一步分化的结果。他的这一观点受到许多学者的批评（张崇 1993，王洪君 1994），后来徐先生（1997）自己也否定了这一观点。

2. 分音词是人造的音变现象。

丁启阵（2000）认为分音词起源于像广西灌阳"二字语"那样出于保密目的而约定的音变行为，很可能是一种人为造成的语言现象。对此观点，范慧琴（2007）提出疑义，认为如果说分音词是人为造成的语言现象，而且是处于保密的目的，那么它们应该与特定的地域、特定的社群等有关，类似民间的"秘密语"，而晋语分音词通行的区域很广，内部一致性很强，显然不符合这样的特点。

3. 分音词是操阿尔泰语的夷狄族在学习汉语复辅音时所产生的语音分化现象。

赵秉璇、竺家宁（1998）等根据全州瑶语复辅音的若干例词、太原分音词和前人推测的上古汉语复辅音字相对应的情况，认为分音词是上古汉语复辅音的遗迹。此说一提出，便引起学界的关注，很多学者提出疑义。丁启阵（2000）从三个方面认为复辅音说似乎不能成立：第一，由于没有建立瑶语与山西方言语音系统之间的对应关系，因而这些形似不能排除偶然性。第二，缺少中间环节，无法排除主观性先立说再凑例子，不适合的例子不取，不符合定量分析的原则。第三，不能排除借字的可能。邢向东（2002）也认为复辅音说难以成立：第一，分音词（包括福州话“切脚词”）词例与汉字谐声系统 p—l 、t—l、k—l 的交替没有重合的例证，因此不能互证。第二，认为上古汉语存在复辅音的学者们比较一致的看法是，带流音的-l-或-r-的复辅音字均为中古二等字，但分音词的本词中既有二等字，又有大量的一、三、四等字，因此，用＊pl 、＊tl、＊kl 型复辅音无法解释全部分音词。

4. 分音词是由“一生二”式语音构词机制产生的。

王洪君（1994，1999）把分音词叫作“一生二”式语音构词法，主要根据非线性音系学的叠音加有定词框架来描写分音词的构词机制，具体分为两步：第一步，以词根为基本形式进行重叠。第二步，重叠式进入一个有特殊要求的词框架中进行成形调节。这种观点得到许多学者的赞成，邢向东认为“这种分析模式不仅解释了晋语分音词的形成机制，而且可以解释福州话‘切脚词’和北京话双音节象声词，有效地说明它们的共性、差异及其原由……具有较强的说服力。”但也有一些学者认为这种观点也有不足之处，如范慧琴认为“以上机制可能是汉语具有类型学意义的一种机制，它可以揭示如何形成这种结构，但无法解释分音词是如何产生的。”

5. 分音词是一种缓读分音现象。

缓读分音说认为分音词是读音缓慢造成的，事实上，这种观点由来已久。顾炎武在《音学五书·音论》“古人四声一贯”条云：“迟之又迟，则一字而为二字，茨为蒺藜，椎为终葵是也。”张崇（1993）继承了这一观点，认为分音词源于单音词的缓读分裂，其具体过程为：第一，缓读使单音节从声韵结合处断为似连非连的长音段，如 pai→p－ai（摆），phiɔ→ph－iɔ(飘)。第二，长音段开之处因晋语的送气声母送气成分极强而出现央元音ə及浊擦成分（或小舌颤音），如 pai→pəɣ→ɣai（摆），phiɔ→ph－iɔɣ→ɣiɔ(飘)。第三，浊擦音成分演变为 ŋ。第四，ŋ 前化为边音 l。在此基础上，王洪君对其进行修改，将四个阶段变为两个阶段：“第一阶段形成似断非断、似连非连、中间出现 ə ɣ ʔ R 等过渡音的长音段。第二阶段是长音段正式断为两个音节。作为第一阶段的继承者，它应保持前者前弱后强，前暗后亮、两音峰的音谷跌宕不大的特点，但又应有质的飞跃——前字出现声调、后字出现统一的声母。声母中响度最大且能跟所有介音相配的边音 l 无疑是满足上述要求的最佳选择。”

关于这一观点得到学界多数人的认可，如邢向东（2002）认为：“经王洪君修改过的缓读分音说，可能是目前从历时角度解释分音词起源的最接近实际的看法。”

以上几种说法是仁者见仁，智者见智。我们认为缓读分音说可能是最接近于晋语分音词实际的一种观点。一个有力的证据是，目前浊漳河流域多数方言中仍有为数不少的分音词，在实际的言语中既可以出现分音词的形式，也可以出现本词的形式。一般来说，前面的分音词和后面的本字词没有意义上的区别，说话人可以自由选择用哪一种形式。如：

把这个衣裳摆摆。——把这个衣裳不来不来。

那么，人们为什么要将本词说成分音词，邢向东（2002）认为“从个体的产生来说，分音词可能是为了避免音节结构简化带来的同音词过多，或者为了分化多义词而创造的。其后，由于词语之间的相互感染和语义的分化，又孳乳出了不少新的分音词。而从根本、整体来看，分音词当是在口语词汇的双音化洪流中出现的、‘集体无意识’的产物。分音词虽然大量出现在宋元时期，但它的造词机制、则早在先秦两汉时期就已存在了。”

第二节　俗成语

王德春先生（1983）曾指出：“修辞学的各个领域，语体、风格、文风、修辞方法、语言美、言语修养等等，都同语境有关，整个使用语言都要受语境约束，修辞效果要结合语境来衡量。”方言中俗成语的产生都离不开其特定的地域环境，反映了当地人民群众生活的文化背景，表现出了丰富的修辞特点。通过实地调查，我们发现浊漳河流域各方言中日常使用的俗成语大同小异，鉴于此，我们下面主要以长治方言为例来分析其结构特点和修辞特点。

一　俗成语的结构特点

俗成语从结构形式上看，大致可分为普通型和特殊型两种。

（一）普通型

1. 并列结构

（1）主谓 + 主谓

如：身高树大（形容长得魁梧）、血干毛尽（形容耗尽了精力和钱财）、烟熏火燎（形容烟很大）、天寒地冻（形容天冷）、拳打脚踢（形如打得厉害）、熊眉熊眼（形容长相不好）。

（2）动宾 + 动宾

如：没边没沿（形容说话不靠谱）、短吃短喝（形容生活十分拮据，也说少吃没喝）、撩猫逗狗（形容挑逗人）、跺三并四（形容气急败坏的样子）、挤眉搓眼（形容人小气）、有鼻有眼（指编瞎话像，也说有眉有眼）、刮风撞钟（一般用作不知道是刮风呢还是撞钟呢，意思是无缘无故被人埋怨）、拿轻怕重（同掂轻怕重）、起早贪黑（形容兢兢业业，不辞劳苦）。

（3）偏正 + 偏正

如：粗手笨脚（形容手脚不灵巧，也说笨手笨脚）、荒山野岭（形容十分荒凉）、黑灯瞎火（形容非常黑暗）、淡言淡语（形容说话冷淡的样子，也说冷言冷语）、俊眉俊眼（形容长相好）、冰天雪地（形容天冷）、呆头呆脑（指人木讷）。

2. 偏正结构

这一结构形式的中心词有的是名词，有的是形容词。例如：白梢夫妻（形容老夫妻）、没嘴葫芦（形容不善言辞的人）、白脸兔子（形容知恩不报的人）、不开眉眼（形容好坏不分的人）是名词；圆蛋椭落（形容非常圆）、尖嘴和稍（形容话多的人）是形容词。

在长治方言俗成语中也有如同位式、连谓式结构，如同位式：清汤寡水（形容油水少）、圪揽棒槌（指碎柴火，也说圪揽棒秸）、大年初一（指正月初一）；连谓式如：起早贪黑（指起早摸黑），连滚带爬（指非常狼狈地逃跑）等。

（二）特殊型

1. 重叠型

（1）ABCC 式

如黑圪顶顶（形容非常黑）、白不叉叉（形容颜色或脸色非常白）、灰不叽叽（形容颜色非常暗）、厚圪敦敦（形容非常厚）。

（2）AABB 式

如等等站站（形容前进几步又后退几步的样子）、缝缝纳纳（指缝补）、二二乎乎（形容犹豫不决）、抠抠受受（指抠门，也说抠抠搓搓）、洗洗涮涮（指洗脚）、鸡鸡蛋蛋（形容东西小）、唧唧歪歪（指小声嘟囔，也说哼哼唧唧）。

（3）ABAC 式

如圪地圪旯（指犄角圪旯）、没时没晌（指没有固定的时间）、费牙费口（形容费口舌）、没边没沿（形容说话不靠谱）、傻里傻气（形容智商低）、慢言慢语（指语速慢）。

2. 附加式

（1）单嵌式

包括 A 里 AB 式、A 卜 BB 式、A 圪 BB 式等类型。

A 里 AB 式，如花里胡哨（形容色彩纷杂）、傻里吧唧（形容智商不够）。

A 卜 BB 式，如二卜乎乎（形容智商低，也说傻卜叽叽、傻卜乎乎）、酸卜叽叽（指味道酸，也说酸卜啦叽）、辣卜嗖嗖（指味道辣）、咸卜叽叽（指味道咸）。

A 圪 BB 式，如白圪生生（形容颜色白，也说白圪叉叉）、黑圪顶顶（形容颜色黑）、紫个丢丢（形容紫色）、绿个嗖嗖（形容颜色绿）。

（2）固定结构“七 A 八 B”式，其中“AB”一般为动词或名词，“七、八”嵌于期间，一般表示多、多而杂乱或程度深，如：七大八小、七上八下、七短八长、七死八活、七手八脚。另有以“三、两”或“三、四”嵌于名词、动词或形容词中的形式，用以表示次数多或多数，如：三番两次、三长两短、三言两语、颠三倒四、三心二意、三天两头、隔二片三、隔三片四、连二遍三、连三遍四。

二　俗成语的修辞特点

（一）语音方面——节奏韵律的和谐

1. “二二式”音步

在长治方言的俗成语中，不管其语法结构是否为“二二相承”式，也不管其构成成分是否明确，从节奏上看都采用“二二式”音步。如“瞪眼椭落（形容眼睛又大又圆）”，后两个字究竟是什么不好确定，但读起来仍是“二二式”。再如“不分眉眼（形容好坏不分）”，其语法结构是状中结构，层次划分为“不/分眉眼”，但读起来也还是“二二式”，即“不分/眉眼”。

2. 平仄搭配和谐

声调同异搭配，错落有致，抑扬顿挫，富有音乐性。长治方言俗成语中音节的常见组合形式有：

平平仄仄：挨工上靠（指按部就班地做事）、身高树大（形容长得魁梧）。烟熏火燎（形容烟很大）、清汤寡水、（形容油水少）。

平平平仄：黑封兜脸（形容生气的样子）、头晕脑胀（指头晕）。
爬高腰低（形容爬高爬低的样子）、假迷三道（形容假正经、虚伪）。

平仄仄仄：妖曳不擦（形容说话办事不认真）、长脖细净（形容人长得漂亮）、粗手笨脚（形容手脚不灵巧）、挑三坏四（指挑拨离间）。

平仄平平：尖嘴和稍（形容长相比较丑陋）、干不叽叽（形容很干）、荒草糊坡（形容十分荒凉）。

平仄仄平：粗二不糙（形容干活很粗糙）。

平仄平仄：鸡不撩子（指做事毛糙的人）、跟倒班替（指帮着某人替换做某事）。

仄平仄平：小心小胆（形容小心谨慎）、嫩哇不叽（形容变成粥样）。

仄平仄仄：黑灯瞎火（形容非常黑暗）、费心霸力（指投入很大的精力干某事）、直眉蹙眼（形容人生气的眼睛）、扯丝不断（指藕断丝连）。

仄仄平平：湿不叽叽（形容很湿）、二二乎乎（形容不确定）。
诈诈乎乎（形容说话不靠谱）、薄圪连连（形容非常薄）。

仄平平仄：圪支歪怪（形容长相丑陋）、秃眉熊眼（形容长相十分丑陋）、黑黄儿色（形容脸色不好）。

仄仄仄平：隔皮断瓜（指没有直接的关系）、肚饱眼饥（指肚子很饱但很眼馋）、一刻不闲（形容非常忙碌）。

在长治方言中，绝大多数俗成语都讲究平仄配合，既有同调反复，也有异调错综，声调高低起伏，变化多端，节奏感十分鲜明。

3. 双声叠韵

（1）双声：在二二式音步中，相邻的两个音节声母相同。如：

黑黄儿色（形容脸色不好）、有眼得色（形容十分有眼色）、白不叉叉（形容颜色或脸色特别白）。

（2）叠韵：在二二式音步中，相邻的两个音节韵母（包括韵腹和韵尾）相同或相近。如：

翻箱倒柜（指来回翻腾地找东西）、圪料弯三（形容不直）、意迷的怔（形容精神不振）、稀泥和擦（指道路上的泥很多）、支棱砍三（形容说话比较冲）、闲言淡语（指闲话）。

4. 押韵

刘振前、邢梅萍（2001）认为对于四字格的押韵从语感上看相同的韵母出现在一四、二三、一三、二四位置上都具有音韵和谐、回环照应的效果。在长治方言中，俗成语也具有押韵的特点。如：

胖眉肿眼（形容面部浮肿的样子）、圪渣马乎（指小的垃圾）。

黑灯瞎火（形容非常黑暗）、鬼七马八（形容十分阴险）。

5. 重言

重言指音节的重叠。在长治方言中，俗成语的重言形式主要有以下几种：

（1）单言重言：指某一个音节的一次重复，常常是第三个音节的重复。如：

黑圪顶顶（形容非常黑）、白不叉叉（形容颜色或脸色非常白）。

灰不叽叽（形容颜色非常暗）、厚圪墩墩（形容非常厚）。

（2）双重重言：指两个不同音节的一次性重复，即第一个和第三个音节同时重复，如：

傻傻的的（形容说话办事不靠谱）、等等站站（形容前进几步又后退几步的样子）、缝缝纳纳（指缝补）、二二乎乎（形容犹豫不决）、抠抠受受（抠门）、洗洗擦擦（指洗刷）、墩墩实实（形容长相敦实）、滴滴当当（形容穿衣服不讲究）、妖妖的的（形容说话没有分寸）。

（3）特殊形式的重言：指中间有间隔的音节的重复，以第一个和第三个音节的间隔重复居多。如：

圪地圪旯（指犄角旮旯）、没时没晌（指没有固定的时间）、没边没沿（形容说话不靠谱）、短吃短喝（形容生活上比较拮据）、费牙费口（形容费口舌）。

（二）语义方面——同义反义的对称

在俗成语中，前两个音节与后两个音节在词义上有同义、反义的关系。这种情况主要体现在联合结构的俗成语中。

1. 同义现象

这种情况是指构成俗成语的前后两个部分在语义上完全相同，前一部分和后一部分都能独立表达完整的意思，而且它们各自表达的意思和它们合在一起的意思是一样的，只是前后两部分组合在一起后语气有所加强，但语义没有变化。如：

撩猫逗狗（形容挑逗人）、丢人败兴（指丢脸）、闲言淡语（指闲话）、细皮薄肉（形容皮肤好）、秃眉熊眼（形容长相丑陋）。

2. 反义现象

这种情况是指其构成成分具有反义关系，形成一种形象鲜明的对比、映衬。根据其构成反义关系的形式的不同，可以分为两种情况：

一种是构成俗成语的前后两部分的成分意义相反或相对，如：

白明黑夜（指整天）、囫囵完整半片不完整（形容好的和不好的）。

另一种是构成俗成语的前后两部分中各有一个成分意义相反或相对，而另一个成分一般为同义。如：

有酸是甜（形容味道酸酸甜甜的）、爬高腰低（指爬上爬下）、拿轻扛重（形容能挑起重担）、香三臭四（形容与人相处没有原则性）、手松手紧（指打毛衣时表现出来的针法）。

（三）辞格方面——修辞手段丰富多彩

在长治方言中，俗成语大量使用了比喻、夸张、拟声、摹状等形象化的修辞手段，这使得俗成语的含义凸显得更加丰富。

1. 比喻

一个好的比喻往往可以收到变抽象为具体、变未知为已知、变深奥为浅显的效果。在长治方言中，俗成语以形象、具体的事物通过比喻的途径来表达抽象的概念或事物，并且有助于理解俗成语的文化内涵。如：

没嘴葫芦（比喻不善言辞的人）、没屁抽筋（比喻说话没有逻辑性）、血干毛尽（比喻耗尽了精力和钱财）。

2. 夸张

有些俗成语为了表达强烈的思想感情，突出事物的本质特征，故意言过其实，从程度、性状、数量、质量等方面对事物作夸大或缩小的描述，对此表示肯定或否定的态度。如：

吼天叫地（通过对着天地叫喊来形容说话声音太大）、五马十阵（通过五匹马摆成十个阵来形容打造声势）、吐天哇地（通过对着天地大吐来形容呕吐得很厉害）。

3. 拟声

长治方言中的拟声词较多，有不少的俗成语就是借助于拟声词构成的。利用拟声词语音山的特点，增强了俗成语的表现力，使其语义表达更加形象生动。如：

圪咚圪咚（形容大口并不间断地喝水发出的声音）、吱吱哇哇（形容大声叫喊的声音）、不哑不哑（形容吃饭时咀嚼的声音）。

4. 摹状

在长治方言中，有相当一部分俗成语是摹写人或事物状态、动作的。如：

翻箱倒柜（用把箱子翻转、柜子推倒的具体动作来形容乱翻腾把东西弄狼藉的情形）。

大眉大眼（用眉毛长、眼睛大来形容人长相好看）、邋遢不叽（形容特别脏）、软哇卜叽（形容东西摸起来或吃起来太软了）、黑浓卜叽（形容颜色特别黑）。

“卜叽”是一个意义空虚但表现力较强的后缀，放在表现实在意义的成分后面不仅描写对象，而且还加强了描写的生动性，增强了厌恶色彩。

第三节　谚语

温端政先生在《汉语语汇学》中提出“语词分立”理论，在该理论的指导下，出现了一些关于山西方言谚语的研究成果。比如：《三晋俗语研究》（吴建生、李淑珍，2010）、《山西方言谚语修辞特色研究》（关磊，2009）、《上党谚语的文化透视》（贾晓峰，2008）等。这些成果多是从某一个视角对山西方言谚语的探讨，从三个平面的角度对某一区域方言的谚语进行研究的成果还很少见。我们在对其进行分类的基础上，试图从句法、语义、语用三个方面来分析、揭示浊漳河流域方言谚语的特点。

在调查的过程中，我们以长治、武乡为重点调查点，通过多次实地调查，我们共搜集到1235条谚语，其中许多谚语在各地说法有极强的一致性，这些谚语的类型多样、语法结构复杂，语义内容丰富，修辞特点和审美特征鲜明。

一　浊漳河流域方言谚语的类型

谚语可以从多种角度进行分类，这里主要从内容上对浊漳河流域方言的谚语进行分类并列举一些各地常用的谚语，主要有以下几类。

（一）哲理谚

这一类谚语主要是反映民众所共有的基本思维规律与经验，通过综合多类事物而高度抽象概括而成。

1. 径直明论

人争一口气，佛争一炷香。

一人说话满有理，俩人说话见高低。

不讨便宜不吃亏，不走弯路不碰墙。

天黄有雨，人黄有病。

人不发外财不富，马不吃夜草不肥。

话赶话没好话。

多说话惹人骂。

吃不穷，穿不穷，打划不到一辈子穷。

从小事着手，从长远着志。

穷到街头没人问，富到深山有远亲。

高高山上一根棍，说了一会说一会。

地跟垄子，人跟种子。

门里出身，自会三分。

庭院难养千里马，花盆难育万年松。
人在地上走，刀在石上磨。
公鸡不叫照样天明。
经商不懂行，买卖做不长。
抬得高，跌得重。
没土垒不起墙，没棍子打不死狼。
儿不嫌母丑，狗不嫌家穷。
吃亏人常在。
树怕伤根，人怕伤心。
好汉不吃眼前亏。
一分钱一分货，十分价钱买不错。
白天游门子（串门）走四方，晚上熬夜补裤裆。
新三年，旧三年，补补纳纳又三年。
爹有不敌娘有，娘有不敌怀揣自有。

2. 借物隐喻

兔子和乌龟赛跑，不怕慢，单怕站。
虱子多了不嫌咬，萝卜快了不洗泥。
一镢凿不出井来，一口吃不成个胖子。
猪肝肾，羊五脏，猪毛贴不到羊身上。
任凭风浪起，稳坐钓鱼台。
人哄地皮，地哄肚皮。
水浅养不住鱼。
出门看天色，进门看脸色。
搬住大树有柴烧。
车有车路，马有马路。
到什么山上唱什么歌，走到哪里说哪里。
巧媳妇难做无米粥。
看菜吃饭，量体裁衣。
晴天还需防阴时。
早起三光，迟起三慌。
打了锅的说锅的，打了盆的说盆的。
火烧眉毛顾眼前。

香瓜儿甜蜜不在皮，人的美丽不在衣。

人要实心，火要虚心。

（二）社交谚

这一类谚语主要是用朴实易懂的语言让人们了解人与人之间的相处之道，反映社会不同的群体、个人及其交往的基本经验与规律，涵盖郊游、厨艺、言谈、应变等方面。

跟好人学好艺，跟上贼汉偷东西。

人比人气死人。

有话说给知人，有饭送给饥人。

添人不如减口。

不听老人言，吃亏在眼前。

马善被人骑，人善被人欺。

有理没理先管个人。

三人一条心，黄土变成金。

一句话说不到头。

能吃过头饭，不说过头话。

节令不到，不知冷暖；人不断跟（相处），不知厚薄。

你有初一，我有十五。

会说话当钱使。

打老鼠还得个油圪埝（引诱的东西）。

小心办好事，慢走跌不到。

眼不见差一半。

人在人情在，人走人情坏。

两好并一好。

为人一条路，惹人一堵墙。

会说的不如会听的。

一窝配一窝，猪肉配豆腐。

明人不做暗事。

软的欺，硬的怕。

你敬我一尺，我敬你一丈。

娇家女，十八娶，不是刮风就下雨。

家有千万，还有一时不便。

好心做了驴肝肺。

吃了泰山不谢土。

话说三遍淡如水。

骂人不揭短，打人不打脸。

躲了初一，你躲不了十五。

冤家宜解不宜结。

好话入耳三春暖，恶语伤人六月寒。

人没尽，水没缝儿。

（三）生活常识谚

这一类谚语是与人们的日常生活起居息息相关的，反映广大人民群众日常生活的基本经验与规律，涵盖衣食、住行、生老病死等方面。

三夹不如一棉。

媳妇是旁人的好，孩子是个人的好。

嫁汉嫁汉穿衣吃饭。

汉子在前头走，身上带咧媳妇的手。

看了她娘的脚后跟，就知道闺女的十二分。

龙生龙，凤生凤，老鼠生儿会打洞。

有粮吃到五荒六月，有煤烧到寒冬腊月。

人是铁，饭是钢，一顿不吃饿得慌。

小贩子，对半子，看不住称你跑趟子。

冬吃萝卜夏吃姜，病了不用开药方。

家有千口，主事一人。

年怕中秋月怕半，星期天怕的是星期三。

钱是人的胆，饭是人的力。

谁会打划离不了钱，谁会调和离不了盐。

买卖不成仁义在。

不听老人话，手背朝了下。

笑一笑，十年少；愁一愁，白了头。

笑口常开，青春常在。

一白遮百丑。

三天不打上房揭瓦。

小树不敲不成材，小孩不打不成器。

一年土，二年洋，三年不认爹和娘。

吃五谷，生百病。

弟兄们多各垒窝。

天上下雨地下流，小两口打架不记仇。

白天一锅饭，黑夜一枕头。

穿衣吃饭量家当。

龙多旱，人多乱，媳妇子多了不做饭。

三岁看大，七岁看老。

大蒜是个宝，常吃身体好。

箩头离不了开担子，媳妇离不开汉子。

街里老儿是杆秤。

好的吃个死，歪的死不吃。

细水长流，一分钱分成两半花。

吃药不忌嘴，跑折大夫腿。

说得伶俐话，屙的糊涂屎。

粗米淡饭吃的肥白大胖。

（四）气象谚

这一类谚语主要是反映人们在长期生活中总结出的关于节令、气候等方面的基本经验。

二八月狼虎天，二八月乱穿衣。

清早圪星下着毛毛雨，晒死圪羚松鼠。

八月十五云遮月，正月十五雪打灯，一个圪穇打半笙。

清明前后，种瓜种豆。

天上勾勾云，地上雨淋淋。

初一下雨前半月没好天。

早露有雨晚霞晴。

东边忽雷西边雨。

正月十五雪打灯，一个谷穗打半升。

六月连阴吃饱饭，七月连阴赶不上。

头伏一碗油，二伏一碗雨。

大旱不过五月十三。

春不刮，地不开。

春打六九头。

一九二九关门闭守，三九四九冻死鸡狗，五九六九沿河看柳，七九八九燕往北走，九九八十一攀叉子老汉儿趴脚。

关于这些谚语背后所隐藏着的当地群众的思想观念和文化心理，史素芬先生（2008）已做过较为详细的分析，如：朴素的本能心理、朴素的根土观念、勤俭持家的思想、重农事节气的观念、固守本位的思想、深厚的伦理道德观念、淳朴的辩证法观念。这里不再赘述。

二　浊漳河流域方言谚语的句法分析

谚语经常以句子的形式来表达一个相对完整的意思，从句子形式上看，浊漳河流域方言谚语可以分为单句形式、紧缩句形式和复句形式三种类型，这三种类型谚语的数量和所占比例情况请见表 2－1。

表 2－1　不同形式的谚语数量分布

谚语形式	数量	所占比例
单句形式	83	6.7%
紧缩句形式	47	3.8%
复句形式	1105	89.5%

（一）单句形式的谚语

浊漳河流域方言中，单句形式谚语的数量较少，所占比例仅为 6.7%，而且都为主谓结构，包括名词性谓语句、动词性谓语句、形容词性谓语句、主谓谓语句四种类型，这四种类型谚语的数量和所占比例情况请见表 2－2。

表 2－2　不同类型的谚语数量分布

类型	数量	所占比例
名词性谓语句	12	14.5%
动词性谓语句	38	45.7%
形容词性谓语句	20	24.1%
主谓谓语句	13	15.7%

从表2的统计数据可以看出，动词性谓语句数量最多，所占比例最大。下面对四种类型谚语分别举例说明。

名词性谓语句谚语：①老虎下山好年成。②老虎上山一张皮。③猫狗七条命。

动词性谓语句谚语：①老鸦笑猪黑。②巧媳妇做不上没米粥。③吃饱肚子不想家。原汤化原食。④好闺女不如个赖媳妇。⑤一分钱逼倒英雄汉。⑥二八月乱穿衣。⑦瞎子给瘸子宽心。

主谓谓语句谚语：①新生的孩子娘惯咧。②一人藏了十人找不着。③二八月昼夜相停。

形容词性谓语句谚语：①春风毒似虎。②新打的茅坑香三天。③麦黄一晌。

（二）紧缩句形式的谚语

紧缩句是用单句形式表达复句内容的一种特殊的句子形式，其内容丰富，浊漳河流域方言中，紧缩句形式的谚语所占比例仅为3.8%。根据其构成方式的不同，可以将其分为意合式紧缩句谚语和关联式紧缩句谚语两大类，其中，意合式紧缩句谚语共有31例，关联式紧缩句谚语共有16例。

1. 意合式紧缩句谚语

该类紧缩句谚语的特点是没有关联词语，也没有固定的格式，完全依靠语义逻辑关系来构成。这类紧缩句的谚语占紧缩句形式的谚语的比例为72%，从语义上看，主要表示并列、转折、因果、假设、承接等关系。下面分别举例说明。

并列关系：①下雪不冷消雪冷。②生土萝卜熟土葱。③生就的骨头长就的肉。④酒吃滋味话听音。⑤张口容易合口难。

转折关系：①疤是疤有钱花。②惹不起你怕起你。③破是破，苏州货。

因果关系：①不到十五月不圆。②三春有雨地生根。③根不正梢不正。④天寒火不着。

假设关系：①一冬无雪天藏雨。②伏天偏雨富了村。③有钱难买五月五日旱。伏天偏雨富了村。④巧媳妇做不上没米粥。⑤各顾各不罗嗦。⑥有钱能买鬼上树。⑦贼不摸底细寸步难行。⑧会说话当钱花。

承接关系：①一年庄稼二年闹。②儿大不由爷。③不敲梆子不知你是个买豆腐的。④人死财散。⑤外甥哭妗子想起来一阵子。

2. 关联式紧缩句

该类紧缩句谚语的特点是利用一些关联词语组合而成。如：

①不怕人穷就怕志短。（不……就……）

②胡椒虽小辣人心。（……虽……）

（三）复句形式的谚语

浊漳河流域方言中，复句形式的谚语数量最多，所占比例达到89.5%。根据其构成方式的不同，可以分为意合式复句形式的谚语和关联式复句形式的谚语两大类，其中，前者共有986例，后者共有119例。

1. 意合式复句形式的谚语

该类谚语的特点是没有关联词语，完全依靠语义逻辑关系来构成。这类谚语占复句形式谚语的比例为89.2%，从语义上看，主要表示并列、转折、因果、假设、承接等关系。下面分别举例说明。

并列关系：①人心换人心，八两换半斤。②饭怕搅，人怕挑。③娘家不是躲死处，房檐下不是避雨处。④人活实心，火着虚心。

承接关系：①外甥似狗，吃了喝了扬长走。②出门三辈小，不叫大哥叫大嫂。③三翻六坐九圪爬，十个月上叫爸爸。④拙是拙不受说，一说就把脸来黑。

假设关系：①寡妇生心，等不到五更。②没有高山，不显平地。③人托人，够着天。④农忙时节不做工，仓里无粮喝西风。⑤小窟窿不补，大了难捂。

条件关系：家有梧桐树，才有凤凰来。

因果关系：①小孩念书不操心，不知书中有黄金。②结婚不要早，早了不太好。

转折关系：儿媳妇生孩子，老公公出不上力。

（2）关联式复句形式的谚语，这类谚语是借助关联词语组合而成的，数量不是很多。如：

①宁给好汉拉马，不给懒汉做爹。（宁……不……）

②宁叫邻居买头驴，不愿邻居科个举。（宁……不……）

③若要公道，打个颠倒。（若……）

④若是年华虚度过，到老空留悔恨心。（若……）

⑤要知父母恩，就要怀里抱儿孙。（要……就要……）

⑥不怕慢，就怕站。（不……怕……）

三　浊漳河流域方言谚语的语义分析

浊漳河流域方言的谚语是当地人民群众在长期的劳动实践过程中不断总结出来的，在语义表达上，可以从不同的层面来分析。

（一）基本意义和附加意义

基本意义，也叫概念意义，是谚语中起核心作用的最主要的意义。附加意义，也叫色彩意义，是附着在基本意义之上表达人或语境所赋予的特定感受。

在浊漳河流域方言中，谚语的附加意义主要有感情色彩义和形象色彩义。感情色彩义主要体现的是爱憎好恶的褒贬情感。按照感情色彩可以将谚语分为褒义谚语、贬义谚语和中性谚语。如：

（1）褒义：①老虎下山好年成。②树木成林，风调雨顺。③亲戚仁义水也甜。

（2）贬义：①吃倒泰山不谢土。②人前是人，人后是鬼。③一人一条心，穷断骨头筋。

（3）中性：①冬至十天阳历年。②上辈留下辈，滴水照屋檐。③三伏三九冷热非凡。

形象色彩义一般给人一种形象感，使人们能从形象、具体、生动、通俗的语言中体会到深邃的哲理。如：

①兔子不吃窝边草，老虎不吃窝边食。

②养活闺女不发家，又要萝卜又要菜。

③丧家狗到处跑。

④六月天猴子脸说变就变。

⑤君子失势把头低，凤凰落架不如鸡。

⑥树怕伤皮，人怕伤心。

⑦好钢用在刀刃上，有油抹在车轴上。

需要注意的是，所有的谚语都有基本意义，但并不是所有的谚语都有色彩意义。如：

①年怕中秋月怕半，星期就怕礼拜三。

②好黑来不如个赖白日。

③三日胳膊两日腿。

④十里地风俗不一般。

（二）表层意义和深层意义

谚语的表层意义，即谚语的本义，它可以按照谚语的组成成分的意义及其之间的语法关系推断出来。谚语的深层意义，即派生义，则是谚语在实际运用过程中结合语境由表层意义所派生出来的意义，二者之间的关系概括起来共有两种：第一，表层意义与深层意义一致。第二，表层意义与深层意义不一致。

1. 表层意义和深层意义一致

浊漳河流域方言中，有些谚语的表层意义和深层意义相一致。根据本文搜集到的材料来看，农业、气象、生活类谚语一般属于这一类型。如：

①亲戚莫共财，共财两不来。

②三翻六坐九圪爬，十个月上叫爸爸。

③吃了端午粽，才把棉衣送。

④山上郁郁葱葱，山下五谷丰登。

⑤深谷浅麦子，玉茭栽在浮皮子。

⑥饲草铡的不过寸，牲畜吃上定有劲。

⑦要想小孩保平安，常带三分饥和寒。

⑧无食不伤风。

⑨待亲戚不得不大方，成人家不得不仔细。

⑩酒要少喝，话要少说。

2. 表层意义和深层意义不一致

浊漳河流域方言里一些谚语有两个意义，一个和表层意义一致，是本义，另一个则是由本义派生出来的深层意义，即派生义，如："走正路不怕崴了脚。"该例中，本义是指走正路脚就不怕受伤，实际派生义是指生活工作中坚持原则就不会犯错误。再如：

①一家一姓，百家百姓。

②眼瞧心打划，脚蹬手拨拉。

③大河没水小河干，缸里没水锅里干。

④白天游街走四方，黑来熬夜补裤裆。

⑤久爬的坡不嫌陡。

⑥囫囵吞了个枣，不知大和小。

根据对浊漳河流域方言谚语的深层意义和浅层意义的分析，可以看出有些谚语的表层意义和深层意义之间所体现的内容具有某种相似性和相关性，可以通过联想、概括阐发出深层的意义。比如："瘦死的骆驼比马大。"由骆驼和马联想到富人和穷人，进而联想到变瘦的骆驼和财产遭到一定程度损失的富人在强大的实力上具有某种相似性，从而产生了深层意义：就像瘦的骆驼比马大一样，富人即使财产受到一些损失，但他仍然要比穷人富有。再如：

①春风毒似虎。

②君子失事把头低，凤凰落架不如鸡。

③丧家狗把头低。

④没把子的流星，断了线的风筝。

⑤没有香花找不来蜜蜂，没有臭味引不来苍蝇。

⑥猪不吃的南瓜，驴不吃的草。

⑦不知黄莲苦，哪知蜂蜜甜。

与浅层意义相比，通过联想、概括等方式所产生的深层意义则显得更加深刻，更富有哲理。谚语之所以通俗性和哲理性兼而有之，就在于其善于将深刻的哲理内涵寓于浅显的通俗语言中。浊漳河流域方言谚语也不例外。

四　浊漳河流域方言谚语的语用分析

方言谚语是当地广大人民群众长期生产、生活的经验总结，它不仅内容丰富，而且形式优美。它虽具有口语化的特点，但在长期的传诵过程中，广泛而恰当地运用了各种修辞方法来表情达意，进而达到言简意赅的表达效果。浊漳河流域方言谚语也不例外，它的语用价值也得益于它所使用的丰富的辞格，同时，运用多样的辞格也表现出丰富的审美文化特征。

（一）各种辞格在浊漳河流域方言谚语中的运用

1. 比喻在浊漳河流域方言谚语中的运用

比喻辞格在浊漳河流域方言中形式多样，有明喻、暗喻和借喻等，但从语法结构形式上大体一致，主要有以下几种形式。

（1）单句式比喻谚语

单句式比喻谚语一般是由一个单句构成，并包括本体、喻体，有些还有喻词。如：“十亩地里一棵谷。”比喻十分稀缺的人或物。再如：

①刀子心豆腐嘴。

②水浅养不住大鱼。

③花下韭香似油。

④人死如灯灭。

（2）双句式比喻谚语

双句式比喻谚语是指由两个分句构成并使用比喻辞格的谚语。根据谚语所包含的比喻的数量，可以分为以下几种情况：

A. 双句单比喻

即谚语中的两个分句合在一起构成一个完整的比喻。如：“小错不改成大错，痱子不治成毒疮。”前一分句是本体，后一分句是喻体，将小错和大错的关系”比喻为痱子和毒疮的关系，非常形象地阐述了小错不改的后果。再如：

①人老弯腰把头低，树老焦梢叶子稀。

②谷子不间苗，长得像牛毛。

③力气是浮柴，歇歇又重来。

B. 双句双比喻

谚语中的前后两个分句都使用了比喻。如：“衣是人的威，钱是人的胆。”前后两个分句都使用了暗喻，形象生动地说明了衣服和钱财的重要性。再如：

①得病来如山倒，好病如抽丝。

②歪媳妇是家中宝，好媳妇是招风草。

③眼是观宝珠，手是试金石。

④没有香花找不来蜜蜂，没有臭味引不来苍蝇。

2. 借代在浊漳河流域方言谚语中的运用

借代就是以甲事物的名称来代替与其密切相关的乙事物。谚语中使用借代，可以通过名称替换引起人们的联想，突出事物的特征，达到幽默诙谐的表达效果。如：“圪哼哼熬死圪崩崩。”其中，“圪哼哼”指代身体长期虚弱的人，“圪崩崩”指代身体硬朗的人。再如：

①家有梧桐树，才有凤凰来。

②话为轻，笔为重，凭纸上不凭纸下。

③养活闺女不发家，又要萝卜又要瓜。

3. 对比在浊漳河流域方言谚语中的运用

在浊漳河流域方言谚语中，共有5671条谚语使用了对比辞格，所占比例为68.7%。可见，在浊漳河流域方言谚语中，对比的使用频率比较高。对比辞格就是将两种相互对立的事物或者一个事物的两个方面放在一起形成强烈的对比，可以增强语言的表达效果。如：

①有福不在乱张慌，没福整天跑断肠。

②不怕猛虎三只眼，只怕人怀两条心。

③人勤地生宝，人懒地长草。

④时来黑铁能生辉，运去黄金也无光。

⑤有使乏的牛，没有耕乏的地。

⑥天长长不过五月，天短短不过十月。

⑦春前有雨花开早，秋后无霜叶落迟。

⑧人活实心，火着虚心。

⑨夏走十里不黑，冬走十里不明。

4. 排比在浊漳河流域方言谚语中的运用

排比辞格是使用多个相同的结构来突出某种意思的修辞手段。使用排比可以增强表达气势，节奏鲜明。如：

①人争气，火争焰，猪争食，花争艳。

②土地到户多打粮，牲口到户吃的胖，农具到户寿命长。

③人多厮靠，龙多旱涝，媳妇多了倒了锅灶。

④村看村，户看户，群众看得村干部。

⑤种田纳粮，养马支差，经商纳税。

⑥树靠土长，鱼靠水养，人民靠的是共产党。

⑦念了三年书填补了个码子，响了三年家伙拍不了个镲子，唱了三年戏打不了个把子。

⑧桃三，杏四，梨五年，枣树当年就送钱。

⑨红火生，黄火成，白火赶快把炭停。

⑩麦怕冰雹，黍怕风，谷穗就怕天连阴。

5. 反复在浊漳河流域方言谚语中的运用

反复辞格是为了强调某个意思，突出某种情感，重复某些词语。反复辞格的使用可以使谚语突出情感，加强节奏感。如：

①人快赶不上火快。

②走乡随乡，走到彭城捏缸。

③拴住马嘴，拴住驴嘴，拴不住人嘴。

④年好过，节好过，日月难过。

⑤蚕姑姑苦，蚕姑姑苦，蚕姑姑只活四十五天。

⑥官凭印，虎凭山，农户凭的是刮金板（土地）。

⑦知心只把知心害。

⑧皮子挨皮子，省的盖被子。

6. 对偶在浊漳河流域方言谚语中的运用

对偶辞格是把字数相等、意义相关、结构相同或相近的两个短语或句子放在一起。在谚语中对偶辞格的使用使得谚语读起来抑扬顿挫，节奏鲜明，易于记忆，富于音乐美。如：

①衣破捂不住皮，水浅养不成鱼。

②书要精读，田要精管。

③母壮儿肥，种好苗旺。

④地怕夹秋旱，人怕老来贫。

⑤正月十五雪打灯，一个谷穗打半升。

7. 夸张在浊漳河流域方言谚语中的运用

夸张辞格是故意言过其实，借以突出事物的某种特征，增强感染力。如：

①小嘴四指宽，吃倒太行山。

②六月韭，臭死狗。

③三人成一心，黄土变成金。

④人托人，够着天。

8. 拈连在浊漳河流域方言谚语中的运用

拈连辞格是把本来适用于甲事物的词语移拈在乙事物上，形成超常搭配，已达到增强表达效果的目的。如：辣椒辣嘴蒜辣心，芥末辣断鼻梁筋。

9. 顶针在浊漳河流域方言谚语中的运用

顶针辞格是指谚语的前后两个部分首尾蝉联，环环相扣。顶针辞格的使用可以使谚语语气连续、节奏明快。如：

①正五九，不剃头，剃头剃死亲舅舅。

②人养猪，猪养地，地养人。

③树成林，林成群，沙土窝里不起尘。

④亲戚莫共财，共财两不来。

⑤远亲不如近邻，近邻不如对门。

10. 回环在浊漳河流域方言谚语中的运用

回环辞格是将词语变换次序，循环往复，这样可以使谚语的语势增强，增强节奏感。如：

①快了好不了，好了快不了。

②蔓菁地里长葵花，葵花好来蔓菁大。

③现在人养林，以后林养人。

11. 互文在浊漳河流域方言谚语中的运用

互文辞格是指上下两句话或一句话的两个部分，共同阐述一个问题，相互补充。在谚语中使用互文充满古文意味。如：

①家庭不和四邻欺，夫妻不和狗也欺。

②冬吃萝卜夏吃姜，病了不用开药方。

例①的意思是家庭、夫妻之间不和睦就会被邻居们欺负。例②的意思是说一年四季都应多吃点萝卜、生姜，这样有利于健康。

12. 白描在浊漳河流域方言中的运用

白描是对客观事物不加修饰，如实地将其形貌和内在特征描写出来。谚语中使用白描既质朴又传神。如：

①过天气比树叶子还多咧。

②天下乌鸦一般黑。

③猪是猪，羊是羊，猪肉安不在羊身上。

④卖出去的牛马，不忘庄稼。

⑤吃哪家为哪家，打一天忙工为主家。

⑥什么谷出什么米，什么虮下的什么虮。

13. 辞格的兼用

在浊漳河流域方言中，有许多谚语并不是使用单一的某一个辞格，而是使用多个辞格，这些辞格不分先后，完全融合在一起，不可截然分开。如：

①婆婆打工破缸，做错也无妨。媳妇打破盆，惊来一家人。（对偶 + 对比）

②穷汉吃了顿饼，三天不离井。（借代 + 夸张）

③人心齐，泰山移。人心散，不能干。（对比 + 夸张）

④人前是人，人后是鬼。（顶针 + 对比）

⑤东山看着西山高，西山看着东山高，东山缺水吃，西山缺柴烧，过来过去一般高。（对偶 + 反复）

（二）浊漳河流域方言谚语所蕴含的审美文化特征

通俗、凝练的谚语是社会各阶层群众在认识自然改造自然的日常生活中对生活经验和人生哲理的概括和总结，它积淀着人们的思想、情感、心理状态和性格特征，反映着一个民族或地区的文化内涵。浊漳河流域方言的谚语也不例外，其运用多样的辞格表现出丰富的审美文化特征。

1. 韵律美

韵律美是美学的一个基本原则。汉语语音有很突出的特点，押韵、平仄、拟声、谐音等，这些特点用于谚语中，显得优美、动听，具有一种韵律美。这在浊漳河流域方言谚语中表现得尤为突出。有的押平声韵，如“不听老人言，吃亏在眼前”中的“言、前”；有的押仄声韵，如“清明前后，种瓜种豆”中的“后、豆”。有的平仄相间，如“为人一条路，惹人一堵墙”中的“路、墙”。

2. 对称美

对称是美学的基本原则之一。浊漳河流域方言谚语的对称美体现在字数相对，意义相反、相对等方面。

（1）字数相对

① 偶数相对。例如：“三岁看大，七岁看老。”“火要虚心，人要实心。”“千锤打鼓，一锤定音。”“树怕伤根，人怕伤心。”

②奇数相对。例如：“人没尽，水没缝儿。”“骂人不揭短，打人不打

脸。”“一人说话满有理，二人说话见高低。”“天上下雨地下流，小两口打架不记愁。”

上述几例有三字相对，有四字相对，有五字相对，有七字相对，灵活多样，便于记忆，便于传诵，给人以愉悦的美感。

（2）意义相对

①意义相反。例如：“人在人情在，人走人情坏。” “学坏容易，学好难。”

上例中的“在”和“走”、“坏”和“好”、“容易”和“难”意义相对。意义相反能够激起人的无意识记忆，便于表达，正反对比，富有说服力，听起来富有激情和美感。

②意义相近、相关。例如：“庭院难养千里马，花盆难遇万年松。”“节令不到，不知冷暖；人不厮跟，不知厚薄。”

此外，从浊漳河流域方言谚语的表现形式看，有单句、双句、还有三句或四句以上的。双句常运用对偶、对比、回环等修辞方式，使构成形式对仗工整，节奏分明；使思想内容鲜明突出，凝练集中。

A. 对偶谚语

浊漳河流域方言的对偶谚语主要是宽式对偶，只需要同类词相对，意义相关，结构相同或相近，不讲究平仄，不避免同字。从内容上细分，可分为正对、反对、串对等几类：①正对，即相类似的事物之间的对偶，语义上相同相近。如“人为财死，鸟为食亡。”“路不平有人铲，理不平有人管”等谚语字数相等，结构相同，意义相连，前后两部分互补互衬，都是从两个角度，两个侧面说明同一事理。②反对，即相反事物之间的对偶，语义上相反相成，多是通过映衬和对比来突出语义。例如：“穷了伙计，富了掌柜。”“有理走遍天下，没理寸步难行。”“穷在闹市没人问，富在深山有远亲”。这种对偶形式，通过真假、善恶、难易、贫富、得失、祸福等矛盾对立的关系，从正反两个方面来说明问题的实质。它们形式上整齐匀称，声韵和谐，内容上相反相成，对立统一，具有很强的说服力。③串对，又叫“流水对”，即语义上相连相承，存在着因果、条件、假设等关系。如：“前人栽树，后人乘凉。”“前人吃跌，后人把滑。”“旧的不去，新的不来”。此类格式的谚语前后相承，读起来琅琅上口，韵味无穷。

B. 对比谚语

对比的谚语大致可以分为两类：①两物相对比。如“好事不出门，坏事传千里。”“大河没水小河干，缸里没水锅里干”。②一物两面对比：如“有理胆壮，无理心慌。”人勤地生宝，人懒地生草。”这些对比谚语能以鲜明的比较来揭示内理，让人们充分认识事物的本质，从而规范自己的言行举止。

C. 回环谚语

回环的谚语，采用变换语序的手段，把词语相同而排列次序不同的语言片段紧紧连在一起，内容上表现出两种事物或情景之间的对立统一辩证关系，形式上表现出和谐、均衡的“反复美”。如“响水不开，开水不响。”“便宜没好货，好货不便宜。”“人哄地一时，地哄人一年”等。

3. 变化美

灵活变化也是美学的基本原则之一。过分的对称会导致单调、枯燥。谚语的表现形式追求对称，但也避免单调、枯燥，要大胆探寻形式的变化，以达到最佳的表达效果。

浊漳河流域方言谚语的灵活变化，主要是通过错综和夸张的修辞方式来实现的。错综侧重于形式的变化，夸张侧重于内容的变化。

（1）错综的谚语

错综的谚语主要以排比的形式来体现。如“桃饱，杏伤人，李子树下抬死人”。“吃不穷，穿不穷，打划不到一辈子穷”。“新三年，旧三年，补补纳纳又三年。”构成这些谚语的三个分句揭示相关相近的事物，但分句的结构有所不同，字数也多少不一，实际是排比中的变化，变化中的排比。

（2）夸张的谚语

运用夸张的谚语，由于突出、鲜明地表现某一事物的特点，故意“言过其实”，所以渲染了气氛，启发了联想，强调了事物的特征，能给人留下深刻的印象。

运用夸张的谚语可分为两类。一是不借助其他修辞方式而直接扩大和缩小的夸张。如“正月十五雪打灯，一个谷穗打半升”。一是借助于比喻、比拟、借代等修辞方式来扩大或缩小的夸张。如“不见棺材不掉泪，不到黄河不死心”。借助类比形象地说明不到彻底的失败不算完。

4. 联系美

联系也是美学的基本原则之一。运用语言反映客观世界和主观世界时，如果联系得合理、自然、巧妙，就能增强语言的感染力，给人留下深刻的印象，获得美的享受。这一点在浊漳河流域方言谚语中得到了很好的体现。联系，要借助比喻、借代、比拟等修辞方式。

（1）比喻的谚语

在谚语运用的众多修辞中，比喻是其中最常见的一种。应用比喻，不仅能使谚语有具体可感的形象，而且表达含蓄，产生一种言在此而意在彼，“言近旨远，辞浅意深”的语言表达效果。如“书生肚，杂货铺。”“人是铁，饭是钢，一顿不吃饿得慌”。这些谚语，结构完整，表述的内容较为鲜明。“知人知面不知心，知山知水不知深”，比喻对人的了解不能只看表面。“佛争一炉香，人争一口气”，说明人要争气。“两人伙穿一条裤子”，比喻两人交情好。这些谚语结构上是对称的，意义上是对比或连用的。此外还有一些谚语，它是借助某些客观事物的形象来表达抽象的事理的。例如：“水浅养不住鱼”，比喻任何事不能过于勉强；“狗肉丸子，不上盘子”，比喻没有正经的学识和本事，上不了大场面。

（2）借代的谚语

浊漳河流域方言谚语中的借代通过巧妙的名称替换引起读者的联想，突出事物的特征，具有形象描绘的作用和诙谐幽默的谐趣．如：“捡了芝麻，丢了西瓜”，“芝麻”比喻小事、小便宜，“西瓜”比喻大事。意思是人们通常为了蝇头小利而丢弃了一些大的利益。“庄稼（农民）不识货，只拣大的摸”，“庄稼”指代旧时的农民，意思是农民的目光短浅，认为只有大的物体才是最好的。

（3）比拟的谚语

在谚语中运用比拟修辞可以增加叙述的形象性和生动性以及讽刺意味；可以唤起人们的联想，使人捕捉它的意境，体味它的深意。比拟的谚语可分为两类：

①拟人的谚语

“黄鼠狼做梦也想鸡。”“狼在梦里想着羊。”把人类特有的“梦”的行为加诸动物身上，也是一种拟人。潜在的意思是人时常被自己的夙敌所“惦记”。“牛打江山马败家”，“打江山”和“败家”也是人的行为，用在“牛”和“马”的身上形象地描写了两者的行为特征。

②拟物的谚语

如：“见官如见虎”，把“官”比作“虎”，说明人们对官的看法，也深刻地体现出“官”的本质行为。“花开引蝶，树大招风”，意思是出头的人总会先惹到麻烦，多用作贬义。

总之，对于自然现象的美、社会事物的美和艺术作品的美，人们都有自发的趋向意识。但是未经过审美理论指导的审美活动多半是零散的、偶然的。谚语的形成虽有文学作品的功劳，但更多的是人民口头加工的结果。它无论从形式上、韵律上还是内容上都具有美的闪光点，也正是如此，谚语才活在人们的交际中。

第四节　方言古语词

古今汉语是一脉相承的，现代汉语中保留有许多古代汉语的语音、语法及语义等语言特征，其中有不少词语源于古代但是在现代汉语普通话中很少使用甚至不用，只是在书面语中出现，这样的词语我们通常称为古语词。然而，它们却在某些方言或某一方言区域普遍使用，成为代表这一方言区词汇的特征，方言中的这些词语，我们称之为方言古语词。浊漳河流域位于上党地区，该地区历史悠久，有着深厚的文化底蕴，在方言词汇方面，保留了许多源自古代文献的方言古语词，体现出多层次的历史积淀。我国著名音韵训诂学大师赵振铎先生说：“方言在训诂上具有重大的作用，利用方言材料解读古书，也会有很好的收获。一个语言分化出若干方言，在语言发展不平衡规律的支配下，一些方言保存古代的成分多一些，另一些方言保存古代的成分少一些；甲方言保留了这一古代成分，乙方言可能没有保留。这些方言成分往往成为考释古词古义的活依据。”[①] 因此，对方言中保留的古语词进行研究不仅可以揭示该地区方言词语的面貌，更重要的是可以印证古代文献，帮助我们阅读古代文献理解古词古义，促进传统训诂学的研究。

一　浊漳河流域方言古语词选释

“浊漳河流域方言古语词”主要指在历代文献中有实际语言用例亦活跃在晋东南地区方言中但现代汉语普通话却很少使用甚至不用的词，包括尽管形式上在普通话中存在但其中某一意义在古文献中使用也在晋东南地

① 赵振铎：《训诂学纲要》，陕西人民出版社 1987 年版，第 144 页。

区方言中使用却不见于现代汉语普通话的词。

根据浊漳河流域各地区方言词汇的调查结果，我们发现浊漳河流域方言中保留有不少古语词，这些词语在该流域的各县区方言口语尤其是老年人日常对话中普遍使用。举例如下：

（一）抟

古文献多次出现“抟”一词。《礼记·曲礼上》：“毋抟饭，毋放饭，毋流歠。”《庄子·逍遥游》：“抟扶摇而上者九万里。”梁·萧统《文选·范云〈赠王中书诗〉》：“抟飞出南皮。”宋·陆游《过小孤山大孤山》：“俊鹘抟水禽。”然在现代汉语普通话中很少用到。关于其意，古代的训诂专书中亦有明确说明。《说文解字·手部》：“抟，圆也。”《广雅·释诂三》：“抟，著也。”王念孙《广雅疏证》：“抟者，聚之著也。”因古人训诂语言的独特性，我们对《说文》及《广雅》的解释无法系联，直至王念孙《疏证》才大概明了其意。但如果结合晋东南方言词语，即可准确理解此词的意义。在浊漳河流域方言中有“抟”，如“把那些碎布条抟在一起扔了吧”，可见，其意为“把东西捏聚成团”。结合字形即文献用例分析，此义即其本义。上举诸例中《礼记》用其本义。而后又引申表示按圆形轨迹运行，《庄子》、《文选》用此意，故李善注云：“抟，圆也。周飞而上，若扶摇也。”而陆游的“俊鹘抟水禽”句中的“抟”却颇为费解，以致出现了“攫取”“玩弄”“率领”等不同的解释。其实结合方言用例按照其本义“捏聚成团”理解此句，问题可迎刃而解。“抟”意为“捏聚成团”，亦可指人或动物聚在一起，此句按字面意思当指俊鹘和水禽聚在一起，意译即是俊鹘追逐着水禽。

（二）爽利

浊漳河流域长治地区方言中“爽利”有副词意义“索性、干脆”，表示趁着什么时机索性把什么事做了。如：天下雨了，又是山路，不好走，爽利不要去了。该词在近代汉语中使用，可与该方言词语互证。如：《醒世姻缘传》第五八回：“偺既吃了这半日的烧酒，又吃黄酒，风搅雪不好，爽俐吃烧酒到底罢。”第六回：“晁大舍曰：‘你先回，上复老爷，我爽利赶了二十五日庙上买些物事，方可回去’。”

（三）捉

上古中古汉语中，“捉”指“持”“握”，此即其本义。《说文·手部》：“捉，搤也，一曰握也。”《左传·僖公二十八年》：“叔武将沐，闻君至，喜，捉发走出。”句中“捉发”即手握头发之义，即整理好头发。《世说新语·容止》：“魏王雅量非常，然床头捉刀人，此乃英雄也。”现代汉语则多表示“捕捉”义。“握、持”义保存在“捉襟见肘”等词语里，多被人忽视，因而在阅读古代文献时难免疑惑。然在该地区方言中亦保留了“捉”的本义，如“你先捉住筷，我给你盛饭”，可证古文献中“捉”一词的意义。

（四）谝

“谝”，《说文·言部》：“便，巧言也。……《周书》曰：惟截截善谝言。《论语》曰：友谝佞。”“友谝佞”段玉裁注：“《季氏》篇文，今作便。”今传《论语》本作“便”。可证“谝”即“便”，在上古汉语中意为“巧言”。“惟截截善谝言”句，孔安国传：“惟察察便巧，善为辨佞之言。”近代又用作“夸耀、夸口”，元·关汉卿《陈母教子》第二折：“我劝这世上人，休把这口忒谝过了。”清·蒲松龄《增补幸云曲》第十六回：“这奴才不弹琵琶，光谝他的汗巾子，望我夸他。”此义不同于上古的“巧言”，在今民族共同语中亦少用，但在阳城方言中保留了下来。如“听他胡谝”，“你就谝吧，看还能谝出朵花来！”可证近古汉语文献中的“谝”当为“夸口”，亦可使人明了“谝”词义的历史变迁。

（五）向火

“向火”即烤火，始现于中古汉语。唐·元微之《拟醉》：“九月闲宵初向火，一尊清酒始行杯。”拾得《诗》之二：“炉子边向火，镬子里澡浴。”李群玉《与三山人夜话》：“酒思弹琴夜，茶芳向火天，兔裘堆腹暖，鸠枝倚床偏。”在近代戏曲小说中广泛应用。如《水浒传》第十回：“周围坐着四五个小庄家向火。”此词在方言里仍然保存着。如“冻坏了吧？快过来向向火”。因此可以反正古文献中“向火”一词之义。

（六）扯淡

“扯淡”指胡说、胡扯。始现于近代汉语。《醒世恒言》卷七：“他们好似见鬼一般，我好像做梦一般，做梦的醒了，也只扯淡。”《醒世姻缘传》第二回：“你没的扯淡，你认得我是谁。”《金瓶梅》第十四回：“西门庆道：‘没的扯淡，这两日好不巡夜的甚紧，怕怎的。’”田汝成《西湖游览志余》：“余杭有讳本语而巧为俏语者，如诟人嘲我曰溜牙，胡说曰扯淡。”这个词现在也保存在该地方言中。

（七）尖儿

浊漳河流域方言有“拔尖儿”“冒尖儿”等词，意为“最好的，出类拔萃的”。如“这闺女长得真好，是全村拔尖儿的”、“他的学习在班上是冒尖儿的”。而在近代汉语中“尖儿”即此义，长治、壶关等地方言中的“拔尖儿”“冒尖儿”等说法当是在“尖儿”的基础上化用而来。因此，可据以解释古文献。如《红楼梦》第四十六回：“这些女孩子里头，就只你是个尖儿，模样儿，行事做人，温柔可靠，一概是齐全的。”所谓“是个尖儿”，就是说“是最好的”。

（八）头口

近代汉语有“头口”一词。《元曲章·刑部·偷头口》：“凡达达，汉儿人偷头口一个赔九个。”《水浒传》第二回：“小人母亲骑的头口，相烦寄养，草料望乞应付，一发拜还。”《警世通言》卷四：“就是两个夫子，缓缓而行也罢，只是少个头口。”今该地方言中亦有“头口”一词，指“牲口、牲畜”，如“喂了头口没有”“明天使使你家头口犁地”。因此可据此知以上《元曲章》《水浒传》中的“头口”即指牲口、牲畜。

（九）年时

意即“去年”。此词始现于近代汉语。在诗词曲中常见。元·卢挚《清平乐》：“年时寒食，直到清明节。草草杯盘聊自适，不管家徒四壁。今年寒食无家，东风恨满天涯。早是海棠睡去，莫教醉了梨花。”明·孔尚任《桃花扇·拜坛》：“年时此日，问苍天，遭的什么花甲。”其中“年时”即“去年”，其义如无方言参证则不得而知。该词在浊漳河流域各地方言中都有用到，如“你家年时打了多少斤麦”“年时我才上的学”。又如明·陈耀文《花草粹编》卷三中曹元庞《十二时》：“年时酒伴，年时去处，年时春色。清明又近也！却天涯为客。念过眼，光阴难再得。想前欢，尽成陈迹。登临恨无语，把阑干暗拍。”准确理解句中的“年时”一词，对于体会作者的情感有着很重要的作用。这里“年时”与“清明”句相应，诗人感慨世事无常，物故人非。今年春色依旧，年时盛景难现。

（十）仰尘

“仰尘”一词始见于宋代。宋·王巩《闻见近录》：“丁晋公尝忌杨文公。一日诣晋公，既拜而髯拂地。晋公曰：‘内翰拜时须撇地’起，视仰尘，曰：‘相公坐处幕漫天。’”《醒世姻缘传》：“他催着晁夫人把那里间重糊了仰尘。”“仰尘”一词费解，今浊漳河流域长治等地均用“仰尘”称天花板，如“掸掸仰尘上的灰”“打仰尘”。可证以上二例中“仰尘”当为“天花板”。考其来源，“仰尘”即“承尘”，旧时指设在座位上方承接尘土的小帐，后用以指天花板。

（十一）趿

浊漳河流域方言有“趿拉”一词，意为“把鞋后帮踩在脚后跟下”，如“你不要趿拉着鞋走路”。从词汇构成角度上看，“趿拉”属并列式的合成词，“趿”与“拉”意近。从其字形分析，形声字，从形旁“足”可知其本义当与脚有关。因此其本义即为拖着鞋子。以此可证文献中“趿履”“趿拉”二词之义。元·吴西逸《梧叶儿·京城访友》曲：“尘土东华梦，簪缨上苑春，趿履谒侯门。”句中“趿履”即为“拖着鞋子”。《儿女英雄传》第三九回：“他听得门外有人说话，穿着件破两截布衫儿，趿拉着双皂靴头儿出来。”此“趿拉”与方言中的“趿拉”意同，都指“把鞋后帮踩在脚后跟下”。

（十二）月明

指月亮。在浊漳河流域，武乡、长治等地称月亮为“月明”。利用方言中的词义可以帮我们准确理解文献中出现的“月明”一词。如唐·李益《从军北征》诗：“碛里征人三十万，一时回向月明看。”明·寓山居士《鱼儿佛》第一出：“白苹红蓼绿蓑衣，青海滩头一钓矶。只恐夜静水寒鱼不饵，满船空载月明归。”二例中的“月明”都是“月亮”义。

（十三）圪蟆

指青蛙。浊漳河流域地区方言称“青蛙”为“圪蟆”。“圪”是该地区习用的词头，无义。蟆，形声字。形旁为虫声旁为莫，莫同时可表示意义。“莫”古字形像太阳落到了草丛中，会“黄昏”义。“虫”和“莫”结合在一起即表示“在黄昏以后出来寻找食物的虫子”。其本义当为“白天藏匿，晚上出来活动的动物”，特指“青蛙”。该词在近代汉语中亦有使用。如《聊斋志异·促织》：“后小山下，怪石乱卧，针针丛荆，青麻头伏焉；旁一蟆，若将跃舞。……冥搜未已，一癞头蟆猝然跃去。成益愕，急逐趁之，蟆入草间。”用方言用语“圪蟆”参证，可知句中“蟆”即“青蛙”。

（十四）冻泥

“冻泥”一词在唐宋诗词中多次出现。如唐·陈羽的七言绝句《从军行》：“海畔风吹冻泥裂，梧桐叶落枝梢折。横笛闻声不见人，红旗直上天山雪。”张籍《早朝寄白舍人、严郎中》：“鼓声初动未闻鸡，羸马街中踏冻泥。烛暗有时冲石柱，雪深无处认沙堤。常参班里人犹少，待漏房前月欲西。凤阙星郎离去远，阁门开日入还齐。”宋·赵师侠《浣溪沙·鸣山驿道中》一词：“松雪纷纷落冻泥。栖禽犹困傍枝低。茅檐冰柱玉鞭垂。流水溅溅春意动，群山灿灿晚光迷。朔风寒日度云迟。”其中“冻泥”究竟是指什么，长期以来一直没有准确解释。在鉴赏诗词时往往避而不谈，或是简单理解为“冻了的泥土”，认为没必要关注。但是“冻泥”决不应理解为“冻了的泥土或泥路”。因为从陈羽诗看“冻泥”后搭配动词“裂”，“冻了的泥土或泥路”似乎无法与“裂开”这一动作联系。张籍诗与赵师侠词表面上看似无矛盾之处，但从全诗意境分析，结合后文所用意象，总感觉释为“冻了的泥土或泥路”莫名其妙。那么“冻泥”当是什么呢？在浊漳河流域沁县等地方言中用“冻泥”来指称冬天下雪后路上结成的冰或天气寒冷后湖面上结成的冰等，同时也可用来称冰块。联系方言用例，以上三首古诗词中的“冻泥”都应解释为“冰”。《从军行》“冻泥裂”是说在风的作用下冰裂开了，《早朝寄白舍人、严郎中》“羸马街中踏冻泥”是说张籍骑着瘦马走在结了冰的街上。《浣溪沙·鸣山驿道中》“松雪纷纷落冻泥”意谓松树上的积雪纷纷落到了冰上，句中“冻泥”也正与下文“冰柱”相合。

（十五）门限

《东观汉记·臧宫传》：“越人伺候者，闻车声不绝而门限断。”唐·韩愈《赠张籍》诗：“有儿虽甚怜，教示不免简。君来好呼出，踉跄越门限。”其中“门限”一词今普通话少用，但在浊漳河流域方言中多用，如襄垣等地称“门槛”为“门限”。可证古文献中的“门限”意即“门槛”。先秦时称“阈”。《礼记·曲礼上》：“大夫士出入君门，由闑右，不践阈。”汉郑玄注：“阈，门限也。”此词汉以后习用。“门限”之用为“门槛”义，从“限”字形上亦可得到解释。“限”为会意字，从阜从艮。“阜”本指山，表示字义与山有关；“艮”指“边界”。“阜”与“艮”会意表示“界墙”、“边境障碍物”。本义为“交界处的土山、界墙”。“门”是由外向内的出入口，“门限”则指出入口交界处，即外面与家里的交界。

（十六）扁食

浊漳河流域方言中“水饺”称“扁食”。如：锅里的扁食要熟了。该词语在普通话中已不使用，但在山西不少地区以及南方地区的一些方言中都还使用。如：“俺们家扁食好不好?”据史料记载，大概在元朝时即称饺子为“扁食”，亦写作“匾食”。明朝万历年间沈榜的《宛署杂记》记载：“元旦拜年……作匾食。”刘若愚的《酌中志》载：“初一日正旦节……吃水果点心，即匾食也。”“扁食”一名，可能出自蒙古语。清朝有关史料记载说：“元旦子时，盛馔同离，如食扁食，名角子，取其更岁交子之义。”明吴承恩《西游记》第四十六回：“斩去腿脚会走路，剖腹还平妙绝伦。就似人家包扁食，一捻一个就回圈。”《金瓶梅词话》六十七回：“西门庆看着迎春摆设羹饭完备，下出匾食来，点上香烛，使绣春请了后边吴月娘众人来。”

（十七）撺掇

浊漳河流域方言仍存“撺掇”，亦作“撺断、撺顿”。共两个义项：一是帮忙，如：“他家办喜事忙不开，左邻右舍都来撺掇。”“大伙儿七手八脚地把箱子撺掇到汽车上。”二是怂恿，如：“他不大精明，你们不要瞎撺掇。”“撺掇了几回，他总是磨蹭着不走。”该词的两个意义在近代汉语中均已出现。如：明·施耐庵《水浒传》第二十一回：“怎当这婆子撮合山的嘴，撺掇宋江依允了。”明《东周列国志》第八回：“世子忽曰：‘昔年无事之日，蒙齐侯欲婚我，我尚然不敢仰攀。今奉命救齐，幸而成功，乃受室而归，处人必谓我挟功求娶，何以自明？’高渠弥再三撺掇，只是不允。”《初刻拍案惊奇》卷二十一：“指挥执意既坚，张都管又在傍边一力撺掇，兴儿只得应承。”三句中“撺掇”即为“怂恿”义。元·白朴《梧桐雨》第二折：“请娘娘登盘，演一回霓裳之舞。（正末云）‘依卿奏者。’（正旦做舞）（众乐撺掇科）。”明《金瓶梅》第六十八回：“吴惠、郑奉、郑春，每人三钱；撺掇打茶的，每人二钱。”二句中的“撺掇”即为“帮忙”义。

（十八）没

“没”在浊漳河流域方言中可用作形容词，表冰冷义。如“缸儿里头的水没得慌了哇，再换点热的哇”。“冬天价的石头冰没凉得可不敢坐。”该词在南北朝梁顾野王的《玉篇》中即有收录：“没，府伐切，音发。寒也。”从古到今该词只是语音中的声母发生了变化，意义并未发生变化。

（十九）晚夕

在浊漳河流域方言中“傍晚、晚上”称为“晚夕”，且出现频率较高。如：“你什么时候去逛街吗？”“晚夕吧。”再如：“到晚夕了，该回家了。”该词在中古汉语即已出现。如：唐·刘威《题许子正处士新池》诗：“那堪更到芙蓉拆，晚夕香联桃李蹊。”此后一直沿用下来，近代汉语中仍有使用。如：元·无名氏《飞刀对箭》第二折：“到晚夕下寨安营，到来日看俺相持。”明·凌濛初《初刻拍案惊奇》卷一：“少不得朝晨起早，晚夕眠迟。”但到现代汉语普通话中不用了。

（二十）乌涂

该词在浊漳河流域方言中意为：水不凉不热。这个词是清朝满族的满语口语的音译。如：快儿喝茶叶水喎，到乌涂啦。意为：快点喝茶叶水啊，都变得不凉不热了。

（二十一）提溜

浊漳河流域方言中“提溜”意为：提着、拎着；拖着；悬着、挂着。

如：“墙上提溜的净是辣椒。”“俩公鸡打架类，输唠嗫个连尾巴都提溜下来啦。”（两只公鸡打架，输了那只连尾巴都低下来了）该词在近代汉语中即有出现。如：明末《醒世姻缘传》：“那回回婆从里头提溜着艾前川一领紫花布表月白绫吊边的一领羊皮袄子，丢给那觅汉。”清魏源《筹漕篇下》：“（船）今既改小，则不胶不拨，遇闸提溜，通力合作，勒索无由。”

（二十二）吺吺

该词在方言中意为：啰嗦，言多而不精练。如：你真能吺吺呀。该词在东汉许慎《说文解字》中即已出现。《说文·口部》：“讘吺，多言也。”“讘”和“吺”都是“多言”义。

（二十三）滗

在浊漳河流域方言中“滗”表示挡住渣滓或泡着的东西，把液体倒出。如：去把茶壶里的水滗干了。该词在中古时期即已出现，《集韵》中有收录，但未解释意义，只注明反切音。在《博雅》中解释为“盝也。一曰去汁也”。可与本地区方言互证。

（二十四）哕

“哕”，在古代汉语中意为呕吐。《南齐书·张融传》：“喷洒哕噫，流雨而扬云；乔体壮脊，架岳而飞坟。”《太平广记》：“岩杰遽饮酒一器，凭栏呕哕。须臾，即席，还令曰：‘凭栏一吐，已觉空喉。’其侮慢倨傲如此。”《西游记》：“你们快去烧些盐白汤，等我灌下肚去，把他哕出来。”该词在现代汉语普通话中已不用，但在浊漳河流域屯留等地方言中还有保留。如：他把吃的饭都哕出来了。

（二十五）担杖

“担杖”一词，在近代汉语中出现，意为“扁担”。如：元·宫天挺《七里滩》第一折：“蓦岭登岗，拽着个钝木斧系着条麄麻绳携着条旧担杖。”《醒世姻缘传》第五四回：“四十文钱买了副铁勾担仗。”该词在浊漳河流域长子等地方言中仍保存着。

（二十六）奓

据文献资料，该词在清代已出现。意为：张开。如：清·贪婪道人《彭公案》：“发根一奓，身上直冒冷汗。”“奓”在现代汉语普通话中已不用，但在浊漳河地区屯留等地方言中还在使用。如：你的头发太奓了。这件衣服下摆太奓了。

（二十七）擤

擤，《篇海》：“呼梗切，亨上声。手捻鼻脓曰擤。”焦竑《俗用杂字》：“音省，义同。”该词在浊漳河流域方言中亦有出现，如：擤鼻涕。意为：捏住鼻子，用气排出鼻涕。正与《篇海》中的解释相印证。

（二十八）历头

“历头”即“历书”，出现于中古汉语。如：宋·朱敦儒《鹧鸪天》词：“检尽历头冬又残，爱他风雪忍他寒。”近代汉语中沿用。如明·阮大铖《双金榜·诺婚》：“历头上明日大吉日。”该词在今普通话中已消失，但仍保存在长治等地方言中。

（二十九）书房

“书房”一词，中古及近代汉语中已使用。有三个意义：其一，朝廷、官府收藏书籍、书画的场所。如：唐·元稹《和乐天过秘阁书省旧厅》：“闻君西省重徘徊，秘阁书房次第开。”其二，家中读书写字的房间。如：宋·洪迈《乙志·陈如埙》：“一妹嫁远乡 何屯田 之孙，尝往其家……已洒扫书房延待矣。”《红楼梦》第四十回：“这那里像个小姐的绣房？竟比那上等的书房还好呢！”其三，家塾；学校。清·潘荣陛《帝京岁时纪胜·薰虫》：“二日为龙抬头日……小儿辈懒学，是日始进书房，曰占鳌头。”今普通话中保留有第二个意义，其他两义消失。但在浊漳河流域诸多地区如长治、沁县、平顺等地仍保留有第三个意义“学校”。如：“今儿怎么不上书房？”

（三十）断跟

“断跟”意即：跟随，结伴同行。也作“断赶”。断：相。明代胡震亨《唐音癸鉴》卷二十四：“相，思必切，读若瑟，今北人皆呼为断。”黎锦熙《中国近代语研究法》：“断字，向来无解，不知即‘相’字一声之转。”可知“断”即相、互相。如“断见”、“断杀”、“断跟”等。“断跟”也作“断赶”。《文水县志》：“相随曰断跟。”《水浒传》：“两支船断跟着在湖泊里。不多时，划到个去处，团团都是水。”明代冯梦龙《醒世恒言》第十四卷《闹樊楼多情周胜仙》：“（范二郎）当下同王婆婆断赶着出来，见哥哥嫂嫂。”李准《耕云记》：“她气的也不和我断跟了，赌气从前边走了。”该词在普通话中已不使用，但在浊漳河流域各地是一个较常用的方言词语，如：放学啦，咱俩断跟上回吧！

（三十一）歇歇

该词在普通话中少用，但在好多地区的方言中都在使用，浊漳河流域各地方言中均有此词，意为：休息一会儿。如：咱们歇歇再走吧。“歇歇”一词中古时期即已使用，南宋时的一些反应当时口语的文献如佛语录《五灯会元》以及话本小说中都有出现。到近代汉语中更是频繁使用。如：元《老乞大新释》：“日头这般高了，往前又没有甚么店，咱们且投个人家籴些米，自做饭吃。卸下行李，歇息牲口，歇歇去罢。”《西游记》第九九回：“因是我们走快了些儿，教我们在此歇歇哩。”

（三十二）日头

该词在方言中意为“太阳”。如：咱们去外头晒晒日头吧。中古汉语里已使用。如：唐张鷟《朝野佥载》卷四：“暗去也没雨，明来也没云。日头赫赤赤，地上丝氲氲。”宋杨万里《山村》诗之二：“歇处何妨更歇些，宿头未到日头斜。”南宋《五灯会元》：“山置经曰：‘日头早晚也。’师曰：‘正当午。’”近代汉语中沿用下来，如：元《老乞大新释》：“打了朵子走罢，日头已到午後了。这里离城还有五里路，著两个在後赶牲口来。”明《水浒传》：“那妇人看了这般，心内焦躁，指着武大脸上骂道：‘混沌浊物，我倒不曾见日头在半天里，便把着丧门关了，也须吃别人道我家怎地禁鬼！听你那兄弟鸟嘴，也不怕别人笑耻！’”《儒林外史》第六回："直到日头平西，不见一个吹手来。"但在今天普通话中消失，只保留在方言中。

（三十三）夜来

浊漳河流域屯留、武乡、长治等地方言中"昨天"用"夜来"表示。如："夜来吃甚饭来?""夜来你去哪了？给你打电话你也不接。""夜来"一词在中古时期唐代文献中已出现。常用来表示两个意义一为"入夜"。如唐杜甫《遣怀》诗："夜来归鸟尽，啼杀后栖鸦。"一为"夜间，昨夜"。如唐孟浩然《春晓》诗："春眠不觉晓，处处闻啼鸟，夜来风雨声，花落知多少。"后来到宋代开始出现"昨天"义。如：《朱子语类》："次早云：'夜来国秀說自欺有三样底，后来思之，是有这三样意思。然却不是三路，只是一路，有浅深之不同。'"宋贺铸《减字浣溪沙·楼角初销一缕霞》词："笑捻粉香归洞户，更垂帘幕护窗纱，东风寒似夜来些。"近代汉语中"昨天"义沿用下来。如：元无名氏《度柳翠》第二折："夜来八月十五日，你不出来，今日八月十六日，你可出来。"《水浒传》第三四回："总管夜来劳神费力了一日一夜，人也尚自当不得，那疋马如何不喂得他饱了去。"在浊漳河流域地区方言中"夜来"只保留了"昨天"义，而且广泛使用。

（三十四）蛇蚪

该词在当地方言中意为：蝌蚪。如：你抓的那蛇蚪了？中古汉语中已使用。如：宋·无名氏《张协状元》戏文第十九出："二月春光好，秧针细细抽。有时移步出田头，蛇蚪要无数水中游。"

（三十五）饥

该词在现代汉语普通话中不单用，通常和"饿"连用构成双音词，作"饥饿"。但在古汉语中"饥"单用，表示"腹中空，需要补充食物"。早在上古汉语即已出现。如：《孟子·梁惠王上》："黎民不饥不寒。"《汉书·食货志》："人情一日不再食则饥。"之后，在中古汉语以及近代汉语中亦是一个常用词。唐·白居易《卖炭翁》："牛困人饥日已高。"唐·柳宗元《捕蛇者说》："饥渴而顿踣。"清·洪亮吉《治平篇》："风雨霜露饥寒颠踣。"而在浊漳河流域地区方言中"饥"还保留着古汉语的用法："肚饥了，得吃点东西。”

（三十六）恓惶

该词在现代汉语普通话中较少使用。但在长治等地方言中使用频率较高，意为“可怜”，常用于表达自己的同情。如：看那个小孩儿哭的真恓惶。该词在宋代文献中即已出现。如宋·欧阳修《投时相书》：“抱关击柝，恓惶奔走。”明代小说《喻世明言》：“这里阿秀只道见了真丈夫，低头无语，满腹恓惶，只饶得哭下一场。”

（三十七）熥

“熥”，在现代汉语普通话中不用，但在浊漳河流域长治等地方言中较多使用。意为：把凉了的熟食在蒸热。经常用在饭凉了或不是很热再把它加热的情况下。如：桌子上的饭凉了，你把它熥一熥再吃。该词在宋代的一部韵书《集韵》中即有收录，并解释为“以火煖物也”。

（三十八）草鸡

“草鸡”一词在近代汉语中使用，即“母鸡”。如：元关汉卿《鲁斋郎》第三折：“（李四云）鲁斋郎，你夺了我的浑家，草鸡也不曾与我一个。”该词在长治、平顺、长子、沁县等地方言中仍有保留。

（三十九）手巾

“手巾”即“毛巾”，中古汉语中即有用例。如：南朝·宋·刘义庆《世说新语·文学》：“谢注神倾意，不觉流汗交面。殷徐语左右：取手巾与谢郎拭面。”《资治通鉴·梁敬帝绍泰元年》：“霸先惧其谋泄，以手巾绞稜。”胡三省注：“今人盥洗，以布拭手，长手巾七八尺，谓之手巾。”该词在今普通话中被“毛巾”取代，但在浊漳河流域各地区方言中都在使用。

（四十）男人

在浊漳河流域平顺、长子等地称“丈夫”为“男人”，如：他是我男人。“男人”的这一意义出现于近代汉语。如：《红楼梦》第六十八回：“张氏哭禀道：‘小的男人是张大，南乡里住，十八年前死了。’”

（四十一）靸鞋

“靸鞋”一词很早就已在汉语词汇中使用。东汉·史游《急就篇》卷二：“靸鞮印角褐袜巾。”颜师古注：“靸谓韦履，头深而兑，平底者也。今俗呼谓之跣子。”亦名“靸鞋”。据唐·王叡《炙毂子杂录》中记载，夏商周三代皆以皮为之，始皇二年改用蒲制，从晋到唐多用草制，梁武帝曾用丝制。元末明初·陶宗仪《辍耕录》卷十八“靸鞋”：“西浙之人，以草为履而无跟，名曰靸鞋。”而在明代文献中，该词即用以指无根之鞋，无论以何种材料制作，即“拖鞋”。如：《红楼梦》第二一回：“次日天明时，（宝玉）便皮衣靸鞋往黛玉房中来。”《喻世明言》：“相次到家中，只见路傍篱园里，有个妇女，头发蓬松，腰系青布裙儿，脚下拖双靸鞋，在门前卖瓜。”在浊漳河流域地区方言中，“拖鞋”即称“靸鞋”。如：在屋就换上靸鞋吧，脚舒服些。另外，该词在当地方言中有动词用法，这时常在中间加“着”。如：“你那样靸着鞋穿，会把鞋子穿坏的。”指把鞋后帮踩在脚后跟下的情况。而这一用法在《红楼梦》中也有用例：“宝玉穿着家常衣服，靸着鞋，倚在床上拿着本书。”

（四十二）败兴

该词在浊漳河地区方言中常用于形容做了不好的或不理想的事情而丢脸的情况。意为“遇不愉快事而使兴致低落”。如：你考的这点分数真是败兴啊！元·马致远《青衫泪》第一折：“白侍郎要住下，着这二位摧逼的慌，好生败兴。”

（四十三）拾掇

该词在浊漳河流域方言中主要有两个意义：①指整理、收拾一下。如：把屋子拾掇一下吧。②惩治。如：谁敢进行破坏，就把谁拾掇了。这两个意义均可见于古代汉语。其中，第一个意义早在魏晋时即已使用。如：晋葛洪《抱朴子·审举》：“而有党有力者，纷然鳞萃，人乏官旷，致者又美，亦安得不拾掇而用之乎！”南朝梁刘勰《文心雕龙·事类》：“然学问肤浅，所见不博，专拾掇崔杜小文，所作不可悉难，难便不知所出，斯则寡闻之病也。”唐陆龟蒙《杞菊赋》序：“前后皆树以杞菊……及夏五月，枝叶老硬，气味苦涩，旦暮犹责儿童辈拾掇不已。”三句中“拾掇”

均为“整理”义。第二个意义在近代汉语中也已出现。如：明贾仲名《对玉梳》第二折：“休假温存絮叨叨取撮，佯问候热剌剌念合，更怕我不趱你那冷气虚心厮拾掇。”句中“拾掇”即为“惩治”义。

（四十四）通唤

“通唤”，在浊漳河地区方言中指痛而呻吟。如：她一生病就通唤起来。究其源起，在中古汉语中可见用例，但较多用于“传唤”义。如：《宋史·礼志十六》：“皇帝降坐，御集英殿，鸣鞭，殿中监已下通班起居。殿中监、少监升殿，通唤阁门官升殿。”“痛而呻吟”义用例则较少。唐·颜师古《匡谬正俗》卷六：“恫，今太原俗呼痛而呻吟谓之通唤。”可见，唐朝时太原地区方言中“通唤”亦作“痛而呻吟”义。

（四十五）打并

该词在浊漳河流域长治等地方言中表示“清理、收拾”之意。亦写作“打併”“打屏”。如：把这些穿不着的衣服打并在一起吧。考其源起，早在宋代文献中即有使用。如：《朱子语类》：“有一士人，以犯法被黥，在都中，因计会在梁师成手里直书院，与之打并书册甚整齐。”杨万里《晓起探梅》诗：“打併人间名利心，万山佳处一溪深。”宋·孔平仲《孔氏谈苑·吕许公知许州》：“是日，张公打屏阁子内物色过半矣。”后一直沿用至近代汉语中。如：元宫天挺《七里滩》第四折：“为君的紧打并吞伏四海，为臣的紧铺劳日转千堦。”《水浒传》第六五回：“那人钻入舱里来，被艄公一手揪住，一刀落时，砍的伶仃，推下水去。艄公打併了船中血迹，自摇船去了。”清·曹寅《蝶恋花·纳凉西轩追和迦陵》词：“打併新凉成一味，散花还待诸天戏。”

（四十六）豁

“豁”一词在《说文》中即有收录。《说文·谷部》：“豁，通谷也。”段玉裁注：“通谷，引申为凡疏达之称。”“通谷”，通畅的山谷，此当“豁”的本义。“豁”作“通谷”，古代文献多有使用。如晋《七命》：“画长豁以为限，流溪以为关。”其中的“豁”就是指通畅的山谷。

后“豁”由“通畅的山谷”引申出“开阔、宽敞”，唐·杜甫《晚登瀼上堂》：“开襟野堂豁，系马林花动。”《红楼梦》第十七回：“再进数步，渐向北边，平坦宽豁。”以上两例中的“豁”就是“开阔、宽敞”的意思。“通谷”看上去像地貌出现缺口、缺损一样，所以“通谷”又引申出“缺损、（出现）缺口”之义。北魏·贾思勰《齐民要术·种谷》：“稀豁之处，锄而补之。”唐·韩愈《落齿》：“忆初落一时，但念豁可耻。”上述两例中的“豁”，前者为“缺损”义，后者为“出现缺口”。

“豁”又由“缺损、（出现）缺口”引申出“割开、裂开”义。元·无名氏《刘弘嫁婢》第一折：“着他把头发披开，上着碗来大艾焙灸，豁开他两个耳朵，他就好了。”《儿女英雄传》第三回：“我这妹子右耳朵眼儿豁了一个。”以上两例，前者用于“割开”，后者用于“裂开”义。

此外，古代文献中，“豁”用于“舍弃、丢弃”和“使出”两个义项。南朝宋·刘义庆《世说新语·德行》：“（殷仲堪）每语子弟云：‘勿以我受任方州，云我豁平昔时意，今吾处之不易。贫者，士之常，焉得登枝而捐其本！尔曹其存之。’”徐震堮校笺：“豁，忘弃也。”

在浊漳河流域的长治方言中，“出现缺口或缺”称“豁”“豁子”“豁儿”。如：“院墙被撞出了一个大豁子（豁）”。“割开、裂开、冲开、裁开”等义长治方言用“豁开”或“豁”来表示，如“把 肚子豁开（割开）”“那个花盆儿豁（裂开）了一个口子”“雨水把地儿豁开（冲开）了”“把这块布从中间豁开（裁开）”。有东西不要了，要倒掉，长治方言一般用“豁掉”或“豁出去”，用的即是“豁”的“舍弃、弃”义。

（四十七）噪

“噪”，《说文》已有收录。《说文·言部》：“扰也。从言喿聲。”段玉裁注：“扰也。”曰：“扰，烦也。从言，喿聲。”可见“噪”的本义为：大声喧哗，声音杂乱。此义在上古文献中亦有用例。如：《墨子·备蛾傅第六十三》：“因素出兵将施伏，夜半而城上四面鼓噪，敌人必或，破军杀将。以白衣为服，以号相得。”汉·王充的《论衡》：“以毁谤言之，贞良见妒，高奇见噪。”在长治方言中仍然使用“噪”的本义。如“你一直板噪什么，别人都在睡觉”。

（四十八）扭捏

“扭捏”一词普通话中少用，在浊漳河流域长治等地方言中使用较为频繁，指“言谈举止不自然，装腔作势”。如：大方点，不要那么扭捏。

该词出现在近代汉语中。如：元《西厢记杂剧》："（锦上花）外像儿风流，青春年少；内性儿聪明，冠世才学，扭捏着身子儿百般做作，来往向人前卖弄俊俏。"《西游记》"大圣收了金箍棒，整肃衣裳，扭捏作个斯文气象。"

（四十九）仄

"仄"，意为倾斜。上古文献即已使用。如：《管子·白心》："日极则仄，月满则亏。"《说文》也有收录。《说文·厂部》："侧倾也。从人在厂下。"清代段玉裁注："侧倾也。'倾'下曰：仄也。此'仄'下云：倾也。是之谓转注。古与'侧昃'字相假借。从人在厂下。会意。"《篇海类编·人物类》："仄，不正。"《管子·白心》："日极则仄，月满则亏。"杨万里《雨作抵暮复晴》："行人仄伞避斜丝。" "仄"在普通话中，义为"狭窄"而没有"倾斜"义。长治方言中仍有"倾斜"义。它既可单用也可组成双音词"仄楞"后使用。如："这个洞口太狭窄了，仄楞身子才能钻过去。"

（五十）敤

"敤"，最早出现于《广雅》中。《广雅·释诂》："敤，椎也。"王念孙《广雅疏证》："椎，击也。" "敤"为会意字，其字形从果从攴，"果"为果实，"攴"为"击打，敲打"，因此，"敤"的本义应为"击打果实"。罗竹风主编的《汉语大辞典》"敤"字有收录，但没有注释。实际上，"敤"的本义就是"击打果实"，后引申"击打"。这两个意义均可用长治方言用例得以证明。在长治方言中，"敤"仍保留着这两个意义。如用棍子把枣从树上敤打下来，长治方言称"敤枣"；用棍子打人或物也叫"敤"，如"再不听，小心他拿棍子敤你。" "敤"，按《唐韵》《广韵》及《集韵》，读音为"苦果切"，长治方音读[kuo]，和古音相同。

（五十一）矞

"矞"，《说文》已有收录。《说文·冏部》："以锥有所穿也。从矛从冏。一曰满有所出也。" 《广雅·释诂一》："矞，满有所出也。"可见，"矞"有"溢出"义。普通话中已无该词，长治方言则保留了该词的古汉语词义，仍然使用。读音与古音相同。如："赶快关上火，面条都矞出来了”“把火关小点，要不光膏锅。”

（五十二）天气

该词在古代汉语中可以表示四个意义：1. 气候。如：《曹丕·燕歌行》：“秋风萧瑟天气凉，草木摇落露为霜。”2. 空气。如：《礼记·月令》：“天气上腾，地气下降，天地不通，闭塞而成冬。”3. 运命的征候。如：汉·赵晔《句践伐吴外传》：“吾诚已说于国人，国人喜悦；而子昔日云：‘有天气即来陈之。’”4. 时候、特指某一时刻。如：《水浒传》第八回：“两个公人带了林冲出店，却是五更天气。”《儿女英雄传》第五回：“莫如趁天气还早，躲了她。”其中后三个意义在现代汉语普通话中均已消失，但第四个意义“时候、特指某一时刻”义在长治、沁县等地方言中仍有保留。如：择个好天气结婚。

（五十三）当处

意思指：本处，就在那个地方。北魏贾思勰《齐民要术·造神麯并酒》：“作三斛麦麴法……当处翻之，还令泥户。”《楞严经》卷二：“一切浮尘，诸幻化相，当处出生，随处灭尽。”该词在长治方言中常出现，如“往当处走走，让车过去。”

（五十四）这厢

“这厢”是这壁厢的缩写，这壁厢指：这里，比较近的处所。在近代汉语中出现较为频繁。元马致远《汉宫秋》第二折：“那壁厢锁树的怕弯着手，这壁厢攀栏的怕攧破了头。”亦省作“这壁”“这厢”。元·王实甫《西厢记》第一本第一折：“偌远地，他在那壁，你在这壁，系著长裙儿，你便怎知他脚儿小?”明代小说《二刻拍案惊奇》：“自不见有这样凑趣帮衬的事！那怕方妈妈住在外边过了年回来。这厢不题。”清《康熙侠义传》：“我也都说了，他们这厢离剪子峪临近，可全是天地会八卦教。”在长治方言中也保留着这个古语词，常作“这厢”。如“别往前走了，就在这厢呢”。

（五十五）倒灶

浊漳河流域长治等地方言“倒灶”指倒霉、运气不好，也指把事情做砸。如：今儿个真真倒灶，一出门就摔唠一跤。该词在近代汉语文献中即已使用，义同长治方言。如：明·凌濛初《二刻拍案惊奇》卷三十七："我说你福薄，前日不意中得了些非分之财，今日就倒灶了。"明·吴承恩《西游记》二十五回："行者笑道：'你遇着我就该倒灶，干我甚事？'"

（五十六）恶水

浊漳河流域长治等地方言"恶水"指脏水，不洁净的液体。如：缸里的恶水都快满啦。该词在中古汉语文献中即已使用，可与长治方言互相参证。如：唐·李延寿《北史》："因取诸药，毒水上流。达头人畜饮之多死，大惊曰：'天雨恶水，其亡我乎！'因夜遁。"后晋·刘昫《旧唐书》："过海日，下恶水，涛拢壮猛，难计期程，尫风鳄鱼，患祸不测。"

（五十七）孤堆

浊漳河流域长治等地方言"孤堆"表示平地上隆起的土堆，引申可泛指一切隆起的堆放物。如：墙跟前堆的那是一孤堆甚。该词在中古汉语中已出现，亦作"骨堆"。如：唐·韩愈《饮城南道边古墓上逢中压过赠礼部卫员外少室张道士》："偶上城南土骨堆，共倾春酒三五杯。"宋·道原《传灯录》："浮山远答僧问祖师西来意云：'平地上起孤堆。'"

（五十八）阁落

浊漳河流域长治等地方言"阁落"指阴暗、避人的角落。如：他住那地方是个阁落，可不好找哩。该词在近代汉语中多有使用。如：明·凌濛初《初刻拍案惊奇》："只做自己的官，毫不管别人的苦，我不知他肚肠阁落里边，也思想积些阴德与儿孙么。"明·兰陵笑笑生《金瓶梅》第二十一回："我在这背阁落子谁晓得？"

（五十九）火箸

浊漳河流域长治等地方言"火箸"指夹炉中煤炭等燃料或通火用的工具，一般是铁质，形状像筷子，一端有铁链连接。如：把火著放在门阁落儿，不要让孩儿耍。该词在中古汉语中即已出现，意义与长治方言同。如：南唐·静筠二禅师《祖堂集》卷十四："师与南泉向火次，南泉问师：'不用指东指西，本分事直下道将来。'师便把火箸放下。"北宋·李昉

《太平广记》卷四十二："令王君仆使之壮者，以火著持出，掷于地。"北宋《佛语录·禅林僧宝传》："对曰：'吃粥吃饭处见。'遇插火箸于炉中云：'这个又作么生。'新拽脱火箸，便行。"明《水浒传》："那妇人起身去烫酒，武松自在房里拿起火箸簇火。"

（六十）厥撒

浊漳河流域长治等地方言"厥撒"意为"暴露、被识破"。如：这事厥撒不对。该词在近代汉语中有用例。如：《全元杂剧·王实甫·崔莺莺待月西厢记》："旦怒叫红娘红做意云呀，决撒了也厌的早挖皱了黛眉。"《全元杂剧·无名氏·逞风流王焕百花亭》："（殿前欢）这的是证明师，决撒了也春风骄马五陵儿。"

（六十一）啌

该词出现很早。上古时期文献中即有用例，意为"吃、咬"。《周易·履卦》："履虎尾，不啌人，亨。"浊漳河流域长治等地方言词汇中有"啌"，如："啌饭""啌面"。意即"吃饭""吃面"。

（六十二）滚水

"滚水"在浊漳河流域长治等地方言中表示"沸水""开水""热水"，名词。与"水滚"有别。"水滚"是一个词组，指"水沸"。两词中的"滚"字，均为"（液体）沸腾"义。"滚"的"（液体）沸腾"义出现在中古时期，如：《朱子语类》卷十："譬如煎药，须是以大火煮滚，然后以慢火养之。"宋·庞元英《谈薮·说郛三十》："俗以汤之未滚为盲眼，初滚为蟹眼，渐大为角眼。"

据文献用例，"滚水"一词表示"沸水"当是近代汉语中，始于元代。如：马致远《寿阳曲·洞庭秋月曲》："一锅滚水，冷定也，再撺红几时得热?"到明清时期普遍使用。如：《醒世姻缘传》："把那米刚在滚水里面绰一绰就撩将出来，口里嚼得那白水往两个口角里流。"《醒世恒言》："将鱼切得雪片也似薄薄的，略在滚水里面一转，便捞起来，加上椒料，泼上香油，自然松脆鲜美。"《红楼梦》"一个老婆子，提着一壶滚水走来。"

（六十三）荷

该词在本地区方言中意为"承担、搬动"，读为上声，也引申指一般的“拿”“携带”。其起源很早，先秦时即已出现，意为“用肩扛或担；背负”。如：《列子·汤问》：“荷担者三夫。”《论语·微子》：“以杖荷蓧。”后引申指“承担”，如：张衡《东京赋》“荷天下之重任”。又引申指“拿、持”，如：宋徐铉《和门下殷侍郎新茶二十韵》：“荷杖青林下，携筐旭景前。”后两个意义正保留在今长治方言中。

（六十四）待见

长治等地方言中“待见”表示“喜欢、喜爱”，如：这孩子招人待见。该词在近代汉语中即已出现，但文献用例不多。如：《红楼梦》：“难道图你受用，一日叫他知道了，又不待见我。”

（六十五）勤紧

浊漳河流域长治等地方言中“勤紧”指“勤快”。如：这人真是个勤紧人。该词早在中古汉语中即已出现，如南北朝梁·沈约《宋书·黄回传》“会中书舍人戴明宝被系，差回为户伯，性便辟勤紧，奉事明宝，竭尽心力”。后代一直沿用。《初刻拍案惊奇》卷十九：“这是我家雇工，极是老实勤紧可托的。”但今现代汉语普通话中消失。

（六十六）干哕

该词在浊漳河流域长治等地方言中表示“恶心反胃”，如：这两天早上起来老是干哕，得去找医生看看。考其来源，在明代时已出现。如：《醒世恒言·卖油郎独占花魁》“（美娘）自觉酒力不胜，胸中似有满溢之状，爬起来坐在被窝中，垂着头，只管打干哕。”

（六十七）轻省

该词意为“轻松，不费力”如：担上半桶吧，轻省点儿。在近代汉语文献中即有用例。如：元·武汉臣《生金阁》“我做不的重难的生活，只管几件轻省的勾当”。明·吴承恩《西游记》第二三回：“哥啊，你可知道你走路轻省，那里管别人累坠?”清·曹雪芹《红楼梦》第四回：“原来这门子本是葫芦庙里一个小沙弥，因被火之后无处安身，想这件生意倒还轻省，耐不得寺院凄凉，遂趁年纪轻，蓄了发，充当门子。”

（六十八）打紧

该词意为“要紧，重要”，以否定式常见，作“不打紧”。最早出现于元代文献中。如：元·杨暹《刘行首》“有那不打紧的，你休叫我”。后明清口语中继续沿用。如《水浒传》第二回：“王四只管叫苦，寻思道：‘银子不打紧。这封回书却怎生好！正不知被甚人拿了去?’”清《官场现形记》：“卑职此时早已走到饶守的儿子跟前，拿手撩起他的辫子来一看，幸亏剃去的是前刘海，还不打紧。”现今普通话中已不用，保留在方言中。如长治等地方言说“不要紧”即说“不打紧”。

（六十九）旋

在浊漳河流域长治方言中“旋”常作时间副词“现场（做）”使用。如：“饼是旋做的”、“旋做旋吃”。该词在近代汉语中出现。如：《醒世姻缘传》第二十八回：“从此后真君卖药大行，当了人，旋和泥，旋搓药。”

（七十）后生

浊漳河流域长治、沁县等地方言称“年轻人”为“后生”。该词出现于中古汉语，后代沿用。如：宋代《五代史平话·汉史》（卷上）：“只听得骰盆内掷骰子响声，仔细去桥亭上觑时，有五个后生在桥上赌钱。”明代《水浒传》第二回：“只见空地上一个后生脱膊着，刺着一身青龙，银盘也似一个面皮，约有十八、九岁，拿条棒在那里使。”今普通话中已不用，但在方言中还有保存。

二　浊漳河流域方言古语词特点

浊漳河流域因其重要的地理位置以及悠久的历史，使得其方言词汇中保留有不少古代的词语，这样的词汇特征不仅可以帮助我们将古汉语词义与方言词语意义进行互证，还可以了解该地区方言词汇蕴含的文化内涵及人文特征。结合以上所举浊漳河流域方言古语词分析，浊漳河流域方言古语词具有如下特征：

（一）历史层次多样

从以上所举浊漳河流域方言保留的古语词所属历史层次来看，我国历史上从先秦到清代各个时期均有分布，体现出历史积淀深厚、层次多样的特点。具体来看，近代汉语即元明清时期的古语词最多，其次是唐宋时期的古语词，再次是汉魏六朝时期的古语词，先秦时期的古语词最少。

上文列举的 70 个古语词中，属元明清的有：爽利、扯淡、尖儿、头口、年时、趿、圪蟆、扁食、撺掇、乌涂、提溜、担杖、爹、历头、厮跟、草鸡、男人、败兴、扭捏、天气、这厢、倒灶、阁落、厥撒、滚水、待见、干哕、轻省、打紧、旋等 30 个，占 42.9%；属唐宋时期的有：向火、仰尘、月明、冻泥、晚夕、浇、哕、擤、书房、歇歇、日头、夜来、蛇蚪、恓惶、熥、通换、打并、恶水、孤堆、火箸、后生等 21 个，占 30%；属汉魏六朝时期的有：门限、泼、吆、手巾、鞁鞋、拾掇、豁、敕、裔、当处、荷、勤紧等 12 个，占 17.1%；属先秦时期的有：抟、捉、谝、饥、噪、仄、咥等 7 个，占 10%。由此可见浊漳河流域方言古语词的历史层次特点。

浊漳河流域方言古语词在历史层次上呈现出的分布特点与该地区地理特征以及方言形成历史有关。浊漳河流域一带大体属上党地区，该地区号称“天下之脊”，是由群山包围起来的一块高地，东部依太行山与华北平原为界、西部依太岳山和中条山与晋南（也称河东）接壤，地势高险，自古为战略要地之地。这样的地理环境使得上党与中原地区形成了一种相对孤立的状态，因而与外界交流少，故而使得古语词能在该地区有所保留。同时，该地区历史悠久，是华夏文明的最早发祥地，因此，上古先秦时期的古词语在方言中也有一定的遗存。

然而，上党与周边地区尽管有隔阂，但边邻地区与外地的交往还是有一定沟通的，而且风俗及语言也互有影响。同时，更为重要的是，历史上该地区地处中原王朝的边陲，历来都是汉民族与北方游牧民族交往最为频繁的地方，因此正是汉民族与北方游牧民族融合的主要区域。古代，塞外边陲的少数民族游牧进入中原地区，古上党是必经之地。少数民族侵入中原王朝，常常要先占领上党，并以此为基地纵马南下。历史上，后赵羯人石勒、西燕鲜卑人慕容氏、五代北汉契丹人、宋代金人完颜兀术、金代蒙古人等民族都曾占领过上党。同时，中原王朝也不时地、有组织地让一批又一批的北方草原民族定居其境内。另外就是明洪武、永乐年间洪洞老槐树下的迁民运动。当时因山西人稠地少（山西人口相当于河南、河北之和），朱明王朝曾下令迁山西之民（含潞）于今河南、河北、安徽、京、津等地，零星的、小规模的迁徙情况时有发生。明永乐六年，一些回民跟随沈简王朱模迁入，后来，又有一些回民从甘肃、陕西、四川、河南等省迁入。清代，一些在本地做事的清朝官员的家属、后裔也落户于境内。所以，这里留下了民族交融的深深烙印。因而使得该地区的语言也进行了融合，并不断发展，从而在方言词汇中留下了各个不同时期的印记。

（二）形式丰富，语义稳定

浊漳河流域地区方言保留的古语词在词形方面单音词、复音词都有，其中复音词居多，因为存留下的古语词中古、近代占多数，而中古、近代汉语中双音词已经占据汉语词汇的优势了。从词性上来看，名词、动词、形容词、副词这些主要词类均有保留，其中名词、动词居多。当然，以上所举古语词并不能涵盖该地区古语词的全部，但我们依然可以看出方言古语词所属词类并不单一。从词义发展变化来看，古义保留多，体现出较强的稳定性，但也有少数词语在古义的基础上引申出了新义，在方言中普遍使用。如："天气"，在长治、沁县方言中，除了保留的古义"时候、特指某一时刻"以及常用义"气候"外，还引申出"生活或生计"，如当地方言中说"人家会过天气"，指"人家会过日子"。

（三）地域差异与融合并存

浊漳河流域各地区古语词中有的存在地域差异，即某个古语词只是在某一个或两个地区使用，别的地区不用。如：长治、长子地区"月亮"叫"月明"，而平顺则与普通话同，称"月亮"。但也有的古语词是浊漳河流域各地区通用的，体现出交融的特点。如：浊漳河流域各地都用"年时"指称"去年"，用"夜来"指称"昨天"。这与整个晋方言的特点是一致的。山西是多方言区，各方言区自然有属于自己的方言特征词；同时，这些地区毕竟毗邻，彼此之间的接触与交流在所难免，因此自然会出现语言的融合现象。另外，浊漳河流域方言古语词也会与周边相邻地区如河北邯郸、晋城以及陕西一些地方出现重合现象，如：在周边的山西晋城方言和河南林州中称"相随"为"厮跟""去年"为"年时"；河南林州方言中称"脏水"为"恶水"，"脏水盆"为"恶水盆"，等等，均与浊漳河流域方言相同。究其原因，依然是受各地百姓的交流融合的影响而导致的。

第三章　浊漳河流域方言语法特点

近些年来，与语音、词汇的研究成果相比，山西晋语语法的研究成果主要集中在方言志的“语法”部分，如《山西重点方言研究丛书》（乔全生主编 2000—2013），这些成果对于人们认识该方言的语法特点无疑具有重要的参考价值，但从研究的深度、广度上尚有欠缺。而且，目前对语法现象进行深入地专题讨论的成果也不是很多，不像语音、词汇那么深入，其中，既有对山西晋语区某一个语法现象的综合讨论，如：《山西晋语区“的”助词》（田希诚 吴建生 1995）、《山西方言人称代词的几个特点》（乔全生 1996）、《山西方言的“圪”字研究》（王临惠 2002）、《山西晋语的疑问系统及其反复问句》（郭校珍 2005）、《山西晋语区与官话区人称代词之比较》（史秀菊 2010）、《山西晋语区的事态助词“来”“来了”“来来”“来嘅”》（史秀菊 2011）、《晋语形容词的重叠过程》（郝红艳 2011）等，也有对单点方言某个语法现象的深入探讨，如：《晋中方言的“的的”连用和“地的”连用》（吴建生 2002）、《中阳方言的人称代词》（乔全生 王晓燕 2003）、《太原话状态形容词后缀“油啊地”、“啊地”》（王文卿 2012）、《晋东南方言的“子尾”》（史素芬 2012），《山西左权方言人称代词复数形式“X 都/X 都们”》（白云 2014）等。综观这些研究成果，主要集中在晋语区的某几个语法现象或某一单点的某一个语法现象上，涉及某一区域方言的语法现象的整体调查、描写和研究的成果尚属空白。鉴于此，我们本章以浊漳河流域区域方言的词法、助词、语气词、使感结构、疑问句等为研究对象，较为全面、系统地考察这一区域方言各语法现象的共性和差异，旨在为山西晋语语法的整体研究提供一定的参考。

第一节 词法特点

浊漳河流域方词法具有一致的特点，其中最主要的方式是重叠和派生两种方式。

一 重叠

浊漳河流域方言中重叠是一种主要的构词方式，且构词能力很强，能构成名词、动词、形容词、量词、象声词、指示代词等。由于浊漳河流域各方言重叠情况大同小异，下面以沁县方言为例说明重叠的情况。

（一）名词的重叠

浊漳河流域各方言点有很多名词是通过重叠这种方式构成，主要有AA式、ABB式、AAB式。

1. AA式

（1）名词性语素重叠构成的名词

这种重叠，有两种不同的状况。

第一种重叠后，使事物带有“小”和“可爱”的意思，一般用于和儿童说话。

刀刀小刀儿　　碗碗小碗儿
桶桶小桶儿　　车车童车

第二种重叠后产生新义，成为另外一个名词，和单用时的意义不同。

牌牌围嘴儿——牌打牌的牌　　腰腰汗衫——腰人的器官
床床小板凳——床家具　　牛牛昆虫——牛牲口

（2）动词性语素重叠构成的名词

盖盖盖儿　　擦擦黑板擦
圈圈圈儿　　刷刷刷子

（3）形容词性语素重叠构成的名词

甜甜糖块　　方方药方
黄黄蛋黄　　憨憨傻子

2. ABB式

ABB式从语素的组合关系上来看，主要有三种情况。

(1) ABB 是一个整体，BB 部分不能单用。

酸溜溜沙棘　　暮生生遗腹子

布袋袋衣服上的口袋　　末旦旦小儿子

(2) A 和 B 是一个整体，但口语中只有 ABB 式，不能理解为 AB

双生生孪生子　　六指指六指

豆角角豆角　　洋码码阿拉伯数字

(3) AB + B 式，后一个 B 是前一个 B 的重叠，AB 可以单用。

土堆堆土堆　　油点点油点儿

门槛槛门槛　　刀背背刀背儿

3. AAB 式

AAB 式是偏正结构，AA 修饰或限制 B。

豁豁嘴兔唇　　耍耍货爱开玩笑的人

咕咕库斑鸠　　毛毛扎毛毛虫

4. ABCC 式

眉豆角角眉豆角　　垂涎水π牌小孩的围嘴布

扁担钩钩扁担钩　　黄瓜蔓蔓黄瓜蔓

（二）动词的重叠

浊漳河流域方言有很多动词是通过重叠这种方式构成，主要有 AA 式，ABB 式，ABAB 式。下面以沁县方言为例具体说明。

1. AA 式

这种重叠式是单音节动词的重叠，这种重叠式和普通话一样，表示尝试态，第二个音节轻读。

看看　　听听　　蹦蹦　　走走　　跑跑

单音节动词重叠时，还可以在两个词中间加上“一”，“咾”。

看一看，看咾看看了一看

想一想，想咾想想了一想

听一听，听咾听听了一听

试一试　试咾试试了一试

2. ABB 式

这种重叠是双音动词的重叠，多为动宾关系动词的重叠。

出水水出汗 发汗　　歇凉凉乘凉　　瞧毛毛捉迷藏　　拉丝丝讲故事

3. ABAB 式

这种重叠也是双音节动词的重叠，大多是由前缀“圪”构成的动词的重叠。

圪搂圪搂搂抱　　圪照圪照看　　圪松圪松休息休息

（三）形容词的重叠

浊漳河流域方言形容词的重叠式有 AA 的式，ABB 式，A 里 AB 式，A 不 BB 式，AA 式。

1. AA 的式

黑黑的　　红红的　　胖胖的　　瘦瘦的　　满满的

2. ABB 式

瘦巴巴　　干拽拽　　瘦伶伶　　凉丝丝

凉荫荫　　利呱呱很能干

3. A 里 AB 式

古里古怪　　马里马虎　　邋里邋遢　　慌里慌张

4. A 不 BB 式

灰不出出　　酸不溜溜　　白不擦擦　　甜不欣欣

5. AA 式

这种形容词重叠后变成名词。

红红胭脂　　甜甜糖块　　花花花儿

（四）量词的重叠

浊漳河流域方言量词的重叠式有 AA 式、一 AA 式、一 A 一 A 式、一 AB 一 AB 式等。

1. AA 式

个个　　条条　　顿顿　　斤斤

这种重叠式和普通话一样，表示“每一”的意思

2. 一 AA 式

一口口水一口水　　一碗碗饭一碗饭　　一头头牛一头牛　　一匹匹墙一匹墙

这种重叠形式不表示“每一”的意思。

3. 一 AB 一 AB 式

一圪绺一圪绺　一疙瘩一疙瘩　一圪截一圪截　一圪独一圪独

（五）象声词的重叠

浊漳河流域方言象声词的重叠式有 A—A 式、AAA 式、ABAB 式等。

1. A—A 式

咚—咚　吱—吱

2. AAA 式

咕咕咕　咽咽咽　呱呱呱呱

3. ABAB 式

呼啦呼啦　丁当丁当　哗啦哗啦

4. ABB 式

呼啦啦　圪咚咚　忽腾腾

（六）方位词的重叠

浊漳河流域方言方位词的重叠式有 ABB 式、AAB 式等。

ABB 式

里瓤瓤紧里边　圪脊脊高处　胸畔畔旁边

AAB 式

掌掌上最里面　跟跟起跟前

（七）代词的重叠

这界界这里,这边　外霎霎那时候,那一会儿

兀贴贴那里　那边

浊漳河流域方言重叠形式非常丰富。从其具体情况来看，重叠可以分为构词法和构形法两种。构词法是指通过重叠这种方式构成了新词，如沁县方言名词的重叠，名词性语素、动词性语素、形容词性语素重叠后构成名词，这些语素重叠后成为另外一个名词，和单用时的意义不同。“牌牌”指“围嘴儿”而“牌”指“打的牌”；“腰腰”指“汗衫”而“腰”指

"人的器官"。构形法指重叠后并没有形成新词，只是词的形式发生了变化，增加了语法意义。如沁县方言形容词重叠中的AA的式，"黑黑的、红红的"，"红红的"并不是一个新词，是"红"的重叠，形式发生了变化，词汇意义没有发生改变，只是增加了语法意义，"红红的"比"红"的程度深。

二 前缀

浊漳河流域方言中，派生法主要是加前缀构成词语，前缀主要有"圪""忽""日""不"等。

（一）圪

"圪"是浊漳河流域方言里普遍存在的一个前缀，没有词汇意义，一般只起表音作用；有时表达一定的语法意义，有的方言中"圪"有词汇意义，表示轻微。

"圪"的读音大体一致，韵母都是央元音【ə】，带有明显的喉塞音【ʔ】，读入声，阳平。"圪"可以作词头，也可以作词嵌，可以构成名词、量词、动词、形容词等。

1. 构成名词

"圪"多与单音节词根构成双音节词，指具体事物，词根不能单说，前面必须加"圪"，可以分为AB两种。

A种的名词后必须加相当于普通话"子"的"嘞"，否则不能说。有些词"圪A嘞"式前加可一个语素，成为"B圪A嘞式"名词，如"玉菱圪揽嘞、纸箱圪篓嘞、小圪筒嘞。"

圪腾嘞台阶。　　圪揽嘞秆。　　圪廊嘞胡同。

圪篓嘞篓子。　　圪膝嘞膝盖

B种词根大部分意义明确，但不能单说，前面必须加"圪"，如"圪蚤"是"跳蚤"的意思；"圪脑"是"脑袋"的意思。也有的词根意义不明确，如"圪羚"中"灵"仅表示音，"圪羚"合在一起指"松鼠"；"圪渣"中". 渣"仅表示音，"圪渣"合在一起指"细小的垃圾"。

圪泡泡　　圪蚂青蛙　　圪道小坑　　圪嘟拳头

圪咙喉咙　　圪腮脸蛋　　圪膝盖膝盖

用"圪"构成的名词，前面可以加名词、形容词形成三音节或四音节名词。

火圪廊火炉膛　　茭个榄高粱杆　　水圪道水坑水洼

玉茭圪榄玉茭秆　　窝团圪瘩身子蜷曲成团

2. 构成量词

圪包　一~豆角　　圪独　一~蒜　　圪瘩儿　一~地打多少粮食。

圪堆堆　一~草　　圪络络　一~纸

由"圪"构成的量词，第二个音节可以重叠，重叠后表示量较少，体积较少。如"圪堆堆、圪绺绺"比"圪堆、圪绺"表示的体积要小些。

由"圪"构成的量词，使用时要加数词，加数词后"圪"不能省略。如沁县话只说，"一圪包豆角、一圪独蒜、两圪绺绺纸"，不说"一包豆角、一独蒜、两绺纸。"

3. 构成动词

"圪"与单音节语素构成双音节动词，可以分为 ABC 三种。

A 种词根意义明确，但不能单说，前面必须加"圪"。如："圪挤"就是"挤"的意思。"圪 A 式"动词大部分能重叠，重叠方式是"圪 A 圪 A"式或"圪 AA"。如"圪挤挤"，或"圪挤圪挤"；"圪扭圪扭"或"圪扭扭"。虽然两种重叠的形式不同，但是重叠后增加的语法意义是一样的，都是使原词所表示的动作有时间短暂或不太认真的特点。如：

圪梳　　圪梳圪梳　　圪梳梳

圪擞　　圪擞圪擞　　圪擞擞

圪刷　　圪刷圪刷　　圪刷刷

圪晒　　圪晒圪晒　　圪晒晒

B 种词根意义明确，可以单说，如："圪绊嘞一家式（一下），险些（差点）跌倒"也可以说"绊嘞一家式，险些跌倒"。但不能重叠，如"圪绊"不能说"圪绊圪绊"。

圪绊　　圪绊圪绊※　　圪绊绊※

圪包　　圪包圪包※　　圪包包※

C 种里词根意义不明确，仅表音。如："圪涌"中"涌"仅表示音，大部分不能重叠。

圪飚扭　　圪飚圪飚※　　圪飚飚※

圪弄凑乎　　圪弄圪弄※　　圪弄弄※

由"圪"构成的动词，前面可以加上"胡、瞎、乱"等副词表示说话人对动作的不满意的感情。如：

胡圪诌胡说　　胡圪卷乱卷

瞎圪画乱画　　瞎圪挤乱挤

乱圪溜瞎溜　　乱圪掐瞎掐

4. 构成形容词

"圪"与别的语素构成状态形容词，有两字格、三字格、四字格，可以分为ABC三种。

A种里有的词根意义明确，如"圪松""圪抠"；有的意义不明确，如"土圪蛋""圪得"；有的词根能重叠，如"土悠悠嘞""圪疑疑嘞"。

圪担犹豫　　圪担担嘞

圪烈反映快　　圪烈烈嘞

圪结硬　　圪结结嘞

B种词由词根重叠而成，不能单说，如不说"圪迷""圪压"，后面必须加"嘞"。

圪堆堆嘞

圪门门儿嘞不爱说话　　圪眯眯嘞不露真相

圪哼哼嘞呻吟声　　圪弯弯嘞稍微弯曲

C种可以分为四类，第一类是A圪BC式，大部分表示程度，如"绿圪和和"中"绿"表示状态，"和和"表示绿的程度，二者由"圪"连在一起，成为一个词，由于本身表示程度，所以不能重叠表示程度加深。其中的"圪"可以去掉，意思不变。如：

粉圪嘟嘟非常粉　　蓝圪荧荧非常蓝

绿圪和和非常绿　　平圪展展非常平

第二类是AB圪C式，本身带有程度，不能重叠。

瘦麻圪筋非常瘦　　棒槌圪榄棍棒多　　麻里圪烦非常烦　　拌反圪瘩非常笨

第三类是圪ABC式，本身带有程度，不能重叠。

圪出打蛋非常皱　　圪料扁拐非常弯曲

圪腥烂气腥臭味重　　圪嗦打带哆嗦得严重

第四类是圪A圪B式。

圪摇圪摆摇摇摆摆　　圪地圪旯各个角落　　圪叽圪捏吃饭时扭捏　　圪支圪瘩非常不平

以上四种格式的四字组，"圪"都是构词成分，词里没有它不行，但它不表示词汇意义。这类词在使用时，后面多跟“嘞”，如“平圪展展嘞”，“圪出打蛋嘞”。

（二）忽

“忽”是浊漳河流域方言里普遍存在的一个前缀，读音[xuəʔ44]，构词能力不强。构成的词类和数量较少，可构成名词、动词、形容词、象声词，各类词数量较少。

1. 名词

忽读：由子煮的时间过长，煮的东西过于糊啦。忽闪：闪电。

2. 动词

忽张：着急地干某事。忽粗：①形容咽东西太快。②吸鼻涕的声音。忽扇：张罗。忽摇：来回摇动。忽涌：松动。

3. 形容词

忽败：败兴，没面子。忽煞：感冒后忽冷忽热的感觉。

4. 象声词

忽拉：两个东西摩擦时发出的声音。　忽勒儿：水轻轻地流的声音。忽他：两个东西轻轻地撞击时发出的声音。忽查：东西倒塌的声音。

（三）日

日，读[ʐəʔ44]，可以构成动词、形容词，表示对说话人不够尊重、不够礼貌的感情。

1. 动词

日鬼鬼混　　日哄哄骗　　日噘骂

2. 形容词

日怪奇怪　　日能聪明　　日闪危险　　日浆固执己见

（四）不

不，读[pəʔ44]，构成的词类和数量不太多，主要构成名词、动词、形容词。

1. 名词，可以分为 AB 两组。

A 种是“不 A”式，“不”无词汇意义，只是构词音节，A 单独无意义，只有和“不”合在一起表示一定的意义。A 有很多找不到本字。

不涕 鼻涕　　不蓝 浅筐　　不箩 长而浅的筐子

不渣锅巴　　不素 部分动物的脖子

B 种是“A 不 B”式

肚不脐 肚脐眼　　鸡不蓝 养鸡用的小筐

左不撩 左撇子　　碗不蓝 放碗的蓝子或盆

瓦不只 瓦的碎片　　帽不只嘞 帽檐

2. 动词

不摊 摊开　　不条 人或动物)躺着前后左右来回挣扎

不囊 人或动物)躺在地上　　不拉 拨动　　不捞 拿棍子来回搅动

不烈 大致地扫地　　不来 摆动　　不了 一拐一拐的样子

不捋 用手顺着某个东西抹过去,使物体顺滑或干净　　不挤 挤　　不洒 甩　　不扇 扇

不溅 液体从容器里溅出来。　　不窘 被强行抱住时挣扎的样子　　不砸 pəʔ^{3} tʂəʔ^{3} 砸嘴儿

不瞅 斜着眼睛看人,有时表示喜爱,有时表示讨厌。　　不眼 由于容器倾斜,液体从容器里流了出来

3. 形容词

不成滩气 不象话,不成体统。　　灰不楚楚 ①形容灰颜色,表示讨厌灰颜色。②寂寞,不热闹。

白不叉叉 表示讨厌或不喜欢白颜色。　　瓷不定定 形容东西实在。

酸不溜溜 形容非常酸。

浊漳河流域方言中前缀比较丰富，后缀也有，但不多，此处不再赘述。

第二节　助词

一　结构助词

（一）“的”

在浊漳河流域方言中，结构助词“的”多数方言读轻声[lei]，放在定

语和中心语之间起连接作用，还可以组成名词性的“的”字结构。如：“我的笔也寻不着了”。“买菜的走了。”等等，这与普通话一致，不必赘述。

（二）“地”

助词“地”是状语的标志，在多数方言里读轻声[lei]。在浊漳河流域方言中，“地”的使用范围不是很广，一般只用在重叠式副词和一些状态形容词之后。如下（同音字下画下划线）：

AA儿式副词：款款儿　偏偏儿　窸窸儿正好　直直儿一直

AA儿式形容词：美美　轻轻　早早　远远　轻轻　细细

四字格成语：假迷三道（形容假正经、虚伪）　挨工上靠（指按部就班地做事）

费心霸力（指投入很大的精力干某事）　一刻不闲（形容非常忙碌）

邋遢不叽（形容非常脏）　意迷的怔（形容精神不振）

“地”与前面的成分组合在一起在句中主要做状语，有时也可以做谓语和补语。如：

①你远远地就叫唤甚咧？（状语）

②把这个瓶子款款儿地搁到地上。（状语）

③你瞧他给你费心霸力地干了多少事。（状语）

④你一天起来意迷的怔地，真发愁你将来怎弄咧？（谓语）

⑤你瞧他都他们把家弄得明光水画地，真勤谨呀。（补语）

（三）“得”

助词“得”是补语的标志，在多数方言中读轻声[lei]。在浊漳河流域方言中，“得”后面的补语通常是结果补语、程度补语、情态补语。如：

①你这弄得太多了。（结果补语）

②孩子高兴得蹦起来了。（程度补语）

③他听得都睡着了。（情态补语）

其中，在表示程度补语时，很多方言一般还常使用一个固定的结构“形容词+得+咧”，其中，“得”读轻声[tə]，如“坏得咧、多得咧、美得咧、烧人得咧、热得咧”。

二　时制助词

(一)“的”

时制助词“的”在多数方言中读轻声[lei]，其用法与普通话一致，常放在动宾结构中间，表示过去发生的事情，如“他前日个到的长治。”

(二)“来”

“来”在近代汉语中就是一个非常活跃的助词，其共有四种用法：第一，表示“曾经”；第二，表示“将来”；第三，表示“完成”；第四，表示“语气”。在浊漳河流域方言中，具有第一种用法的“来”的使用频率非常高，通常表示在不久前曾经发生的动作行为。

1.“来”的句法位置

“来”通常放在句子末尾，具有成句的作用。如可以说“他将将洗锅来。”而不能说“他将将洗锅”。“来”既可以跟在整个句子的末尾，如：“夜来个你去干甚来?”，也可以放在前一分句的末尾，如“我上班去来，我甚也不知道。”

2.“来”的句型选择

从句型上看，“来”可以用于名词谓语句、动词谓语句、形容词谓语句和主谓谓语句句末，其中以用于“动词谓语句”为主。

(1) 用于名词谓语句句末

①前日个国庆节来。

②二十号大暑来。

③夜来阴天来。

“来”用于名词谓语句句末，使用频率不高，仅限于谓语表示节日、节气、天气情况等。

(2) 用于形容词谓语句句末

①那俩人以前可好来。

②我家以前可穷来。

③前几天还冷来，这两天可冷啦。

④这个花前几个月还红来。

“来”用于形容词谓语句句末的情况并不多见，而且，其中的谓语前面必须加上相应的修饰成分，如上例中的“可、还”等，不能单独与“来”搭配使用。

（3）用于主谓谓语句句末

①兀个事你说能行来。

②我都我们甚活儿都干来。

③他甚都想到来。

“来”用于主谓谓语句句末的使用频率也不是很高。

（4）用于动词谓语句句末

①夜来刮风来。

②我前日个去瞧病来。

③我前几天去上海来。

④去年这回儿他来瞧我来。

⑤他昨日个还上班来。

⑥我爹以前是个老师来。

⑦这的原来有个圪道来。

“来”常用于动词谓语句句末，其中，谓语除了一般动词外，还可以是判断动词“是”、存现动词“有”，表示对过去曾经发生的事情的判断或说明。

3. “来”的句类选择

从句类上看，“来”一般用于表示肯定的陈述句和疑问句句末，不用于祈使句和感叹句句末。

（1）用于表示肯定的陈述句句末

“来”不用于表示否定的陈述句句末，只用于表示肯定的陈述句句末。从语义上看，其主要有以下几种情况：

①句子所述情况既可与事实一致，也可与之相反。如：

A. 我也去北京来。

B. 这个地方原来是菜地来。

C. 夜来个他俩打架来。

D. 本来能去来，谁知道出了个这个事倒去不成了。

E. 原来想的是省事来，真没呢想到真麻烦及。

F. 应该是能瞧好来，谁想到出了这个岔子。

可见，有的表示的是所述情况与事实一致，如前三个例句。有的从句子形式上看，句中常用“原来、本来、应该”等词，并且后面常跟后续句，表示的是曾经设想过的某种可能或愿望，在后来并没有出现，结果与原来的预期正好相反，如后三个例句。

②所述内容表示对以前发生的事情感到遗憾、后悔、惋惜等。例如：

A. 早知道这样，我还不如去跑步来。

B. 要不是你走了，我才不在这个鬼地方呆着咧。

C. 他还不得退休算了。

这种情况的句子通常使用“还不如、要不是、还不得”等语气副词，带有一定的虚拟性和申明的意味。

③在对过去发生的事情进行言语对话的语境中，回答句中的谓语可以省略，只保留主语和助词“来”。如：

A. ——谁把这个东西摔啦？

——我来。

B. ——你甚时候回来的？

——前日个来。

C. ——这个东西从哪儿拾将来的？

——后门口来。

（2）用于疑问句句末

①用于是非问句末

A. 前日个是不是初一来？

B. 你俩是不是吵架来？

C. 七月初一是不是要去赶会咧？

D. 你是不是出差来？

E. 他是不是逃课来？

F. 夜来他家是不是搬家来？

②可用于特指问句末

用于特指问句末，可以询问人物、时间、处所、数量等。如：

A. 谁买的李子来？

B. 你几点到的来？

C. 你将将在哪儿来？

D. 他借了几本书来？

有时在口语交际过程中，借助于上下文语境，可以省略一些成分，但疑问代词和“来”绝对不能省略，如上述例句可以分别省略为：“谁来?”“几点来?”“在哪儿来?”“几本来?”等。

有时，“来”放在特指问句末还可以表示说话人由于一时想不起来相关的内容希望听话人提醒的语法意义，而且不能省略，否则不能成句。如：

A. ——兀天他来干甚来?

——他来借钱来。

B. ——那叫个甚商店来?

——呀，我也想不起来了。

C. ——没呢听清，你将将说甚来?

——哦，我想请个假。

此外，“来”在特指问句中也可以表示反问，如：

A. 你要去咧吧，谁叫你去来?（意思是没人让你去。）

B. 前日个他哪去找你来?（意思是他没有去找你。）

C. 你还不服气咧，你说说你跟谁请假来?（意思是你就没有请假。）

③可用于选择问句末

“来”用于选择问句句末时，需要注意的是选择问句中前后两个分句句末都需要用“来”。如：

A. 你去上班来还是去逛街来?

B. 前几年你是搞装潢来还是搞工程来?

C. 上大学以前你是当工人来还是当民办教师来?

④可用于反复问句中

A. 你去来没呢?

B. 他来找我来没呢?

C. 你俩商议来没呢?

4. 时制助词“来”和“的”的区别

时制助词“来”和“的”都表示不久前曾经发生的事情，但在用法上二者有一定的区别。

（1）从句法位置上看

“的”必须用在动词和宾语之间，绝对不能用于动宾短语之后，而“来”则与之相反，必须用在句末，绝对不能用于动宾短语之间。如：

A. 你是甚时候卖的车？——你是甚时候卖车来？

B. 你在哪儿上的大学？——你在哪儿上大学来？

C. 你去多会去的北京？——你是多会儿去北京来？

（2）从所搭配动词的特点上看

“的”一般与表示动作的动词搭配使用，即不与非动作动词共同使用，而“来”既可以与动作动词一起搭配，也可以与非动作动词一起搭配。如“＊那个时候你都在的哪儿？”这里的“在”是不表示动作的动词，因此，与“的”不能一起搭配使用。而“来”不受此限制，此句可以说成“那个时候你都在哪儿来？”

“来”一般与持续性动词搭配使用，即不与非持续性动词共现，而“的”则既可以与持续动词共现，也可以与非持续动词一起搭配使用。如：“＊他弟弟上大学的时候入党来。”这里的“入”不是持续动词，因此，与“来”不能一起搭配使用。而“的”不受此限制，此句可以说成“他弟弟上大学的时候入的党。”

（三）助词“将”

古代汉语中有一种“V＋将”结构。据曹广顺，“动＋将”结构中的“将”产生于魏晋南北朝的前期，是一个动词，含有较明显的“携带”义；到了唐代，“‘将’字有了较大的发展，词性、表达的意义都发生了一些重要变化，所以，此期由‘将’字构成的‘动＋将’结构的类型多样化了，使用亦有所增多。”① 其中有4种主要形式：“动＋将（＋宾）＋趋向补语、动＋将＋宾、动＋将（＋宾）＋动、动＋将”。晚唐之后，“动＋将”结构的形式开始趋向于统一为“动＋将＋趋向补语”。“‘将’字从晚唐五代到宋，功能逐渐规范为表示动态或动向的补语的标志，格式统一为‘动＋将＋补’。宋以后经过元代的反复，终于随着助词系统的调整和助词‘了’的发展，逐渐走向消亡。”② 在现代汉语的北方话中，多数方言的“V＋将”结构已经消失，不过，在浊漳河流域方言中却仍有保留。

浊漳河流域方言中的“将”声母为[ts]或[tʂ]或[tɕ]，韵母多为后鼻音，为[ɑŋ]或[iaŋ]，声调多为去声。其可以单用，意义相当于普通话的

① 曹广顺：《近代汉语助词》，语文出版社1995年版，第48页。

② 同上书，第61页。

介词"用"，如"将这个洗多好咧。"、"盐多了要咸了咧。""V＋将"结构主要表现为"V＋将＋来"。我们分别从不同角度来看一下"V＋将＋来"的特点。

第一，从句类上来看，"V＋将＋来"主要用于陈述句、祈使句、疑问句。

1. 用于陈述句

①他把书拿将来了。

②他送将来几条鱼。

③妈妈买将来几根葱。

④妈妈买将葱来了。

⑤妈妈买将几根葱来。

⑥葱买将来了。

⑦我叫将小李来了。

⑧信寄将来了告我一声。

⑨下将雨来了。

"V＋将＋来"结构用于陈述句时，通常可用于一般谓语句、连动谓语句、紧缩句和假设分句中。当它用于一般谓语句时，如果句中的宾语中心语被数量短语修饰了，则整个结构的末尾不用加任何语气词，如例②③⑤⑧；反过来，如果句中的宾语中心语没有被数量短语修饰，则整个结构的末尾必须要加相应的语气词，如例①④⑥⑦⑨。而在山西其他一些有此结构的方言中，如汾河片的一些方言，如果宾语中心语受数量短语修饰了，当此结构用于陈述句时，其后也得加相应的语气词。如"寄得来几本书咧，我还没给哪看哩。"

2. 用于祈使句

①把饭端将来吧。

②端将饭来吧。

③端将来几碗大米吧。

④你把他哄将来吧。

⑤赶紧把他接将来。

⑥快些儿把饭端将来。

⑦把孩子接将来再干别的。

⑧快端将饭来。

"V+将+来"结构用于祈使句时，通常可用于一般谓语句和紧缩句中，而且整个结构末尾加不加相应的语气词，与宾语中心语受不受数量短语的修饰无关，而与整个结构是否受情态副词修饰有关。如果整个结构前有情态副词修饰，则其末尾不加任何语气词；反之，则结构末尾加相应的语气词。同普通话一样，用上语气词"吧"，则祈使语气弱一些。

3. 用于疑问句

①你把煤拉将来了？

②你妈买将肉来了？

③你把兀些儿煤拉将来了？

④你妈买将三斤肉来？

⑤他拿将兀几本书来了？

⑥肉买将来了没呢？

⑦信寄将来了没呢？

⑧他拿将来兀几本书了没呢？

⑨下将来了怎办咧？

⑩他送将孩子了怎办咧？

"V+将+来"结构用于祈使句时，通常可用于一般谓语句和假设分句中。在一般谓语句中，如果宾语中心语受数量短语修饰了，则整个结构的末尾不加任何语气词，反之，则整个结构末尾要加相应的语气词。这种情况与此结构用于陈述句的情况是相同的。当此结构用于假设分句时，后一分句的谓语一般是"怎办"，如例⑨⑩。

第二，从结构中宾语的位置来看，共有三种类型

1. V+将+宾+来

①你送将饭来吧。

②下将雨来了。

③送将饭来了怎办咧？

④你妈买将菜来了？

2. 把+宾+V+将+来

①他把煤拉将来了。

②快些儿把菜买将来。

③你把车子骑将来了？

这里需要注意，进入此结构的动词和宾语之间必须有"动作—受事"

的语义关系，否则不能进入此结构，如：

*①把雨下将来了？

*②把风刮将来了。

3. V+将+来+宾

①他将将的拿将来三颗白菜。

②你送将来十斤鸡蛋吧。

③妈妈前日个买将来些儿菜？

此结构中的宾语中心语必须受数量短语的修饰，否则，此结构不成立。

从以上三种类型来看，不管宾语放在什么位置，“将”总是和动词紧密相连，没有“V+宾+将+来”的情况，这正如曹广顺在《近代汉语助词》中所说“随着‘将’字词义的虚化，它对前面动词的依附性增强了，所以这个时期的‘动+将’之间的结合比魏晋要更紧密。”[①] 在山西其他有此类似结构的方言里，情况也是一样。

第三，“V+将+来”的否定形式

1. “V+将+宾+来”结构的否定形式一般是：陈述句和疑问句是在该结构前加“没呢”（相当于普通话中的“没有”）。表示否定，祈使句是在该结构前加“不用”表示否定。如：

①他骑将车子来了。——他没呢骑将车子来。（陈述句）

②他拿将五本书来。——他没呢拿将五本书来。（陈述句）

③你妈买将三斤肉来？——你妈没呢买将三斤肉来？（疑问句）

④他送将饭来了？——他没呢送将饭来？（疑问句）

⑤你送将饭来吧。——你不用送将饭来了。（祈使句）

⑥你赶紧送将饭来。——你不用赶紧送将饭来了。（祈使句）

如前所说，当“V+将+宾+来”结构用于疑问句和陈述句中，如果宾语中心语前没有数量短语修饰，则整个结构末尾要加语气词，反之，则不用加语气词。当此结构用于祈使句时，如果整个结构受状语修饰，则其末尾不用加语气词，反之，则要加语气词。但是，如果此结构用于其否定句时，则情况发生了变化。当其用于陈述句和疑问句的否定形式时，不论宾语中心语是否受数量短语的修饰，此结构末尾都不需要加语气词了，当

① 曹广顺：《近代汉语助词》，语文出版社1995年版，第49页。

其用于祈使句的否定形式时，不论是否受状语的修饰，此结构末尾都要加语气词。

2. “把 + 宾 + V + 将 + 来”结构的否定形式与 1 式相同：陈述句和疑问句是在该结构前加“没呢”表示否定，祈使句是在该结构前加“不用”表示否定。如：

①他把煤拉将来了。——他没呢把煤拉将来？(陈述句)

②你把那三斤旧桃买将来了？——你没呢把那三斤旧桃买将来？(疑问句)

③我把饭端将来？——我没呢把饭端将来？(疑问句)

④赶紧把饭端将来。——不用赶紧把饭端将来。(祈使句)

⑤把饭端将来吧。——不用把饭端将来。(祈使句)

“把 + 宾 + V + 将 + 来”结构用于陈述句和疑问句时，其否定形式都是在其前面加“没呢”，并且其末尾不用加任何语气词。当此结构用于祈使句时，不论整个结构是否受状语修饰，其末尾都不用加任何语气词。

3. “V + 将 + 来 + 宾”结构的否定形式一般与前两种不太一样。它的否定形式不能简单地在原结构基础上加“没呢”或“不用”，而要调整语序，宾语出现在主语的位置上，其否定句格式是“$主_1$ + $主_2$ + 没呢/不用 + V + 将来”，即原来的一般谓语句变成了主语谓语句，而且原来的宾语变成大主语后，前面一般加指示代词“那”。如：

①他拿将来三本书。——（那三本）书他没呢拿将来。(陈述句)

②你送将来十斤肉吧。——（那十斤）肉你不用送将来了。(祈使句)

③妈妈买将来三斤菜？——（那三斤）菜妈妈没呢买将来？(疑问句)

在此类结构构成的否定句中，其陈述句和疑问句末尾不用加任何语气词，在祈使句后要加语气词。

三　动态助词

(一)“着”

1. 读音与分布

浊漳河流域方言各点“着”的读音形式多样：从声母上看，有［t l ts t§ · n tç］，包括塞音、边音、鼻音、塞擦音。从韵母上看，有

[əau ou ei A]，从声调上看，有的读为入声，有的读为轻声。

2. “着”的句法分布和语法意义

乔全生（2000）认为持续和进行是两个不同的概念，持续是上位概念，进行是下位概念，进行包含于持续之中。[①] 彭小川（2010）认为持续和进行是既有联系又有区别的两个小范畴。说有联系，是因为持续着的动作行为，也可以表示进行。所谓“进行”是把动作或事件整个过程的一个切入点即一个时点作为观察点，它并不注重该动作、情态或事件是否一直在持续或是否会持续下去；而所谓“持续”则着眼于动作或事件的过程。[②] 我们同意学者们的观点，在浊漳河流域方言中，动态助词“着”既可以表示持续，也可以表示进行。

（1）表示进行体，即表示某一动作正在进行。如：

①他正上着课咧。

②我炒着菜咧。

③我正写着字了。

（2）表示持续体，即表示事件中某一动作或某种状态的持续，与普通话中表示持续的助词“着”的语法意义一致。浊漳河流域方言中的“着”常用于以下几种结构：

A. 动 + 着 + 宾语。如：

①那站着个人。

②桌子上放着张纸条。

③外头下着雪。

④案子上搁着把刀。

⑤天上飞着个老鹰。

⑥他穿着一对新鞋。

⑦兀个人扛着一布袋大米。

B. 名词 + 介词结构 + 动 + 着 + 咧。如：

①孩子在炕上躺着咧。

②书在架子上搁着咧。

③他在那圪趴着咧。

① 乔全生：《晋方言语法研究》，商务印书馆2000年版，第232页。

② 彭小川：《广州话助词研究》，暨南大学出版社2010年版，第206页。

④她在椅子上坐着咧。

C. 名词 + 动 + 着 + 咧。如：

①电视开着咧。

②他醒着咧。

D. 动$_1$ + 着 + （名$_1$） + 动$_2$ + （名$_2$）。该结构表示“前一动作是后一动作的方式”。如：

①背着书包去书房了。

②他跑着去上班。

③他开着车出去了

E. 动$_1$ + 着 + 动$_1$ + 着 + 就 + 动$_2$。如：

①他说着说着就恼了？

②这个笔写着写着就写不上了。

③孩子哭着哭着就瞌睡了。

从以上五种常用的结构上看，浊漳河流域方言的“着”紧跟在动词后面，即常用于“动词 + 着 + X”的结构中，与普通话一致。而在晋语并州片、五台片、吕梁片、志延片和中原官话汾河片方言中，“V 着 X”和“VX 着”两种结构并存。比如，据乔全生（2000）的研究，洪洞话中存在着大量的“VX 着”结构，即“V 着”中间可插入宾语和补语。如：“你家先开会着，我一会儿就来。”“别走，画完了着。”“写完了字着。”“等着，我再跑一回着。”

（二）“了”

朱德熙（1982）、吕叔湘（1984）等先生将“了”分为“了$_1$”和“了$_2$”，并指出“了$_1$”用在动词后，主要表示动作的完成，“了$_2$”用在句末，肯定事态出现了变化或即将出现变化，是语气词兼表时态，有成句的作用。在浊漳河流域方言中，“了$_1$”和“了$_2$”的读音形式和句法位置都不同，据目前所看到的材料，山西晋语其他片方言中的“了”也分为“了$_1$”和“了$_2$”，如：太原话$_{并州片}$中的“了$_1$［lau^0］和了$_2$［lie^0］”，五台话$_{五台片}$中的“了$_1$［liə^{21}］和了$_2$［liA^{21}］”，汾阳话$_{吕梁片}$中的“了$_1$［lou^0］和了$_2$［la^0］”，大同话$_{大包片}$中的“了$_1$［ləʔ^{32}］和了$_2$［la^{30}］”。由此可见，动态助词“了”二分在山西晋语中具有较强的一致性。下面就对浊漳河流域方言中的“了$_1$”和“了$_2$”分别讨论。

1. 了$_1$

（1）读音和分布

浊漳河流域方言各方言点中“了$_1$”的读音形式从声母上看都是边音[l]，从韵母上看，主要有[Au ou]，声调都变读为轻声。具体情况见下表。

（2）“了$_1$”的用法

动态助词“了$_1$”表示动作行为的完成或性状的实现，常用在动词和形容词后面，并且“了$_1$”后面必须有宾语或补语，否则句子不能成立。

A. 动词 + 了$_1$ + 宾语

此结构在12个县市中均有分布。如：

①仨梨我就吃了$_1$俩。

②妈妈上街买了$_1$件衣裳。

③不要忘了$_1$拿上你那作业。

④下了$_1$课再去。

⑤夜来他给了$_1$我几捆麦子。

⑥墙上贴了$_1$个福字。

B. 动（形） + 了$_1$ + 补

①这个书瞧了$_1$一遍。

②这条裤边小了$_1$一寸。

③夜来我走了$_1$十五里。

④刚刚手磕了$_1$一时子。

⑤我买的鞋大了$_1$一号。

C. 动（形） + 了$_1$ + 宾 + 补

这种结构除了在沁县、黎城方言中不说之外，在浊漳河流域方言的其他方言中都有分布。如：

①快了$_1$我一步。

②高了$_1$他一头。

③小了$_1$我一岁。

④低了$_1$我两分。

此外，“了$_1$”作动态助词，与动作本身发生的时间、性状实现的时间都没有直接关系，因此，它还可以表示目前动作尚未完成，但前一动作的实现是后一动作实现的条件或前提，此时“了$_1$”前面的动作虽未完成，但“了$_1$”仍“等……再”有“实现”义，即仅表示“了”前面的动作的实现，而不管是何时实现，可与连用。如：

①等柿子红了$_1$再摘。

②等他来了$_1$再说。

③下了$_1$课来找我吧。

2. 了$_2$

（1）读音和分布

浊漳河流域方言各方言点中“了$_2$”的读音形式从声母上看都是边音[l]，从韵母上看，主要有[A,ei,ou,ə,an]，声调都变读为轻声。

（2）“了$_2$”的用法

“了$_2$”表示事件出现了新变化或已成为事实，常用在陈述句、疑问句末尾。

A. 用在陈述句句末

“了$_2$”用在陈述句句末，当句子的谓语为动词或动词性结构时，表示事件已成为事

实，当句子的谓语为形容词或形容词性结构、名词或名词性结构时，多表示事件的性质或状态发生了变化。如：

①我的裤子破了$_2$。

②兀个事我跟她说了$_2$。

③我到书房$_{学校}$了$_2$。

④油够$_{拿}$下来了$_2$。

⑤下唠$_1$几天，天终于晴了$_2$。

⑥孩的$_{孩子}$几天不见，又长高了$_2$。

⑦都大闺女了$_2$，还不好意思$_{害羞}$哩。

B. “了$_2$”位于疑问句句末，询问事件是否已成为事实或性质状态是否发生了变化。如：

①你输完水了$_2$？$_{你输完水了没有？}$

②小花放学了$_2$？$_{小花放学了没有？}$

③菜洗好了$_2$？$_{菜洗好了没有？}$

3. “了$_1$”和“了$_2$”共现

在浊漳河流域方言中，“了$_1$”和“了$_2$”可以在句子中共现，表示事件的完成和性质状态发生了变化，与普通话一致。如：

①我吃了$_1$饭了$_2$。

②我取了$_1$那三万块钱了$_2$。

③我送了$_1$她了$_2$。

(三)"过"

吕叔湘(1981)将普通话的动态助词"过"分为"过$_1$"和"过$_2$"。"过$_1$"表示"动作结束、完成","过$_2$"表示"过去有过这样的事情"或"已有的经验"。[①] 浊漳河流域方言中的"过"也大致表示这两种意义,但由于浊漳河流域方言中已有一个表示"动作完成"意义的专门的动态助词"了$_1$",因此,"过$_1$"的使用频率并不高,这就"显示出助词体系对系统内助词功能与发展的一种制约作用,显示出各助词之间互相的影响和限制。"[②]而"过$_2$"则更为常用。浊漳河流域方言中的"过"一般用于谓词之后,构成"动词/形容词+过"。如:

①我吃过$_1$饭啦。

②我去过$_1$他家了,可是他家没呢人。

③小鸡下过$_1$蛋了。

④我下乡的时候喂过$_2$两年猪。

⑤他原来当过$_2$老师。

⑥这本小说我瞧过$_2$。

第三节　使感结构

一　使感结构的界定

在浊漳河流域方言中,存在着一类如"气人""累人""呛人""捂人"等不管是在语义上还是在形式上都很有特色的词语。从形式上看,一般由"动词性成分"(记作V)或"形容词性成分"(记作A)加"人"构成,从语义上看,表达一种由外界的刺激给人造成的某种不舒服的消极主观感受。

① 吕叔湘:《现代汉语八百词》,商务印书馆1981年版。

② 曹广顺:《近代汉语助词》,语文出版社1995年版,第43页。

我国许多方言中都有关于“X＋人”的报告，但对其属性说法不一，胡双宝称之为“自感动词结构”，郭建荣称之为“述宾短语”，侯精一、温端政称之为“使感结构”，项梦冰称之为“自感性述宾结构”“自感动词结构”“自感词”，黄伯荣、罗昕如、吕建国、兰宾汉称之为“形容词”，胡光斌称之为“自感动宾短语”。我们认为，“X＋人”结构中的“X”是“使感受动词或形容词”，具有“使感受”用法，“X＋人”表示的意义即为“使人感到……”，再加上“X＋人”语义上都是表示人对外界刺激作用的自身感受的，因此，我们更倾向于将“X＋人”称为“使感结构”或“自感结构”。

二 使感结构的类型

（一）根据“X＋人”中“X”的性质划分

1. 动词性成分＋人

根据调查，在浊漳河流域方言的使感结构中“动词性成分＋人”的结构最多。例如：

憋人：使人感到呼吸不畅或心情不畅快。

刮人：被风吹得觉得难受。

圪捋人：因绳子太细使手疼痛难受。

圪溅人：水溅到身上让人觉得不舒服。

晃人：刺眼的光亮让人觉得不舒服。

圪搅人：未解决的事放在心里让人觉得不舒服。

2. 形容词性成分＋人

闷人：让人觉得烦闷。

冰人：凉水让人觉得冰。

痒人：让人觉得痒。

辣人：让人觉得辣。

潮人：让人觉得潮湿难受。

（二）根据“X＋人“的语义分类

心理学认为，人类心理、感觉、情绪等活动过程遵循两个步骤：一是外在环境（刺激物）通过各种方式对人产生刺激，二是引起机体反应，这一过程也可以看作一个事件，用认知图式表示如下：

刺激物→刺激方式→感受主体→刺激结果

使感结构“X＋人”中变量“X”的语义特征可以根据以上两个步骤区分为两大类：一是刺激方式类，二是刺激结果类，其中刺激结果类的内部又可以区分出一些小类，下面我们进行归纳：

1. 刺激方式类

刺激方式必然跟动作有关，所以进入刺激方式“X”的一般都是动词性成分。感觉是抽象的，不可摹状，所以描写感觉的词语有限，因此直接刺激方式（动词性成分）进入变量“X”，通过转喻来描摹主观感受。人类的大脑里有一套转喻认知机制，比如可以用“打二传手”来代替“打排球”，同理，“刺激方式＋人”在人脑中通过转喻机制的运算，也可用来表达刺激的结果。比如“烤人”中“烤”是一种刺激方式，人们很容易联想到“烤火”，从而产生一种炙热的感觉。浊漳河流域方言中这一类词语多指外界环境通过各种方式将刺激施加于人，这一过程中人是被动接受刺激的。例如：

缠人：小孩纠缠使人觉得烦。

划人：枝条等细状物打在身上觉得不舒服。

豁闪人：闪烁的灯光使人觉得不舒服。

勒人：较重的东西挎在胳膊上觉得难受。

2. 刺激结果类

刺激结果指人接受刺激后所引起的反应。对应结果的描摹必然需要形容词，因此进入刺激结果的“X”大多是形容词性成分。心理学研究表明人体接受刺激以后会产生感觉、知觉、情绪、情感等生理、心理反应，其中与“X＋人”相关的有两类，即“感觉”和“情绪”。所以刺激结果类又可分为情绪和感觉两个小类。

（1）情绪类。情绪是指人对外界刺激所产生的心理反应，以及附带的生理反应，如喜、怒、哀、乐。浊漳河流域方言中在语义上凸显情绪的“X＋人”如下：

着急人：让人觉得心里着急。

憋屈人：让人觉得受委屈。

愁人：让人觉得发愁。

怕人：让人觉得恐惧。

（2）感觉类。感觉是事物直接作用于感觉器官时，对事物个别属性的反映。心理学对感觉的分类有几十种之多，本文采取一般的分类方式。将感觉划分为肤觉、味觉、嗅觉、听觉、视觉、机体觉和平衡觉。其中肤觉、味觉、嗅觉、听觉、视觉比较好理解，如辣人、震人、呛人、豁闪人、划人等。我们主要来看机体觉和平衡觉：机体觉指机体内部器官受刺激时所产生的感觉，引起机体觉的适宜刺激是机体内部器官的活动变化，接受机体觉刺激的感受器分布于人体各脏器的内壁，例如：胀人（长治）、撑人（长子）、憋人（武乡）、干渴人（平顺）等；平衡觉是反映头部位置和身体平衡状态的感觉，引起平衡觉的适宜刺激是身体运动时速度或方向的变化，以及旋转，震颤等，例如：恶心人（沁县）、晕人（屯留）、圪蹴人（长治）、豁摇人（长子）等。

以上便是根据变量“X”的语义特征并结合心理学对浊漳河流域方言中的“X＋人”所做事物一个分类。

三 使感结构的句法功能

根据调查结果，在浊漳河流域方言中，使感结构常常充当谓语、补语，一般不作主语、宾语、状语、定语。

（一）作谓语

在浊漳河流域方言中，使感结构可以充当谓语。

第一，使感结构充当谓语时，前面都会加程度副词“真、可、太”等，表示程度加强。例如：

（1）这光太刺人了。

（2）这水真冰人。

（3）这味真熏人。

第二，在浊漳河流域的许多方言点，“X＋人”充当谓语成分时，中间会插入“死”，以此来表示程度的加深。例如：

（1）这事儿憋屈死人了。

（2）这孩子气死人了。

（3）这天冻死人了。

（4）这水冰死人了。

（二）作补语

在浊漳河流域方言中，使感结构常充当结果补语和状态补语。例如：
（1）这水变得真渣人。
（2）这事办得真火人（太气人了）。
（3）这衣服穿咧憋人。
（4）这味道闻得呛人。

四 使感结构的性质

（一）判定“X＋人”是词还是词组

据目前的研究成果而言，大多数学者认为“X＋人”是词组，只有罗昕如（2006）、赵宏因（1981）、刘瑞明（1999）、胡双宝（1984）等先生认为是词。这些学者的研究对象都是“X＋人”，但由于他们研究的是不同方言中的使感结构，所以这种分歧是难免的。但具体到某种方言，其性质应该是确定的。那么“X＋人”在浊漳河流域方言里究竟是词还是词组呢？通过调查，我们认为，“X＋人”在浊漳河流域方言中应视为词。理由如下：

第一，结构形式的定型性。浊漳河流域方言中的“X＋人”不同于自由短语，不能自由扩展。在浊漳河流域方言中，除了长治、长治县、壶关、平顺、沁县、高平、武乡这些方言点的“X＋人”结构中可以插入“死”，其他方言点的“X＋人”结构中基本不插入其他成分，“X”与“人”连用。如：

冻人：天气寒冷使人觉得冻得难受（壶关）→冻死人。

气人：使人觉得生气（平顺）→气死人。

呛人：刺激性气味让人觉得难受（长治）→呛死人。

急人：某事让人觉得心里着急（其沁水）→急死人。

第二，语义内容的整体性。所谓语义的整体性是指一个词语的意义不能完全凭它的组成部分的意义去理解。比如“冷人”“气人”“圪搅人”，其语义不是“冷”“气”“圪搅”与“人”的意义的简单相加，它们都带有［＋使感］和［＋不舒适］的语义特征，并且“人”指向说话人本身。

第三，使用的现成性和复呈性。浊漳河流域方言中的使感结构“X＋人”总是作为一个凝固的整体使用，整体充当句子成分，即使是有些方言点的“X＋人”中间会插入一些固定成分，也是将其看作一个整体来充当句子成分，并与别的词组合。如：

（1）这车上真圪挤人啊。

（2）外面的太阳台晒人了。

（3）屋里的烟味可呛人呢。

从例子中可以看出“圪挤人”“晒人”“呛人”受到副词“真”“太”“可”的修饰，在句子中充当谓语中心语，而且只要语境需要就会使用上述词语。在浊漳河流域方言中，该类词语的使用范围广，使用频率高。

第四，“X＋人”属于特殊的合成词。在浊漳河流域方言中“X＋人”中的“人”呈现出词缀化倾向，可以看成是一个类词缀。理由如下：

1. 在浊漳河流域方言中，“X＋人”这类词已经形成了一定的规模，在每个方言点，其所含有的“X＋人”这类词的数量并不完全一致，但总体看来，“X＋人”在晋东南地区的使用范围比较广泛。“X＋人”这类结构在浊漳河流域方言的广泛使用，是“人”这个语素构词能力强的一个表现，这种构词形式一旦形成又出现了仿词泛化现象。

2. “人”的构词位置固定。“人”一定是接在单音节或双音节词根之后，这一点在浊漳河流域方言中的使用情况是一致的。如：

（1）“吃多了让人觉得肚子撑得难受”用“撑人”这个词来表示。

（2）“有事情未解决让人觉得心里不舒服”用“圪搅人”这个词来表示。

3. 在“X＋人”类词里，“人”原来的名词词汇意义趋于虚化，“X＋人”不一定指人全身某种不舒服的感觉，身体的某一部分受到刺激也说“X＋人”。例如：

（1）圪支人：鞋子里有异物硌得脚不舒服。这里的“人”就不是指人全身产生某种不舒服的感觉，而是指人的脚被硌得不舒服。

（2）忽闪人：一闪一闪的灯光让人觉得不舒服。这里的“人”也是指眼睛受到闪烁的灯光的影响而感到不舒服，并非指全身不舒服的感觉。

（3）卡人：东西卡在喉咙里让人觉得不舒服。这里的“人”也不是泛指人的全身，而是指喉咙部位觉得不舒服。

根据以上几点分析，可以判定“X＋人”结构在浊漳河流域方言中属于词，而非词组。

（二）判定“X + 人”是动词还是形容词

《山西方言调查研究报告》（侯精一 温端政 1993）中指出“使感结构本身是动宾或形容性结构”。但没有指出在哪些方言里是动宾结构，在哪些方言里是形容性结构。《汉语方言语法类编》中列出了山西祁县话这类词的例子，均定性为形容词。根据调查和分析，我们认为，在浊漳河流域方言中，“X + 人”应该属于形容词。理由如下：

第一，在浊漳河流域方言中，“X + 人”可以作谓语。例如：

这水太冰人了。

这床真圪支人。

这孩子真心疼人咧。

根据齐沪扬的《现代汉语》中的观点：“谓词性词语充当谓语是最常见的，除此之外，体词性词语在一定条件下可以作谓语。”这里的“体词性词语”包括名词、数词、量词三类，“谓词性词语”包括动词和形容词两类。并不是所有的名词都可以作谓语，名词作谓语是有条件的，能充当谓语的大多是用来说明时间、天气、节令、人的籍贯等的名词。而浊漳河流域方言中的“X + 人”式词既不表时间、天气、节令、人的籍贯的名词，也不是量词或数次，而是表示事物的性质的，也就是说，浊漳河流域方言里的“X + 人”要么是动词，要么是形容词。

第二，浊漳河流域方言里的“X + 人”式词前可以加程度副词“真”“太”“可”等表示程度的加深。如：

真撑人呀。

这烟太呛人了。

这件事可气人呢。

以上几个例子中“撑人”“呛人”“气人”前面的副词都加深了原本要表达的不舒服的感觉的程度。

第三，一般认为，形容词与及物动词最大的区别是形容词不可以带宾语，及物动词可以带宾语，形容词与不及物动词的最大区别则是形容词可以受程度副词“真”等的修饰，不及物动词不可以。普通话如此，在浊漳河流域方言中也是如此。在浊漳河流域方言中“X + 人”式词可以作谓语，但不能带宾语。例如：

（1）这水太冰人了。＊这水太冰人他。

（2）这事儿真圪操人。＊这事儿真圪操人我。

（3）这人太气人了。＊这人太气人他了。

上述例子中的“冰人”“圪操人”“气人”都是作谓语的，它们都不能带宾语，否则句子就不成立。那么它们是不是及物动词呢？不是的。正如前面所说，浊漳河流域方言中的“X＋人”前可以加程度副词“真”、“太”、“可”等，而不及物动词前是不可以加程度副词的。所以说，根据以上分析可以判定“X＋人”式语言单位在浊漳河流域方言中不是动词。

第四，作为同一个大类“谓词”中的分支，动词和形容词在某些特征上具有相似性，例如都可以做修饰语，形容词做修饰语的如“漂亮的裙子”、“美丽的花朵”，动词做修饰语的如“倒的水”、“买的糖”。但是，我们可以反过来说“裙子漂亮”、“花朵美丽”，却不能说“水倒”、“糖买”。由此可见，形容词可以单独在偏正结构中做修饰语，当与被修饰语交换位置时可变为主谓结构中的谓语，而动词做修饰语是有条件的。浊漳河流域方言中的“X＋人”可以单独作在偏正结构里做修饰语，也可以将其与被修饰语交换位置变为主谓结构中的谓语。如：

（1）呛人的烟味。

（2）冻人的天气。

（3）气人的事情。

以上例句可以转化为“烟味呛人”“天气冻人”“事情气人”。因此，我们可以说“X＋人”在浊漳河流域方言中是形容词。

第五，使感结构在普通话中也存在，但数量不多，《现代汉语词典》（第六版）也将其视为形容词。如：

［羞人］形容词　感觉难为情或羞耻。

［吓人］形容词　使人害怕，可怕。

［恼人］形容词　令人焦急烦恼。

［烦人］形容词　使人心烦或厌烦。

综上所述，我们认为可以将浊漳河流域方言中的“X＋人”判定为形容词。

五　浊漳河流域方言中的使感结构“X＋人”与普通话中动宾／偏正结构“X＋人”的比较

（一）性质不同

浊漳河流域方言中的“X+人”的内部具有“致使意义”，它与普通话中一般的动宾结构“V+人”，特别是单音节及物动词加“人”，如“打人、骂人、杀人、缺人、丢人”，在形式上相似，但其性质却不同。普通话中“V+人”动宾结构是单纯的“支配与被支配”的施受关系。“X”与“人”有如下几种关系：

（1）使人感到X得难受

如：这天真冻人。

这菜真辣人。

这屋真闷人。

这地上太冰人了。

此时的“X”多为形容词。

（2）使人觉得被X得难受

如：这烟真呛人。

这车真圪蹴人。

这事儿真发愁人。

这风真吹人。

此时的“X”多为动词。

（三）“人”的意义不同

在普通话“V+人”中，“人”的语义并不指向说话人，如“打人、骂人”中的“人”肯定是指向说话人以外的其他人。而在浊漳河流域方言中的“X+人”中“人”的语素意义相对虚化，在意念上往往指代说话人自己，如：

（1）这孩子真缠人。

（2）这衣服太紧了，真绑人。

（3）这声音太震人了。

这三个例子中的“人”都是指向说话人本身，所表达的都是说话人本身所感受到的一些不舒服的感觉，与普通话中“V+人”中“人”的指向完全不同。

再看与偏正结构的比较。在普通话的偏正结构“X+人”中，“人”

是中心语，意义不能虚化，“X”对人起修饰、限制的作用，结构表达不受感情色彩限制，如：

（1）我是个好人。

（2）你是个大忙人。

（3）他是个闲人。

（4）那个人是个坏人。

“好”“忙”“闲”“坏”是对人进行修饰、限制的，表明人的一个类属，所以这里的“人”是泛指，意义实在，与浊漳河流域方言中的使感“X＋人”的“人”不同。

（三）语义关系不同

在浊漳河流域方言中，使感结构“X＋人”中“人”的词汇意义已经发生了虚化，指称功能弱化，从指称人弱化为只指人的某种主观感受，并且只能是人的不舒服、不愉悦等负面心理和生理感受，比如：触觉、听觉、嗅觉、味觉、情感等等，如果是积极、正面的心理感受，则不能用“X＋人”。如：

（1）呛人：味道难闻让人觉得不舒服。

香人：该说法不成立。

（2）恶心人：胃里不舒服想呕吐的感受。

舒服人：该说法不成立。

（3）冻人：天气寒冷让人觉得不舒服。

暖人：该说法不成立。

说明消极、负面的心理和生理感受是浊漳河流域方言使感结构“X＋人”得以形成的认知基础，由于正面的、积极的心理和生理感受在语义上与该结构的要求不相同，所以积极、正面的心理和生理感受用于该结构是行不通的。但在普通话中动宾结构和偏正结构可以用来表达积极、正面的意义。如：

（1）他经常帮助人。

（2）他是个好人。

这里的“帮助人”和“好人”都表达了一种积极、正面的意义。

（四）结构不同

在浊漳河流域方言中，“X＋人”结构被判定为词，“X＋人”结构中间不能随便加入其他扩展成分，具有凝固性。但普通话中的动宾结构和偏正结构的“X＋人”可以插入其他成分扩展，是短语。例如：

打人→打坏人→打一个坏人→打一个偷鸡摸狗的坏人。

闲人→闲（着）的人→闲（着）的几个人→闲（着）的几个男人。

（五）句法功能不同

浊漳河流域方言中的使感结构“X＋人”在句子中多作谓语和补语，一般不作主语、宾语、定语、状语。如：

（1）这房子太荫人了。

（2）这水变得真渣人。

而普通话中的动宾结构和偏正结构“X＋人”，可以充当多种句法成分，用法比较自由。例如：

（1）打人是犯法的。

（2）你还打人呢。

（3）这个小孩儿爱打人。

（4）打人的学生是他们班的。

（5）我就是闲人一个，有啥事你说。

（6）你怎么跟闲人一样，整天到处瞎逛。

（7）闲人一天到晚没事儿，就到处找事。

第四节　浊漳河流域方言的疑问句

在浊漳河流域方言中，陈述句、感叹句、祈使句的句法结构与普通话大体一致，因此，本书着重讨论疑问句。

目前，关于疑问句的研究成果较为丰富，从马建忠先生的《马氏文通》开始，到20世纪40年代吕叔湘先生的《中国文法要略》、再到60年代黄伯荣先生的《陈述句、疑问句、祈使句、感叹句》，再到80年代范继淹、陆剑明、朱德熙、袁毓林、林裕文、邵敬敏等一批学者对疑问句的诸多研究著述，我们可以看到疑问句的研究从宏观到微观，从语言事实到理论概括都有了较为深入的研究。这些成果更多的是以普通话的疑问句为研究对象，对方言疑问句进行研究的成果非常少，其中，影响较大的是朱德熙先生关于方言疑问句的两篇文章——《关于汉语方言里的两种反复问句》（1985）和《“V—neg—VO”与“VO—neg—V”两种反复问句在汉语方言里的分布》（1991）。这两篇文章从类型学的角度概括了方言疑问句的两种结构类型：“V—neg—VO”和“VO—neg—V”。之后，学界关注方言疑问句的文章逐渐增多，比如：《扬州话里两种反复问句共存》（王世华1985）、《苏州方言的反问句与“可VP”句式》（刘丹青1991）、《汕头方言的反复问句》（施其生1990）、《获嘉方言的疑问句——兼论反复问两种类型的关系》（贺巍1991）、《广东开平方言的中性问句》（余蔼芹，1993》）、《“阿V”及其相关疑问句句式比较研究》（徐烈炯、邵敬敏1999）等。其中，也有一些讨论山西方言疑问句的文章，据目前掌握的资料，数量并不太多，如《太原话的疑问句》（王文卿2004）、《娄烦方言疑问句》、《山西方言的疑问句》（李改样2005）、《山西方言的特指问句》（史秀菊2011），《山西武乡方言的疑问句》（史素芬2003）、《山西屯留方言的疑问句》（王芳2009），在这些研究成果中，对浊漳河流域方言疑问句的研究则更少，而且仅限于单点方言，缺乏对浊漳河流域方言这一区域方言疑问句的整体调查和研究，这对于认识浊漳河流域方言疑问句的整体特点是不利的。通过调查，浊漳河流域方言的疑问句和汉语许多方言一样，也可以分为特指问句、是非问句、选择问句三种类型。下面分别讨论。

一 特指问句

特指问句是由疑问代词提出疑问，要求针对疑问做出回答的一类问句。疑问代词承担特指问句的疑问信息，同时也形成疑问焦点。浊漳河流域方言各方言之间特指问句的差异并不大，而且其语法结构与普通话也基本一致，不同之处主要体现在疑问代词上。通过实地调查，并根据疑问代词所表示的语义特征，我们把特指问句分为以下六类，下面分别说明。

（一）问人的特指问句

在浊漳河流域方言中，常用疑问代词“谁”来表示“问人”，一般情况下，“谁”表示单数，其对应的复数形式在多数方言中是“谁都”，在沁源、沁县方言中是“谁们”，在阳城方言中是“谁家”。如：

谁/谁都来咧？/ 张强是谁？

谁/谁都说的？/ 谁家来了？

谁/谁们来了？

（二）问物的特指问句

在浊漳河流域方言中，常用疑问代词“甚”来表示“问物”。“甚”既可以单用，也可以与别的成分组合。如：

你喜欢吃甚？——甚都行。

你买上甚个好东西了？

另外，陵川方言中问物的疑问代词除了“甚”外，还常常使用“啥”，用法与“甚”一致。如：

你找啥嘞？

啥东西不在了？

（三）问处所的特指问句

在浊漳河流域方言中，常以“哪”作为词根构成问处所的疑问代词。比如：

她家在哪孩儿住的咧？

他屋在哪个家住的了？

他屋儿在哪特儿呢？

他家在哪儿圪咯咧？

（四）问方式的特指问句

在浊漳河流域方言中，问方式的疑问代词常用“怎”或以“怎”为词根构成的“怎么、怎呢、怎们、怎个、怎能”等。如：

你怎能去上海也？

这个菜怎做咧？

你怎个去上海啊？

这空调怎呢开啦？

你怎来的？

（五）问时间的特指问句

询问时间常分为询问时间点和时间段两种情况。

1. 询问时间点的特指问句

在浊漳河流域方言中，问时间点的疑问词常是“甚时候、甚会儿”。如：

你甚时候儿去上海来？

你甚时候走咧？

这是甚的时候了？

另外，黎城方言中还常用疑问代词“多咱、多咱完”询问时间点，表示“什么时候”。如：

你多咱去上海了？

这是多咱完了？

陵川方言中还常用“啥时候”来询问时间点，如：

你啥时候来的？

这会儿现在是啥时候嘞？

2. 询问时间段的特指问句

在浊漳河流域方言中，常用“多长时间、多大（一）会儿、多时”来询问时间段，如：

他走了多时了？

你学画画学嘮多长时间了？

他去了多大一会儿兰？

（六）问原因的特指问句

在浊漳河流域方言中，常用“怎么、怎们、怎能、怎呢、怎个、咋、咋呢、（因）为啥、（因）为甚”等询问原因。如：

你怎来/怎呢不去咧？/你咋不去呀？/你怎能来这儿睡了？/这是因为啥？

你怎能这会儿才来来？/他怎们哭了？

你咋呢不去老？/这是为甚了？

你怎呢不去了？/你怎呢不吭气就走来？

这是怎来？/你怎个来这儿睡来来？/你为甚要去咧？

他怎呢还没呐来咧？

二　是非问句

在浊漳河流域方言中，是非问句从结构形式上看，疑问信息的表达主要靠疑问语气词，主要有："嘞、哩、了、哇、咧、哩哇、嘞吧、咧吧、了哇"等，其中双音节语气词多表示带有揣度性的疑问语气。如：

你真的不管了？/ 不会有甚事儿哇？

不会出甚事了哇？

他能亨的动这个箱子了？

你在学校嘞吧？

你还没说完嘞？

你怎不去嘞？

你还没那说完哩？

你在学校哩哇？

你学习呢哇？

你在学校咧吧？/你还走咧？

总的来说，在浊漳河流域方言中，特指问句和是非问句的表疑方式和普通话基本一致，或者用表疑的疑问代词，或用上升的疑问语调来传达疑问，或者是借助于相应的疑问语气词来传达疑问。但与普通话相比，选择问句的结构形式相对复杂一些，下面着重说明。

三　选择问句

与特指问、是非问相比，选择问句的结构形式相对复杂一些。下面讨论的选择问句包括正反选择问句（即反复问句）和列项选择问句（即一般的选择问句）两种。为了讨论的方便，行文中"V"表示"动词或形容词"，"VP"表示"动词短语"，"O"表示"宾语"。

（一）反复问句

反复问句是把一件事情的正反两个方面都说出来，要求对方从中做出某一方面的回答。朱德熙先生曾把汉语方言里的反复问句归为"VP 不

VP”和“可VP”两种类型，浊漳河流域方言的反复问句属于VP不VP型。其形式主要有以下几种情况：

1. “VP_1 + 不 + VP_2”式

这种形式是浊漳河流域方言中最常用的一种反复问句形式。例如：

①你在不在村上工作了？

②李老师去不去？

③她种的菜好不好？

④他的手大不大？

以上例句只是由单音节词所形成的反复问句的情况，这与北京话的说法基本相同，都用“VP + 不 + VP”；如果提问部分是双音节以上的词或短语（有时是动词带宾语）时，情况略有不同。老北京话里常用的有“VO + 不 + VO”和“VO + 不 + V”两种格式。例如：

①a 吃菜不吃菜？　　b 吃菜不吃？

②a 喝水不喝水？　　b 喝水不喝？

浊漳河流域方言除了有“VO + 不 + VO”和“VO + 不 + V”两种格式外，还有第三种格式“V + 不 + VO”。例如：

①a 他瞧电影不瞧电影？　　b 他瞧电影不瞧？
　c 他瞧不瞧电影？

②a 你上街不上街？　　b 你上街不上？
　c 你上不上街？

③a 待见他不待见他？　　b 待见他不待见？
　c 待见不待见他？

④a 要这件不要这件？　　b 要这件不要？
　c 要不要这件？

⑤a 批评他不批评他？　　b 批评他不批评？
　c 批评不批评他？

据朱德熙，“VO不V”“V不VO”两种句型在方言里的分布不同：前者主要见于北方方言，后者主要见于南方方言。以上语言事实说明，在浊漳河流域方言中，“VO不V”和“V不VO”两种句型同时并存。而且，在北京年轻人的口语中，也有“V不VO”的格式，而且有后一格式压过前一格式的趋势。我们认为这种后起的形式主要与焦点集中原则有关。疑问句的主要功能是传递疑问信息，而疑问信息就是焦点，在反复问句中，正反两项就是疑问焦点，“VO 不 V”和“V 不 VO”相比，前者的正反两项被宾语隔开，其焦点比较分散，而后者的正反两项紧挨着，其焦点比较集中，这更易于疑问信息的传递。

在浊漳河流域方言中，如果问能力，动词前边要加“会、敢”等助动词，相应的形式也有三种。例如：

①a 你会写对子不会写对子？　　b 你会写对子不会？
　c 你能不能写对子？

②a 你会做饭不会做饭？　　b 你会做饭不会？
　c 你会不会做饭？

③a 你敢找领导不敢找领导？　　b 你敢找领导不敢？
　c 你敢不敢找领导？

问能力，还可以采用在动词后边加可能补语的方式来表示。例如：

④这个桌子你搬动了搬不动？

⑤这个歌子他唱好了唱不好？

⑥这些儿作业你一个小时做完了做不完？

⑦我说话你听懂了听不懂？

⑧这个盆子你洗净了洗不净？

这种用可能补语构成的反复问句和北京话的结构形式不一样。北京话的这类问句是在动词之后加“得”，再加补语；浊漳河流域方言则是动词后直接加补语，再加“了”，不用加“得”。答话的肯定形式，北京话是动词加“得”加补语，浊漳河流域方言则是动词直接加补语再加“了”，其否定形式北京话和浊漳河流域方言都是在动词和补语之间加“不”。例如：

北京话：这麻袋你背得动背不动？背得动。/背不动。

浊漳河流域方言：这麻袋你背动了背不动？背动了。/背不动。

2. “VP + 不”式

①你见过他不？

②这个你愿意不？

③喝水不？

④你待见他不？

⑤你想回家不？

⑥他会要水不？

“VP + 不”中的疑问信息是由句式本身提供的。“VP + 不”式的答话通常很简短，肯定式用“动”，否定式用“不+动”。例如：

①问：你去太原不？答：（肯定）去。（否定）不去。

②问：你回家不？　答：（肯定）回。（否定）不回。

“VP+不”中的“V”只限于动词，不能是形容词。如问今天天气怎么样，不说“今天天气好不？”而要说“今天天气好不好？”

3. “VP+了/来（+没呢）”式

这类反复问句的特点是动词、形容词或短语后带完成体的语气助词“了”，或表示曾经体的语气助词“来”，句末跟否定副词“没呢”。例如：

①吃了没呢？

②瞧完了没呢？

③割完麦子了没呢？

④睡着了没呢？

⑤上班来没呢？

⑥夜来家里头有人来没呢？

⑦去上海来没呢？

⑧将将瞧电脑来没呢？（刚才看电视了没有？）

⑨过年去要来没呢？

4. 反复问句的疑问功能

浊漳河流域方言的反复问句的语义和疑问功能相当于普通话中无标记的肯定式“吗”问句，正如郭校珍所说“反复问句（笔者按）正填补了晋语疑问系统中缺乏真性问句‘吗’问句的空白”[①]。比如：“他吃饭了不？”这句话的预设是“他吃饭”和“他不吃饭”，疑问焦点是“吃饭了不”这一成分。因为存在两个预设，因而说话人无法确定答话人的回答，所以是有疑而问。从答句看也是针对问话人的疑问焦点和预设回答的，肯定回答是“他吃饭。”否定回答是“他不吃饭。”与其相对应的普通话的“他吃饭吗？”的预设及肯定和否定回答都和浊漳河流域方言完全一致，可见二者在疑问功能上是一致的。

（二）列项选择问句

这类问句是并列几个项目，让听话的人从中选出一种来回答。它和反

① 郭校珍：《山西晋语的疑问系统及其反复问句》，《语文研究》2005年第2期.

复问句的根本区别是谓语的并列，而不是谓语的重复。北京话列项选择问句的格式是“（是）…… 呢，（还是）……呢？”浊漳河流域方言列项选择问句是在两个选项之间插入语气词“咧”“来”等，构成“VP_1……咧 VP_2……咧”的形式。第一个语气词后面有明显的语音停顿，语调是升降型。其形式主要有以下几种情况：

1. “VP_1，VP_2”式

涨了，↖跌了？

瞧电影，↖瞧电视？

吃大米，↖吃面？

事实上，这种情况是省略了连词，在说话时，一般说完第一项选择内容要拖长，而且要用明显的上扬语调。

2. “VP_1 + 还是 + VP_2”式

窗户开着呢还是关着呢？

咱走路过的还是骑车过的？

你吃大米还是吃面咧？

涨兰还是跌兰？

3. “VP_1 + 咧 + VP_2 + 咧”式

①吃大米咧吃炉面咧？

②你去咧他去咧？

③走路咧打车咧？

④你喝水咧喝饮料咧？

在日常生活中，这种句式中的动词如果相同时，第二个动词可以省略。例如：

①你要买红的咧蓝的咧？

②你穿裙的咧裤的咧？

4. “VP_1 + 来 + VP_2 + 来”式

①你去来他去来？

②你吃米来吃面来？

③瞧电影来瞧电视来？

④吃包子来吃面来？

⑤你是坐火车来坐飞机来？

四　小结

综上所述，在浊漳河流域方言中，疑问功能的表达在不同的疑问句中形式不同，归纳如下表：

<table>
<tr><th colspan="2">类型</th><th>疑问形式</th><th>例句</th></tr>
<tr><td colspan="2">特指问</td><td>用疑问代词</td><td>你寻甚咧？
你怎去咧？</td></tr>
<tr><td colspan="2">是非问</td><td>用疑问语气词</td><td>你还没说完嘞？</td></tr>
<tr><td rowspan="7">选择问</td><td rowspan="3">反复问</td><td>VP 不 VP</td><td>去不去吃饭？</td></tr>
<tr><td>VP 不</td><td>上学不？</td></tr>
<tr><td>VP＋了/来＋没呢</td><td>买上了没呢？</td></tr>
<tr><td rowspan="4">列项问</td><td>VP1，VP2</td><td>喝米汤，喝水？</td></tr>
<tr><td>VP1 还是 VP2</td><td>吃米还是吃面？</td></tr>
<tr><td>VP1 咧 VP2 咧</td><td>吃米咧吃面咧？</td></tr>
<tr><td>VP1 来 VP2 来</td><td>打你来骂你来？</td></tr>
</table>

浊漳河流域方言表达疑问的方式主要有疑问代词、疑问语气词、正反并列选择，由此生成了特指问、是非问、反复问、列项选择问。

附录　浊漳河流域方言词汇对照表

1. 根据《汉语方言词汇调查手册》、《汉语方言词汇》以及《秦晋两省沿河方言比较研究》中的“秦晋两省沿河方言词汇对照表”，再结合晋东南晋语的调查实际，遵循常用性的原则，拟定晋东南晋语词汇调查表，共收1247个词条，词语共分为24类：天文、地理、时令与方位、农业、植物、动物、房舍、器物、称谓、亲属、身体、疾病、服饰、饮食、红白大事、日常生活、交际、商业、交通、教育、文体、动作、形容词、一般事物、代词、量词。

2. 为了便于查询，本部分表端先列出各词的义类，其次是词条，均已普通话出条。

3. 如果某一个词在某一方言中没有与之相对应的词，则用空格表示。

4. 同一词条有两种说法的，分别列出，中间用顿号隔开。

5. 由于篇幅所限，只对个别读音特殊的词语用国际音标注音。对于有音无字的情况，尽量用同音字表示，并加下划线。如果找不出同音字，则用国际音标标出。

序号	1	2	3	4	5	6	7	8
类别	天文	天文	天文	天文	天文	天文	天文	天文
词条	太阳	月亮	星星	彗星	银河	刮风	云	早霞
沁县	太阳爷	月明爷	星宿	扫把星	银河	刮风	云	早霞
武乡	太阳	月亮	星星	扫把星	银河	刮风	云	早霞
襄垣	太阳	月儿	星星	扫把星	银河	刮风	云	早霞
黎城	日头儿	月亮	星星	扫把星	银河	刮风	云	早霞
平顺	太阳	月亮	星星	扫帚星	银河	刮风	云	早霞
潞城	太阳	月亮	星星	彗星	银河	刮风	云	早霞

续表

序号	1	2	3	4	5	6	7	8
长治	老爷儿	月亮	星星	扫帚星	银河	刮风	云	早霞
屯留	老爷儿	月明	星星	扫帚星	银河	刮风	云彩	早霞
长子	日头	月明	星星	扫把星	银河	刮风	云彩	早霞
长治县	老爷	月亮	星星	扫把星	银河	刮风	云	早霞
壶关	太阳	月亮	星星	扫把星	银河	刮风	云	早霞
榆社	太阳爷	月明爷	星宿	扫帚星	天河		云彩	烧红天了

序号	9	10	11	12	13	14	15	16
类别	天文	天文	天文	天文	天文	天文	天文	天文
词条	打雷	闪电	下雨	毛毛雨	虹	冰	结冰	冰雹
沁县	响雷	闪电	下雨	小雨雨	虹	冰凌	结喽冰了	冷圪蛋
武乡	响雷	闪电	下雨	圪星	彩虹	冰	冻冰	冰圪蛋
襄垣	打雷	闪电	下雨	毛毛雨	彩虹	冰	结冰	冰雹
黎城	打雷	闪电	下雨	圪星	虹	冰	结冰	冰圪蛋
平顺	打雷	闪电	下雨	小雨	彩虹	冰	结冰	冰雹
潞城	打雷	闪电	下雨	蒙蒙雨	虹	冰	结冰	冰雹
长治	响雷	打闪	下雨	小雨	虹	冰	结喽冰了	冷的蛋
屯留	响圪雷	闪电	下雨	圪星	虹	冰凌	上冻	冷蛋
长子	响雷	闪电	下雨	圪星	彩虹	冰冰	结冰冰	冷圪蛋
长治县	打雷	闪电	下雨	圪星	彩虹	冰凌	结冰	冷蛋子
壶关	打雷	闪电	下雨	毛毛雨	虹	冰	结冰	冰雹
榆社	响骨离	闪电	下将来了	不淋淋雨	虹	冬露	凌茬水	冷蛋子

序号	17	18	19	20	21	22	23	24
类别	天文	天文	天文	天文	天文	天文	天文	天文
词条	下雪	雪化了	露	霜	下雾	天气	晴天	阴天
沁县	下雪	雪消了	露	霜	雾了	天气	大红天	阴天
武乡	下雪	雪消了	露	霜	起雾	天气	晴天	阴天
襄垣	下雪	雪化了	露水	霜	下雾	天	好天	天阴的
黎城	下雪	雪化了	露	霜	下雾	天气	晴	阴

续表

序号	17	18	19	20	21	22	23	24
平顺	下雪	雪化了	露水	霜	起雾	天气	晴天	阴天
潞城	下雪	雪化了	露	霜	下雾	天怎样	晴天	阴天
长治	下雪	雪化了	露水	霜	生雾	天气	天晴的咧	阴天
屯留	下雪	雪消了	露水	霜	下雾	天	好天	阴天
长子	圪飘雪	雪化了	露水的	霜	下雾	天儿	好天	阴的咧
长治县	下雪	雪化了	露水	霜	有雾了	天气	晴天	阴天
壶关	下雪	雪化了	露	霜	下雾	天气	晴	阴
榆社	下雪	消雪	露水	霜	起雾	天爷	好天	阴天

序号	25	26	27	28	29	30	31	32
类别	天文	天文	天文	天文	地理	地理	地理	地理
词条	日食	月食	天旱	雨涝	地	水地	河	水坑
沁县	日食	月食	旱了	涝了	地	水地	河湾	水圪道
武乡	日食	月食	旱	涝了	地	水地	河	水坑
襄垣	日食	月食	旱田	雨涝	地	水地	河	水圪道
黎城	日食	月食	旱	涝了	地下	水地	河儿	水圪道
平顺	日食	月食	天旱	雨多	地	水地	河	水圪道
潞城	日食	月食	天旱	雨涝	地	水地	河	水坑
长治	日食	狗吃了	天旱	连阴的	地	园的地	河	水圪道
屯留	日食	天狗吃月亮	旱	涝	地	水浇地	河	水泊池儿
长子	日食	天狗吃月亮	旱地嘞	雨水大	地	水浇地	河	水泊池儿
长治县	日食	天狗吃月	旱地嘞	雨水多	地	水浇地	河	水圪洼
壶关	日食	月食	天旱	雨涝	地	水地	河	水池子
榆社	日蚀	月食/天狗吃了月明了	天旱	下的多了	平地	水浇地	河	水圪洞

序号	33	34	35	36	37	38	39	40
类别	地理	地理	地理	地理	地理	地理	地理	地理
词条	坝	水	洪水	凉水	温水	开水	石头	沙子
沁县	坝	水	大水	冷水	温水	滚水	石头蛋	沙子
武乡	坝	水	洪水	拔人水	温温水	开水	石子儿	沙子
襄垣	坝	水	发大水	拔人水	温水	滚水	石头	沙
黎城	坝	水	发洪	冷水	温水	滚水	石头蛋	沙
平顺	坝	水	洪水	凉水	温水	开水	石头	沙子
潞城	坝	水	洪水	冷水	温水	热水	石头	沙子
长治	坝	水	大水	冷水	涡沱水	熬水	石头	沙子
屯留	坝	水	洪水	冷水	涡沱水	熬水	石头	沙子
长子	坝	水	洪水	冷水	圪温温水	开水	石头	沙子
长治县	坝	水	洪水	冷水	温水	开水	石头	沙子
壶关	坝	水	大水	冰水	温水	开水	石子	沙子
榆社	坝	水	刮大河	冷水	温温水	滚水	石头	沙

序号	41	42	43	44	45	46	47	48
类别	地理	地理	地理	地理	地理	地理	地理	地理
词条	砖	瓦	灰尘	垃圾	泥土	金子	银子	铜
沁县	砖头	瓦	灰	圪渣	泥	金子	银子	铜
武乡	砖	瓦	灰	恶撒	泥	金子	银的	铜
襄垣	砖	瓦	灰	粪草	迷	金	银	铜
黎城	砖疙瘩	瓦	灰	废操	泥	金	银	铜
平顺	砖	瓦	灰土	垃圾	泥土	金子	银子	铜
潞城	砖	瓦	灰	灰	泥土	金子	银子	铜
长治	砖头	瓦	灰	灰	泥土	金子	银子	铜
屯留	砖	瓦	灰	粪草	泥	金子	银子	铜
长子	砖	瓦	灰	圪渣	泥	金子	银子	铜
长治县	砖	瓦	灰	圪渣	泥	金子	银子	铜
壶关	砖	瓦	灰	垃圾	泥土	金子	银子	铜
榆社	砖	瓦	灰尘	恶舌	稀污泥	金子	银子	铜

序号	49	50	51	52	53	54	55	56
类别	地理	地理	地理	地理	地理	地理	地理	地理
词条	铁	锡	铝	煤	煤油	磁石	胡同	街道
沁县	铁	锡	铝	煤	煤油	吸铁	圪廊	街
武乡	铁	锡	铝	煤	煤油		圪廊	街上
襄垣	铁	锡	铝	煤	煤油	磁铁	圪廊	街
黎城	铁	锡	铝	煤	煤油	铁石	圪廊儿	街
平顺	铁	锡	铝	煤	煤油	磁铁	圪廊	街
潞城	铁	锡	铝	煤	煤油	磁石	圪廊	街
长治	铁	锡	铝	煤	洋油	吸铁石	圪廊的	街道
屯留	铁	锡	铝	煤	洋油	吸铁石	圪廊	街
长子	铁	锡	铝	煤	洋油	吸铁石	圪廊子	街上
长治县	铁	锡	铝	煤	煤油	吸铁石	圪廊子	街上
壶关	铁	锡	铝	煤灰	煤油	磁石	小巷的	街
榆社	铁	锡		煤	煤油	吸铁	圪浪浪	街

序号	57	58	59	60	61	62	63	64
类别	地理	地理	时令、方位	时令、方位	时令、方位	时令、方位	时令、方位	时令、方位
词条	路	山崖	春天	夏天	秋天	冬天	大年初一	除夕
沁县	路	崖	春天	夏天	秋天	冬天	大年初一	月尽
武乡	路	崖	春天	夏天	秋天	冬天	大年初一	大年三十
襄垣	路	崖	春天	热天	秋天	冬天	大年初一	年三十
黎城	道	崖	春天期	夏天期	秋天期	冬天期	大年初一	大年三十
平顺	路	山崖	春天	夏天	秋天	冬天	大年初一	三十日
潞城	路	山崖	春天	夏天	秋天	冬天	大年初一	三十
长治	路	崖	春天	夏天	秋天	冬天	大年初一	三十夜
屯留	道	圪嘴儿	春天	夏天	秋天	冬天	大年初一	三十日
长子	路	崖子	春天	夏天	秋天	冬天	大年初一	三十日
长治县	路	崖	春天	夏天	秋天	冬天	大年初一	三十日
壶关	路	山崖	春天	夏天	秋天	冬天	大年初一	三十
榆社	道路	崖头/垴	春上	热天	秋天	冬天	大年下	

序号	65	66	67	68	69	70	71	72
类别	时令、方位	时令、方位	时令方位	时令方位	时令方位	时令、方位	时令、方位	时令、方位
词条	端午	中秋	今年	明年	后年	去年	前年	大前年
沁县	端午	八月十五	今年	明年	后年	年时	前年	系前年
武乡	端午	八月十五	今年	明年	后年	年时	前年	先前年
襄垣	端午	八月十五	今年	明年	后年	年时	前年	大前年
黎城	端午	中秋	今年	明年	后年	年时	前年	大前年
平顺	端午	八月十五	今年	明年	后年	年时	前年	大前年
潞城	端午	八月十五	今年	明年	后年	去年	前年	大前年
长治	端午	八月十五	今年	明年	后年	去年	前年	大前年
屯留	端午	八月十五	今年	明年	后年	年时	前年	大前年
长子	端午	八月十五	今年	明年	后年	年时	前年	大前年
长治县	端午	八月十五	今年	明年	后年	年时	前年	大前年
壶关	端午	中秋	今年	明年	后年	去年	前年	大前年
榆社	五月端午	八月十五	□年	明年	后年	年时	前年	大前年

序号	73	74	75	76	77	78	79	80
类别	时令、方位	时令、方位	时令、方位	时令、方位	时令、方位	时令、方位	时令、方位	时令、方位
词条	大后年	往年	正月	腊月	日子	今天	明天	后天
沁县	大后年	往年	正月	腊月		今天	明天	后天
武乡	大年后	前几年	正月	腊月	天气	曾扔	明天	后天
襄垣	大后年	往年	正月	腊月	日子	今日	明日	后日
黎城	大后年	往年	经月	了月	天期	今	早以	后以
平顺	大后年	那几年	正月	腊月	时候	今了	明天	后天
潞城	大后年	以年	正月	腊月	日子	今了	明了	后天
长治	大后年	去年	正月	腊月	天气	今个	明个	后夜
屯留	大后年	往年	正月	腊月	日月	今	明天	后天
长子	大后年	前几年	正月	腊月	日月	今日	明日	后日
长治县	大后年	前几年	正月	腊月	日月	今儿	明儿	后儿
壶关	大后年	往年	正月	腊月	日子	今个	明个	后个
榆社	大后年	兀几年	正月	腊月		今日	明日	后日

序号	81	82	83	84	85	86	87	88
类别	时令、方位	时令、方位	时令、方位	时令、方位	时令、方位	时令、方位	时令、方位	时令、方位
词条	大后天	昨天	前天	大前天	星期天	早晨	上午	中午
沁县	大后天	夜来	前日	系前天	礼拜天	白晚	前晌	晌午
武乡	大后天	夜来	前日	先前日	礼拜天	清早	前晌	晌午
襄垣	大后日	夜来	前日	大前日	礼拜天	清早	前晌	晌午
黎城	外后以	夜来	前日	大前以	礼拜天	清夕	半墒	晌午
平顺	大后天	夜来	前日	大前以	礼拜	早起	上午	上午
潞城	大后天	夜来	前个	大前天	礼拜天	早起	向午	上午
长治	大后夜圪	夜来	前夜个	大前夜圪	礼拜天	清早	前晌	晌午
屯留	大后天	夜来	前日	大前以	礼拜天	清晨	前	晌午
长子	大后日	夜来	前日	大前以	礼拜天	清晨	前晌	晌午
长治县	大后日	夜来	前日	大前以	礼拜天	早起	前晌	晌午
壶关	大后圪	夜来	前日	大前以	礼拜天	早上	晌午	中午
榆社	老后月	夜来	前日	现前日	礼拜天/礼拜日	早自先	前晌	正晌午

序号	89	90	91	92	93	94	95	96
类别	时令、方位	时令、方位	时令、方位	时令方位	时令方位	时令、方位	时令、方位	时令方位
词条	下午	白天	傍晚	夜里	每天	时候	以前	以后
沁县	晚夕	白天	黑夜	半夜	每天		以前	往后
武乡	晚夕	白天		黑夜	天天	时候	以前	以后
襄垣	晚期	白日	傍黑夜	黑夜	天天	兀会儿	以前	以后
黎城	晚夕	白日	晚夕黑儿	黑来	每天	时候	那会儿	以后
平顺	晚夕	白日	快黑会	黑来	天天	时候	以前	以后
潞城	晚夕	白天	黑来	黑来	每天	时候	以前	以后
长治	晚夕	白天	傍黑	黑来	渐天	时候	过去	以后
屯留	晚夕	白日	将黑来	黑来	每天	时候	以前	以后
长子	晚夕	白日	晚夕	黑来	每天	时候	以前	以后
长治县	晚夕	白日	快黑了	黑来	天天	时候	以前	以后
壶关	晚夕	白日	黑日	黑来	每天	时候	以前	以后
榆社	晚期	白天	黑夜	半夜	天明		以前	后来

序号	97	98	99	100	101	102	103	104
类别	时令、方位	时令、方位	时令、方位	时令、方位	时令、方位	时令、方位	时令、方位	时令、方位
词条	后来	现在	刚才	上面	下面	山上	里面	外面
沁县	后子	几阵	头将将	上头	下头	山上	里头	外头
武乡	后子	贼霎	将头儿	上头	下头	山上	里头	外头
襄垣	后底	这会儿	将将	上头	底下	山上	里头	外头
黎城	后以	这圪劲	将头儿	上头	下头	山上	里头	外头
平顺	后来	这会儿	将将	上头	底下	山上	里头	外头
潞城	后地	现在	刚才	上边	下边	山上	里面	外面
长治	后来	这会儿	将将的	上头	底下	山上	里头	外头
屯留	后底	这会儿	将头儿	上头	下头	山上	里头	外头
长子	后来	这会儿	将将	上头	下头	山上	里头	外头
长治县	后来	这会儿	将将	上头	下头	山上	里头	外头
壶关	后来	这会儿	将将	上头	下头	山上	里头	外头
榆社	后来	这阵		上头	下头/底下	山上	里头	外迁

序号	105	106	107	108	109	110	111	112
类别	时令、方位	时令、方位	时令方位	时令方位	时令、方位	时令、方位	时令、方位	时令、方位
词条	手里	野地	前边	后边	背后	东边	西边	南边
沁县	手里头	野地	前头	后头	脊背后头	东面	西面	南面
武乡	手儿		前头	后头	后址	东面儿	西面儿	南面儿
襄垣	手里	荒草地	前头	后头	脊背后头	东头	西头	南边
黎城	手里边儿	野地	前头	后头	半儿	东边儿	西面儿	南半儿
平顺	手里	野地	前头	后头	背后	东边	西边	南边
潞城	手上	野地	前边	后边	后地	东边	西边	南边
长治	手里头	野地	前头	后头	脊背后底	东旁	西头	南半儿
屯留	手里	野地	前头	后底	脊背后底	东门儿	西门儿	南门儿
长子	手里头	野地	前头	后底	脊背后底	东面	西面	南面
长治县	手里头	野地	前头	后底	脊背后底	东边儿	西边儿	南边儿
壶关	手上	野地的	前头	后底	脊背后	东边	西边	南边
榆社	手儿	野外头/野外	前头	后头		东半子	西半子	南半子

序号	113	114	115	116	117	118	119	120
类别	时令、方位	时令、方位	时令、方位	时令、方位	时令、方位	时令、方位	农业	农业
词条	北边	当间儿	旁边	附近	左边	右边	春耕	秋收
沁县	北面	当中			左面面	右面面	春耕	收秋
武乡	北面儿	当中	旁面儿	附近	左面儿	右面儿		
襄垣	北边	中间	边昂	帮嘞	左边	右边	旋地	收秋
黎城	北半儿	中间	边儿	跟儿	左半儿	右半儿		
平顺	北边	中间儿	旁边	近处	左边	右边	春耕	收秋
潞城	北边	当间	旁边	边儿	左边	右边	春耕	收秋
长治	北半儿		边嘞	近处	左半儿	右半儿	种地	收秋
屯留	北门儿	当中儿	跟儿	跟儿	左门儿	右门儿	犁地	收秋
长子	北面	当中间	挨着嘞	圪落儿	左面	右面	犁地	收秋
长治县	北面子	当中间	边儿嘞	圪落儿	左边儿	右边儿	犁地	收秋
壶关	北边	当中间	一边	附近	左边	右边	春耕	秋收
榆社	北半子	当中	边儿/边边儿/边边上	附近	左半的	右半的	耕地	收割

序号	121	122	123	124	125	126	127	128
类别	农业	农业	农业	农业	农业	农业	农业	农业
词条	锄地	割麦	打场	施肥	浇水	水井	犁	石磙
沁县	锄地	割麦子	打场子	上化肥	浇水	井	梨	磙子
武乡	锄地	割麦子			浇水	水井		
襄垣	锄地	割麦	场离	撒化肥	浇水	井	犁	磙
黎城	锄地	割麦			浇水	水井	犁	
平顺	锄地	割麦子	打场	种粪	浇水	井	犁	石磙
潞城	锄地	割麦子	打场	弄肥	浇水	井	犁	石磙
长治	锄	收麦	打场	上粪、上肥	浇水	井	犁	磙子
屯留	锄地	割麦子	打场	上化肥	浇水	井	犁	磙子
长子	锄地	割麦子	打场	上化肥	浇水	井	犁	磙子
长治县	锄地	割麦子	打场	上肥	浇水	井	犁	磙子
壶关	锄地	收麦子	打场	加肥	浇水	水井	犁	石磙
榆社	锄地	割麦子	打麦子	上粪、上化肥	浇水	井	犁	磙子

序号	129	130	131	132	133	134	135	136
类别	农业	农业	农业	农业	农业	农业	农业	农业
词条	磨	碾子	筛子	箩	镐	锄	扫帚	笤帚
沁县	磨子	碾然	筛筛	箩子	镐	锄	扫帚	笤帚
武乡	磨	碾子	筛子	箩		锄	扫帚	笤帚
襄垣	磨	碾	筛	箩头		锄	扫帚	笤帚
黎城	磨	碾	筛儿	箩			扫帚	笤帚
平顺	磨	碾子	筛了	箩头	镐	掘锄	扫帚	笤帚
潞城	磨	碾子	筛子	箩	镢头	锄	扫帚	笤帚
长治	磨子	碾子	筛的	箩子	镐	锄	扫帚	笤帚
屯留	磨儿	碾子	筛子	箩头	洋镐	锄	扫帚	笤帚
长子	磨子	碾子	筛子	筐箩		锄	扫帚	笤帚
长治县	磨子	碾子	筛子	箩头		锄	扫帚	笤帚
壶关	磨	碾子	筛子	箩筐		锄头	条帚	笤帚
榆社	磨子		筛子	箩头	洋镐	大锄/小锄锄	扫帚	笤帚

序号	137	138	139	140	141	142	143	144
类别	农业	农业	农业	农业	农业	农业	农业	农业
词条	铡刀	镰刀	铁锹	簸箕	筐箩	筐篮	筐	扁担
沁县	铡刀	镰	锹	簸箕		不篮篮	筐筐	扁担
武乡	铡刀	镰子	铁锹	簸箕			筐	
襄垣	铡刀	镰	锹	簸箕	筐箩	篮	筐	板担
黎城				簸箕				担
平顺	铡刀	镰子	铁锹	簸箕	箩头	竹篮	筐	担杖
潞城	铡刀	镰刀	铁钎	簸箕	筐箩	筐篮	筐	扁担
长治	铡刀	镰	锹子	簸箕	筛的		筐子	担子、担杖
屯留	铡刀	镰	钎	簸箕	筐篮儿	筐篮儿	筐子	担杖
长子	铡刀	镰	钎	簸箕	筐箩		筐子	担杖
长治县	铡刀	镰	钎子	簸箕	筐箩筐子	筐篮子	筐子	担杖
壶关	铡刀	镰刀	锹子	簸箕			筐子	扁担
榆社	铡刀	镰	铁锹	簸箕			筐筐	

序号	145	146	147	148	149	150	151	152
类别	植物	植物	植物	植物	植物	植物	植物	植物
词条	花	花蕾	庄稼	麦子	荞麦	谷子	小米	玉米
沁县	花	花骨朵	庄稼	麦子	荞麦	谷	小米	玉茭
武乡	花	花骨朵儿	庄稼	麦子	荞麦	谷	小米	玉茭子
襄垣	花	花圪多	庄稼	麦	荞麦	谷	米	玉茭
黎城	花儿	花骨朵儿		麦	荞灭	谷	小米	玉茭
平顺	花儿	花蕾	庄稼	麦子	荞麦	谷	小米	玉茭
潞城	花	花蕾	庄稼	麦子	荞麦	谷	小米	玉茭
长治	花	花骨朵儿	庄稼	麦子	荞麦	谷	小米	玉茭
屯留	花儿	花圪朵儿	田禾	麦子	荞麦	谷	小米儿	玉茭
长子	花儿	花圪朵儿	地里头	麦子	荞麦子	谷	小米	玉茭
长治县	花儿	花圪朵儿	庄稼	麦子	荞麦	谷	小米	玉茭
壶关	花	花朵	庄稼	小麦	荞麦	谷子	米	玉茭
榆社			庄稼	麦子	荞麦	谷	小米	玉茭子

序号	153	154	155	156	157	158	159	160
类别	植物	植物	植物	植物	植物	植物	植物	植物
词条	高粱	稻子	秕子	黍子	黄米（软）	糜子	艾	苎麻
沁县	茭子	稻子	秕谷	黍子	软米	黍米	艾	麻子
武乡	高粱				软米	黍米	艾	麻
襄垣	高粱	水稻	秕	黍	软米	黍米	艾	麻
黎城	高粱	稻		黍		黍米	艾叶儿	麻
平顺	高粱	稻子	秕子	黍	软米	黍米	艾	苎麻
潞城	高粱	稻子	秕子	黍	软米	黍米	艾	麻
长治	茭子	稻子	秕谷	黍子		黍米	艾药	麻
屯留	茭子	稻子	秕谷	黍子	软米	黍米	老艾	麻
长子	茭子	稻子	秕谷	黍	软米	黍米	艾草	麻
长治县	茭子	稻子	秕谷	黍	软米	黍米	艾	麻
壶关	高粱	稻	秕谷	黍		黍米	艾	麻
榆社	茭子		秕子		软米			

序号	161	162	163	164	165	166	167	168
类别	植物	植物	植物	植物	植物	植物	植物	植物
词条	蓖麻	向日葵	洋芋	白薯	黄豆	黑豆	绿豆	豌豆
沁县	大麻子	葵花	洋姜	白红薯	黄豆	黑豆	绿豆	豌豆
武乡		葵花	山药	红薯	大豆	黑豆	绿豆	豌豆
襄垣	大麻	葵花		红薯	豆	黑豆	绿豆	豌豆
黎城		葵花	山药蛋	红薯	豆	黑豆	绿豆	豌豆
平顺	麻子	葵花	山蛋	红薯	黄豆	黑豆	绿豆	豌豆
潞城	蓖麻	葵花		被薯	黄豆	喝豆	绿豆	豌豆
长治	蓖麻	葵花	芋头	红薯	黄豆的	黑豆的	绿豆	豌豆
屯留	大麻子	葵花		红薯	小黑豆	黑豆	绿豆	豌豆
长子	大麻子	葵花		红薯	黄豆子	黑豆子	绿豆子	豌豆
长治县	大麻子	望日花		红薯	黄豆子	黑豆子	绿豆子	豌豆
壶关	麻子	葵花		红薯	小豆	黑豆	绿豆	豌豆
榆社		葵花	山药	红薯	黄豆	黑豆	绿豆	豌豆

序号	169	170	171	172	173	174	175	176
类别	植物	植物	植物	植物	植物	植物	植物	植物
词条	豇豆	扁豆	蚕豆	蔬菜	黄瓜	南瓜	葫芦	葱
沁县	豇豆	豆角角	米豆	菜	黄瓜	南瓜	圪芦	葱
武乡	豇豆		蚕豆	蔬菜	黄瓜	南瓜	葫芦	葱
襄垣	豇豆	扁豆	蚕豆	菜	黄瓜	南瓜	圪芦	葱
黎城	豇豆	扁豆	蚕豆	菜	黄瓜	行瓜	葫芦	葱
平顺	豇豆	扁豆	蚕豆	菜	黄瓜	南瓜	葫芦	葱
潞城	豇豆	扁豆	蚕豆	蔬菜	黄瓜	南瓜	葫芦	葱
长治	豇豆	扁豆子	蚕豆子	蔬菜	黄瓜	南瓜	葫芦	葱
屯留	豇豆	扁豆	蚕豆	菜	黄瓜	南瓜	圪芦	葱
长子	豇豆子	扁豆子	蚕豆	菜	黄瓜	南瓜	葫芦	葱
长治县	豇豆	扁豆子	蚕豆	菜	黄瓜	南瓜	葫芦	葱
壶关	豇豆	扁豆	蚕豆	菜	黄瓜	南瓜	葫芦	葱
榆社	豇豆		蚕豆		黄瓜	南瓜	骨芦	葱

序号	177	178	179	180	181	182	183	184
类别	植物	植物	植物	植物	植物	植物	植物	植物
词条	蒜	洋葱	韭菜	西红柿	辣椒	菠菜	白菜	圆白菜
沁县	蒜	洋葱	韭菜	洋柿子	辣尖子	青菜	白菜	圆白菜
武乡	蒜	洋葱	韭菜	西单	辣椒子	菠菜	白菜	圆白菜
襄垣	蒜	葱头	韭菜	西红柿	辣荚	菠菜	白菜	圆白菜
黎城	蒜	葱头儿	韭菜	洋柿	辣椒	菠菜	白菜	灰灰白
平顺	蒜	洋葱	韭菜	西红柿	辣椒	青菜	白菜	圆白菜
潞城	蒜	洋葱	韭菜	西红柿	辣椒	菠菜	白菜	小白菜
长治	蒜	洋葱	韭菜	西红柿子	辣椒	菠菜	白菜	圆白菜
屯留	蒜	葱头	韭菜	洋柿子	辣子	青菜	白菜	圆白菜
长子	蒜	葱头	韭菜	西红柿	辣子	青菜	白菜	圆白菜
长治县	蒜	葱头	韭菜	柿子	辣子	青菜	白菜	圆白菜
壶关	蒜	洋葱	韭菜	西红柿	菜辣子	菠菜	白菜	圆白菜
榆社	蒜		韭菜	洋柿子	辣椒子	青菜	白菜	茴茴白

序号	185	186	187	188	189	190	191	192
类别	植物	植物	植物	植物	植物	植物	植物	植物
词条	芫荽	莴笋	萝卜	茄子	芹菜	树	木头	树林
沁县	芫荽	笋	萝卜	茄子	芹菜	树	木头	树林子
武乡	芫荽	笋	萝卜	茄子	胡芹	树	木头	树林
襄垣	芫荽	莴笋	萝卜	茄	胡芹	树	木头	树林
黎城	芫荽		萝卜	茄	芹菜	树	木头	林儿
平顺	芫荽	莴笋	萝卜	茄子	胡芹	树	木头	树林
潞城	香菜	莴笋	萝卜	茄子	芹菜	树	木头	树林
长治	芫荽	笋	萝卜	茄子	芹菜	树	木头	树林子
屯留	芫荽		萝卜	茄子	胡芹	树	木头	树林
长子	芫荽		萝卜	茄子	胡芹	树	木头	林子
长治县	芫荽		萝卜	茄子	胡芹	树	木头	林子
壶关		笋	萝卜	茄子	胡芹	树	木头	树林
榆社	芫荽		萝卜	茄子	胡芹	树子		树林子

序号	193	194	195	196	197	198	199	200
类别	植物	植物	植物	植物	植物	植物	植物	植物
词条	树苗	树枝	种树	砍树	杨树	柳树	槐树	荆棘
沁县	树苗子	树圪枝	种树	砍树	杨树	柳树	槐树	圪针
武乡	树苗	树枝	种树	砍树	杨树	柳树	槐树	圪针
襄垣	树苗	树圪枝	种树	砍树	杨树	柳树	槐树	圪针
黎城	树苗儿	树圪枝儿	种树	砍树	杨树	柳树	槐树	圪针
平顺	树苗	树枝	种树	砍树	杨树	柳树	槐树	荆棘
潞城	树苗	树子	种树	砍树	杨树	柳树	槐树	荆棘
长治	树苗	树圪枝	种树	砍树	杨树	柳树	槐树	荆棘
屯留	树苗	树圪枝	栽树	杀树	杨树	柳树	洋槐树	圪针
长子	树苗	树圪枝	种树	砍树	杨树	柳树	槐树	圪针
长治县	树苗	树圪枝	种树	砍树	杨树	柳树	槐树	圪针子
壶关	树苗	树圪枝	栽树	砍树	杨树	柳树	槐树	圪枝子
榆社		树圪枝枝	栽树子	砍树子	杨树	柳树	槐树	

序号	201	202	203	204	205	206	207	208
类别	植物	植物	植物	植物	植物	植物	植物	植物
词条	桃	杏	李子	苹果	红枣	梨	西瓜	核桃
沁县	桃	杏	李子	苹果	枣	梨	西瓜	圪桃
武乡	桃儿	杏儿	李的	果的	枣儿	梨儿	丝瓜	圪桃
襄垣	桃	杏	李	果	枣	梨	西瓜	圪桃
黎城	桃儿	杏儿	李	果儿	枣儿	梨儿	西瓜	核桃
平顺	桃	杏	李了	苹果	枣	梨	西瓜	核桃
潞城	桃	杏	李子	苹果	红枣	梨	西瓜	核桃
长治	桃儿	杏儿	李的	果的	枣儿	梨	西瓜	核桃
屯留	桃儿	杏儿	李子	果子	枣儿	梨儿	西瓜	圪桃
长子	桃	杏	李子	果子	枣	梨	西瓜	圪桃
长治县	桃	杏	李子	果子	枣	梨	西瓜	核桃
壶关	桃	杏	李子	果的	枣	梨	西瓜	核桃
榆社	桃儿	杏儿	李子	苹果	枣儿	梨儿	西瓜子	核桃

序号	209	210	211	212	213	214	215	216
类别	植物	植物	植物	植物	植物	动物	动物	动物
词条	瓜子儿	甜瓜	花生	菊花	牵牛花	牲畜	兔子	公马
沁县	瓜子	香瓜	花生	菊花	打碗花	牲口	兔了	公马
武乡	瓜子	甜瓜	花生	菊花	喇叭花	牲口	兔儿	公马
襄垣	瓜子	甜瓜	花生	菊花	喇叭花	牲口	兔	公马
黎城	瓜子儿	甜瓜	花生	菊花	喇叭花儿	牲口	兔儿	公马
平顺	瓜子儿	甜瓜	花生	菊花	喇叭花	畜蕤	兔了	公马
潞城	瓜子儿	甜瓜	华生	菊花	喇叭花	牲畜	兔了	公马
长治	瓜子儿	甜瓜	花生	菊花	喇叭花	牲口	兔的	公马
屯留	瓜子		花生	菊花儿	喇叭花	牲口	兔子	公马
长子	瓜子儿	小瓜	花生	菊花儿	喇叭花	畜类	兔子	公马
长治县	瓜子儿		花生	菊花儿	喇叭花	畜类	兔子	公马
壶关	瓜子	甜瓜	花生	菊花	喇叭花	牲畜	兔子	公马
榆社		甜瓜	花生	菊花儿	黑白二草	牲口	兔儿	儿马

序号	217	218	219	220	221	222	223	224
类别	动物	动物	动物	动物	动物	动物	动物	动物
词条	母马	公牛	母牛	牛犊	公猪	种猪	母猪	骡子
沁县	母马	甲牛	母牛	牛羔了		甲猪	母猪	骡了
武乡	母马	公牛	母牛	牛犊	公猪		母猪	骡子
襄垣	母马	公牛	母牛	小牛	公猪	种猪	母猪	骡
黎城	母马	公牛	母牛	小犊儿	公猪		母猪	骡
平顺	母马	公牛	母牛	小牛	公猪	种猪	母猪	骡了
潞城	母马	公牛	母牛	牛犊	公猪	种猪	母猪	骡了
长治	母马	公牛	母牛	牛犊子				骡的
屯留	母马	公牛	母牛	小牛犊儿			母猪	骡子
长子	母马	公牛	母牛				母猪	骡子
长治县	母马	公牛	母牛					骡子
壶关	母马	公牛	母牛	小牛	公猪	猪	母猪	骡子
榆社	母马	公牛	牸牛	牛犊子	羯猪	羯猪	母猪	骡子

序号	225	226	227	228	229	230	231	232
类别	动物	动物	动物	动物	动物	动物	动物	动物
词条	驴	公驴	母驴	山羊	绵羊	母羊	羊羔	狗
沁县	驴	叫驴	草驴	山羊	羊了	母羊	羊羔了	狗
武乡	驴	公驴	母驴	羊的				狗
襄垣	驴	公驴	母驴	山羊	绵羊	母羊	羊羔	狗
黎城	驴	公驴	母驴	羊	绵羊儿	母羊	小羊儿	狗
平顺	驴	公驴	母驴	山羊	绵羊	母羊	羊羔	狗
潞城	驴	公驴	母驴	山羊	绵羊	母羊	羊羔	狗
长治	驴	公驴	母驴	山羊	绵羊	母羊	小羊羔的	狗
屯留	驴	叫驴		圪驴	羊		小羊羔儿	狗
长子	驴	叫驴					小羊羔儿	狗
长治县	驴	叫驴					小羊羔子	狗
壶关	驴	公驴	母驴	羊	羊	母羊	小羊	狗
榆社	驴子	叫驴	母驴子	山羊	羊子	羯羊	羊羔子	狗子

序号	233	234	235	236	237	238	239	240
类别	动物	动物	动物	动物	动物	动物	动物	动物
词条	公狗	母狗	猫	公猫	母猫	公鸡	母鸡	抱窝鸡
沁县	牙狗	母狗	猫	公猫	母猫	老公鸡	草鸡	烙窝鸡
武乡	公狗	母狗	猫儿	公猫儿	母猫儿	公鸡	母鸡	
襄垣	公狗	母狗	猫	公猫	母猫	公鸡	母鸡	老窝鸡
黎城	公狗	母狗	猫儿	公猫儿	母猫儿	公鸡	母鸡	
平顺	公狗	母狗	猫	公猫	母猫	公鸡	母鸡	抱窝鸡
潞城	公狗	母狗	猫	母猫	母猫	公鸡	母鸡	抱窝鸡
长治	公狗	母狗	猫	公猫		公鸡	草鸡	烙窝鸡的
屯留			猫	儿猫		公鸡	草鸡	捞窝鸡
长子			猫	男猫	女猫	公鸡	草鸡子	草鸡子
长治县	狗	狗	猫			公鸡	草鸡	
壶关	公狗	母狗	猫	公猫	母猫	公鸡	母鸡	
榆社	牙狗子	草狗子	猫儿	公猫儿	母猫儿	公鸡	草鸡	

序号	241	242	243	244	245	246	247	248
类别	动物	动物	动物	动物	动物	动物	动物	动物
词条	孵小鸡	野兽	猴子	狼	狐狸	黄鼠狼	老鼠	蛇
沁县	布鸡娃儿	野兽	猴了	狼	狐狸	鼠狼	老鼠	蛇
武乡	孵小鸡		猴儿	狼	狐狸	黄鼠狼	老鼠	蛇
襄垣	孵小鸡	野兽	猴	狼	狐狸	黄鼠狼	老耗	蛇
黎城	暖鸡儿	野兽	猴儿	狼	狐狸	黄鼠狼	老鼠	蛇
平顺	孵小鸡	野兽	猴了	狼	狐狸	黄鼠狼	老鼠	蛇
潞城	幅小鸡	野兽	猴子	狼	狐狸	黄鼠狼	老鼠	蛇
长治	孵小鸡儿	出类	猴的	狼	狐狸	鼠狼的	老圪拉街	蛇
屯留	孵鸡娃		猴儿	狼	狐狸	黄鼠狼	老耗子	蛇
长子	孵鸡娃儿		猴	狼	狐狸	黄鼠狼	老耗子	蛇
长治县	孵小鸡儿		猴子	狼	狐狸	黄鼠狼	圪拉儿类	蛇
壶关	孵小鸡		猴的	狼	狐狸	黄鼠狼	老鼠	蛇
榆社	菢(小鸡儿)	野兽	毛猴儿		狐子	黄鼠狼	老鼠	蛇

序号	249	250	251	252	253	254	255	256
类别	动物	动物	动物	动物	动物	动物	动物	动物
词条	鸟儿	乌鸦	喜鹊	麻雀	燕子	雁	鸽子	蝙蝠
沁县	鸟鸟	黑老哇	野鹊了	小虫了	小燕	大雁	鸽了	夜蝙蝠
武乡	鸟儿	乌鸦		巧儿			鸽子	
襄垣	鸟	乌鸦	喜鹊	小虫儿	燕	大雁	木鸽	蝙蝠
黎城	鸟儿	乌鸦	喜鹊儿	麻雀儿	小燕儿	大雁	鸽儿	蝙蝠
平顺	鸟儿	乌鸦	喜鹊	小虫	燕了	雁	鸽了	蝙蝠
潞城	鸟儿	牙老娃	喜鹊	小虫	燕子	雁	鸽了	蝙蝠
长治	小鸟儿	乌鸦	野叫的	小虫的	家燕儿	大雁	鸽的	夜蝙蝠
屯留	鸟儿	黑老娃	野鹊	小虫	小燕儿	大雁	鸽子	夜蝙蝠
长子	鸟儿		喜鹊	小虫儿	小燕子	大雁子	鸽子	
长治县	鸟儿		喜鹊	小虫儿	小燕子	大雁子	鸽子	蝙蝠
壶关	小虫	乌鸦	喜鹊	小鸟	燕的	雁	鸽子	
榆社	鸟鸟	黑老口	野鹊子	小雀儿	小燕儿	大雁	木鸽子	夜蝙乎

序号	257	258	259	260	261	262	263	264
类别	动物	动物	动物	动物	动物	动物	动物	动物
词条	啄木鸟	猫头鹰	蜘蛛	蚂蚁	蝎子	小虫子	苍蝇	蚊子
沁县	鸽树	老醒胡	蜘蛛	蚂蚁	蝎了	小虫了	蝇了	蚊了
武乡			蜘蛛	蚂蚁	蝎的	小圪虫虫	苍蝇	蚊子
襄垣	啄木鸟	猫头鹰	蜘蛛	蚂蚁	蝎	小圪虫	蝇	蚊
黎城	啄木鸟	谷谷喵	蜘蛛	蚂蚁	蝎	小圪虫	蝇	蚊
平顺	啄木鸟	猫头鹰	蜘蛛	蚂蚁	蝎了	小虫了	苍蝇	蚊了
潞城	啄木鸟	猫头鹰	蜘蛛	麻姨	蝎子	小虫子	苍蝇	蚊子
长治	啄木鸟儿	秃鸠	蜘蛛	蚂蚁	蝎的	小虫子	蝇子	蚊子
屯留	啄树虫	猫头鹰	蜘蛛	蚂蚁	蝎子	圪虫	蝇子	蚊子
长子	啄木鸟	猫头鹰	蜘蛛	蚂蚁	蝎子	虫子	蝇子	蚊子
长治县	啄木鸟	猫头鹰	蜘蛛	蚂蚁	蝎子	虫子	蝇子	蚊子
壶关	啄木鸟	猫	蜘蛛	蚂蚁	蝎的	虫子	蝇子	蚊的
榆社	啄木鸟	猫头鹰	蛛蛛	蚂蚁	蝎子	圪虫	蝇子	蚊子

序号	265	266	267	268	269	270	271	272
类别	动物	动物	动物	动物	动物	动物	动物	动物
词条	虱子	臭虫	跳蚤	蟋蟀	蜜蜂	蝴蝶	蜻蜓	蚂蚱
沁县	虱了	臭虫	圪蚤	黑儿	蜜蜂	蛾蛾	蜻蜻	蚂蚱
武乡	虱子		圪蚤		蜂	蝴蝶	蜻蜓	蚂蚱
襄垣	虱	臭虫	圪蚤	蟋蟀	马蜂	蝴蝶	蜻蜓	干蚂蚱
黎城	虱	臭虫	圪蚤		蜜蜂	蝴蝶	蜻蜓	蚂蚱
平顺	虱了	臭呛	圪蚤	蟋蟀	银儿	蝴蝶	蜻蜓	蚂蚱
潞城	思子	臭虫	虱了	蛐蛐	蜜蜂	蝴蝶	蜻蜓	蚂蚱
长治	虱的	臭虫	圪蚤	黑铃	蜜蜂	蝴蝶儿	蜻蜓	蚂蚱
屯留	虱子	臭老板	圪蚤	圪驴儿	蜜蜂儿	蝴蝶儿	蜻蜓	蚂蚱
长子	虱子	臭虫	圪蚤		蜜蜂儿	蝴蝶	蜻蜓	蚂蚱
长治县	虱子	臭匠	圪蚤	角幼子	蜜蜂儿	蝴蝶	蜻蜓	蚂蚱
壶关		臭虫	虱的	蟋蟀	马蜂	蝴蝶	蜻蜓	蚂蚱
榆社	虱子		圪蚤	油子	口儿	蛾儿蛾儿	蜻蜓	

序号	273	274	275	276	277	278	279	280
类别	动物	动物	动物	动物	动物	动物	动物	动物
词条	屎壳郎	鲤鱼	青蛙	癞蛤蟆	蝌蚪	蜗牛	蚕	翅膀
沁县	滚粪牛	鲤鱼	老圪蟆	癞圪蟆	圪蚪蛋	蜗牛	蚕	翅膀
武乡	蛆	磊鱼	圪蟆	记多	圪蚪儿	我牛	蚕	翅膀
襄垣		鲤鱼	圪蟆	蚧圪蚂	圪蚪	蜗牛	蚕	翅膀
黎城	屎壳郎	鲤鱼	蛤蟆	癞蛤蟆	蝌蚪儿	蜗牛	蚕	翅膀
平顺	屎壳郎	鲤鱼	圪蟆	蚧圪蚂	蝌蚪	蜗牛	蚕	翅膀
潞城	屎壳郎	鲤鱼	圪蟆	赖圪蚂	蝌蚪	蜗牛	蚕	次旁
长治	推粪牛的	鲤鱼	青蛙	蛤蟆	圪蚪的	老牛	姑姑	翅膀
屯留	臭虫	鲤鱼	青蛙	疖蛤蟆	蝌蚪儿	蜗牛儿	姑姑	翅膀
长子		鲤鱼	青蛙	蛤蟆	蝌蚪儿	蜗牛儿	蚕	翅膀
长治县		鲤鱼	蛤蟆	癞蛤蟆	蝌蚪儿	牤牛	蚕	翅膀
壶关		鲤鱼	青蛙	癞蛤蟆	蝌蚪	蜗牛	蚕	翅膀
榆社		鲤鱼	圪蟆		圪蚪蚪	伤牛牛	蚕	翅膀

序号	281	282	283	284	285	286	287	288
类别	动物	动物	动物	房舍	房舍	房舍	房舍	房舍
词条	蹄子	爪子	尾巴	家	房子	窑洞	院子	地（家里的）
沁县	蹄了	爪了	尾巴	家	房了	窑了	院	墼地
武乡	蹄子	爪子	尾巴	家	房的	窑洞	院儿	墼地
襄垣	蹄	爪	尾巴	家	房	窑	院	地
黎城	蹄儿	爪儿	尾巴	家	房	窑	院	地下
平顺	蹄了	爪了	尾巴	家	房了	窑	院了	地
潞城	蹄子	爪子	尾巴	家	房子	窑洞	院子	地
长治	蹄的	爪的	尾巴	家	房的	窑圪洞子	院的	脚地
屯留	蹄子	爪子	尾巴	家	房子	窑子	院子	墼地
长子	蹄子	爪子	尾巴	家	房子	窑子	院子	墼地
长治县	蹄子	爪子	尾巴	家	房子	窑子	院子	墼地
壶关	蹄的	爪子	尾巴	家	房的	窑	院	地
榆社				家	房子		院落	

序号	289	290	291	292	293	294	295	296
类别	房舍	房舍	房舍	房舍	房舍	房舍	房舍	房舍
词条	房顶	窑顶	墙	房檐儿	大梁	檩子	椽子	台阶儿
沁县	房顶	窑脑上	墙了	房檐	大梁	檩了	椽了	台阶阶
武乡	房顶	窑顶	墙	房檐的	大梁	檩的	椽的	圪台台
襄垣	房顶	窑顶	墙	房檐	大梁	檩	椽	圪台
黎城	房顶		墙	雨搭	梁	檩	椽	圪阶儿
平顺	房顶	窑顶	墙	房檐儿	大梁	檩	椽	圪台
潞城	房顶	窑顶	墙	房檐儿	大梁	檩条	椽子	台阶儿
长治	房顶的	窑顶的	墙的	房檐	大梁	檩条	椽的	圪台的
屯留	房顶	窑顶	墙	房檐儿	梁	檩	椽	圪台儿
长子	房顶子	窑顶子	墙	房檐儿	梁	檩	椽	圪台儿
长治县	房顶	窑顶子	墙	房檐儿	梁	檩	椽	圪阶子
壶关	房顶	窑顶	墙	房檐儿	梁	檩	椽	台阶
榆社	房顶			屋檐	梁子	檩子	椽子	圪台台

序号	297	298	299	300	301	302	303	304
类别	房舍	房舍	房舍	房舍	房舍	房舍	房舍	房舍
词条	顶棚	门槛儿	门闩	锁	钥匙	窗户	厨房	灶
沁县	顶棚	门浅了	门闩	锁了	钥匙	窗了	做饭房房	灶
武乡	顶棚	门槛	门闩	锁	钥匙	窗的	厨房	灶
襄垣	棚顶	门槛	门褡	锁	钥匙	窗	厨房	火台
黎城		门槛儿	门闩	锁	钥匙	酸阶	饭卅	灶
平顺	顶棚	门槛儿	门搭了	锁	钥匙	窗了	厨房	火
潞城	丁棚	门槛儿	门擦	锁	钥匙	窗户	厨房	灶
长治	顶棚	门浅的	门插的	锁的	钥匙	窗户	厨房	灶
屯留	顶棚	门槛儿	门闩	锁子	钥匙	窗户	厨房	灶台
长子	顶棚	门槛子	门闩	锁子	钥匙	窗户	厨房	火边
长治县	顶棚	门槛儿	门闩子	锁子	钥匙	窗户	厨房	
壶关	顶	门槛儿	门插	锁	钥匙	窗的	厨房	火
榆社		门前子	门关关	锁子	钥匙	窗子	火房	火/锅头

序号	305	306	307	308	309	310	311	312
类别	房舍	房舍	房舍	房舍	房舍	房舍	房舍	器物
词条	厕所	角落	缝儿	鸡窝	猪圈	水泥	石灰	家具
沁县	高阶	圪落落	缝缝	鸡窝	猪圈	水泥	石灰	家具
武乡	厕所	旮旯	缝缝	鸡窝	猪圈	水泥	石灰	家具
襄垣	高阶	圪罗里	缝儿	鸡窝	猪圈	水泥	石灰	家具
黎城	高阶	旮旯儿	缝儿	鸡窝	居圈	洋灰	石灰	家具
平顺	高阶	旮旯	缝儿	鸡窝	猪圈	水泥	石灰	家具
潞城	高阶	觉落	缝儿	鸡窝	猪圈	水泥	石灰	家具
长治	茅家		缝儿	鸡窝	猪圈	烟灰	白灰	家具
屯留	高阶	圪落儿	缝儿	鸡窝	猪圈	水泥	石灰	家具
长子	茅家	圪落儿	缝儿	鸡窝	猪圈	水泥	石灰	家具
长治县	茅家	圪落儿	缝儿	鸡窝	猪圈	水泥	石灰	家具
壶关	茅家	旮旯	缝了	鸡窝	猪圈	水泥	石灰	家具
榆社	茅子			鸡窝子	猪圈			家具

序号	313	314	315	316	317	318	319	320
类别	器物	器物	器物	器物	器物	器物	器物	器物
词条	柜子	箱子	桌子	抽屉(平)	椅子	板凳	炕	毡子
沁县	柜了	箱了	桌了	抽头	椅了	凳凳	炕	毡了
武乡	柜子	箱的	桌的	抽头	凳凳	板凳	炕	毡的
襄垣	柜	箱	桌	抽头	椅	凳	炕	毡
黎城	柜	箱儿	桌		椅儿	凳儿	炕	毛毡儿
平顺	柜了	箱了	桌了	抽头	椅了	板凳	炕	毡了
潞城	柜子	箱子	桌子	抽屉	椅子	板凳	炕	毡子
长治	柜的	箱的	桌的	抽屉	椅的	小凳的	土炕	毡的
屯留	柜子	箱子	桌子	抽头	椅子	凳子	炕	毡子
长子	柜子	箱子	桌子	抽头	椅子	凳子	炕	毡子
长治县	柜子	箱子	桌子	抽头	椅子	凳子	炕	毡子
壶关	柜的	箱的	桌的	抽屉	椅的	凳的	炕	毡的
榆社		箱子	桌子	抽头头	椅子	凳子	炕	毡子

序号	321	322	323	324	325	326	327	328
类别	器物	器物	器物	器物	器物	器物	器物	器物
词条	毯子	被子	被窝儿	褥子	枕头	行李	褡裢	拐杖
沁县	毯了	被了	被窝	褥了	枕头	家当、东西		拐棍
武乡	毯的	被的	被窝	褥的	枕头			拐杖
襄垣	毯	被	比窝	褥	枕头	包包		拐杖
黎城	毯	盖的	盖窝儿	月	头枕	东西		拐棍儿
平顺	毯了	被了	被窝儿	月了	头枕	行李	褡裢	拐杖
潞城	毯子	被子	被窝儿	褥子	枕头	行李	褡裢	拐杖
长治	毯的	被的	被窝	褥的	豆枕	行李		棍的
屯留	毯子	被子	被窝儿	褥子	豆枕	包袱	褡子	拐棍儿
长子	毯子	被子	被窝	褥子	豆枕	包袱	褡子	拐棍儿
长治县	毯子	被子	被窝	褥子	豆枕			拐杖
壶关	毯的	被的	被窝	褥的	枕头	行李		拐杖
榆社	毯子	被子		褥子	枕头			

序号	329	330	331	332	333	334	335	336
类别	器物	器物	器物	器物	器物	器物	器物	器物
词条	镜子	梳子	夜壶	暖水瓶	风箱	火柴	烟囱	铁炉
沁县	镜了	梳了	夜壶	暖壶	风匣了	洋火	烟筒	铁炉了
武乡	镜儿	木梳	罐儿	暖水瓶		火柴	烟多的	铁炉
襄垣	镜	木梳	节盆	暖壶	风箱	曲灯棒	烟筒	火炉
黎城	镜儿	木梳	尿盆	暖壶		锅灯	烟囱	铁炉
平顺	镜了	梳了	尿盆	暖水瓶	风箱	火柴	烟筒	铁炉
潞城	镜了	梳了	甲盆	暖壶	风箱	火柴	烟流	铁炉
长治	镜的	梳的	尿盆的	暖壶	风箱的	烟火	烟筒	铁火
屯留	镜儿	梳子	脚盆	暖壶	风箱	洋火	烟囱	铁火
长子	镜子	梳子	尿锅子	暖壶	风箱	洋火	烟囱	铁火
长治县	镜子	梳子	尿锅子	暖壶	风箱	洋火	烟囱	铁火
壶关	镜的	梳的	尿盆	暖水瓶	风箱	火柴	烟筒	炉的
榆社	镜儿	木梳	尿壶	温壶	风匣	洋取灯子	烟囱	

序号	337	338	339	340	341	342	343	344
类别	器物	器物	器物	器物	器物	器物	器物	器物
词条	炊餐具	锅	锅盖	锅铲	碗	大碗	碟子	盘子
沁县	做饭家当	锅	锅盖	铁匙	碗	大碗	碟了	盘盘
武乡		锅	锅盖		碗	大碗	碟碟	盘的
襄垣	炊餐具	锅	锅盖	锅铲	碗	大碗	碟	盘
黎城		锅	锅盖儿	铁丝	碗	大碗	碟儿	盘
平顺	炊具	锅	锅盖	铁丝	碗	大碗	碟了	盘了
潞城	炊餐具	锅	锅盖	锅铲	碗	大碗	碟子	潘子
长治	制饭类东西	锅	锅撇	铁匙	碗	大碗	碟的	盘的
屯留	餐具	锅	锅盖儿	铲子	碗	大碗	小碟儿	盘子
长子		锅	锅盖儿	铲子	碗	大碗	碟子	盘子
长治县		锅	锅盖子	铲子	碗	大碗	碟子	盘子
壶关	炊具	锅	锅盖	铲的	碗	大碗	碟的	盘的
榆社		锅子	锅拍	铁匙	笨碗	笨儿大碗	碟子	盘子

类别	345	346	347	348	349	350	351	352
序号	器物	器物	器物	器物	器物	器物	器物	器物
词条	饭勺	小勺儿	筷子	酒杯	酒壶	坛子	罐子	瓢
沁县	勺了	小勺勺	筷了	酒杯杯	酒壶壶	坛了	罐罐	瓢
武乡		小勺勺	筷的	酒杯	酒壶	坛坛	罐罐	瓢
襄垣	操操	小操操	筷	酒盅	酒壶	坛	罐	瓢
黎城	铁勺儿	小勺儿	筷	酒盅儿	酒壶儿	坛	罐儿	瓢儿
平顺	勺了	小勺儿	筷了	酒盅	酒壶	坛了	罐了	小舀
潞城	饭食	小饭食	筷子	酒杯	酒壶	坛子	罐子	瓢
长治	勺的	小勺的	筷的	酒盅儿	酒壶的	小罐的	罐子	马勺
屯留	勺儿	小勺儿	筷子	酒盅儿	酒壶儿	坛子	罐儿	瓢儿
长子	勺儿	小勺儿	筷子	酒盅子	酒壶儿	坛子	罐子	瓢
长治县	勺儿	小勺子	筷子	酒盅儿	酒壶子	坛子	罐子	瓢
壶关	勺的	勺的	筷的	酒杯	壶	坛的	罐的	瓢
榆社	勺子		筷子	酒盅子	酒壶	坛盂	罐罐	瓢

类别	353	354	355	356	357	358	359	360
序号	器物	器物	器物	器物	器物	器物	器物	器物
词条	水缸	笊篱	礤床	菜刀	案板	蒸笼	箅子	泔水
沁县	水缸	笊篱	礤了	刀	案了	蒸笼	篦篦	泔水
武乡		笊篱		刀	案板			泔水
襄垣	缸	笊篱	礤床	刀	案	蒸笼	箅子	泔水
黎城	水缸	笊篱	礤床	刀	案板	蒸笼	箅	
平顺	水缸	笊篱	礤床	菜刀	案板	蒸笼	箅子	恶水
潞城	水缸	笊篱	礤床	菜刀	案板	蒸笼	箅子	恶水
长治	水缸	笊篱		刀	案板	笼	篦的	泔水
屯留	缸	笊篱	礤床	刀	案子	蒸笼	箅儿	泔水
长子	缸	笊篱	礤床	刀	案板子	笼	箅子	恶水
长治县	缸	笊篱		刀	案子	笼	箅子	泔水
壶关	缸			刀	案板	笼		
榆社		笊篱		刀	案子		刮洗子	泔水

序号	361	362	363	364	365	366	367	368
类别	器物	器物	器物	器物	器物	器物	器物	器物
词条	抹布	斧子	尺子	绳子	剪子	缝纫机	熨斗	脸盆
沁县	抹布	斧了	尺了	绳了	剪了	缝纫机	熨铁	洗脸盆
武乡	抹布	斧的	尺的	绳的	剪的	缝纫机	熨铁	脸盆
襄垣	抹布	斧	尺	绳	剪	缝纫机	烙铁	脸盆
黎城	抹布	斧	尺儿	醒儿	剪	裁缝机	烙铁	脸盆儿
平顺	抹布	斧	尺了	绳了	剪了	缝纫机	烙铁	洗脸盆
潞城	擦灰布	斧子	尺子	绳子	剪了	缝纫机	熨斗	脸盆
长治	抹布	斧的	尺的	绳的	剪的	缝纫机	烙铁	瓷盆
屯留	抹布	斧子	尺子	绳子	剪子	缝纫机	电烙铁	洗脸盆儿
长子	抹布	斧子	尺子	绳子	剪子	缝纫机	烙铁	洗脸盆儿
长治县	抹布	斧子	尺子	绳子	剪子	缝纫机	电烙铁	洗脸盆儿
壶关	抹布	斧的	尺的	绳的	剪刀	缝纫机	烙铁	盆
榆社	抹布	斧子	尺子	绳子	剪子	缝纫机	烙铁	脸盆子

序号	369	370	371	372	373	374	375	376
类别	器物	器物	器物	器物	器物	器物	器物	器物
词条	香皂	肥皂	毛巾	手绢儿	蜡烛	煤油灯（有罩）	煤油灯（无罩）	灯笼
沁县	香皂	胰了	手巾	小手巾	蜡	马灯	煤油灯	灯漏
武乡	香皂	肥皂	毛巾	手巾	蜡烛	洋灯	洋灯	灯楼
襄垣	香皂	肥皂	毛巾	手巾	蜡	煤油灯	煤油灯	灯笼
黎城	胰	胰	手巾	手巾儿	蜡烛		煤油灯	灯笼儿
平顺	胰了	肥皂	手巾	手绢儿	蜡	煤油灯	煤油灯	灯笼
潞城	肥皂	肥皂	毛巾	手绢儿	蜡烛	煤油灯	煤油灯	灯笼
长治	胰的	胰的	手巾	手绢儿	蜡	马灯	洋油灯	灯漏
屯留	胰子	胰子	手巾	手巾儿	蜡			灯笼
长子	胰子	胰子	手巾	手绢儿	蜡			灯笼
长治县	胰子	胰子	手巾	手绢儿	蜡			灯笼
壶关	胰的	胰	毛巾	手帕	蜡	煤油灯	煤油灯	灯笼
榆社	胰子	胰子	手巾子		蜡	煤油灯	煤油灯	灯笼

序号	377	378	379	380	381	382	383	384
类别	器物	器物	器物	器物	器物	器物	器物	器物
词条	图章	糨糊	顶针	锥子	洗衣板	鸡毛掸子	扇子	手纸
沁县	章	浆糊	顶针	锥的	搓板	鸡毛掸的	扇了	卫生纸
武乡		浆糊	顶针的		搓板		扇的	纸
襄垣	章	浆糊	顶针	锥	搓衣板	鸡毛掸	扇	卫生纸
黎城	章	浆糊	顶巾	锥	洗衣裳板儿	鸡毛毯	县	卫生纸
平顺	图章	面丝	顶针	锥了	搓衣板	鸡毛掸了	扇了	卫生纸
潞城	印章	糨糊	顶针	锥子	搓衣板	鸡毛掸子	扇子	手纸
长治	章	浆的	顶针	锥的	搓板的	鸡毛掸的	扇的	纸
屯留	章	浆子	顶针	锥子	搓衣板儿	鸡毛掸子	扇子	擦屁股纸
长子	章	浆糊	顶针子	锥子	搓衣板儿	鸡毛掸子	扇子	擦屁股纸
长治县	章	浆糊	顶针	锥子	搓衣板儿	鸡毛掸子	扇子	擦屁股纸
壶关	章	糨糊	顶针	锥的	洗衣板	鸡毛掸的	扇的	卫生纸
榆社		面稀			洗衣板子	鸡毛掸子	扇子	擦屁股纸纸

序号	385	386	387	388	389	390	391	392
类别	称谓	称谓	称谓	称谓	称谓	称谓	称谓	称谓
词条	男人	女人	婴儿	小孩儿	男孩儿	女孩儿	亲戚	老头儿
沁县	男了	女了	小孩孩	小孩孩	小了	闺女	亲戚	老汉汉
武乡	男的	女的		小孩的	小的	闺女	亲戚	老汉
襄垣	男的	女的	小孩	小孩	男孩	女孩	亲戚	老头
黎城	男的儿	女的儿	小孩儿	小孩儿	男的	女的	亲戚	老头儿
平顺	男人	女人	婴儿	小孩儿	男孩儿	女孩儿	亲戚	老汉
潞城	男银	女银	婴儿	小孩儿	男孩	姑娘	亲戚	老头儿
长治	汉们	婆娘	婴儿	小孩儿	孩的	小闺女	亲戚	老汉儿
屯留	汉们们	老婆们	月圪娃	小孩儿	小孩儿	小闺女儿	亲戚	老汉儿
长子	汉们	媳妇	小孩儿	小孩儿	小孩儿	小闺女儿	亲戚	老汉儿
长治县	男类	女类	月圪娃	小孩儿	小孩儿	小闺女子	亲戚	老汉儿
壶关	男的	女的	婴儿	小孩儿	男孩的	女孩儿	亲戚	老头
榆社	汉	婆姨			小子	口子		老汉

序号	393	394	395	396	397	398	399	400
类别	称谓	称谓	称谓	称谓	称谓	称谓	称谓	称谓
词条	老太婆	小伙儿	城里人	乡下人	外地人	内行	外行	单身汉
沁县	老婆婆	后生	城里家	村里家	外县家	内行	外行	光棍汉
武乡	老人	后生			外地人			光棍
襄垣	老太婆	小后生	城里人	村里人	外地人	内行	外行	光棍
黎城	老婆儿	年轻人	城里边人	农村人	外地了	内行	外行	光棍儿
平顺	老婆了	小伙儿	城里人	农村那	外地人	内行	外行	光棍
潞城	老太婆	小伙儿	城里人	老百姓	外地银	内行	外行	光棍
长治	老婆的	后生	城里头人	村里头人	外地介	内行	外行	光棍儿
屯留	老婆儿	后生	城里的	村里的	外地的	内行	外行	光棍儿
长子	老婆子	后生	城里的	村里的	外地的	内行	外行	光棍儿
长治县	老婆儿	年轻类	城里类	村里类	外地类	内行	外行	光棍儿
壶关	老婆的	小伙	城里人	乡下的	外地的	内行	外行	光棍
榆社	老婆婆	后生	城儿的	村儿的	外地人	内行	生手	光棍汉

序号	401	402	403	404	405	406	407	408
类别	称谓	称谓	称谓	称谓	称谓	称谓	称谓	称谓
词条	老姑娘	童养媳	二婚头	寡妇	婊子	私生子	囚犯	流氓
沁县	老闺女	童养媳	二婚的	寡妇	婊了	没打孩了	犯人	混混
武乡		童养媳	二婚	寡妇			犯人	
襄垣	老闺女	童养媳	二婚	寡妇	妓女	私生子	犯人	流氓
黎城	老闺女	童养媳	二婚	寡妇	婊子	私生子	犯人	流氓
平顺	大老闺女	童养媳	二婚	寡妇	婊了	私生了	囚犯	流氓
潞城	老姑娘	童养媳	再婚	寡妇	妓女	狗杂种	犯人	流氓
长治	老闺女	童养媳	二婚	寡妇	婊的	私生子	犯人	流氓
屯留	老闺女	童养媳	二婚的	寡妇	婊子	私生子	犯人	流氓
长子	老闺女	童养媳	二婚的	寡妇	婊子	私生子	犯人	流氓
长治县	老闺女	童养媳	二婚的	寡妇	婊子	私生子	犯人	流氓
壶关	老闺女	童养媳	二婚	寡妇	婊的	私生子	囚犯	流氓
榆社	老闺女	童养媳	二婚子				犯人	流氓

序号	409	410	411	412	413	414	415	416
类别	称谓	称谓	称谓	称谓	称谓	称谓	称谓	称谓
词条	吝啬鬼	乞丐	骗子	土匪	小偷	二流子	农民	工人
沁县		讨吃了	骗了	土匪	小偷	二流了	庄稼汉	上工（ka）
武乡		要饭的		土匪	小偷	二流的	农民	工人
襄垣	小气鬼	讨吃	诓人的	土匪	小偷	二流子	农民	工人
黎城	小气鬼	要饭的	匡人了	土匪	小偷儿	二流子	农民	工银
平顺	小气鬼	讨吃	骗了	土匪	小偷	二流了	农民	工人
潞城	小气鬼	讨饭的	骗子	强盗	小偷	二流子	老百姓	工人
长治	小气鬼	讨吃鬼	骗的	响马	贼汉	二流的	种地类	工人
屯留	小头鬼	讨吃的	骗子	土匪	小偷儿	二流子	种地的	工人
长子	小气鬼	讨吃的	骗子	土匪	小偷儿	二流子	种地的	上工的
长治县	小气鬼	讨吃类	骗子	土匪	小偷类	二流子	种地类	上工类
壶关	小气鬼	讨吃的	骗人的	土匪	小偷	二流的	农民	工人
榆社	小气鬼	讨吃子	骗子	土匪	毛贼	二流子	种地的	工人

序号	417	418	419	420	421	422	423	424
类别	称谓	称谓	称谓	称谓	称谓	称谓	称谓	称谓
词条	商人	小贩	教员	学生	兵	警察	手艺人	木匠
沁县	做买卖个	小贩贩	教员	学生	当兵个	公安局家	做手艺	木匠
武乡	做买卖的		老师	学生		警察		木工
襄垣	商人	小贩	老师	学生	兵	警察	手艺人	木匠
黎城	做买卖的	小贩儿	教员	学生	当兵的	公安局	有手艺的人	么匠
平顺	做买卖的	小贩	老师	学生	兵	警察	手艺人	木匠
潞城	商银	小贩	老师	念书的	兵	警察	手艺人	木匠
长治	制买卖类	小贩的	老师	学生	当兵类	公安局类	手艺人	木匠
屯留	买东西的	小贩的	教员	学生	当兵的	警察	手艺儿人	木匠
长子	买东西的	买东西的	老师	学生	当兵的	警察	手艺的	木匠
长治县	做买卖类	买东西的		学生	当兵类	警察	手艺的	木匠
壶关	商人	小贩	教员	学生	当兵的	警察	手艺人	木匠
榆社	做买卖的		教员	学生	当兵的	警察	手艺人	木匠

序号	425	426	427	428	429	430	431	432
类别	称谓	称谓	称谓	称谓	称谓	称谓	称谓	称谓
词条	瓦匠	铜匠	铁匠	补锅的	裁缝	理发员	屠户	厨师
沁源	泥工	铜匠	铁匠	补锅的	裁缝	理发的	杀猪的	做饭的
沁县	瓦匠	铜匠	铁匠	补锅个	裁缝	推头个	杀猪汉	做饭个
武乡					裁缝			厨师
襄垣	瓦匠	铜匠	铁匠	补锅的	裁缝	剪头发的	杀猪的	厨师
黎城	瓦匠	铜匠	铁匠	补锅了		角头发了	杀猪了	做饭了
平顺	瓦匠	铜匠	铁匠	补锅的那	裁缝	理发那	屠户	厨师
潞城	瓦匠	铜匠	铁匠	补锅的	裁缝	理发员	屠户	大师傅
长治	瓦匠	打铜类	打铁类	锢炉锅类	裁缝	剃头类	杀猪类	厨的
屯留	瓦匠	铜匠	打铁的	补锅的	裁缝	剃头的	杀猪的	厨的
长子	瓦匠	铜匠	铁匠	补锅的	裁缝	剃圪脑的	杀猪的	做饭的
长治县	瓦匠	铜匠	铁匠	补锅类	裁缝	剃圪脑类	杀猪类	厨的
壶关	瓦匠	铜匠	铁匠	补锅的	裁缝	理发的	杀猪的	做饭的
榆社	瓦匠	铜匠		忽漏锅的	裁缝	剃头的	杀猪的	做饭的

序号	433	434	435	436	437	438	439	440
类别	称谓	称谓	称谓	称谓	亲属	亲属	亲属	亲属
词条	饲养员	接生婆	尼姑	和尚	亲家	祖父	祖母	外祖父
沁县	饲养员	接生个	尼姑	和尚	亲家	爷爷	奶奶	姥爷
武乡			尼姑	和尚	亲家	爷爷	奶奶	姥爷
襄垣	饲养员	接生的	尼姑	和尚	亲家	爷爷	奶奶	姥爷
黎城	养猪的	接生婆	尼姑	和向	亲家	爷爷	奶奶	姥爷
平顺	饲养员	接生婆	尼姑	和尚	亲家	爷爷	奶奶	姥爷
潞城	饲养员	接生婆	尼姑	光头	亲家	老爷	老奶	姥爷
长治	饲养员	接生婆	姑的	和尚	亲家	爷爷	奶奶	姥爷
屯留		接生的	姑的	和尚	亲家	爷爷	奶奶	姥爷
长子			尼姑	和尚	亲家	爷爷	奶奶	姥爷
长治县			尼姑	和尚	亲家	爷爷	奶奶	爷爷
壶关	饲养员	接生的	姑的	和尚	亲家	爷爷	奶奶	外公
榆社	喂牲口的	接生子	尼姑	和尚	亲家	爷	婆	姥爷

序号	441	442	443	444	445	446	447	448
类别	亲属	亲属	亲属	亲属	亲属	亲属	亲属	亲属
词条	外祖母	父亲	母亲	岳父（叙称）	岳母（叙称）	公公	婆婆	继父
沁县	姥姥	爹、爸	妈、娘	老丈人	老丈母	老爹	老娘	后爹
武乡	姥姥	爸	妈	老丈人	老丈人	老汉	老人	后爸
襄垣	姥姥	爸	妈	老丈人	丈母娘	公公	婆婆	后爸
黎城	姥姥	爸爸	妈	老丈以	丈母娘	老公	婆	后搭
平顺	姥姥	爸爸	妈妈	老丈人	老丈母	公公	老婆	后爸
潞城	姥姥	爸爸	妈	爸	丈母娘	公公	妈	后爸
长治	姥姥	爹、爸	妈、娘	老丈人	老丈母	老公公	老婆的	后爹
屯留	姥姥	爹	娘	老丈人	丈母娘	老公公	老婆子	后爹
长子	姥姥	爸	妈	老丈人	丈母娘	老爷	老婆	后爸
长治县	姥姥	爸	妈	老丈人	丈母娘			后爹
壶关	外婆	爸爸	妈妈	老丈人	丈母娘	公公	婆婆	后爸
榆社	姥姥	爹	娘	丈人	丈母			后爹

序号	449	450	451	452	453	454	455	456
类别	亲属	亲属	亲属	亲属	亲属	亲属	亲属	亲属
词条	继母	伯父	伯母	叔父	叔母	舅父	舅妈	姑妈
沁县	后娘	大爷	大娘	叔叔	婶婶	舅舅	妗了	姑姑
武乡	后妈	大爷	大娘	叔叔	婶婶	舅舅	静的	姑姑
襄垣	后妈	大爸	大妈	小爸	小妈	舅舅	妗	姑姑
黎城	后妈	大爷	大尼	叔叔	婶婶	舅舅	妗妗	姑姑
平顺	后妈	大爹	娘娘	叔叔	婶	舅舅	妗了	姑姑
潞城	后妈	大伯	大妈	叔	叔母	舅	妗	姑姑
长治	后妈	伯伯	伯母	叔叔	婶婶	舅舅	妗的	姑姑
屯留	后娘	大爹	大娘	小爹	小娘	舅舅	妗	姑姑
长子	后妈	大爹	大妈	小爸	小妈	舅舅	妗子	姑姑
长治县	后妈	大爹	大大	小爸	新妈	舅舅	妗子	姑姑
壶关	后妈	大爹	大妈	小爸	新妈	舅舅	妗的	姑姑
榆社	后娘	大爷	大娘	伯伯	婶婶	舅舅		姑姑

序号	457	458	459	460	461	462	463	464
类别	亲属	亲属	亲属	亲属	亲属	亲属	亲属	亲属
词条	姨妈	姑夫	姨夫	夫妻	丈夫	妻子	大伯子	小叔子
沁县	姨姨	姑夫	姨夫	老婆汉了	汉了	老婆	大伯了	小叔了
武乡	姨姨	姑父	姨夫	老婆汉的	汉的	老婆		
襄垣	姨	姑父	姨夫	汉老婆	汉	老婆	大哥	小叔
黎城	大姨	姑父	姨	两口儿	汉儿	媳妇	大兄哥	小叔
平顺	大姨	姑夫	姨夫	夫妻	汉了	媳妇	大伯子	小叔的
潞城	姨	姑父	姨夫	夫妻	老汉	媳妇/老婆	大兄弟	小叔
长治	姨	姑夫	姨夫	两口的	老汉儿	媳妇	大伯的	小叔的
屯留	姨	姑夫	姨夫	两口	汉子	老婆	大伯子	小叔子
长子	姨	姑夫	姨夫	两口子	汉子	媳妇	大伯子	小叔子
长治县	姨	姑夫	姨夫	两口子	汉子	媳妇	大伯的	小叔的
壶关	姨	姑夫	姨夫	夫妻	丈夫	妻子	大哥	小叔的
榆社	姨姨	姑父	姨夫		汉	婆姨	大伯子	小叔子

序号	465	466	467	468	469	470	471	472
类别	亲属	亲属	亲属	亲属	亲属	亲属	亲属	亲属
词条	大姑子	小姑子	内兄	内弟	大姨子	小姨子	弟兄	姐妹
沁县	大姑了	小姑了	大舅了	小舅了	大姨了	小姨了	弟兄	姊妹
武乡							兄弟	姊妹
襄垣	大姑子	小姑子	哥哥	弟弟	大姨子	小姨子	弟兄	姊妹
黎城	大姑	小姑			大姨子	小姨	兄弟	姊妹们
平顺	大姑	小姑	大舅了	弟弟	大姨了	小姨了	弟兄	姐
潞城	大姑	小姑	哥	弟弟	大姨	小姨	兄弟	姐妹
长治	大姑的	小姑的	大舅的	小舅的	大姨的	小姨的	弟兄们	姊妹
屯留	大姑子	小姑子	大舅子	小舅子	大姨子	小姨子	弟兄	姊妹
长子	大姑子	小姑子	大舅子	小舅子	大姨子	小姨子	弟兄	姊妹
长治县	大姑子	小姑子	大舅子	小舅子	大姨子	小姨子	弟兄	姊妹
壶关	大姑的	小姑的			大姨的	小姨的	兄第	姊妹
榆社	大姑子	小姑子			大姨子	小姨子	弟兄们	姊妹们

序号	473	474	475	476	477	478	479	480
类别	亲属	亲属	亲属	亲属	亲属	亲属	亲属	亲属
词条	哥哥	嫂子	弟弟	弟媳	姐姐	姐夫	妹妹	妹夫
沁县	哥	嫂了	兄弟	兄弟媳妇	姐	姐夫	妹	妹夫
武乡	哥	嫂的	兄弟	弟媳妇的	姐姐	姐夫	姊妹	妹夫
襄垣	哥哥	嫂	弟弟	弟媳妇	姐姐	姐夫	妹妹	妹夫
黎城	哥哥	嫂嫂	兄弟	兄弟媳妇	姐姐	姐夫	姊妹	妹夫
平顺	哥哥	嫂嫂	兄弟	兄弟媳妇	姐姐	姐夫	姊妹	妹夫
潞城	哥哥	嫂子	弟弟	弟媳	姐	姐夫	妹妹	妹夫
长治	哥哥	嫂	兄弟	弟媳妇的	姐姐	姐夫	妹妹	妹夫的
屯留	哥	嫂	弟弟	弟媳妇	姐姐	姐夫	妹妹	妹夫
长子	哥	嫂	弟弟	弟媳妇	姐姐	姐夫	妹妹	妹夫
长治县	哥	嫂	弟弟	弟媳妇	姐姐	姐夫	妹妹	妹夫
壶关	哥	嫂	弟弟	弟媳妇	姐姐	姐夫	妹妹	妹夫
榆社	哥哥	嫂	兄弟	兄弟媳妇	姐姐	姐夫	姊妹	妹夫

序号	481	482	483	484	485	486	487	488
类别	亲属	亲属	亲属	亲属	亲属	亲属	亲属	亲属
词条	堂（兄弟姐妹）	姑表	姨表	子女	儿子	大儿子	小儿子	养子
沁县	叔伯	姑表	姨表	孩了	小了	大小了	猴小子	养子
武乡	表			小的闺女	小的	大小	小小	
襄垣	堂	姑表	姨表	子女	儿	大儿	小儿	养子
黎城	堂	姑舅	姨表	孩们	孩	大小	老二小	养子
平顺	堂	姑表	姨表	子女	儿了	大儿了	小儿	养子
潞城	姐、哥	姑表	姨表	孩了	孩子	老大	老小	抱养
长治	叔伯	姑表	姨表	孩的闺女都	孩的	大孩的	小孩的	养子
屯留	叔伯	姑表	姨表	孩们	孩子	大孩子	小孩子	孩子
长子	叔伯	姑表	姨表	孩们	孩子	大孩子	小孩子	孩子
长治县	叔伯	姑表	姨表	孩们	孩子	大孩子	小孩子	养子
壶关	哥弟姊妹	姑表	姨表	子女	孩的	大儿子	小儿子	养子
榆社				孩子	小子	大小子	小子里头最小小	捉务下的

序号	48	490	491	492	493	494	495	496
类别	亲属	亲属	亲属	亲属	亲属	亲属	亲属	亲属
词条	儿媳妇	女儿	女婿	孙子	孙女	外孙	外甥	侄子
沁县	小了媳妇	闺女	女婿汉	孙了	孙女儿	外孙了	外甥	侄儿了
武乡	儿媳妇	闺妮	女婿	孙的	孙女	外孙	外甥	侄儿的
襄垣	儿媳妇	闺女	女婿	孙	孙闺女	外孙	外甥	侄儿
黎城	儿媳妇	闺女	女婿	孙	孙女	外孙	外甥	侄儿
平顺	儿媳妇	闺女	女婿	孙了	孙女	外孙	外甥	侄儿
潞城	儿媳妇	姑娘	女婿	孙子	孙女	外孙	外甥	侄子
长治	儿媳妇的	闺女	女婿的	孙的	孙女的	外孙的	外甥的	侄儿的
屯留	儿媳妇	闺女	女婿	孙子	孙闺女	外孙	外甥	侄子
长子	儿媳妇	闺女	女婿	孙子	孙闺女	外孙	外甥子	侄子
长治县	儿媳妇	闺女	女婿	孙子	孙闺女	外孙	外甥子	侄子
壶关	儿媳妇	女儿	女婿	孙的	孙女	孙的	外甥	侄儿
榆社	小子媳妇子	闺女	女婿	孙子	孙子闺女	外孙子	外甥子	侄儿子

序号	497	498	499	500	501	502	503	504
类别	亲属	亲属	亲属	身体	身体	身体	身体	身体
词条	侄女	妯娌	连襟	身材	相貌	头	头顶	脖颈
沁县	侄女	妯娌	连襟	身材	样样	圪脑	的脑上	脖了
武乡	侄女的	妯娌	连襟	身材	样儿	的脑	的脑顶儿	脖的
襄垣	侄女	妯娌	连襟	身材	样	头	的脑顶	脖
黎城	侄女	妯儿	连襟	身材	样儿	的脑	的脑顶	脖
平顺	侄女	妯娌	连襟	身材	样	头	头顶	脖了
潞城	侄女	妯娌	连襟	身材	样子	头	头顶	脖颈
长治	侄女的	妯娌	一条杠	身材	长相	头	圪脑顶儿	脖的
屯留	侄女的	妯娌	连襟	条儿	样儿	圪脑	圪脑顶儿	脖子
长子	侄女的	妯娌	连襟	条儿	样儿	圪脑	圪脑顶儿	脖子
长治县	侄女的	妯娌	连襟	条儿	样儿	圪脑	圪脑顶儿	脖颈
壶关	侄女	妯娌	连襟	身材	样儿	头	顶的	脖的
榆社	侄女子		连襟			得脑	得脑尖尖	脖子

序号	505	506	507	508	509	510	511	512
类别	身体	身体	身体	身体	身体	身体	身体	身体
词条	后脑勺儿	头发	额	囟门	鬓角	辫子	痣	脸
沁县	的脑后子	头发	眉灵骨		鬓角	不角	痣	脸
武乡	的脑后子	头发	奔楼			不角的	痣	脸
襄垣	的脑后头	头发	眉凌骨		鬓角	辫子	痣	脸
黎城	后脑挖	头发	囟门		眼角儿	不角儿	痣	脸
平顺	后脑勺儿	毛以	吃头	囟门	鬓角	辫了	痣	脸
潞城	后脑勺儿	头发	额	囟门	眉边	辫子	黑切了	脸
长治	圪脑后地	头发	囟门的	囟琴圪道儿	鬓角	辫的	痣	脸
屯留	圪脑后地	毛以	囟门	全的	鬓角	不角	痣	脸
长子	圪脑后地	毛以	囟门	全的	鬓角	不角儿	痣	脸
长治县	圪脑后地	毛以	囟门	全的	鬓角	不角儿	痣	脸
壶关	后脑瓜	头发	额头		鬓角	辫的	痣	脸
榆社	后奔头	头	明肋骨	囟门子	鬓角	辫子		脸

序号	513	514	515	516	517	518	519	520
类别	身体	身体	身体	身体	身体	身体	身体	身体
词条	颧骨	酒窝	腮帮子	眼	眼珠	眼泪	眼眵	眉毛
沁县	颧骨了	酒窝	腮帮了	眼	眼珠了	眼泪	眼眵	眉毛
武乡	颧骨	酒窝	腮帮	眼	眼珠	泪	眼眵	眉毛
襄垣	颧骨	酒窝	腮帮	眼	眼睛蛋	泪	眼眵	眉毛
黎城	颧骨	酒窝儿	圪腮	眼	眼珠	泪	眼眵	眉毛
平顺	颧骨	酒窝	腮帮了	眼	眼珠	泪	眼眵	眉毛
潞城	颧骨	酒窝	腮帮子	眼	眼珠	眼泪	眼眵	眉毛
长治	颧骨	笑圪蛋的	骨腮	眼	眼珠	眼泪	眼眵	眉毛
屯留	颧骨	酒窝儿	圪腮	眼	眼珠儿	眼泪	眵糊	眉毛
长子	颧骨	笑眼儿	圪腮	眼	眼珠的	眼泪	眵糊	眉毛
长治县	颧骨	喜圪蛋儿	圪腮	眼	眼珠的	眼泪	眵糊	眉毛
壶关	颧骨	酒窝	腮帮子	眼	眼珠	泪		眉毛
榆社	颧骨		脸圪腮	眼	眼珠子	泪	眵麻糊	眉毛

序号	521	522	523	524	525	526	527	528
类别	身体	身体	身体	身体	身体	身体	身体	身体
词条	鼻子	鼻涕	鼻孔	嘴	嘴唇	口水	牙	耳朵
沁县	鼻了	鼻涕	鼻圪隆	嘴	嘴片了	酣水	牙	耳朵
武乡	鼻的	鼻的		嘴	嘴片的	唅水	牙	耳朵
襄垣	鼻	流鼻	鼻孔	嘴	嘴	鼾水	牙	耳朵
黎城	鼻了	鼻涕	鼻孔	嘴	嘴片	汗水	牙	耳朵
平顺	鼻了	鼻涕	鼻孔	嘴	嘴片	口水	牙	耳朵
潞城	鼻子	鼻涕	鼻孔	嘴	嘴存	口水	牙	耳朵
长治	鼻的	鼻涕	鼻圪隆	嘴	嘴片的	口水	牙	耳朵
屯留	鼻子	鼻子	鼻圪隆	嘴	嘴片儿	酣水	牙	耳朵
长子	鼻子	鼻涕	鼻圪隆	嘴	嘴片子	嘴水	牙	耳朵
长治县	鼻子	鼻涕	鼻圪隆	嘴	嘴片子	嘴水	牙	耳朵
壶关	鼻的	鼻涕	鼻孔	嘴	嘴唇	口水	牙	耳朵
榆社	鼻子	鼻子	鼻筒眼子	嘴	嘴唇片子		牙	耳朵

序号	529	530	531	532	533	534	535	536
类别	身体	身体	身体	身体	身体	身体	身体	身体
词条	耳屎	下巴	喉咙	胡子	肩膀	胳膊	胳膊肘儿	胳肢窝
沁县	耳屎	圪日了	圪咙	胡了	肩膀	胳膊	胳肘了	胳肢窝
武乡	耳屎	下巴	圪咙	胡的	肩膀	胳膊		胳子前
襄垣	耳屎	下巴	圪咙	胡	肩膀	胳膊	胳膊肘	圪这件
黎城	耳屎	下巴锅	霍咙	胡儿	肩膀	胳膊	胳膊酒儿	胳肢窝
平顺	耳屎	下巴	喉咙	胡了	肩膀	胳膊	胳膊肘	胳肘窝
潞城	耳屎	下巴	喉咙	胡子	肩膀	胳膊	胳膊肘	胳肢窝
长治	耳屎	下巴的	喉咙	络腮胡	肩膀	胳膊	胳肘的	胳肘窝
屯留	耳屎儿	下巴锅	圪咙	胡子	肩膀	胳膊	胳膊肘儿	胳肢窝
长子	耳屎儿	下巴锅	圪咙	胡子	肩膀	胳膊	胳膊肘儿	胳肢窝
长治县	耳屎儿	下巴锅	圪咙	胡子	肩膀	胳膊	胳膊肘儿	胳肢窝
壶关	耳屎	下巴	喉咙	胡的	肩膀	胳膊	胳肘	胳肢窝
榆社		下巴壳子	骨棱	胡子	肩膀	胳膊	胳乳骨子	胳肢间

序号	537	538	539	540	541	542	543	544
类别	身体	身体	身体	身体	身体	身体	身体	身体
词条	手腕子	手	左手	右手	手指	大拇指	小拇指	指甲
沁县	手腕了	手	左手	右手	指头儿	老妈指头	小妈指头	指甲
武乡	手腕的	手	左手	右手	手指头	大妈择头	小妈择头	指甲
襄垣	手腕	手	左手	右手	手指头	大妈指头	小妈指头	指甲
黎城	手腕儿	手	左手	右手	手指头	大妈子头	地妈子头	指甲
平顺	手腕	手	左手	右手	指头	大拇指	小妈指头	指甲
潞城	手腕子	手	左手	右手	指头	大拇指	小拇指	指甲
长治	手腕的	手	左手	右手	指头儿	老妈指头	小妈指头	指甲
屯留	手腕儿	手	左手	右手	手指头	大拇指头	小拇指头	指甲
长子	手腕儿	手	左手	右手	手指头	大拇指头	小拇指头	指甲
长治县	手腕儿	手	左手	右手	手指头	大拇指头	小拇指头	指甲
壶关	手腕	手	左手	右手	手指头	大拇指	小拇指	指甲
榆社	手腕子		左手	右手	指头	大拇指头	小拇指头	指甲

序号	545	546	547	548	549	550	551	552
类别	身体	身体	身体	身体	身体	身体	身体	身体
词条	拳头	手掌	手心	手背	腿	大腿	小腿	腿肚子
沁县	圪都	巴掌	手心	手背	腿	大腿	小腿	腿肚了
武乡	圪都	手掌	手心	手背	腿	大腿	小腿	腿肚的
襄垣	拳头	手掌	手心	手背	腿	大腿	小腿	腿肚
黎城	圪都	手掌	手心	手背	腿	大腿	小腿	腿肚儿
平顺	拳头	手掌	手心	手背	腿	大腿	小腿	腿肚了
潞城	拳头	手掌	手心	手背	腿	大腿	小腿	腿肚子
长治	拳头	手掌	手心	手背	腿	大腿	小腿	腿肚的
屯留	圪都	手	手心儿	手背	腿	大腿	小腿	腿肚子
长子	圪都	手	手心儿	手背	腿	大腿	小腿	腿肚子
长治县	圪都	手	手心儿	手背	腿	大腿	小腿	腿肚子
壶关	拳头	手掌	手心	手背	腿	大腿	小腿	腿肚的
榆社	圪都		手心	手背	腿	大腿	小腿子	腿肚子

序号	553	554	555	556	557	558	559	560
类别	身体	身体	身体	身体	身体	身体	身体	身体
词条	膝盖	屁股	肛门	男阴	女阴	骨	筋	血管儿
沁县	圪膝盖	屁股	屁眼	狗支蛋		骨头	筋	血管
武乡	圪定	屁股				骨	筋	血管
襄垣	膝盖	屁股	屁股眼			骨	筋	血管
黎城	圪顶盖	屁股	肛门儿			骨头	筋儿	血管儿
平顺	膝盖	屁股	屁股眼	男阴	女阴	骨	筋	血管儿
潞城	膝盖	屁股	肛门	男阴	女阴	骨	筋	血管儿
长治	膝盖	屁股	肛门			骨头	筋	血管儿
屯留	圪膝盖儿	屁股	屁眼儿	小鸡儿		骨头	筋	血管儿
长子	圪膝盖儿	屁股	屁眼儿	小鸡儿	尿锅儿	骨头	筋	血管儿
长治县	圪膝盖儿	屁股	屁眼儿	小鸡儿		骨头	筋	血管儿
壶关	膝盖	屁股	屁眼儿			骨	筋	血管儿
榆社	圪膝盖子	屁股	屁眼	鸡巴	屄	骨头	筋	血管

序号	561	562	563	564	565	566	567	568
类别	身体	身体	身体	身体	身体	身体	身体	身体
词条	踝子骨	脚	脚背	脚心	脚跟儿	心口	胸脯	肋骨
沁县	脚腕了	脚	脚背	脚心	脚后跟	心口	脯了	肋肢骨
武乡		脚	脚背	脚心	脚后跟	心口		
襄垣	脚踝	脚	脚背	脚心	脚跟	心口	胸脯	肋骨
黎城	脚圪缙	脚	脚背	脚心儿	脚后圪蛋	心口儿	胸脯	圪头
平顺	踝子骨	脚	脚背	脚心	脚跟儿	心口	胸脯	肋骨
潞城	踝子骨	脚	脚背	脚心	脚跟儿	心口	胸脯	肋骨
长治	脚腰的	脚	脚背	脚心儿	脚后蛋	心口	胸	肋肢骨
屯留	脚踝	脚	脚面	脚心	脚后蛋的	心口	胸脯	肋肢骨
长子	脚踝	脚	脚面	脚心	脚后蛋的	心口	圪浪的	肋肢骨
长治县	脚踝	脚	脚面	脚心	脚后蛋的	心口	圪浪的	肋肢骨
壶关		脚	脚背	脚心	脚后跟	心口	胸口	肋骨
榆社	脚拐子	脚	脚面	脚心	脚后跟	心口子	脯子	勒肋指

序号	569	570	571	572	573	574	575	576
类别	身体	身体	身体	身体	身体	身体	身体	疾病医疗
词条	乳房	乳汁	肚子	小肚子	肚脐眼儿	腰	脊背	病了
沁县	妈妈	奶水	肚了	小肚了	肚不脐	腰	脊背	病了
武乡	妈头	奶	肚的	小肚的	肚不脐	腰	脊背	病来
襄垣	妈妈	奶	肚	小肚	肚不脐	腰	脊背	病了
黎城	奶奶	奶奶	肚		肚不脐	腰	脊背	难受了
平顺	码码	奶	肚了	小肚了	肚脐眼儿	腰	脊背	病了
潞城	乳房	乳汁	肚子	小肚子	肚脐眼儿	腰	脊背	病了
长治	妈妈儿	奶	肚的	小肚的	肚不脐	腰	脊背	难受
屯留	奶子	乳汁	肚子	小肚	肚不脐	腰	脊背	病了
长子	奶子	乳汁	肚	小肚子	肚不脐	腰	脊背	歪类
长治县	奶子	乳汁	肚	小肚子	肚不脐	腰	脊背	歪类
壶关	奶	奶	肚的	小肚的	肚脐眼儿	腰	脊背	病了
榆社	奶	奶	肚	小肚子	不脐	腰截骨	脊背	病了

序号	577	578	579	580	581	582	583	584
类别	疾病 医疗	疾病 医疗	疾病 医疗	疾病 医疗	疾病 医疗	疾病 医疗	疾病 医疗	疾病 医疗
词条	病好了	病轻了	看病	号脉	开药方	打针	扎针	拔火罐
沁县	病好了	病可了	看病	号脉	开药方	打针	扎针	拔火罐
武乡	病好来		看病	把脉	开方的	打针		
襄垣	病好了	病轻了	瞧病	号脉	开药方	打针	扎针	拔火罐
黎城	不难受了	不碍事了	瞧病	捉脉	开药方儿	打针	择针	拔罐
平顺	病好了	病轻了	瞧病	号脉	开药方	打针	扎针	拔火罐
潞城	病好了	可点了	看病	把脉	开药方	打针	扎针	拔火罐
长治	不难受啦	病快好了	瞧病	把脉	开方的	打针	扎针	拔罐的
屯留	好了	好些儿了	瞧病	把脉	开方子	打针	扎针	拔火罐
长子	好了	好些儿了	瞧病	把脉	开方子	打针	扎针	拔火罐
长治县	好了	好些儿了	瞧病	把脉	开方子	打针	扎针	拔火罐
壶关	病好了	病轻了	瞧病	把脉	开药	打针	打针	拔火罐
榆社	病好了	病轻了	看（病）	号脉	开方子	打针	扎针	搬火钵子

序号	585	586	587	588	589	590	591	592
类别	疾病 医疗	疾病 医疗	疾病 医疗	疾病 医疗	疾病 医疗	疾病 医疗	疾病 医疗	疾病 医疗
词条	泻肚	发烧	伤风	咳嗽	气喘	中暑	肚子疼	头晕
沁县	拉肚了	烧了	伤风	咳	喘了	热着了	肚了疼	得脑晕
武乡	拉肚的	发烧	伤风	咳嗽	气喘	霍烂	肚的疼	头晕
襄垣	肚泻了	发烧	伤风	咳	气喘	中暑	肚疼	头晕
黎城	走肚	烧了	香风	咳了	喘气儿	中暑	肚疼	得脑晕了
平顺	拉稀	发烧	吃风	咳嗽	气喘	中暑	肚疼了	头晕
潞城	泻肚	发热	中阴	咳嗽	哮喘	中暑	肚子疼	头晕
长治	拉肚的类	发烧	伤风	咳	喘气	中暑	肚的疼类	头晕
屯留	拉稀	烧类	张了风了	咳类	气喘	中暑	肚疼	头晕
长子	拉稀	烧类	张了风了	咳类	气喘	中暑	肚疼	头晕
长治县	拉稀	烧类	受凉了	咳类	气喘	暑热了	肚疼	头晕
壶关	拉肚的	发烧	伤风	咳嗽	气喘	中暑	肚疼	头晕
榆社	拉肚子	发烧	拍/冷着了	咳嗽	气喘	中暑	肚儿疼	头晕

序号	593	594	595	596	597	598	599	600
类别	疾病医疗	疾病医疗	疾病医疗	疾病医疗	疾病医疗	疾病医疗	疾病医疗	疾病医疗
词条	头痛	恶心	吐了	溃脓	长疮	疤	痂	痔疮
沁县	得脑疼	恶心	吐了	度脓了	起疮	疤	痂	痔疮
武乡	得脑疼	恶心	吐了			疤	痂	痔疮
襄垣	头痛	恶心	吐	化脓	长疮	疤	痂	痔疮
黎城	得脑疼	想晕了	晕了	化了脓了	长疮	疤	圪痂儿	痔疮
平顺	头痛	恶心	吐了	化脓	长疮	疤	痂	痔疮
潞城	头痛	恶心	恶心	溃脓	长疮	疤	痂	痔疮
长治	头疼	恶心	唠啦	化脓	生疮	疤	痂的	痔疮
屯留	圪脑疼	恶心	吐了	口疮	长疮	疤	圪痂儿	痔疮
长子	圪脑疼	恶心	吐了	口疮	长疮	圪疤	痂儿	痔疮
长治县	圪脑疼	恶心	吐了	口疮	长疮	圪疤	痂儿	痔疮
壶关	头痛	恶心	吐了	化脓	长疮	疤	痂	痔疮
榆社	得脑疼	恶心	呕了	化脓		圪疤	痂	漏疮

序号	601	602	603	604	605	606	607	608
类别	疾病医疗	疾病医疗	疾病医疗	疾病医疗	疾病医疗	疾病医疗	疾病医疗	疾病医疗
词条	瘊子	痦子	雀斑	近视眼	狐臭	癫痫	瘫痪	瘸子
沁县	瘊瘊	痦了	雀斑	近视眼	臭骨了	羊羔疯	瘫了	瘸了
武乡	瘊的			近视眼	狐臭	癫痫	瘫痪	瘸的
襄垣			斑	近视眼	狐臭	羊圪风	瘫痪	瘸的
黎城	瘊儿	痦	斑	近视眼	狐臭	神经病	瘫痪	瘸
平顺	瘊了	痦了	雀斑	近视眼	狐臭	疯癫	瘫了	瘸了
潞城	瘊子	痦子	斑	近视眼	狐臭	癫痫	瘫了	瘸子
长治	瘊的	痦子	杠	近视眼	狐臭	羊羔儿疯	瘫的	瘸的
屯留	瘊儿	痦子	蚕沙	近视眼	狐臭	羊羔疯	瘫了	瘸子
长子	瘊子	痦子	船沙	近视眼	狐臭	羊羔疯	瘫了	瘸子
长治县	瘊子	痦子	沙样儿	近视眼	狐臭	羊羔疯	瘫了	瘸子
壶关	瘊子	痦子	雀斑	近视眼	狐臭	羊羔疯	瘫了	瘸的
榆社	瘊子		蚕沙	近曲眼	臭骨子	羊蹄蹄疯	瘫痪	拐子

序号	609	610	611	612	613	614	615	616
类别	疾病医疗	疾病医疗	疾病医疗	疾病医疗	疾病医疗	疾病医疗	疾病医疗	疾病医疗
词条	豁嘴子	六指儿	左撇子	罗锅儿	聋子	哑巴	结巴	麻子
沁县	豁匆匆	六指指	左撇了	背锅了	聋了	哑巴	结磕磕	麻了
武乡	三瓣儿嘴	六指的	左撇的	锅的	聋的	哑巴	结磕的	麻的
襄垣	三瓣嘴	六指	左撇	锅的	聋的	哑巴	结磕	麻子
黎城	豁嘴	六子儿	左撇子	罗锅儿	聋	哑巴	结巴	麻
平顺	豁嘴	六指儿	左撇了	驼背	聋了	哑巴	结巴	麻了
潞城	豁嘴儿	六指儿	做撇子	弓背	聋子	牙巴	结巴	麻子
长治	豁嘴的	六指的	左撇子	背锅的	聋的	哑巴	结磕的	沙眼的
屯留	豁嘴儿	六指儿	左撇子	锅子	聋子	哑巴	结实	麻子
长子	豁嘴儿	六指儿	左撇子	锅子	聋子	哑巴	秃舌的	麻子
长治县	豁嘴子	六指儿	左撇子	锅子	聋子	哑巴	秃舌的	麻子
壶关		六指的	左撇的	驼背	聋的	哑巴	结巴	麻子
榆社	豁嘴嘴	六指子	左口口	锅子	聋子	哑巴	结克子	巴子

序号	617	618	619	620	621	622	623	624
类别	疾病医疗	疾病医疗	疾病医疗	服饰	服饰	服饰	服饰	服饰
词条	瞎子	傻子	秃子	穿戴	衣服	皮袄	棉袄	大衣
沁县	瞎了	傻了	秃了	穿戴	衣裳	皮袄	棉袄	大衣
武乡	瞎的	傻的	秃的	穿戴	衣裳	皮衣	棉袄	大衣
襄垣	瞎的	疼的	秃的	穿戴	衣裳	皮衣裳	袄	大衣
黎城	瞎儿	傻	秃	穿戴	衣香	皮袄儿	棉袄	大衣
平顺	瞎了	傻了	秃了	穿戴	衣裳	皮衣	袄	大衣
潞城	瞎了	傻了	光头	穿戴	衣服	皮袄	棉袄	大衣
长治	瞎的	傻的	秃的	穿戴	衣裳	皮袄	棉袄儿	大衣
屯留	瞎子	傻子	秃子	穿戴	衣裳	袄子	袄子	大衣
长子	瞎子	傻子	秃子	穿戴	衣裳		袄儿	大衣
长治县	瞎子	傻子	秃子	穿戴	衣裳		袄儿	大衣
壶关	瞎的	傻的	秃的	穿戴	衣裳	皮袄	袄	大衣
榆社	瞎子	楞子	秃子	穿戴		皮袄儿	絮袄儿	大衣

序号	625	626	627	628	629	630	631	632
类别	服饰	服饰	服饰	服饰	服饰	服饰	服饰	服饰
词条	夹袄	衬衫	外衣	坎肩儿	兜肚	围嘴儿	尿布	围裙
沁县	夹袄	衬衣	外套	坎肩儿	肚兜	牌牌	尿布	围裙
武乡		衬衣		坎肩			尿布	围裙
襄垣	领褂	衬衣	外衣	坎肩	肚兜	酣水片	屎布	围裙
黎城		衬衣	外衣	坎肩儿	肚兜儿		尿布	围裙
平顺	夹克	衬衫	衣裳	坎肩儿	肚兜	嘴兜儿	尿布	围裙
潞城	夹袄	衬衫	外衣	坎肩儿	兜肚	围嘴儿	尿布	围裙
长治	夹袄	布衫	外头衣裳	坎肩儿	嘟嘟	圪装的	屎布的	围裙
屯留	夹衣	衬衣	外头衣裳	坎肩儿	肚兜儿	酣水片儿	屎布	围裙
长子	夹棉衣	衬子	外头衣裳	坎肩儿	兜兜子	酣水片儿	屎布子	围裙
长治县		衬子	外头衣裳	坎肩儿	肚兜子		屎布子	围裙
壶关	夹袄	衬衫	外套	坎肩儿	肚兜	围嘴儿	尿布	围裙
榆社	夹袄儿	衬衫	外衣	坎肩子			尿布	围裙

序号	633	634	635	636	637	638	639	640
类别	服饰	服饰	服饰	服饰	服饰	服饰	服饰	服饰
词条	领子	袖子	里子	面子	口袋儿	裙子	裤子	裤衩儿
沁县	领了	袖了	里了	面了	兜兜	裙了	裤了	裤衩了
武乡	领的	袖的	里的	面的	插口	裙的	裤的	裤衩
襄垣	领	袖	里	面	口袋	裙	裤	裤衩
黎城	领儿	袖	里儿	面儿	口袋儿	裙	裤	裤衩儿
平顺	领了	袖了	里了	面	挎袋儿	裙了	裤了	裤衩儿
潞城	领子	袖子	里子	面子	口袋儿	裙子	裤子	裤衩儿
长治	领的	袖的	里的	面的	布袋儿	裙的	裤的	裤衩儿
屯留	领子	袖子	里子	面儿	布袋儿	裙子	裤子	裤衩儿
长子	领子	袖子	里子	面子	布袋儿	裙子	裤子	裤衩儿
长治县	领子	袖子	里子	面子	布袋儿	裙子	裤子	裤衩儿
壶关	领的	袖的	里子	面子	口袋儿	裙子	裤子	裤衩儿
榆社	领子	（长/短）袖子			口袋	裙子	裤子	裤衩子

序号	641	642	643	644	645	646	647	648
类别	服饰	服饰	服饰	服饰	服饰	服饰	服饰	服饰
词条	纽扣儿（西）	纽扣儿（中）	鞋	棉鞋	鞋拔子	袜子	帽子	帽檐儿
沁县	扣了	扣了	鞋	暖鞋	鞋兜了	袜了	帽了	帽不扇
武乡	扣的		鞋	棉鞋		袜的	帽的	帽檐的
襄垣	扣	扣	鞋	暖鞋		袜	帽	帽不扇
黎城		扣儿	鞋	喃鞋	鞋	袜	帽	帽檐儿
平顺	扣了	扣了	鞋	暖鞋	鞋拔了	袜了	帽了	帽舌头
潞城	纽扣儿	纽扣儿	鞋	棉鞋	鞋拔子	袜子	帽子	帽檐儿
长治	扣的	纽扣儿	鞋	棉鞋	鞋兜的	袜的	帽的	帽舌头的
屯留	扣子	纽扣儿	鞋	暖鞋	鞋底子	袜子	帽子	伯扇儿
长子	扣子	纽扣儿	鞋	暖鞋	鞋底子	袜子	帽子	帽檐
长治县	扣子	纽扣儿	鞋	暖鞋	鞋底子	袜子	帽子	帽檐
壶关	扣的	扣的	鞋	棉鞋		袜的	帽的	帽檐
榆社	扣子	扣子	鞋	老套鞋/棉鞋/暖鞋		袜子	帽子	

序号	649	650	651	652	653	654	655	656
类别	服饰	服饰	服饰	服饰	服饰	服饰	服饰	服饰
词条	镯子	戒指	耳环	别针儿	眼镜	伞	手表	围巾
沁县	手镯了	戒指	耳环	别针	眼镜	伞	手表	围巾
武乡	镯的	戒指	耳环	别针的	眼镜	伞	表	围巾
襄垣	手镯	戒指	耳环	别针	眼镜	伞	手表	围巾
黎城	手镯儿	戒指儿	耳坠	别巾儿	眼镜儿	雨伞	手表	围巾儿
平顺	镯头	戒指	耳环	别针儿	眼镜	伞	表	围巾
潞城	镯子	戒指	耳环	别针儿	眼镜	伞	手表	围巾
长治	手镯	戒指儿	耳环	别针	眼镜儿	伞	手表	围巾儿
屯留	镯头	戒指儿	耳环	别针儿	眼镜	伞	手表	围脖儿
长子	镯子	戒指	耳环	别针儿	眼镜	伞	手表	围巾儿
长治县	镯头	戒指	耳环	别针儿	眼镜	伞	手表	围巾儿
壶关	镯子	戒指	耳环	别针	眼镜	伞	手表	围脖
榆社	镯子	戒指子	耳坠子	别针子		雨伞	手表	围脖

序号	657	658	659	660	661	662	663	664
类别	服饰	饮食	饮食	饮食	饮食	饮食	饮食	饮食
词条	手套	伙食	早饭	午饭	晚饭	米饭（干）	糊了	馊了
沁县	手套	伙食	自然饭	晌午饭	黑夜饭	米饭	巴啦	坏了
武乡	手套		清早饭	晌午饭	黑夜饭	大米	糊偶来	丝磁来
襄垣	手套	伙食	早饭	午饭	黑夜饭	米	巴了	坏了
黎城	手套儿	伙食	清夕饭	晌午饭	黑来饭	小米儿	偶了	坏了
平顺	手套	伙食	早饭	上午饭	黑来饭	大米饭	糊了	坏了
潞城	手套	伙食	早晨饭	上午饭	黑来饭	大米饭	糊了	坏了
长治	手套	伙食	清早饭	晌午饭	黑来饭	大米饭	巴喽锅啦	坏了
屯留	手套	伙食	早晨饭	晌午饭	黑来饭	大米	糊了	坏了
长子	手套	伙食	早晨饭	晌午饭	黑来饭	大米	糊了	坏了
长治县	手套	伙食	早晨饭	晌午饭	黑来饭	大米	糊了	坏了
壶关	手套	伙食	早饭	中饭	晚饭	大米	糊了	坏了
榆社	手套		自先饭	晌午饭	黑夜饭	大米	饭耦了	

序号	665	666	667	668	669	670	671	672
类别	饮食	饮食	饮食	饮食	饮食	饮食	饮食	饮食
词条	粥	米汤	粽子	面条	挂面	面片儿	馒头	饸饹
沁县	粥	米汤	粽了	面	挂面	面片了	馍馍	饸饹
武乡	汤	米汤	粽的	面	挂面	面片儿	馍馍	饸饹
襄垣	粥	米汤	粽	面	挂面	面片	馍馍	饸饹
黎城	究	米汤	粽	面	挂面	面片儿	馍馍	饸饹
平顺	粥	米汤		面	挂面	梗了	馍馍	饸饹
潞城	粥	米汤	粽	面条	挂面	面片儿	馍	饸饹
长治	粥	米汤	粽的	面	挂面	面片儿	馍	饸饹
屯留	米汤	米汤	粽子	面	挂面	揪片儿	馍馍	饸饹
长子	米汤	米汤	粽子	面	挂面	揪片儿	馍馍	饸饹
长治县	米汤	米汤	粽子	面	挂面	揪片儿	馍馍	饸饹
壶关	粥	米汤	粽的	面	挂面	面片儿	馒头	饸饹
榆社	米汤	米汤	粽子	齐子	挂面	擀片子	馍馍	

序号	673	674	675	676	677	678	679	680
类别	饮食	饮食	饮食	饮食	饮食	饮食	饮食	饮食
词条	花卷儿	蒸饺	水饺	馅儿	包子	疙瘩汤	猫耳朵	窝头
沁县	花卷儿	蒸扁食	扁食	馅了	包了	疙瘩汤	搓旦的	窝了
武乡	花卷儿	蒸饺的	饺的	馅儿	包的	疙瘩儿饭	内疙瘩儿	个的
襄垣	花卷	蒸饺	煮饺	馅	包	疙瘩汤	馁隔得儿	窝窝头
黎城	花卷儿	蒸饺儿	绝儿	馅儿	包儿	疙瘩儿汤	撵窝儿	
平顺	花卷儿	蒸饺	饺了	馅儿	包了	拨烂汤	猫耳朵	窝了
潞城	花卷儿	蒸饺	扁食、饺了	馅儿	包子	疙瘩汤	猫耳朵	窝头
长治	花卷儿	蒸饺的	煮饺的	馅儿	包的	拨烂汤	捻鱼的	窝头
屯留	花卷儿	蒸饺	饺子	馅儿	包子	疙瘩汤	猫耳朵	窝子
长子	花卷儿	蒸饺	扁食	馅儿	包子	疙瘩汤	猫耳朵	窝头
长治县	花卷儿	蒸饺	扁食	馅儿	包子	疙瘩汤	猫耳朵	窝头
壶关	花卷儿	饺的	饺的	馅	包子	疙瘩汤	猫耳朵	窝窝头
榆社	花卷	扁食	扁食		包子			

序号	681	682	683	684	685	686	687	688
类别	饮食	饮食	饮食	饮食	饮食	饮食	饮食	饮食
词条	月饼	酵子	臊子	下水	炒鸡蛋	菜	素菜	荤菜
沁县	月饼	酵了	臊了	下水	炒子蛋	菜	菜	肉菜
武乡	月饼				炒鸡蛋	菜	素菜	肉菜
襄垣	月饼	发酵		下水	炒鸡蛋	菜	素菜	肉菜
黎城	月饼		臊	下水	炒鸡蛋	菜	素菜	肉菜
平顺	月饼	酵了	臊了	下水	炒鸡蛋	菜	素菜	肉菜
潞城	月饼	醮饼	臊子	下水	炒鸡蛋	菜	素菜	荤菜
长治	月饼	酵子	臊的	下水	炒鸡蛋	菜	菜	肉菜
屯留	月饼	酵子	臊子	下水	炒鸡蛋	菜	菜	肉菜
长子	月饼	酵子	臊子	下水	炒鸡蛋	菜	素子	肉子
长治县	月饼	酵子	臊子	下锅	炒鸡蛋	菜	素菜	肉菜
壶关	月饼	酵母	臊子	下水	炒鸡蛋	菜	素菜	肉菜
榆社	月饼			下水	炒鸡蛋		素菜	肉菜

序号	689	690	691	692	693	694	695	696
类别	饮食	饮食	饮食	饮食	饮食	饮食	饮食	饮食
词条	咸菜	豆腐	粉条	粉皮	凉粉	木耳	黄花儿	醋
沁县	咸菜	豆腐	粉条	粉皮	凉粉	木耳	金针	醋
武乡	咸菜	豆腐	粉条	粉皮	凉粉	木耳		醋
襄垣	咸菜	豆腐	粉条	粉皮	凉粉	木耳	黄花	醋
黎城	咸菜	豆腐	粉条	粉皮	凉粉儿	木耳	黄花儿	醋
平顺	咸菜	豆腐	粉条	粉皮	凉粉	木耳	黄花儿	醋
潞城	咸菜	豆腐	粉条	粉皮	凉粉	木耳	黄花儿	醋
长治	咸菜	豆腐	粉条儿	粉皮	凉粉儿	木耳	黄花儿	醋
屯留	咸菜	豆腐	粉条	粉皮	凉粉	木耳	黄花儿	醋
长子	咸菜	豆腐	粉条	粉皮	凉粉	木耳	黄花儿	醋
长治县	咸菜	豆腐	粉条	粉皮	凉粉	木耳	黄花儿	醋
壶关	咸菜	豆腐	粉条	粉皮	凉粉	木耳	黄花	醋
榆社	咸菜	豆腐	粉条	粉皮	凉粉	木耳	金针	醋

序号	697	698	699	700	701	702	703	704
类别	饮食	饮食	饮食	饮食	饮食	饮食	饮食	饮食
词条	红糖	白糖	作料	八角	花椒	猪油	素油	酱油
沁县	红糖	白糖	调料	八角	花椒	猪油	油	酱油
武乡	红糖	白糖	调料	八角	花椒	猪油	油	酱油
襄垣	黑糖	白糖	调料	大料	花椒	猪油	油	酱油
黎城	红糖	白糖	调料	大料	花椒	猪油	油	酱油儿
平顺	红糖	白糖	调料	大料	花椒	猪油	油	酱油
潞城	红糖	白糖	调料	八角	花椒	猪油	油	酱油
长治	红糖	白糖	调料	大料	花椒	猪油	油	酱油
屯留	红糖	白糖	调料	大料	花椒	猪油	油	酱油
长子	红糖	白糖	调料	大料	花椒	猪油	油	酱油
长治县	红糖	白糖	调料	大料	花椒	猪油	油	酱油
壶关	红糖	白糖	调料	大料	花椒	猪油	油	酱油
榆社	黑糖	砂糖		大茴香	花椒	荤油	素油	酱油

序号	705	706	707	708	709	710	711	712
类别	饮食	饮食	饮食	饮食	饮食	红白大事	红白大事	红白大事
词条	香烟	旱烟	烟袋	茶	白酒	亲事	做媒	媒人
沁县	烟	旱烟	烟袋	茶	白酒	亲事	做媒	媒人
武乡	烟	旱烟	烟袋	茶	白酒	亲事	说媒	
襄垣	烟	小烟	烟袋	茶	白酒	亲事	做媒	媒人
黎城	烟	旱烟	烟袋	茶	白酒	亲事	做媒	媒人
平顺	烟	小烟	烟袋	茶	白酒	亲事	说媒	媒人
潞城	烟	旱烟	烟袋	茶	白酒	亲事	做媒	么银
长治	烟	旱烟	烟袋的	茶	白酒	婚事	说媒	没人
屯留	烟	小烟儿	烟袋	茶叶	白酒	喜事	当媒人	媒人
长子	烟	小烟儿	烟袋	茶叶	白酒	喜事	当媒人	媒红
长治县	烟	小烟儿	烟袋	茶叶	白酒	喜事	做媒	媒红
壶关	香烟	旱烟	烟袋	茶	白酒	亲事	拉媒	媒人
榆社	烟	小烟叶子		茶	白酒		当媒人	媒人

序号	713	714	715	716	717	718	719	720
类别	红白大事	红白大事	红白大事	红白大事	红白大事	红白大事	红白大事	红白大事
词条	相亲	订婚	娶亲	出嫁	结婚	新郎	新娘	新房
沁县	相亲	定亲	娶亲	嫁闺女	结婚	新郎	新媳妇	婚房
武乡	相亲	订婚	娶媳妇	嫁闺女	结婚	新郎	新媳妇的	
襄垣	相亲	订婚	娶媳妇	嫁闺女	结婚	新郎	新娘	新房
黎城	相亲	订婚	娶媳妇	嫁闺女	结婚	新郎	新媳妇儿	新房
平顺	相亲	订婚	娶媳妇	嫁闺女	结婚	新郎	新媳妇	新房
潞城	相亲	订婚	娶媳妇	嫁闺女	结婚	新郎	新媳妇	新房
长治	相亲	结定	娶媳妇	嫁闺女	结婚	新郎官	新媳妇儿	新房的
屯留	相亲	订婚	娶媳妇儿	嫁闺女	完婚	新郎	新媳妇儿	新房
长子	相亲	订婚	娶媳妇儿	嫁闺女	娶类	新汉子	新媳妇儿	新房子
长治县	相亲	订婚	娶媳妇儿	嫁闺女	典礼	新汉子	新媳妇儿	新房
壶关	相亲	订婚	娶亲	嫁闺女	结婚	新郎	新娘	新房
榆社	相亲	订婚	娶媳妇	嫁闺女	结婚	新女婿	新媳妇	卧房、洞房

序号	721	722	723	724	725	726	727	728
类别	红白大事	红白大事	红白大事	红白大事	红白大事	红白大事	红白大事	红白大事
词条	回门	怀孕	小产	生孩子	坐月子	胎盘	满月	头胎
沁县	回娘家	怀孩了	小产	生孩了	坐月了	胎盘	满月	头胎
武乡	回门			生孩的	坐月的		满月	第一胎
襄垣	回门	双身	小产	生孩	坐月	胎盘	满月	头胎
黎城	回门	怀孩	小产	生孩	坐月	胎盘	满月	第一胎
平顺	回面	怀孕	跌孩了	生孩了	坐月了	胎盘	满月	第一胎
潞城	回门	双身	小产	生孩子	坐月子	胎盘	满月	第一胎
长治	回门	怀孩的	小产	生孩的	坐月的	胎盘	满月	头一个
屯留	回门	怀上了	小月了	生孩子	坐月子	胎盘	满月	头胎
长子	回门儿	有了	小月了	生孩子	坐月子	胎盘	满月	头生子
长治县	回门儿	怀孩子	小月了	生孩子	坐月子	胎盘	满月	头生子
壶关	回门	怀孕	小产	生孩的	坐月的	胎盘	满月	头胎
榆社	回门	怀孩子	小月子	生孩子	坐月子	衣包子	满月	头一胎

序号	729	730	731	732	733	734	735	736
类别	红白大事	红白大事	红白大事	红白大事	红白大事	红白大事	红白大事	红白大事
词条	双胞胎	吃奶	生日	过生日	祝寿	丧事	死了	棺材
沁县	双胞胎	吃妈妈	生日	置生日	上寿	丧事	死了	寿材
武乡	双胞胎		生人	过生人			死来	棺材
襄垣	双胞胎	吃奶	生日	过生日	祝寿	丧事	死了	棺材
黎城	双胞胎	吃奶	僧气	做生日	做寿	丧事儿	死了	木材
平顺	双胞胎	吃奶	生日	过生日	祝寿	埋人	死了	棺材
潞城	双胞胎	喝奶	过生	过生日	祝寿	丧事	没了	棺材
长治	双生的	吃奶	生日	过生日	祝寿	葬人咧	没呢啦	棺材
屯留	双胞胎	吃奶	生日	过生日	祝寿	丧事	不在了	板
长子	双胞胎	吃奶	生日	过生日	祝寿	丧事	没了	板
长治县	双胞胎	吃奶	生日	过生日	祝寿	丧事	没了	板
壶关	双胞胎	吃奶	生日	过生日	过生日	丧事	死了	棺具
榆社	双生生	吃奶	生日	过生日	祝寿	丧事	不在了	棺材

序号	737	738	739	740	741	742	743	744
类别	红白大事	红白大事	红白大事	红白大事	红白大事	红白大事	红白大事	红白大事
词条	戴孝	出殡	坟	墓子	自杀	灶王爷	菩萨	烧香
沁县	戴孝	出丧	坟	墓了	屈死	灶爷爷	菩萨	烧香
武乡			坟		自杀		菩萨	烧香
襄垣	戴孝	出殡	坟	坟地	自杀	灶王爷	菩萨	烧香
黎城	戴孝	发丧	坟	墓	自撒	灶王爷	菩萨	消香
平顺	穿孝	埋人	坟	墓	自杀	灶王爷	菩萨	烧香
潞城	戴孝	出了	坟	墓子	自杀	灶王爷	老天爷	烧香
长治	戴孝	葬人	坟	墓圪道	自杀	灶王爷	菩萨	烧香
屯留	戴孝	埋了	坟	墓	自杀	灶王爷	菩萨	烧香
长子	戴孝	埋了	坟	墓	自杀	灶王爷	菩萨	烧香
长治县	戴孝	埋了	坟	墓	自杀	灶王爷	菩萨	烧香
壶关	戴孝	出殡	坟	墓	自杀	灶王爷	菩萨	烧香
榆社	戴孝	出殡	坟地	墓子		灶王爷	菩萨	烧香

序号	745	746	747	748	749	750	751	752
类别	红白大事	红白大事	红白大事	红白大事	红白大事	日常生活	日常生活	日常生活
词条	庙会	算命	风水先生	神婆	跳神	打扮	穿（衣服）	脱（衣服）
沁县	庙会	算卦	阴阳先生	神婆	跳大神	打扮	穿	脱
武乡		算卦	风水	神婆的		打扮	穿	脱
襄垣	会	算命	风水先生	神婆	跳神	打扮	穿	脱
黎城	起会	算卦	瞧风水的			打扮	穿	脱
平顺	庙会	算命	阴阳	巫婆	巫婆	打扮	穿	脱
潞城	庙会	算命	风水先生	神婆	跳神	打扮	穿	脱
长治	赶会	算命	阴阳先生	神婆	跳大神	拾掇	穿	脱
屯留	赶会	算命				打扮	穿	脱
长子	赶会	算命	看算卦的	神婆		打扮	穿	脱
长治县	赶会	算命	看风水类	神婆		打扮	穿	脱
壶关	过会	算命	先生	神婆	跳神	打扮	穿	脱
榆社		算卦	算卦先生	神婆子			穿衣裳	脱衣裳

序号	753	754	755	756	757	758	759	760
类别	日常生活	日常生活	日常生活	日常生活	日常生活	日常生活	日常生活	日常生活
词条	裁(衣服)	量	做(衣服)	熨(衣服)	洗(衣服)	投(衣服)	生火	做饭
沁县	裁	量	制	烫	洗	涮	生火	制饭
武乡		量	择	用	死	摆	生火	做饭
襄垣	裁	量	做	熨	洗	投	生火	做饭
黎城	裁	量	择	熨	洗	投	生火	做饭
平顺	裁	量	做	熨	洗	投	生火	做饭
潞城	裁	量	做	熨	洗	投	生火	做饭
长治	绞	量	做	熨	洗	涮	生火	做饭
屯留	缝	量	做	烫	洗	涮	生火	做饭
长子	改	量	做	烙一烙	洗	涮	生火	做饭
长治县	改	量	做	烙一烙	洗	涮	生火	做饭
壶关	裁	量	做	熨	洗	投	生火	做饭
榆社		量衣裳	做衣裳	熨衣裳	洗衣裳	涮	生火	做饭

序号	761	762	763	764	765	766	767	768
类别	日常生活	日常生活	日常生活	日常生活	日常生活	日常生活	日常生活	日常生活
词条	淘米	发面	和面	擀(面条)	蒸(馒头)	择菜	烩（菜）	盛饭
沁县	淘米	起面	和面	擀	蒸	择菜	烩菜	舀饭
武乡	洗大米	发面	和面	擀	蒸馍馍	择菜	烩（菜）	盛饭
襄垣	洗米	性面	和面	擀	蒸	择菜	烩菜	舀饭
黎城	淘米	发面	和面	擀	精馍馍	择菜	烩（菜）	舀饭
平顺	淘米	发面	和面	擀	蒸	捡菜	回	盛饭
潞城	淘米	发面	和面	擀	蒸馍馍	择菜	大锅菜	盛饭
长治	淘米	起面	和面	擀	蒸馍馍	择菜	烩菜	抄饭
屯留	淘米	起面	和面	擀面	蒸馒头	择菜	烩菜	抄饭
长子	淘米	起面	和面	擀面	蒸馒头	摘菜	烩菜	抄饭
长治县	淘米	起面	和面	擀面	蒸馒头	摘菜	烩菜	抄饭
壶关	洗米	发面	和面	擀	蒸馍馍	择菜	烩	盛饭
榆社	口米	起面	和面	擀面	蒸蒸馍	摘菜		舀饭

序号	769	770	771	772	773	774	775	776
类别	日常生活	日常生活	日常生活	日常生活	日常生活	日常生活	日常生活	日常生活
词条	搛菜	舀汤	打饱嗝儿	打冷嗝儿	撑了	饿了	吃饭	喝茶
沁县	搛菜	舀汤	嗝的儿	打冷嗝生	撑了	饿了	吃饭	喝茶
武乡	搛菜	舀汤	打嗝儿	打冷嗝儿	撑来	饿来	吃饭	喝茶
襄垣	搛菜	舀汤	奶户了	奶户了	撑人了	饿了	吃饭	喝茶
黎城	搛菜	舀汤	嗝豆	打冷嗝儿	撑了	肚饥了	吃饭	喝茶
平顺	搛菜	舀汤	打饱嗝儿	打嗝儿	撑了	肚饥了	吃饭	喝茶
潞城	搛菜	舀汤	打嗝了	打嗝了	饱了	饿了	吃饭	喝茶
长治	搛菜	舀汤	打嗝豆儿	打嗝都儿	吃饱了	肚饥了	吃饭	喝水
屯留	搛菜	舀汤	嗝的儿	打冷嗝	饱了	肚饥了	吃饭	喝水
长子	搛菜	舀汤	嗝的儿	打冷嗝	饱了	肚饥了	吃饭	喝水
长治县	搛菜	舀汤	嗝的儿	打冷嗝	饱了	肚饥了	吃饭	喝水
壶关	搛菜	舀汤	打饱嗝儿	打冷嗝儿	撑了	饥了	吃饭	喝茶
榆社		舀汤	圪溢	圪溢		饿了	吃饭	喝茶

序号	777	778	779	780	781	782	783	784
类别	日常生活	日常生活	日常生活	日常生活	日常生活	日常生活	日常生活	日常生活
词条	喝酒	抽烟	住	起床	洗脸	刷牙	吐痰	梳头
沁县	喝酒	吸烟	住	起床	洗脸	刷牙	唾痰	梳得脑
武乡	喝酒	吃烟	住	起	洗脸	刷牙	吐痰	梳头
襄垣	喝酒	吸烟	住	起床	洗脸	刷牙	吐痰	梳头
黎城	喝酒	吸烟	住	起来	洗脸	刷牙	拓痰	梳得脑
平顺	喝酒	抽烟	住	起床	洗脸	刷牙	吐痰	梳头
潞城	喝酒	抽烟	住	其床	洗脸	刷牙	吐痰	梳头
长治	喝酒	吸烟	住	起	洗脸	刷牙	唾	梳头
屯留	喝酒	吸烟	住	起来了	洗脸	刷牙	吐痰	梳圪脑
长子	喝酒	吸烟	住	起来了	洗脸	刷牙	吐痰	梳圪脑
长治县	喝酒	吸烟	住	起来了	洗脸	刷牙	吐痰	梳圪脑
壶关	喝酒	抽烟	住	起床	洗脸	刷牙	吐痰	梳圪脑
榆社	喝酒	吃烟		起了	洗脸	刷牙		梳得脑

序号	785	786	787	788	789	790	791	792
类别	日常生活	日常生活	日常生活	日常生活	日常生活	日常生活	日常生活	日常生活
词条	梳辫子	剪指甲	洗澡	小便	大便	散步	乘凉	晒太阳
沁县	梳不角	绞指甲	洗澡	尿尿	屙屎	圪转	歇凉凉	向暖暖
武乡	梳不角的	绞指甲	丝澡	尿	屙	圪转	歇凉凉	晒太阳
襄垣	梳头	剪指甲	洗澡	尿	屙	散步	乘凉	晒太阳
黎城	梳不角儿	角子接	洗澡	尿	屙	圪游	乘凉	晒日头儿
平顺	梳辫子	剪指甲	洗澡	尿	拉啦	散步	凉快	晒热头
潞城	梳辫子	剪指甲	洗澡	尿尿	恶啦	跑一会儿	乘凉	晒太阳
长治	梳小辫儿	绞指甲	洗澡	尿	屙	圪遛	凉快凉快	晒老爷儿
屯留	梳不子	剪指甲	洗身	尿咧	屙咧	圪遛	凉快凉快	晒老爷儿
长子	梳辫子	剪指甲	洗身	尿咧	屙咧	圪歇歇	凉快凉快	晒老爷儿
长治县	梳辫子	剪指甲	洗身	尿咧	屙咧	转一转	凉快凉快	晒老爷儿
壶关	梳辫子	剪指甲	洗身	尿咧	屙咧	圪遛	凉快	晒太阳
榆社	口辫子	绞指甲	洗澡	尿	屙	圪转	歇凉凉	晒晒

序号	793	794	795	796	797	798	799	800
类别	日常生活	日常生活	日常生活	日常生活	日常生活	日常生活	日常生活	日常生活
词条	烤火	挠痒	点灯	熄灯	歇歇	打盹儿	打哈欠	困了
沁县	烤火	挖痒痒	点灯	熄灯	歇歇	打盹	打哈欠	困了
武乡	烤火	挖鸟鸟	开灯	关灯	歇歇	打盹儿	打瞌睡	困了
襄垣	烤火	挠痒	点灯	关灯	歇歇	迷糊	打哈欠	死人了
黎城	烤火儿	挖痒儿	点街灯	关了灯	歇歇	打盹儿	打哈欠	瞌睡了
平顺	烤火	挖痒	点灯	关灯	歇歇	迷糊	打哈欠	迷糊
潞城	烤火	挠痒	点灯	熄灯	歇歇	打盹儿	打哈欠	困了
长治	烤火	挠挠痒痒		关灯	歇歇	打个盹儿	打哈欠	乏了
屯留	烤火	挖痒痒	点灯	关灯	歇歇	圪梦会儿	打哈欠	迷糊咧
长子	烤火	挖痒痒	点灯	关灯	歇歇	圪梦会儿	打哈欠	迷糊咧
长治县	烤火	挠痒痒	点灯	灭灯	歇歇	圪迷会儿	打哈欠	迷糊咧
壶关	烤火	抓抓	点灯	关灯	歇歇	迷糊	打哈欠	困了
榆社	烤火		点灯	拉灯	歇歇	圪口	打哈儿欠	乏了

序号	801	802	803	804	805	806	807	808
类别	日常生活	日常生活	日常生活	日常生活	日常生活	日常生活	日常生活	日常生活
词条	铺床	睡着	打呼	落枕	抽筋儿	做梦	魇住了	熬夜
沁县	展开被	睡着	打鼾吹	落枕	抽筋	梦梦	鬼压住了	坐夜
武乡	铺床	睡着	打鼾吹	落枕	抽筋	梦梦	压住了	熬夜
襄垣	铺床	睡着	打酣	落枕	抽筋儿	做梦	压住了	熬夜
黎城	铺床	瞌睡着了	打呼噜	落了枕了	抽筋儿	做梦	魇住了	熬夜
平顺	撑床	睡着	打呼	罗枕	抽筋儿	做梦	魇住了	熬夜
潞城	铺床	睡着	打呼噜	落枕	抽筋儿	做梦	魇住了	熬夜
长治	撑炕	睡着啦	打鼾水	落枕啦	抽筋儿	梦梦	压住了	熬夜
屯留	撑炕	睡着	打寒水	落枕	抽筋儿	梦梦	魇住了	熬夜
长子	撑炕	睡着	打寒水	落枕	抽筋儿	梦梦	魇住了	熬夜
长治县	撑炕	睡着	打寒水	落枕	抽筋儿	梦梦	魇住了	熬夜
壶关	铺床	睡了	打呼噜	落枕	抽筋儿	做梦	压睡	熬夜
榆社	展被子	睡着了	打鼾粗		转了筋了	梦梦		熬夜

序号	809	810	811	812	813	814	815	816
类别	日常生活	日常生活	日常生活	日常生活	日常生活	日常生活	交际	交际
词条	下地	收工	出去	回家	玩儿	逛街	来往	走亲戚
沁县	去地	收工	出圪	回家	耍	上街串串	来往	跑亲戚
武乡	下地	收工	出的	回家	耍	遛街	来往	跑亲戚
襄垣	下地	收工	出外头	回家	玩儿	逛街	来往	走亲戚
黎城	下地下	修工	去外头	回家	耍	逛街	来往	走亲戚
平顺	下地	收工	出去	回家	耍	溜街	来回	走亲戚
潞城	下地	下工	出去	回家	玩儿	上街	来往	走亲戚
长治	下地	完工	出去	回家	耍	上街圪溜	来往	走亲戚
屯留	去地	收工	出的	回家	玩	去街	来往	走亲戚
长子	去地	收工	出圪	回家	耍圪	遛街	跑咧	走亲戚
长治县	去地	收工	出的	回家	耍的	去街	来往	走亲戚
壶关	下地	收工	出去	回来	耍	逛街	打交道	走亲戚
榆社	去地儿动弹	收工	出去了	回的了			来往	

序号	817	818	819	820	821	822	823	824
类别	交际	交际	交际	交际	交际	交际	交际	交际
词条	探望	客人	请客	招待	摆酒席	请帖	上菜	斟酒
沁县	看看	客	请客	招待	待客	请帖	上菜	倒酒
武乡	看看	客人	请客	招待	待客	请帖	上菜	倒酒
襄垣	照照	客人	请客	招待	摆酒席	请帖	上菜	倒酒
黎城	瞧	客人	请客	招待	摆桌	请帖儿	上菜	倒酒
平顺	圪照	客人	请客	招待	摆酒席	请幅	上菜	倒酒
潞城	探望	客人	请客	招待	摆酒席	请帖	上菜	斟酒
长治	瞧	客人	请客	招呼	请客	请帖	上菜	满上酒
屯留	瞧一瞧	人	请人	招呼	支桌子	帖	上盘子	倒酒
长子	圪猫猫	人	请人	招呼	请客	帖	上盘子	倒酒
长治县	瞧一瞧	客人	请客	招待	摆酒席	请帖	上菜	倒酒
壶关	探望	客人	请客	招待	摆席	帖的	上菜	斟酒
榆社	打看人	客人	请客	照应	摆几兀桌子	送请帖	掇菜	倒上酒

序号	825	826	827	828	829	830	831	832
类别	交际	交际	交际	交际	交际	交际	交际	交际
词条	作假	（俩人）不和	冤家	摆架子	出洋相	丢人	巴结	串门儿
沁县	作假	不和	仇人	摆架了	出洋相	丢人	亲屁股	串门
武乡	假	隔不着	仇人	摆架子	出洋相	败兴	巴结	串门的
襄垣	作假	不对头	冤家	摆架子	出洋相	丢人	巴结	串门儿
黎城		不对劲儿	仇人	摆架儿	出洋相	败兴	巴结	串门儿
平顺	作假	不对头	对头	摆架了	出洋相	丢人	巴结	串门儿
潞城	作假	闹别扭	冤家	摆架子	出洋相	丢人	巴结	串门儿
长治	造假嘞	不隔	仇人	摆架咧	出洋相	败兴	巴结	游门的
屯留	装咧	不对	有仇	摆架子	出洋相	败兴	巴结	串门儿
长子	圪鬼咧	不对的咧	对头	摆架子	出洋相	败兴	巴结	串门儿
长治县		有矛盾	冤家	摆架的	出洋相	丢人	巴结	串门儿
壶关	作假	不对头	冤家	摆架的	出洋相	丢脸	结巴	串门
榆社		合不将来	仇人	摆架子	出洋相	败兴	添屁眼	

序号	833	834	835	836	837	838	839	840
类别	交际	交际	交际	交际	交际	商业、交通	商业、交通	商业、交通
词条	看得起	凑份子	答应	打架	交际	开铺子	摆摊子	旅店
沁县	看得起	摊份了	答应	打架	吵架	开店店	摆摊	旅店
武乡	看得起	凑钱	答应	打架	吵架	开店店	摆摊的	旅店
襄垣	瞧得起	凑钱	答应	打架	吵架	开店	摆摊	旅管
黎城	瞧起	上礼	答应的	打架	嚷架	开商店	摆摊儿	旅店
平顺	瞧得起	凑钱	答应	打架	吵架	开铺儿	摆摊了	旅店
潞城	看得起	凑份子	得应	打架	吵架	开铺了	摆摊子	旅店
长治	瞧得起	凑份的	答应	打架	吵架	开铺子	摆摊的	招待所
屯留	瞧得起	凑份的	答应	打架	吵架	开铺的	摆摊儿	旅店
长子	瞧得起	凑份子	答应	打架	吵架	开铺子	摆小摊	旅店
长治县	看得起	凑份子	答应	打架	圪吵咧	开铺子	摆摊儿	旅店
壶关	瞧得起	凑钱	答应	打架	吵架	开铺子	摆摊	旅店
榆社	眼儿有你了		应承			开铺子	摆摊子	旅馆

序号	841	842	843	844	845	846	847	848
类别	商业、交通	商业、交通	商业、交通	商业、交通	商业、交通	商业、交通	商业、交通	商业、交通
词条	饭馆儿	杂货店	理发店	肉铺	钱纸币	硬币	租（房子）	（价钱）便宜
沁县	饭馆	商店	推头发店店	卖肉摊摊	钱	银元元	租	贱
武乡	馆的	商店	理发店	卖肉摊	纸钱	硬币	租	便宜
襄垣	饭店	杂货店	理发店	肉铺	钱纸币	钢镚	租	便宜
黎城	饭店	卖杂货了	理发店	肉铺儿	纸钱	铜元儿	租	便宜
平顺	饭店	杂货铺	理发店	肉铺	纸	钢镚	租	便宜
潞城	饭馆儿	杂货店	理发店	卖肉的	钱纸币	硬币	租	便宜
长治	饭店	小铺的	理发店	肉店	钱	硬元儿	租房子	贱
屯留	饭店	小店儿	理发铺	割肉的	钱	银镚儿	租房子	贱
长子	饭店	小铺的	剪头发那	卖肉那	钱	硬元儿	认个家	贱
长治县	饭店	小铺的	剪头发那	卖肉那儿	钱	硬元儿	租房子	便宜
壶关	饭馆	商店	理发店	卖肉的	纸钱	硬币	租	便宜
榆社	饭店、饭馆	杂货店	剃头铺	肉铺		银元元	赁房子	贱

序号	849	850	851	852	853	854	855	856
类别	商业、交通	商业、交通	商业、交通	商业、交通	商业、交通	商业、交通	商业、交通	商业、交通
词条	（价钱）贵	路费	运气好	欠（钱）	赊	秤	称	公路
沁县	贵	盘缠	命好	短	赊	秤	秤	汽路
武乡	贵	路费	命好	短（钱）	赊	秤	称	路
襄垣	贵	路费	命好	欠（钱）	赊	秤	称	马路
黎城	贵	路费	运气好	欠（钱）	些	庆	庆	公路
平顺	贵	路费	运气好	欠（钱）	赊	秤	称	公路
潞城	贵	路费	运气好	欠（钱）	欠账	秤	称	公路
长治	贵	路费	运气不歪	该	赊	秤	秤	汽路
屯留	贵	盘缠	点儿正	短	赊	秤	称	路
长子	贵	盘缠	点儿正	该下了	赊	秤	秤	路
长治县	贵	盘缠	运气好	欠钱	赊	秤	秤	路
壶关	贵	路费	运气好	欠	赊	秤	称	公路
榆社	（价钱）贵得没样样	盘缠	好命	短钱	该账	秤		汽路

序号	857	858	859	860	861	862	863	864
类别	商业、交通	商业、交通	商业、交通	商业、交通	商业、交通	教育、文体	教育、文体	教育、文体
词条	汽车	自行车	小轿车	客车	货车	学校	上学（开始上学）	上学（上学校）
沁县	汽车	自行车	小轿车	客车	货车	书房	念书	上书房
武乡	车	自行车	小轿车	客车	货车	学校	开学	可学校
襄垣	汽车	洋车	小车	客车	货车	学校	开学	去学校
黎城	汽切	自行切	小轿车儿	客切	货切	须房	开学	去书房
平顺	汽车	自行车	小轿车	客车	拉货车	学校	上学校	上学校
潞城	小轿车	自行车	小轿车	公交车	货车	学校	上学	去书房
长治	汽车	自行车的	小轿车	客车	货车	书房	上书房	上书房
屯留	汽车	车子	小汽车	客车	货车	书房	去书房	去书房
长子	车	车子	小汽车	客车	货车	书房	上书房	上书房
长治县	汽车	自行车子	小轿车	客车	货车	学校	上书房	上书房
壶关	汽车	自行车	车	客车	拉货车	学校	上学	上学校
榆社	汽车	自行车	小卧车	客车	货车	学堂	上学堂	上学堂

序号	865	866	867	868	869	870	871	872
类别	教育、文体	教育、文体	教育、文体	教育、文体	教育、文体	教育、文体	教育、文体	教育、文体
词条	放学	放假	写仿	砚台	铅笔	橡皮	钢笔	毛笔
沁县	放学	放假	写仿	砚台	铅笔	擦擦	钢笔	毛笔
武乡	放学	放假			铅笔	橡皮	钢笔	毛笔
襄垣	放学	放假	写仿	砚	铅笔	橡皮	钢笔	毛笔
黎城	放学	放假		砚	铅笔	橡皮	钢笔	毛笔
平顺	放学	放假	写仿	砚台	铅笔	擦皮	钢笔	毛笔
潞城	下课	放假	写仿	砚台	铅笔	橡皮	钢笔	笔毛
长治	放学	放假	学写	砚台	铅笔	擦皮	水笔	毛笔
屯留	放学	放假	写仿	砚	铅笔	擦皮	水笔	毛笔
长子	放学	放假		砚	铅笔	擦皮	水笔	毛笔
长治县	放学	放假		砚	铅笔	擦皮	水笔	毛笔
壶关	放学	放假	写仿	砚台	笔	橡皮	钢笔	毛笔
榆社	放学	放假			铅笔	橡皮	水笔	毛笔

序号	873	874	875	876	877	878	879	880
类别	教育、文体	教育、文体	教育、文体	教育、文体	教育、文体	教育、文体	教育、文体	教育、文体
词条	圆珠笔	识字的	不识字的	头名	末名	游泳	放风筝	捉迷藏
沁县	圆珠笔	识字了	不识字了	头一名	末都都	兀水水	放风筝	藏猫猫
武乡	圆珠笔	认字的	认不得字	第一名	最后一名	游泳	放风筝	
襄垣	圆珠笔	认得字的	认不得字的	第一名	末名	游泳	放风筝	捉迷藏
黎城	圆居笔	识得字喽	识不得字揑	头名	末名	游泳	放风精	捉迷藏
平顺	圆珠笔	识字的	不识字的	第一名	倒数第一名	游泳	放风筝	捉迷藏
潞城	复写笔	识字的	不识字的	状元	末名	游泳	放风筝	捉迷藏
长治	油笔	认字儿嘞	不认字儿嘞	第一名		游泳	放风筝	藏人
屯留	园子笔	认得字	认不得字	第一名	倒名	兀水水	放风筝	藏老猫
长子	圆珠笔	念书咧	不念书咧	第一		兀水水	放风筝	圪藏
长治县	钢笔	念书咧	不念书咧	第一名		兀水水	放风筝	藏人
壶关	圆珠笔	识字的	不识字的	第一名	最后一名	游泳	放风筝	捉迷藏
榆社		识文断字的	一字不识的	头名	末口子	浮水		墙迷迷

序号	881	882	883	884	885	886	887	888
类别	教育、文体	教育、文体	教育、文体	教育、文体	教育、文体	教育、文体	教育、文体	教育、文体
词条	踢毽儿	跳房子	抓子儿	猜谜儿	划拳	打麻将	打扑克	掷色子
沁县	踢毽了	跳房了	抓子了	猜谜谜	划拳	打麻将	打扑克	甩色了
武乡	踢毽的				划拳	打麻将	打牌	
襄垣	踢毽	跳格	爪子	猜谜	划拳	打麻将	打扑克	掷骺
黎城	踢毽儿	跳格	抓阄	猜谜语	划拳	打麻将	打扑克儿	扔色儿
平顺	踢毽了	跳房的	抓子儿	猜谜	划拳	打麻将	打扑克	投色子
潞城	踢毽儿	跳房子	逐子儿	猜谜儿	划拳	打麻将	打扑克	掷色子
长治	踢毽子	跳房的	抓子的	猜谜	划拳	打麻将	打扑克	圪掠骺
屯留	踢毽儿	扔瓦圪蛋儿	抓子儿	猜谜儿	划拳	搓麻将	打扑克	摞色子
长子	踢毽儿	扔瓦圪蛋儿	抓子儿	猜谜儿	划拳	打牌	打扑克儿	扔色子
长治县	踢毽儿	扔瓦圪蛋儿	抓子儿	猜谜儿	划拳	打牌	打牌	投色子
壶关	踢毽儿	跳房的	抓子	猜谜	划拳	打麻将	打牌	扔色的
榆社	踢毽毽	跳圈		猜谜	划拳	麻将		丢色儿

序号	889	890	891	892	893	894	895	896
类别	教育、文体	教育、文体	教育、文体	教育、文体	教育、文体	教育、文体	教育、文体	教育、文体
词条	放爆竹	下象棋	翻跟斗	舞狮子	跑旱船	踩高跷	扭秧歌	打腰鼓
沁县	放炮	下象棋	翻跟斗	耍狮了	跑旱船	踩高跷	扭秧歌	打腰鼓
武乡	放炮	下棋	翻功头			踩高跷	扭秧歌	
襄垣	放炮	下棋	翻跟斗	舞狮	跑旱船	踩高跷	扭秧歌	打腰鼓
黎城	放炮	下象棋	翻跟斗儿	耍狮	跑旱船	踩高跷	扭秧歌儿	打腰鼓
平顺	放鞭	下象棋	翻跟斗	耍狮了	跑旱船	踩高跷	扭秧歌	打腰鼓
潞城	放鞭炮	下象棋	翻跟斗	舞狮子	跑旱船	踩高跷	扭秧歌	打腰鼓
长治	放炮	下象棋	翻跟斗	耍狮子	跑旱船	踩高跷	扭秧歌	打腰鼓
屯留	放炮	下棋	翻跟斗	耍狮子	跑旱船	踩高跷	扭秧歌	打腰鼓
长子	放鞭	下棋	翻跟头	耍狮的		踩高跷	扭秧歌	
长治县	放鞭	下棋	翻跟头	耍狮的		踩高跷	扭秧歌	打腰鼓
壶关	放炮	下棋	翻跟斗	舞狮		踩高跷	扭秧歌	打腰鼓
榆社	放大炮	象棋	栽空斤头	狮子滚绣球	跑旱船	踩高跷	扭秧歌	打腰鼓

序号	897	898	899	900	901	902	903	904
类别	教育、文体	教育、文体	教育、文体	动作	动作	动作	动作	动作
词条	舞龙	说书	唱戏	站	走	跑	蹲	晃
沁县	舞龙	说书	唱戏	立了	走	跑	圪揪	晃动
武乡		说书	唱戏	立	走	跑	圪揪	忽摆
襄垣	舞龙	说书	唱戏	站	走	跑	蹲	晃
黎城	耍龙	雪须	呛戏	赞	走	跑	圪揪	晃
平顺	耍龙	说书	唱戏	站	走	跑	蹲	晃
潞城	舞龙	说书	唱戏	站	跑一会儿	跑	蹲	黄
长治	舞龙	说书	唱戏	站	走	跑	圪追下	忽摇
屯留	耍龙	说书	唱戏	站	跑	跑	圪揪	忽摇
长子	耍龙	说书	唱戏	站的	跑	跑	圪追下	圪摇
长治县	耍龙	说书	唱戏	站的	走	跑	圪追下	晃
壶关	舞龙	说书	唱戏	站	走	跑	圪追	晃
榆社		说书	唱戏	立	走	跑	圪蹴	

序号	905	906	907	908	909	910	911	912
类别	动作	动作	动作	动作	动作	动作	动作	动作
词条	摇	摆	坐	躺	爬	摔	挤	靠
沁县	摇	圪摆	坐	躺	爬	跌	圪挤	靠
武乡	忽摆	摆	坐	躺	爬	多	挤	靠
襄垣	摇	摆	坐	躺	爬	跌倒	挤	靠
黎城	忽摇	摆	坐	躺倒了	爬	跌	挤	靠
平顺	摇	摆	坐	躺	爬	摔	挤	靠
潞城	摇	拔	坐	堂	爬	摔	挤	靠
长治	忽摇	摆	坐	躺	圪爬	跌	圪挤	靠
屯留	忽摇	圪摆	坐	躺	爬	跌	圪挤	靠
长子	圪摇	圪摆	坐	躺	圪爬	跌	圪挤	靠
长治县	摇	圪摆	坐	躺下	圪爬	跌	圪挤	靠
壶关	摇	摆	坐	躺	爬	摔	挤	靠
榆社					爬起来	跄倒		

序号	913	914	915	916	917	918	919	920
类别	动作	动作	动作	动作	动作	动作	动作	动作
词条	踢	踩	跳	扔	折	扯	撕	撞
沁县	踢	踩	蹦	砍	侩	扯	拽	抗
武乡	踢	踩	跳	扔	窝	起	起	碰
襄垣	踢	踩	跳	扔	折	扯	撕	撞
黎城	踢	踩	跳	扔	些	且	撕	撞
平顺	踢	踩	跳	扔	折	扯	撕	撞
潞城	踢	踩	跳	扔	折	扯	撕	撞
长治	踢	踩	蹦	扔了	折	扯	撕	撞
屯留	踢	踩	蹦		折	拉了	厮	碰
长子	踢	踩	蹦	扔了	折	拉了	厮	碰
长治县	踢	踩	蹦	扔了	折	拉了	厮	碰
壶关	踢	踩	跳	扔	折	扯	撕	撞
榆社				瞒了				

序号	921	922	923	924	925	926	927	928
类别	动作	动作	动作	动作	动作	动作	动作	动作
词条	碰	挪	缩	探	捅	敲	打	抱
沁县	碰	挪	缩	探	攮	敲	打	抱
武乡	碰	挪	缩	探	捅	敲	打	抱
襄垣	碰	挪	缩	探	捅	敲	打	掐
黎城	碰	挪	圪缩	探	捅	敲	打	抱
平顺	碰	挪	缩	探	捅	敲	打	抱
潞城	碰	挪	缩	探	捅	敲	打	抱
长治	碰	挪	圪缩	伸	捅	敲	打	抱
屯留	碰	挪	圪缩	伸	捅	敲	打	圪搂
长子	碰	起开	圪缩	伸出	捅	敲	打	搂恰
长治县	碰	起开	圪缩	探	捅	敲	打	抱
壶关	碰	挪	缩	探	捅	敲	打	抱
榆社								

序号	929	930	931	932	933	934	935	936
类别	动作	动作	动作	动作	动作	动作	动作	动作
词条	扶	拔	拨	抽（出去）	牵	拉	撑	挡
沁县	扶	拔	拨	拽	拉	拉	撑	挡
武乡			拨	拽（出的）	拉	拉	撑	挡
襄垣	扶	拔	拨拉	拽出来	牵	拉	撑	挡
黎城	搀	拽	拨	拽	拖	拉	撑	挡
平顺	扶	拔	拨	抽	牵	拉	撑	挡
潞城	扶	拔	拨	抽（出去）	牵	拉	撑	挡
长治	扶	拔	拨	抽	牵、拉	拉	撑	挡
屯留	搀		拨拉	拽	牵	拉	撑	挡
长子	搀	拔	拨拉	拽	牵	拽	撑住	挡住
长治县	搀	拔	拨拉	拽	牵	拽	撑	挡住
壶关	扶	拔	拨	抽	牵	拉	撑	挡
榆社	搀							

序号	937	938	939	940	941	942	943	944
类别	动作	动作	动作	动作	动作	动作	动作	动作
词条	推	压	搬	背	扛	挑	抬	捧
沁县	推	压	搬	背	挠	担	抬	掬
武乡	抽	压	搬	背	抗	挑	抬	捧
襄垣	凑	压	搬	背	扛	担	抬	捧
黎城	推	压	搬	背	扛	挑	抬	抱
平顺	推	压	搬	背	扛	挑	抬	捧
潞城	推	压	搬	背	扛	挑	抬	捧
长治	推	压	搬	背	扛	挑	抬	圪搂
屯留	推	压	搬	背	扛	担	抬	捧
长子	圪推	压住	搬	背	扛起	担	抬	朵起
长治县	圪推	压住	搬	背	扛起	担	抬	朵起
壶关	推	压	搬	背	扛	挑	抬	捧
榆社								

序号	945	946	947	948	949	950	951	952
类别	动作	动作	动作	动作	动作	动作	动作	动作
词条	端	托	举	提	搓	揉	摸	摘
沁县	端	托	挠	掂	搓	揉	摸	摘
武乡	端	托	举	掂	搓	揉	摸	摘
襄垣	端	托	举	得	搓	揉	摸	摘
黎城	端	托	举	提	搓	油	摸	摘
平顺	端	托	举	提	搓	揉	摸	摘
潞城	端	托	举	提	搓	揉	摸	摘
长治	端	托	举	提	搓	揉	摸	摘
屯留	端	托	举	提	搓	揉	摸	摘
长子	端	托	举	提	圪搓	揉	摸	摘
长治县	端	托	举	提	圪搓	揉	摸	摘
壶关	端	托	举	提	搓	揉	摸	摘
榆社				掂起来				

序号	953	954	955	956	957	958	959	960
类别	动作	动作	动作	动作	动作	动作	动作	动作
词条	捏	拿	撮	擦	藏	绊	拌	搅
沁县	捏	拿	撮	擦	藏	绊	拌	搅
武乡	捏	很		擦	抬	绊	拌	搅
襄垣	捏	拿	撮	擦	藏	绊	拌	搅
黎城	捏	很	撮	擦	藏	绊	拌	搅
平顺	捏	拿	撮	擦	藏	绊	拌	搅
潞城	捏	拿	撮	擦	藏	绊	拌	搅
长治	捏	拿	撮	擦	藏	圪绊	拌	圪搅
屯留	捏	拿	圪撮	擦	藏	圪绊	圪搅	圪搅
长子	捏	提	圪撮	擦	圪藏	绊住	圪搅	圪搅
长治县	捏	提	圪撮	擦	圪藏	绊住	圪搅	圪搅
壶关	捏	拿	撮	擦	藏	绊	拌	搅
榆社				擦了	台/悄			

序号	961	962	963	964	965	966	967	968
类别	动作	动作	动作	动作	动作	动作	动作	动作
词条	追	把(屎、尿)	蜷	擤	扭动	找	捡（拾）	拣（挑）
沁县	撵	把	缩	擤	圪扭	寻	拾	拣
武乡	撵	把	圪蜷	擤	圪扭	寻	拾	拣
襄垣	追	把	蜷	擤	扭	寻	捡	拣
黎城	追	把	蜷	擤	圪扭	找	捡	挑
平顺	追	把	蜷	擤	扭动	找	捡	拣
潞城	追	把	蜷	擤	扭动	找	捡	拣
长治	撵	把	圪蜷	擤	圪扭	找	拾	拣
屯留	撵	把把	窝	擤	圪扭	找	拾	拣
长子	撵	把把	窝	擤	圪扭	找	拾	拣
长治县	撵	把把	窝	擤	圪扭	找	拾	拣
壶关	追	把	蜷	擤	扭	找	捡	拣
榆社		把脚		擤鼻子			拾起来	挑选

序号	969	970	971	972	973	974	975	976
类别	动作	动作	动作	动作	动作	动作	动作	动作
词条	抢	抓	掰	系	扇(用手掌打)	轻戳	赶（走）	赶（上）
沁县	抢	抓	掰	系	扇	圪戳	撵	赶上
武乡	抢	抓	掰	经	扇	夺	撵	撵
襄垣	抢	抓	掰	系	扇	轻戳	赶	赶
黎城	抢	抓	掰	系	先	圪夺	撵	追昂
平顺	抢	抓	掰	系	扇	轻戳	赶	跟
潞城	抢	抓	掰	系	扇	轻戳	赶	赶
长治	抢	抓	掰	系	扇	圪掇	撵	撵
屯留	抢	抓	掰	系	扇	圪掇	撵	撵上
长子	抢	抓	掰	系	扇	圪戳	撵	撵上
长治县	抢	抓	掰	系	扇	圪戳	撵	追上
壶关	抢	抓	掰	系	扇	戳	赶	赶
榆社								

序号	977	978	979	980	981	982	983	984
类别	动作	动作	动作	动作	动作	动作	动作	动作
词条	看	远看	近看	偷看	闻	听	咬	嚼
沁县	看	远看	近看	圪照	闻	听	咬	嚼
武乡	瞧、看	离远看	去跟前看	偷看	闻	听	咬	咬
襄垣	瞧	远瞧	近瞧	偷瞧	闻	听	咬	嚼
黎城	瞧	远瞧	近瞧	偷瞧	闻	听	咬	咬
平顺	瞧	远瞧	近瞧	偷瞧	闻	听	咬	嚼
潞城	看	圆看	近看	偷看	闻	听	咬	嚼
长治	瞧	远瞧	近瞧	偷瞧	闻	听	咬	圪嚼
屯留	瞧	瞧	瞧	偷瞧	闻	听	咬	嚼
长子	圪瞧	远处圪瞄	看	悄悄看	闻一闻	听	咬	圪嚼
长治县	圪瞧	看	看	偷偷看	闻一闻	听	咬	圪嚼
壶关	看	远看	近看	偷看	闻	听	咬	嚼
榆社	看				闻一闻			

序号	985	986	987	988	989	990	991	992
类别	动作	动作	动作	动作	动作	动作	动作	动作
词条	舔	咽	咂	含	吸	喷	吹	尝
沁县	舔	咽	咂	含	吸	喷	吹	尝
武乡	舔	咽	不咂	泡	吸	喷	吹	尝
襄垣	舔	咽	咂	含	吸	喷	吹	尝
黎城	舔	咽	不咂	噙	吸	喷	吹	尝
平顺	舔	咽	咂	含	吸	喷	吹	尝
潞城	舔	咽	咂	含	吸	喷	吹	尝
长治	圪舔	咽	吧咂	圪唆	吸	喷	吹	尝
屯留	舔	咽	圪咂		吸	喷	吹	尝
长子	圪舔	咽	巴咂	衔住	吸	喷	吹	尝
长治县	圪舔	咽	巴咂	衔住	吸	喷	吹	尝
壶关	舔	咽	咂	含	吸	喷	吹	尝
榆社								

序号	993	994	995	996	997	998	999	1000
类别	动作	动作	动作	动作	动作	动作	动作	动作
词条	掉	滚	聊天儿	问	说	叫	叫喊	笑
沁县	掉	滚	撇打	问	说	叫	叫唤	笑
武乡	跌	滚	拉话	问	说	叫	吼叫	笑
襄垣	跌	滚	说话	问	说	叫	叫喊	笑
黎城	掉	鬼	说话儿	问	说	叫	唔叫	笑
平顺	掉	滚	聊天	问	说	叫	叫喊	嘻
潞城	掉	滚	碰一会	问	说	叫	叫喊	嘻
长治	跌	滚	说话	问	说	叫	板叫	笑
屯留	掉	滚	访古	问	说	叫	板闪	笑
长子	跌	圪略	圪撇	问	说	息火	息火	笑
长治县	跌	圪略	说会儿话	问	说	息火	息火	笑
壶关	掉	滚	说话	问	说	叫	叫	笑
榆社			叨拉		说话		吆喝	

序号	1001	1002	1003	1004	1005	1006	1007	1008
类别	动作	动作	动作	动作	动作	动作	动作	动作
词条	哭	骂	劝	哄骗	帮忙	开玩笑	吹牛	拍马
沁县	哭	噘	劝	骗	帮忙	说笑	撇	拍马匹
武乡	哭	卷	说	哄骗	打帮	开玩笑	吹牛	拍马屁
襄垣	哭	骂	说说	抛	帮忙	开玩笑	吹牛	拍马
黎城	哭	骂	劝	捉唬	撺掇	耍了	瞎说	巴结
平顺	哭	骂	劝	哄	帮忙	开玩笑	吹牛	捉胡
潞城	哭	骂	劝	哄骗	帮忙	开玩笑	吹牛	拍马
长治	哭	骂	打劝	捉唬	帮忙儿	说笑话儿	叫瞎叫	巴结
屯留	哭	骂	说道	哄哄	攒忙	狂咧	吹咧	巴结
长子	哭	骂	说说	圪鬼	招呼	说笑话	喷咧	拍马
长治县	哭	骂	说说	圪骗	招呼	说笑话	喷咧	拍马
壶关	哭	骂	劝	骗	帮忙	开玩笑	吹牛	拍马
榆社	哭	卷		日倒				

序号	1009	1010	1011	1012	1013	1014	1015	1016
类别	动作	动作	动作	动作	动作	动作	动作	动作
词条	收拾	抖	躲（开）	嘱咐	了结	干活儿	来	去
沁县	收拾	抖	起开	吩咐	了结	动担	来	去
武乡	拾掇	抖	闪开	吩咐	了结	动撣	来	去
襄垣	收拾	抖	躲开	吩咐	了结	干活儿	来	去
黎城	收拾	圪抖	起开	嘱咐	了结	做生活	来	去
平顺	收拾	抖	躲	告诉	了结	干活儿	来	去
潞城	收拾	抖	躲开	嘱咐	了结	干活儿	来	去
长治	收拾	圪擞	起开	交代	没事啦	动担	来	去
屯留	拾掇	圪擞	藏	安册	完事儿	干生活	来	去
长子	拾掇	圪颤	圪躲	告诉	了结	做生活	米	走
长治县	拾掇	圪颤	圪躲	告诉		做生活	米	走
壶关	收拾	抖	躲	嘱咐	了结	干活	来	去
榆社	拾掇							

序号	1017	1018	1019	1020	1021	1022	1023	1024
类别	动作	动作	动作	动作	动作	动作	动作	动作
词条	一起走	起开	知道	懂了	不懂	想（思索）	想（想念）	以为
沁源	一起走	起开	知道	懂啦	不懂	想	想	以为
沁县	断跟上	起转	知道啦	省下啦	省不下	索算	想	当是
武乡	断跟上	起开	知道	答犯了	答不犯	想	想	觉着
襄垣	一起走	起开	知道	懂了	不懂	想	想	以为
黎城	断跟上走	起来	知道	知道了	不懂	想想	想	以为
平顺	一起走	起开	知道	懂了	不懂	想	想	以为
潞城	相跟着	让让	知道	懂了	不知道	想想	想	认为
长治	断跟上	起开	知道	懂了、知道啦	不懂、不知道	想	想	以为
屯留	断跟上	起开	知道	懂了	不懂	想	想	以为
长子	断跟上	起开	知道	知道	不知道	想	想	以为
长治县	断跟上	起开	知道	知道了	不知道	想	想	以为
壶关	一起走	让开	已知	知道了	不知知	想	想	以为
榆社			知道	清楚了		想想		

序号	1025	1026	1027	1028	1029	1030	1031	1032
类别	动作	动作	动作	动作	动作	动作	动作	动作
词条	估量	猜想	亲	喜欢	讨厌	可怜	恨	怪（责备）
沁县	估摸	猜	亲	待见	见不了	恓惶	恨	害
武乡	估计	猜想	亲	待见	见不得	恓惶	恨	怨
襄垣	大概	猜	亲	喜欢	讨厌	可怜	恨	怪
黎城	估计	觉着	亲	喜欢	不待见	恓惶	恨	怨
平顺	估计	猜猜	亲	喜欢	讨厌	可怜	恨	怪
潞城	估一下	猜想	亲	中意	讨厌	可怜	恨	怪
长治	估计	猜	亲	愿意	讨厌	可怜	恨	怨
屯留	圪闷	猜	亲	待见	讨厌	可怜	气人	怒
长子	猜	猜猜	亲	摘跌	见不得	耐人	恨	怪
长治县	觉得	猜猜	亲	摘跌	见不得	耐人	恨	怪
壶关	觉得	猜猜	亲	喜欢	讨厌	可怜	恨	怪
榆社	估计		亲		不待见			怨

序号	1033	1034	1035	1036	1037	1038	1039	1040
类别	动作	动作	动作	动作	动作	动作	动作	动作
词条	怕	羡慕	生气	发怒	相信	怀疑	打算	挨骂
沁县	怕	眼气	火啦	恼啦	相信	介咋	打划	受骂咋
武乡	怕	眼气	急了	火了	信	怀疑	打算	叫骂了
襄垣	怕	羡慕	生气	发火	信	不信	打算	挨骂
黎城	嫌怕	眼气	气了	起火儿	相信	怀疑	打算	受听
平顺	怕	羡慕	生气	生气	相信	怀疑	打算	挨骂
潞城	怕	羡慕	生气	生气	相信	怀疑	打算	挨骂
长治	害怕	眼呵	起喽火啦	起火	觉着	疑狐	计划	吃喽骂啦
屯留	怕	眼气	生气	生气	相信	怀疑	打算	挨骂
长子	害怕	眼馋	生气	火了	相信	怀疑	计划	挨骂
长治县	害怕	眼气	生气	火了	相信	怀疑	计划	受骂
壶关	怕	羡慕	生气	发火	相信	怀疑	打算	挨骂
榆社	害怕	眼气	生气	生气	相信	怀疑		

序号	1041	1042	1043	1044	1045	1046	1047	1048
类别	动作	动作	动作	动作	动作	动作	动作	动作
词条	挨打	睁眼	凑合	娇惯	留心	忘记	反悔	着急
沁县	叫打	睁眼	凑合	惯	操心	忘啦	反悔	着急
武乡	叫打了	睁眼	凑合	娇惯	操心	忘了	后悔	急
襄垣	挨打	睁眼	凑合	娇惯	留心	忘了	后悔	急
黎城	挨打	睁开眼	凑合	娇养	注意着些儿	忘了	反悔	心急
平顺	挨打	睁眼	凑合	娇惯	留心	忘记	后悔	着急
潞城	挨打	睁眼	还行	宠惯了	留心	忘了	后悔	着急
长治	吃打	睁眼	撴对	惯	长个心	忘啦	后悔	急
屯留	挨打	睁眼	凑合	惯	留心	忘记	后悔	着急
长子	吃打	睁眼	凑合	惯的咧	长心眼	忘了	后悔	着急
长治县	吃打	睁眼	撴对	惯	长个心眼	忘了	后悔	急的
壶关	叫人打了	睁眼	凑合	娇惯	留心	忘了	后悔	着急
榆社		睁开眼		娇惯		忘了		

序号	1049	1050	1051	1052	1053	1054	1055	1056
类别	动作	形容词	形容词	形容词	形容词	形容词	形容词	形容词
词条	放心	好	不错	差不多	坏（人）	坏(东西)	美	丑
沁县	放心	好	不赖	差不多	坏	坏了	好看	难看
武乡	放心	好	不赖	差不多	坏	坏	切特	丑
襄垣	放心	好	不赖	差不多	坏	坏	好瞧	丑
黎城	放心	好	不歪	差不多	歪	坏了	好看	丑
平顺	放心	好	不歪	差不多	坏	坏	美	丑
潞城	放心	好	不错	差不多	坏	坏	美	丑
长治	放心	好	不歪	差不多	坏	坏啦	切	丑
屯留	放心	好	不赖	差不多	歪	坏东西	切特	难瞧
长子	放心	不歪	不错	差不多	歪屌	瞎货	好瞧	不七
长治县	放心	不歪	不错	差不多	歪屌	瞎货	好瞧	不切
壶关	放心	好	好	差不多	坏	坏	好瞧	丑
榆社		好	不赖	差不了甚了			好看	不好看

序号	1057	1058	1059	1060	1061	1062	1063	1064
类别	形容词	形容词	形容词	形容词	形容词	形容词	形容词	形容词
词条	老(不年轻)	老(不嫩)	嫩	烫(触觉)	凉(触觉)	温(触觉)	生	熟
沁县	老了	老了	嫩	烫	凉	温	生了	中了
武乡	老	老	嫩	烫	拨人	温	生	熟
襄垣	老	老	嫩	烫	凉	温	生	熟
黎城	老了	老	嫩	烫	丁以了	温	生	学
平顺	老	老	嫩	烫	凉	温	生	熟
潞城	老	老	嫩	烫	凉	温	生	熟
长治	老	老	嫩	烧人	冷	温	生	中了
屯留	老	老了	嫩	烧	冷	温	生	中的了
长子	成熟	老	小	烫	冷	圪温温	生	中了
长治县	成熟	老	小	烫	冰	温温咧	生	熟
壶关	老	老	嫩	烫	凉	温	生	熟
榆社								

序号	1065	1066	1067	1068	1069	1070	1071	1072
类别	形容词	形容词	形容词	形容词	形容词	形容词	形容词	形容词
词条	热(天气)	(天气)冷	硬	软	结实	干净	脏	咸
沁县	热	冷	硬	软	扎壯	干净	日脏	咸
武乡	热	冷	硬	软	实受	干净	日脏	咸
襄垣	热	冷	硬	软	结实	干净	脏	咸
黎城	夜	冷	硬	软	硬科	干净	脏	咸
平顺	热	冷	硬	软	结实	干净	脏	咸
潞城	热	冷	硬	软	壮	干净	脏	咸
长治	热	冷	硬	软	结生	干净	邋遢	咸
屯留	热	冷	硬	软	结实	干净	寒碜	咸
长子	热	冷	硬	软	夹实	干净	邋遢	咸
长治县	液	冷	硬	软	结实	干净	邋遢	咸
壶关	热	冷	硬	软	结实	干净	脏	咸
榆社			硬	软	实受	酸整	日脏	咸

序号	1073	1074	1075	1076	1077	1078	1079	1080
类别	形容词	形容词	形容词	形容词	形容词	形容词	形容词	形容词
词条	淡(盐少)	香	臭	酸	甜	苦	辣	稀(粥)
沁县	甜	香	臭	酸	甜	苦	辣	寡
武乡	淡	香	臭	酸	甜	苦	辣	寡
襄垣	淡	香	臭	酸	甜	苦	辣	稀
黎城	淡	香	球	酸	甜	苦	辣	稀
平顺	淡	香	臭	酸	甜	苦	辣	稀
潞城	淡	香	臭	酸	甜	苦	辣	稀
长治	甜	香	臭	酸	甜	苦	辣	稀
屯留	淡	香	臭	酸	甜	苦	辣	稀
长子	甜	香	臭	酸	甜	苦	辣	稀
长治县	甜	香	臭	酸	甜	苦	辣	稀
壶关	淡	香	臭	酸	甜	苦	辣	稀
榆社	淡	香	臭	酸	甜	苦	辣	寡

序号	1081	1082	1083	1084	1085	1086	1087	1088
类别	形容词	形容词	形容词	形容词	形容词	形容词	形容词	形容词
词条	稠	稀(庄稼)	密	凸	凹	扁	弯	直
沁县	密	稀	稠	凸	凹	扁	弯	直
武乡	稠	稀	密				弯	直
襄垣	稠	稀	密	凸	凹	扁	弯	直
黎城	稠	稀	密	凸	凹	扁的儿	弯	直
平顺	稠	稀	稠	凸	凹	扁	弯	直
潞城	稠	稀	密	凸	凹	扁	弯	直
长治	密	稀	稠	凸	塌	扁	圪撩	直
屯留	密	稀	稠	凸	凹	扁		
长子	密	稀	稠	凸	凹	[illegible]的	弯	直
长治县	密	稀	稠	凸	凹	蔫	弯	直
壶关	稠	稀	多	凸	凹	扁	弯	直
榆社	稠	拉	密	突	凹			

序号	1089	1090	1091	1092	1093	1094	1095	1096
类别	形容词	形容词	形容词	形容词	形容词	形容词	形容词	形容词
词条	肥	胖	瘦	壮	舒服	难受	疼	痒
沁县	胖	胖	瘦	壮	熨帖	不好受	疼	痒
武乡	肥	胖	瘦	壮	吃劲	难受	疼	痒
襄垣	肥	胖	瘦	壮	舒服	难受	疼	痒
黎城	胖	胖	瘦	壮	舒服	难受	疼	痒以
平顺	肥	胖	瘦	壮	舒服	难受	疼	痒
潞城	肥	胖	瘦	壮	舒服	难受	疼	痒
长治	胖	胖	瘦	结生	舒服	难受	疼	痒
屯留	胖	胖	瘦	结生	舒服	难受	疼	痒痒
长子	肥	胖	条儿	壮	熨帖	心歪	疼	痒痒
长治县	胖	胖	条儿	壮	熨帖	心歪	疼	痒
壶关	肥	胖	瘦	壮	舒服	不好受	疼	痒
榆社	肥	胖	瘦		幸少	难过		

序号	1097	1098	1099	1100	1101	1102	1103	1104
类别	形容词	形容词	形容词	形容词	形容词	形容词	形容词	形容词
词条	累	乖	聪明	笨	傻	机灵	调皮	狡猾
沁县	使人了	怯的	精	笨	傻	泛灵	捣蛋	鬼大
武乡	累	七他	精	笨	傻	活泛	捣蛋	鬼大
襄垣	使人	听话	精	笨	傻	机灵	捣蛋	狡猾
黎城	使人	听话	精	笨	傻	机灵	捣蛋	精
平顺	累	乖	聪明	笨	傻	机灵	捣蛋	奸猾
潞城	累	听话	灵活	笨	傻	机灵	费	鬼了
长治	使人	听话	精	笨	癔症	机灵	捣蛋	猾尖
屯留	使人咧	听话	脑筋好	笨	傻	机灵		
长子	使人咧	听话	脑筋好	笨	傻	机灵	皮	鬼大
长治县	使人咧	听话	脑筋好	笨	傻	机灵	活	鬼大
壶关	使人	听话	聪明	笨	傻	机灵	捣蛋	狡猾
榆社		戚塔				灵泛	倒嘴	滑头

序号	1105	1106	1107	1108	1109	1110	1111	1112
类别	形容词	形容词	形容词	形容词	形容词	形容词	形容词	形容词
词条	糊涂	直爽	渴	馋	忙	闲	奇怪	要紧
沁县	糊涂	直	干了	紧嘴	忙	闲	日怪	厉害
武乡	癔迷拉怔	爽快	干	馋	忙	闲	日怪	累事
襄垣	糊涂	爽快	渴	馋	忙	闲	奇怪	要紧
黎城	百米	直	干	馋	忙	闲	日怪	碍事
平顺	糊涂	爽快	渴	馋	忙	闲	奇怪	要紧
潞城	糊涂	直性	干了	馋	忙	闲	奇怪	赶紧
长治	糊涂	正气	干渴	馋	忙	闲	日怪	要紧
屯留	癔症	直	干	馋	忙	闲	日怪	当紧
长子	糊涂	痛快	干人咧	嘴馋	忙	闲	奇怪	当紧
长治县	反应慢	痛快	干渴咧	嘴馋	忙	闲	奇怪	当紧
壶关	糊涂	爽快	渴	馋	忙	闲	奇怪	要紧
榆社	糊涂							要紧

序号	1113	1114	1115	1116	1117	1118	1119	1120
类别	形容词	形容词	形容词	形容词	形容词	形容词	形容词	形容词
词条	小气	大方	蛮横	凉快	热闹	整齐	清楚	模糊
沁县	抠	大方	横	凉快	热闹	整齐	清楚	模糊
武乡	抠	大方	横	凉快	热闹	整齐	清楚	糊
襄垣	小气	大方	横	凉快	热闹	整齐	清楚	模糊
黎城	小气	大方	霸道	凉快	夜闹	整齐	知道	模糊
平顺	小气	大方	蛮横	凉快	热闹	整齐	清楚	模糊
潞城	小气	大气	霸道	阴凉	热闹	整齐	懂不懂	记不清
长治	小气	大方	不讲理	凉快	红火	整齐	清	糊
屯留	小气	大方	不讲理	凉快	红火	整齐	清	模糊
长子	尖	大待	刺儿	凉快	红火	整齐	清楚	模糊
长治县	尖	大待	横	凉快	红火	整齐	清	模糊
壶关	小气	大方	横	凉快	热闹	整齐	明白	模糊
榆社	小气			凉快	红火	整齐		

序号	1121	1122	1123	1124	1125	1126	1127	1128
类别	形容词	形容词	形容词	形容词	形容词	形容词	形容词	形容词
词条	乱	放心	合适	快(速度)	慢	晚	快(锋利)	钝
沁县	乱	放心	合适	快	慢	迟、不早了	快	不快
武乡	乱	放心	合适	快	慢	迟	快	不快
襄垣	乱	放心	合适	快	慢	迟	快	钝
黎城	乱	放心	合适	快	慢	迟了	快	不快
平顺	乱	放心	合适	快	慢	迟	快	钝
潞城	乱	放心	合适	快	慢	晚	快	钝
长治	乱	放心	合适	快	慢	迟了	快	不快
屯留	乱	放心	合适	快	慢	迟了	快	不快
长子	乱	放心	合适	快	慢	迟了	快	不快
长治县	乱	放心	合适	快	慢	迟了	快	不快
壶关	乱	放心	合适	快	慢	晚	快	钝
榆社						迟		

序号	1129	1130	1131	1132	1133	1134	1135	1136
类别	形容词	形容词	形容词	形容词	形容词	形容词	形容词	形容词
词条	多	少	大	小	长	短	宽	窄
沁县	多	少	大	小	长	短	宽	窄
武乡	多	少	大	小	长	短	宽	窄
襄垣	多	少	大	小	长	短	宽	窄
黎城	多	小	大	小	长	短	宽	窄
平顺	多	少	大	小	长	短	宽	窄
潞城	多	少	大	小	长	短	宽	窄
长治	多	少	大	小	长	短	宽	窄
屯留	多	少	大	小	长	短	宽	窄
长子	多	少	大	小	长	短	宽	窄
长治县	多	少	大	小	长	短	宽	窄
壶关	多	少	大	小	长	短	宽	窄
榆社	多	少	大	小	长	短	宽	窄

序号	1137	1138	1139	1140	1141	1142	1143	1144
类别	形容词	形容词	形容词	形容词	形容词	形容词	形容词	形容词
词条	厚	薄	粗	细	深	浅	高	低
沁县	厚	薄	粗	细	深	浅	高的	低的
武乡	厚	薄	粗	细	深	浅	高	资
襄垣	厚	薄	粗	细	深	浅	高	低
黎城	厚	薄	粗	细	深	浅	高	低
平顺	厚	薄	粗	细	深	浅	高	低
潞城	厚	薄	粗	细	深	浅	高	低
长治	厚	薄	粗	细	深	浅	高的	低的
屯留	厚	薄	粗	细	深	浅	高的	低的
长子	厚	薄	粗	细	深	浅	高的	低的
长治县	厚	薄	粗	细	深	浅	高的	低的
壶关	厚	薄	粗	细	深	浅	高	低
榆社	厚	薄			深	浅	高	低

序号	1145	1146	1147	1148	1149	1150	1151	1152
类别	形容词	形容词	形容词	形容词	形容词	形容词	形容词	形容词
词条	矮	正	歪	斜	干	湿	陡（坡）	缓（坡）
沁县	矮	正	不正	斜	干	湿	陡	平
武乡	矮	正	歪	斜	干	湿	陡	平
襄垣	矮	正	歪	斜	干	湿	陡	缓
黎城	低	正	圪临	斜	干	些	陡	平坡
平顺	矮	正	歪	斜	干	湿	陡	缓
潞城	矮	正	歪	斜	干	湿	陡	小低坡
长治	矮	正	不正	歪	干	湿	陡	不陡
屯留	矮	正	不正	斜	干	湿	陡	平
长子	矮	正	不正	斜	干	湿	大坡	小坡
长治县	矮	正	不正	斜	干	湿	大坡	不陡
壶关	矮	正	歪	斜	干	湿	陡	缓
榆社	矮	正	歪	斜				

序号	1153	1154	1155	1156	1157	1158	1159	1160
类别	形容词	形容词	一般事物	一般事物	一般事物	一般事物	一般事物	一般事物
词条	清（水）	浑（水）	东西	事情	声音	影子	颜色	味道
沁县	清	浑	东西	事情	声响	影了	颜色	味道
武乡	清	糊	东西	事情	声音	影的	颜色	味儿
襄垣	清	浑	东西	事情	声音	影子	颜色	味道
黎城	清	浑	东西	事儿	声音	影儿	颜色儿	味儿
平顺	清	浑	东西	事情	声音	影	颜色	味
潞城	干净水	浑	东西	事儿	声音	影了	颜色	味儿
长治	清	邋遢	东西	事	声音	影的	颜色	味儿
屯留	清	浑	东西	事儿	声音	影儿	颜色	味儿
长子	清	浑	东西	事儿	声音	影儿	颜色	味儿
长治县	清	浊	东西	事儿	声音	影的	颜色	味儿
壶关	清	浑	东西	事	声音	影的	颜色	味儿
榆社		浑	东西	事	声音	影的	颜色	味儿

序号	1161	1162	1163	1164	1165	1166	1167	1168
类别	一般事物	一般事物	一般事物	一般事物	一般事物	一般事物	一般事物	一般事物
词条	气味	末儿	泡儿	沫儿	粒儿	粉	年龄	朋友
沁县	味	末末	泡泡	沫沫	颗	粉	岁数	朋友
武乡	味气	末末	泡泡	沫沫	一颗	粉	年纪	朋友
襄垣	气味	末儿	泡儿	沫儿	粒儿	粉	年龄	朋友
黎城	味儿	末儿	泡沫儿	沫儿	粒儿	粉	年龄	相好儿
平顺	气味	末儿	泡儿	沫	粒	粉	年龄	朋友
潞城	气味	末儿	泡儿	沫儿	粒儿	粉	年纪	朋友
长治	味的	末儿	泡	沫儿	颗儿	粉	年龄	相好
屯留	味儿	末儿	泡儿	沫儿	颗儿	粉	年纪	相好
长子	味儿	末的	泡泡	泡泡	颗的	粉儿	年纪	朋友们
长治县	味儿	末儿	泡泡	沫的	颗	粉儿	几岁	朋友们
壶关	味儿	末儿	泡	沫	粒	粉	年纪	朋友
榆社	味儿	末	圪泡	圪沫	颗	粉	年龄	朋友

序号	1169	1170	1171	1172	1173	1174	1175	1176
类别	一般事物	一般事物	一般事物	一般事物	代词	代词	代词	代词
词条	棍	棒	窟窿	性格	我	你	他	我们
沁县	棍	圪栏了	圪窿	性格	我	你	他	俺们
武乡	棍	棒	圪窿	性格	我	你	他	俺们
襄垣	棍	棒	圪窿	性格	我	你	他	我们
黎城	棍儿	棒	窟窿	性格	我	你	哈	咱
平顺	棍	棒	圪窿	性格	我	你	他	我都
潞城	棍	棒	窟窿	性格	我	你	特	我都
长治	棍儿	棒	窟窿	性的	那、我	你	捏、他	捏家都
屯留	棍	棒	圪窿	性格	额	你	他	额都
长子	棍儿	棒儿	窟窿	性儿	额都	你	他	额都
长治县	棍的	棒的	圪窿	性儿	额都	你	他	额都
壶关	棍儿	棒儿	窟窿	性格	我	你	他	我们
榆社	棍	圪榄	窟窿	性格	我	你	他	我们

序号	1181	1182	1183	1184	1185	1186	1187	1188
类别	代词	代词	代词	代词	代词	代词	代词	代词
词条	你们	他们	咱们	我的	你的	他的	我们的	你们的
沁县	你们	他们	咱们	我了	你了	他了	俺们了	你们了
武乡	你们	他们	咱们	我的	你的	他的	咱们的	你们的
襄垣	你们	他们	咱们	我的	你的	他的	我都的	你都的
黎城	捏都	哈都	咱都	那	你了	哈捏	咱了	捏都捏
平顺	你都	他都	咱都	我那	你那	他那	都那	你都那
潞城	你都	他都	咱都	我的	你的	他捏	咱都的	你都的
长治	你家都	他介都	咱家都	那咧	你咧	他咧	那家都咧	你家都咧
屯留	你家都	他介都	咱家都	那咧	你咧	他咧	那家都咧	你家都咧
长子	捏都	他都	咱都家	额的	你咧	他的	额都的	捏都的
长治县	捏都	他都	咱都	我咧	你咧	他类	额都介类	捏都介类
壶关	你们	他们	咱们	我的	你的	他的	我们的	你们的
榆社	你们	他们	咱们	我的				

序号	1189	1190	1191	1192	1193	1194	1195	1196
类别	代词	代词	代词	代词	代词	代词	代词	代词
词条	他们的	咱们的	自己	人家	谁	什么	这个	那个
沁县	他们了	咱们了	自己	[nia^{33}]	谁	甚了	这耶	位耶
武乡	他们的	咱们的	自己	牙	谁	甚	这个	兀个
襄垣	他都的	咱都的	我	人家	谁	甚了	这个	那个
黎城	哈都了	咱捏	自己	那哈都	谁	甚呀	这个	捏个
平顺	他都那	咱都那	自己	人家	谁	什	这个	那个
潞城	他都的	咱都的	本人	人家	谁	甚啊	这家个	那个
长治	他家都咧	咱家都咧	个人	捏都	谁	甚	这个	那个
屯留	他家都咧	咱家都咧	个人	捏都	谁	甚	这个	那个
长子	他都的	咱都咧	自己	尼阿都	谁	甚	这个	那个
长治县	他都家咧	咱都咧	自己	捏都家	谁	甚	这个	捏个
壶关	他们的	咱的	我	人家	谁	什么	这个	那个
榆社				人家	谁	甚	这个	兀个

序号	1197	1198	1199	1200	1201	1202	1203	1204
类别	代词	代词	代词	代词	代词	代词	代词	代词
词条	哪个	这些	那些	这里	那里	哪里	这会儿	那会儿
沁县	哪一了	几些	位些	几边	兀边	哪了	几霎霎	兀霎霎
武乡	哪个	这些	兀些	这儿	兀儿	哪儿	这霎	兀霎
襄垣	哪个	这些	微些	这里	兀咧	哪里	这会儿	为会儿
黎城	哪个	介些儿	捏些儿		捏个劲	哪	这个劲	捏个劲
平顺	哪个	这些	那些	这里	那里	哪里	这会儿	那会儿
潞城	哪个	这些	那些	这里	那儿	哪里	这会儿	那会儿
长治	哪个	这些的	那些的	这个乱儿	那个乱儿	哪儿	这会儿	那会儿
屯留	哪个	这些的	那些的	这个乱儿	那个乱儿	哪儿	这会儿	那会儿
长子	哪个	介些	那些	这底	那底	哪里	这会儿	那会儿
长治县	哪个	介些	孽些	这咧	捏咧	哪咧	这会儿	捏会儿
壶关	哪个	这些	那些	这儿	那儿	哪	这会儿	那会儿
榆社	哪一外	这些	兀些	这儿	兀儿	哪儿		

序号	1205	1206	1207	1208	1209	1210	1211	1212
类别	代词	代词	代词	代词	代词	代词	代词	代词
词条	这向儿	那向儿	这么（高）	那么（高）	这么（做）	那么（做）	多会儿	怎么
沁县	几向	兀向	这来	兀介	这介	兀介	甚时	怎咧
武乡			这底	兀底	这底个	兀底个	甚时候	这呢
襄垣	这边儿		攒个	位的个	攒个	位的个	多会儿	怎捏
黎城			精（高）	宁（高）	精儿	宁儿	多[tsan^{212}]弯	这捏
平顺	这向儿	那向儿	这么	那么	这样	那么	多会儿	怎了
潞城	这向儿	那向儿	这么	嫩高	这么	那么	多会儿	怎么
长治	这边儿	那边儿	[tsaŋ^{535}]	[niaŋ^{535}]	[tsaŋ^{535}]	[niaŋ^{535}]	多会儿	怎来
屯留	这向儿	那向儿	症	能	咱	那样	多会儿	
长子	这向儿	那向儿	症	能	咱	那样	多会儿	怎
长治县	这向儿	那向儿	等高	能高	等个的做	能个的做	多会儿	怎
壶关	这边儿	那边儿	这样	那样	这样	那样	多会儿	怎
榆社								怎呢

序号	1213	1214	1215	1216	1217	1218	1219	1220
类别	代词	代词	量词	量词	量词	量词	量词	量词
词条	怎样	为什么	一种	一点儿	一些	个	一条（河）	一辆（车）
沁县	怎咧	为甚了	一种	一点点	一些	位	一条	一挂
武乡	择呢	为甚	一种	一点点	一些	个	一条	一个
襄垣	怎捏个	为甚	一种	一个几几	一些	个	一条	一辆
黎城	择呢样儿	为甚	一总	一个几儿	一些儿	个	一条	一个
平顺	怎样	为什	一种	一点儿	一些	个	一条	一辆
潞城	怎个	为甚啊	一种	一点儿	一些	个	一条	一辆
长治	怎咧	为甚	一种	一捏捏	一些儿	个	一条	一辆
屯留		怎来	一种	一圪星儿	一些	个	一条	一辆
长子	怎样	为甚	一种	一揪揪	一些	个	一条	一辆
长治县	怎	捏是怎	一种	一几几	一些	个	一条	一挂车
壶关	怎样	为甚	一种	一点儿	一些	个	一条	一辆
榆社	怎呢	为甚	一种				一条	一挂

序号	1221	1222	1223	1224	1225	1226	1227	1228
类别	量词	量词	量词	量词	量词	量词	量词	量词
词条	一只（手）	一床（被子）	一支（笔）	一棵（树）	一从（草）	一朵（花）	一块（石头）	一桩（事情）
沁县	一只	一位	一杆	一棵	一圪堆	圪朵	疙瘩	一件
武乡	一只	一床	一支	一棵	一片	一朵	一疙瘩	一码事
襄垣	一只	一个	一支	一棵	一个撮	一朵	一个	一个
黎城	一只	一床	一支	一棵	一个撮儿	一朵儿	一疙瘩儿	一个
平顺	一只	一床	一支	一棵	一从	一朵	一块	一件
潞城	一个	一床	一支	一棵	一从	一朵	一个	一件
长治	一只	一床	一根	一棵	一片	一朵	一疙瘩	一件
屯留	一只	一床	一根儿	一棵	一片儿	一朵	一块	一桩
长子	一只	一床	一支	一棵	一从	一个对儿	一块儿	一桩
长治县	一只	一床	一支	一棵	一个撮儿	一个对儿	一个	一桩
壶关	一只	一床	一支	一棵	一个	一朵	一个	一桩
榆社	一只	一条	一杆			一朵		一兀（事情）

序号	1229	1230	1231	1232	1233	1234	1235	1236
类别	量词	量词	量词	量词	量词	量词	量词	量词
词条	一卷（纸）	一挑（水）	一节（棍子）	一部（书）	一伙儿（人）	一嘟噜（葡萄）	（一）匹（马）	（一）头（牛）
沁县	圪卷	担	圪截	本	群	不串	位	位
武乡	一卷	一担	一截	一本	一伙儿	一串	匹	头
襄垣	一卷	一担	一圪截	一本	一帮	一波累	只	只
黎城	一卷儿		一圪截儿	一部	一个堆	一的溜儿	匹	头
平顺	一卷	一挑	一截	一部	一伙儿	一打	匹	头
潞城	一卷	一担	一截	一本	一伙儿	一丢溜	匹	头
长治	一卷	一担	一截	一本	一群	一串	匹	头
屯留	一卷	一担	一圪截儿	一本儿	一伙儿	一串儿	匹	头
长子	一卷儿	一担	一个节	一部书	一伙儿	一串	匹	头
长治县	一卷儿	一担的	一圪截儿	一套书	一伙儿	一个递的	匹	头
壶关	一卷	一担	一截	一本	一伙儿	一提	匹	头
榆社	一卷	一担		一部	一群	一独绿	匹	头

序号	1237	1238	1239	1240	1241	1242	1243	1244
类别	量词	量词	量词	量词	量词	量词	量词	量词
词条	（一）只（鸡）	一幅（画）	一团（泥）	一撮（毛）	一绺（头发）	（洗一）遍	（吃一）顿	（打一）下
沁县	位	位	疙瘩	圪撮	圪绺	遍	顿	下
武乡	只	一幅	一堆	一宗	一绺	遍	顿	下
襄垣	只	一张	一团	一把	一个宗	次	顿	下
黎城	只	一幅	一团	一圪撮	个撮儿	遍	对	下
平顺	只	一幅	一团	一撮	一绺	遍	顿	下
潞城	只	一幅	一团	一撮	一绺	遍	顿	下
长治	只	张	疙瘩	圪撮	一圪撮	遍	顿	时的
屯留	只	一张	一团	一圪撮儿	一圪绺儿	遍	顿	下
长子	只	一幅	一个团	一圪撮	一个绺	遍	顿	下
长治县	只	一幅	一疙瘩儿	一圪撮	一个绺	遍	顿	下
壶关	只	一幅	一团	把	一绺	遍	顿	下
榆社	只	一幅			一圪中		顿	下

序号	1245	1246	1247					
类别	量词	量词	量词					
词条	（走一）趟	（谈一）会儿	（闹一）场					
沁源	趟	会儿	场					
沁县	趟	阵阵	回					
武乡	趟	拉一霎霎	场					
襄垣	遭	说一会	会					
黎城	趟	说个劲	场					
平顺	趟	会儿	场					
潞城	趟	说一会儿	作乱一场					
长治	趟、回	时的	顿					
屯留	趟	会儿	闹一场					
长子	趟	撇一会	场					
长治县	趟	会	场					
壶关	趟	会儿	场					
榆社	趟		（干了）一场					

参考文献

论著

北京大学中文系语言教研室　1989　《汉语方音字汇（第二版）》，文字改革出版社。

曹广顺　1995　《近代汉语助词》，语文出版社。

曹志耘　1998　《汉语方言声调演变的两种类型》，《语言研究》第1期。

钱曾怡、李行杰　2000　《首届官话方言国际学术研讨会论文集》，青岛出版社。

陈庆延　1994　《晋语的声母特征》，《语文研究》第1期。

陈庆延　2001　《晋语核心词汇研究》，《语文研究》第3期。

陈立民　2005　《论动词重叠的语法意义》，《中国语文》第2期。

陈章太、李行键　1996　《普通话基础方言基本词汇集》，语文出版社。

崔丽珍　2010　《山西五台方言的重叠式研究》，山东大学硕士学位论文。

丁邦新　1998　《语言学论文集》，商务印书馆。

丁声树、李荣　1981　《古今字音对照手册》，中华书局。

董育宁　2000　《长治方言的指示代词》，山西教育学院学报第4期。

董育宁　2002　《山西晋语指示代词的几个特点》，《晋东南师范专科学院学报》第6期。

董育宁　2008　《长治方言的语气词》，《太原师范学院学报》第3期。

董绍克　2002　《汉语方言词汇差异比较研究》，民族出版社。

冯子伟　2010　《黎城方言代词研究》，山西师范大学硕士学位论文。

范慧琴　2004　《从山西定襄方言看晋语入声的演变》，《西南民族大学学报》第4期。

范慧琴　2007　《 定襄方言语法研究》，语文出版社。

耿军　2011　《安徽怀远话的嵌l词》，《西华大学学报》第3期。

关磊　2009　《山西方言谚语修辞特色研究》，山西师范大学硕士学位论文。

郭晓燕　2005　《壶关县方言俗语的修辞艺术》，《内蒙古电大学刊》第10期。

郭建华　2012　《山西方言“子”缀研究》，河北大学博士学位论文。

郭校珍　2005　《山西晋语的疑问系统及其反复问句》，《语文研究》第2期。

郭校珍　2008　《山西晋语语法专题研究》，华东师范大学出版社。

郭校珍　2006　《山西晋语反复问句的中置成分》，《语言研究集刊》第1期。

何莉芳　2004　《浅析晋中方言词汇的特点》，《内蒙古师范大学学报》第S2期。

何莉芳　2004　《山西晋语重叠词研究》，华南师范大学硕士学位论文。

侯燕玲　2011　《山西陵川西河底话词汇与普通话词汇意义差异研究》，辽宁师范大学硕士学位论文。

侯精一、温端政　1993　《山西方言调查研究报告》，山西高校联合出版社。

侯精一、温端政、田希诚　1986　《山西方言的分区（稿）》，《方言》第2期。

侯精一　1983　《长治方言记略》《方言》第4期。

侯精一　1985　《长治方言志》，北京语文出版社。

侯精一　1999　《晋语研究十题》，《现代晋语的研究》，商务印书馆。

侯精一　1999　《论晋语的归属》，《现代晋语的研究》，商务印书馆。

侯精一　1999　《晋语区的形成》，《现代晋语的研究》，商务印书馆。

侯精一　1999　《晋语入声韵母的区别性特征与晋语区的分立》，《中国语文》第2期。

侯精一　2002　《现代汉语方言概论》，上海教育出版社。

胡雷　2009　《长子方言语法特色研究》，湘潭大学硕士学位论文。

金有景　1985　《襄垣方言效摄、蟹摄（一、二等韵）字的韵母读法》，《语文研究》第2期。

金有景　1989　《山西襄垣方言和〈中原音韵〉的入声问题》，《语文研究》第4期。

李荣　1956　《切韵音系》，科学出版社。

李荣　1957　《汉语方言调查手册》，科学出版社。

李荣　1978　《温岭方言的变音》，《中国语文》第2期。

李荣　1982　《音韵存稿》，商务印书馆。

李荣　1985　《官话方言的分区》，《方言》第1期。

李荣　1985　《汉语方言分区的几个问题》，《方言》第2期。

李荣　1989　《汉语方言的分区》，《方言》第4期。

李小凡　2004　《汉语方言连读变调的层级和类型》，《方言》第1期。

李小平　1998　《从音系的辅音含量看晋语保留入声的原因》，《语文研究》第4期。

李新魁　1991　《中古音》，商务印书馆。

李行杰　1994　《知庄章流变考论》，《青岛师专学报》第2期。

李金梅　2006　《高平方言词汇研究》，南京师范大学硕士学位论文。

刘俐李　2004　《汉语声调论》，南京师范大学出版社。

刘勋宁　1995　《再论汉语北方话的分区》，《中国语文》第6期。

吕叔湘　1999　《现代汉语八百词（增订本）》，商务印书馆。

牛凯波　2012　《长治方言词汇研究》，新疆师范大学硕士学位论文。

钱曾怡　2004　《汉语方言中的几种辩证关系》，《文史哲》第5期。

乔全生　1995　《山西方言的“子尾”研究》，《山西大学学报（哲社版）》第3期。

乔全生　2000　《晋方言语法研究》，商务印书馆。

乔全生　2001　《晋语重叠式研究》，《汉语学报》第3期。

乔全生　2003　《晋语与官话非同步发展》，《方言》第2，3期。

乔全生　2003　《晋方言语音史研究》，南京大学博士学位论文。

乔全生　2004　《现代晋方言与唐五代西北方言的亲缘关系》，《中国语文》第3期。

乔全生　2004　《论晋方言区的形成》，《山西大学学报（哲社版）》

第 4 期。

乔全生　2005　《晋方言研究综述》，《山西大学学报（哲社版）》第 1 期。

乔全生　2005　《晋方言轻唇音声母的演变》，《语文研究》第 1 期。

乔全生　2005　《晋方言古全浊声母的演变》，《山西大学学报（哲社版）》第 2 期。

乔全生　2005　《论晋方言中的“阴阳对转”》，《晋中学院学报》第 2 期。

乔全生、王晓燕　2003　《中阳方言的人称代词》，《山西大学学报》第 1 期。

乔全生　1996　《山西方言人称代词的几个特点》，《中国语文》第 1 期。

乔全生（主编）　1999　《 山西重点方言研究丛书》，中央文献出版社、山西人民出版社，九州出版社等。

沈慧云　1983　《晋城方言的“子尾”变调》，《语文研究》第 4 期。

沈慧云　1983　《晋城方言志》，太原语文研究出版社。

沈慧云　1986　《晋城方言的指示代词》，《语文研究》第 1 期。

沈慧云　2003　《晋城方言的助词“兰”和“咾”》，《语文研究》第 4 期。

石毓智　1996　《试论汉语的句法重叠》，《语言研究》第 2 期。

史素芬、李奇　1990　《武乡方言志》，太原山西高校联合出版社。

史素芬　1996　《武乡方言特殊词汇选释》，《首届晋方言国际学术研讨会论文集》，山西高校联合出版社。

史素芬　2000　《武乡方言的疑问句》，《语文研究》第 1 期。

史素芬　2001　《山西武乡方言的虚词“的”》，《北京大学学报》（哲社版）第 S1 期。

史素芬　2002　《武乡方言研究》，山西人民出版社。

史素芬　2002　《山西武乡方言的选择问句》，《语文研究》第 2 期。

史素芬　2003　《山西武乡方言疑问句》，《语文研究》第 3 期。

史素芬　2012　《晋东南方言的“子”尾研究》，《语文研究》第 3 期。

史秀菊　2010　《山西晋语区与官话区人称代词之比较》，《晋中学院学报》第 4 期。

史秀菊　2011　《山西晋语区的事态助词“来”“来了”“来来”“来嘅”》，《语言研究》第 3 期。

史秀菊　2011　《山西方言的特指问句》，《山西大同大学学报》第 5、6 期。

沈明　1999　《山西方言韵母一二等的区别》，《中国语文》第 6 期。

沈明　2006　《晋语的分区（稿）》，《方言》第 4 期。

孙建华　2009　《陕西方言词汇比较研究》，西安陕西师范大学。

孙易　2005　《山西高平话的人称代词》，《南开语言学刊》第 2 期。

孙小花　2004　《五台方言的入声》，《语文研究》第 4 期。

孙玉卿　2005　《山西晋语入声舒化情况分析》，《山西师大学报》第 4 期。

田希诚　1962　《运城话的人称代词》，《中国语文》第 2 期。

田希诚　1990　《山西方言词汇调查笔记》，《山西大学学报》第 2 期。

田希诚、吴建生　1995　《山西晋语区“的”助词》，《山西大学学报》第 3 期。

项梦冰　1992　《连城（新泉）方言的指示代词》，《方言》第 3 期。

邢向东　2001　《神木方言的代词》，《方言》第 4 期。

邢向东　2002　《神木方言研究》，中华书局。

邢向东　2002　《神木方言词汇的内外比较》，《语言研究》第 1 期。

邢向东　2002　《论加强汉语方言语法的历时比较研究》，《陕西师范大学学报》第 5 期。

邢向东、王临惠、张维佳、李小平　2013　《秦晋两省沿河方言比较研究》，商务印书馆。

邢向东　1995　《论内蒙古晋语的语法特点》，《内蒙古师大学报》第 1 期。

邢向东　2006　《陕北晋语语法比较研究》，商务印书馆。

邢向东　2008　《谈汉语方言语法的调查研究》，《陕西师范大学学报》第 6 期。

徐海英　2001　《重庆话的儿尾》，《重庆师专学报》第 3 期。

薛凤生　1990　《中原音韵音位系统》，北京语言文化学院出版社。

薛凤生　1999　《汉语音韵史十讲》，华语教学出版社。

徐正考　1990　《单音节动词重叠形式探源》，《吉林大学社会科学学报》第3期。

徐烈炯、邵敬敏 1997 《上海方言形容词重叠式研究》,《语言研究》第2期。

徐通锵 1991 《历史语言学》,商务印书馆。

徐通锵 2004 《汉语研究方法论初探》,商务印书馆。

徐通锵 1981 《山西平定方言的“儿化”和晋中的所谓“嵌[1]词”》,《中国语文》第6期。

姚勤智 2007 《晋中方言古语词拾零》,《语文研究》第2期。

杨俊芳 2007 《长治方言的“圪”》,《社会科学家》第6期。

姚勤智 2003 《平遥方言中的面食文化词语》,《忻州师范学院学报》第3期。

杨耐思 1997 《近代汉语音论》,商务印书馆。

杨述祖 1992 《山西方言入声的现状及其发展趋势》,《语文研究》第1期。

王洪君 1999 《汉语非线性音系学》,北京大学出版社。

王红斌 2003 《长治市城东桃园村方言点声调格局的实验报告》,《晋东南师范专科学校学报》第5期。

王军虎 2004 《晋陕甘方言的“支微入鱼”现象和唐五代西北方音》,《中国语文》第3期。

王力 1980 《汉语史稿》,中华书局。

王力 1985 《汉语语音史》,中国社会科学出版社。

王力 1986 《汉语音韵学》,山东教育出版社。

王利 2005 《长治方言中的使感结构研究》,河北大学硕士学位论文。

王利 2007 《长治县方言研究》,山西人民出版社。

王利 2011 《山西东部方言研究(壶关卷)》,九州出版社。

王利 2013 《山西长治方言中的使感词》,《晋中学院学报》第6期。

王临惠 2002 《山西方言的“圪”字研究》,《语文研究》第3期。

王临惠 2001 《山西方言“圪”头词的结构类型》,《中国语文》第1期。

王森 1994 《荥阳(广武)方言的分音词和合音词》,《语言研究》第1期。

温端政主编　1982—1999　《山西方言志丛书》、《语文研究增刊》，语文出版社、山西高校联合出版社。

温端政、侯靖一　1993　《山西方言调查研究报告》，太原山西高校联合出版社。

温端政　2006　《汉语语汇学教程》，商务印书馆。

温端政　2005　《汉语语汇学》，商务印书馆。

温端政　1986　《忻州方言四字组俗语的构成方式和修辞特色》，《语文研究》第1期。

温端政、张光明　1995　《忻州方言词典》，江苏教育出版社。

温春燕　2005　《祁县方言重叠式名词研究》，山东师范大学硕士学位论文。

吴建生、赵宏因　1997　《万荣方言词典》，江苏教育出版社。

吴建生　1992　《山西方言词汇异同略说》，《语文研究》第4期。

吴建生、李淑珍　2010　《三晋俗语研究》，书海出版社。

吴建生　2002　《晋中方言的“的的”连用和“地的”连用》，《语文研究》第1期。

张光明　2006　《忻州方言的舒声促化现象》，《语文研究》第2期。

张光明　1992　《忻州方言形容词的重叠式》，《方言》第1期。

张光明、温端政　2002　《忻州方言俗语大词典》，上海辞书出版社。

张琨　1983　《汉语方言中鼻音韵尾的消失》，《中央研究院历史语言研究所集刊》第54本第1分。

张振兴　1997　《重读〈中国语言地图集〉》，《方言》第1期。

赵玉　2009　《陵川方言词汇研究》，山西师范大学硕士学位论文。

周祖谟　1966　《宋代汴洛语音考问学集》，中华书局。

周祖谟　1993　《周祖谟学术论著自选集》，北京师范大学出版社。

郑张尚芳　1987　《上古韵母系统和四等、介音、声调的起源问题》，《温州师院学报》第4期。

郑张尚芳　1990　《方言中的舒声促化现象说略》，《语文研究》第2期。

郑张尚芳　2003　《中古三等专有声母非组、章组、日喻邪等母的来源》，《语言研究》第6期。

朱德熙　1980　《现代汉语语法研究》，商务印书馆。

朱德熙　1985　《汉语方言李的两种反复问句》，《中国语文》第 1 期。

朱德熙　1991　《“V-neg-VO”与“V-neg-V”两种反复问句在汉语方言里的分布》，《中国语文》第 5 期。

朱德熙　1982　《语法讲义》，商务印书馆。

朱德熙　1982　《潮阳话和北京话重叠式象声词的构造》，《方言》第 3 期。

中国社会科学院、澳大利亚人文科学院　1987/1989　《中国语言地图集》，朗文（远东香港）出版有限公司。

中国社会科学院语言研究所　2005　《方言调查字表（修订本）》，北京商务印书馆。

地方志

王维新　1976　《襄垣县志》，台北成文出版社有限公司。

杨笃　1976　《华北地方·山西省长治县志》，台北成文出版社有限公司。

山西省武乡县志编纂委员会　1986　《武乡县志》，山西人民出版社。

山西省黎城县志编纂委员会　1994　《黎城县志》，中华书局。

山西省屯留县志编纂委员会　1995　《屯留县志》，陕西人民出版社。

山西省平顺县志编纂委员会　1997　《平顺县志》，海潮出版社。

山西省长子县志编纂委员会　1998　《长子县志》，海潮出版社。

山西省壶关县志编纂委员会　1999　《壶关县志》，海潮出版社。

山西省沁县志编纂委员会　1999　《沁县志》，中华书局。

后　记

浊漳河流域是长治市境内最大的河流，其南源是中华民族的发祥地之一，历史悠久，炎帝神农氏曾经在这里“尝百草，制耒耜，建耆国”，其人文底蕴也相当丰厚，尤其是语言资源较有特色。经过多次的实地调查，收获颇多，逐渐认识到了浊漳河流域方言的特点和价值，于是我们以浊漳河流域方言为研究对象，在前期初步调查的基础上进行更深入地调查和资料核实、整理工作。回想起我们在一起做研究的日日夜夜，仿佛还在昨日。光阴似箭，如今，这本小书就要出版了，但奇怪的是，自己竟一点也不轻松，因为这本小书凝聚了太多人的心血，她的面世离不开众多人的关心、支持和帮助。

感谢长治学院的各位领导对我们工作的大力支持和帮助，各位领导的高瞻远瞩给了我们前进的方向，更是我们前行的动力！

感谢中文系主任史素芬教授。她长期从事汉语方言学的教学和研究工作，调查经验丰富，学术造诣高，在本书撰写的过程中，史老师予以了精心的指导，其严谨的治学态度、深厚的专业素养，让我们这些后学者深受感动。

感谢所有发音合作人。调查是方言研究的生命线。发音合作人的积极配合是这本书得以顺利完成的重要保证。调查点的发音合作人多为65岁以上的老人，年龄虽大，但他们每天要陪我们调查10多个小时，主动提供大量的方言语料，并一次又一次地为我们纠正，真可谓有求必应，为我们能全面准确地了解和把握该方言奠定了最坚实的基础。对于发音人们，一声“谢谢”显得是那么苍白无力，我们只有更加努力地把这本书写好作为对他们的最好的回报。

感谢我的研究同仁们，大家志同道合，分工合作，互相鼓励，共同顺利完成了该区域方言的调查和研究工作。感谢的人还有许多许多，我们唯有继续致力于浊漳河流域方言的深入研究，才能回报给予我们帮助的师友。

由于学术水平有限，疏漏和错误在所难免，恳请各位专家学者批评指正。

王　利

2018 年 12 月